기독교문서선교회 (Christian Literature Center: 약칭 CLC)는 1941년 영국 콜체스터에서 켄 아담스에 의해 시작되었으며 국제 본부는 미국 필라델피아에 있습니다.
국제 CLC는 59개 나라에서 180개의 본부를 두고, 약 650여 명의 선교사들이 이동 도서차량 40대를 이용하여 문서 보급에 힘쓰고 있으며 이메일 주문을 통해 130여 국으로 책을 공급하고 있습니다. 한국 CLC는 청교도적 복음주의 신학과 신앙 서적을 출판하는 문서선교기관으로서, 한 영혼이라도 구원되길 소망하면서 주님이 오시는 그날까지 최선을 다할 것입니다.

조나단 에드워즈의
인간의 본질과 그리스도인의 성화

(원제: 성향적 존재론의 관점에서 본 조나단 에드워즈의 성화론)

JONATHAN EDWARDS'S THEOLOGY OF SANCTIFICATION FROM THE VIEWPOINT OF DISPOSITIONAL ONTOLOGY
Written by Joenggyu Choi
All rights reserved.
Korean Edition Copyright ⓒ 2020 by Christian Literature Center, Seoul, Korea

**조나단 에드워즈의
인간의 본질과 그리스도인의 성화**

2020년 4월 10일 초판 발행

지은이	|	최정규
편집	|	박민구
디자인	|	박성준, 박나라, 김진영
펴낸곳	|	(사)기독교문서선교회
등록	|	제16-25호(1980.1.18.)
주소	|	서울특별시 서초구 방배로 68
전화	|	02-586-8761~3(본사) 031-942-8761(영업부)
팩스	|	02-523-0131(본사) 031-942-8763(영업부)
이메일	|	clckor@gmail.com
홈페이지	|	www.clcbook.com
송금계좌	|	기업은행 073-000308-04-020 (사)기독교문서선교회

ISBN 978-89-341-2113-8 (93230)

이 도서의 국립중앙도서관 출판예정도서목록(CIP)은 서지정보유통지원시스템 홈페이지(http://seoji.nl.go.kr)와 국가자료공동목록시스템(http://www.nl.go.kr/kolisnet)에서 이용하실 수 있습니다.(CIP제어번호: CIP2020008517)

이 책의 저작권은 저자와 (사)기독교문서선교회가 소유합니다. 신저작권법에 의하여
한국 내에서 보호받는 저작물이므로 무단 전재와 무단 복제를 금합니다.

신학박사 논문 시리즈 ⑤

조나단 에드워즈의
인간의 본질과
그리스도인의 성화

Sanctification

최정규 지음

목차

저자 서문 9
감사의 글 12

제1장 서론 16
   1. 연구 배경 16
   2. 연구 목적 21
   3. 연구 방법 40
   4. 논문의 제안점 및 구성 44

제2장 조나단 에드워즈의 성화론에 대한 선행적 연구 현황 58
   1. 조나단 에드워즈의 성화론에 대한 긍정적·부정적 선행 연구 58
   2. 결론 및 평가 76

제3장 성향적 존재론의 관점에서 본 조나단 에드워즈의 성화론 형성 배경 80
   1. 교육적 배경 91
   2. 목회적 배경 113
   3. 청교도 신학의 영향 136
   4. 알미니우스주의와 신학 논쟁 156
   5. 잠정적 결론 178

제4장 성향적 존재론의 관점에서 본 조나단 에드워즈의 성화론 내용 183
    1. 성화의 출발점으로서 회심과 중생 191
    2. 『신앙적 애정』을 통하여 나타나는 성화의 진정성 표지 205
    3. 영적 인지와 동기 228
    4. 진정성을 내포한 지속적 표지 244
    5. 잠정적 결론 288

제5장 성향적 존재론의 관점에서 본 조나단 에드워즈의 성화론 원리 291
    1. 조나단 에드워즈의 성향적 존재론에 대한 성경 신학적 원리 391
    2. 성화론의 객관적 원리 333
    3. 성화론의 주관적 원리 354

제6장 결론 390

참고문헌 398

나의 인생 여정에서 이 첫 번째 저서를
연로하신 어머니와 이미 소천하신 아버지, 그리고 사랑하는 6형제들,
사랑하는 아내 최송자, 큰딸 최미솔과 사위 여홍주,
아들 최조셉과 막내딸 최미라,
그리고 메릴랜드주에 위치한 새벽빛교회의 사랑하는 교우들에게
삼가 드립니다.

| 조나단 에드워즈가 살던 노쓰엠톤교회의 사택

| 조나단 에드워즈가 목회하던 노쓰엠톤교회와 마을

저자 서문

최정규 박사
미국 글랜버니 새벽빛교회 담임목사

이 책은 18세기 계몽주의가 시작되었던 미국의 청교도 목사이며 미국뿐만 아니라 전 세계의 기독교 신앙에 영향을 준 조나단 에드워즈(Jonathan Edwards, 1703-1758)의 신학과 성경을 기초로 하여 성화론에 초점을 맞추고 있는 연구서이다. 조나단 에드워즈는 성화의 개념에 대한 신학적 의구심에 관한 해답을 얻기 위해 그의 목회 과정에서 지속해서 관찰하고 연구하였다. 그러므로 에드워즈의 신앙적 삶과 목회적 여정에 대한 자료를 살펴보는 것은 그가 가지게 된 성화론의 형성 과정과 신학적 개념을 이해하는 데 필요한 중요한 요구 사항이다.

이 책은 수많은 그의 저서에서 언급한 성화에 관한 내용을 체계적으로 정리하여 완성한 신학적 개념의 논문을 책으로 출간한 것이다. 이 책의 저자 역시 하나님의 은혜를 받았다고 하는 그리스도인들의 성화가 신학적 개념의 내용과 일치하지 않는다는 의문과 함께 이에 대한 성경적 답을 얻기 위해 본 논문을 완성한 후 출간하게 되었다.

에드워즈는 인간의 본질은 본질이라고 지적한다. 그는 하나님이 인간을 창조할 때에 섭리한 인간의 본질은 죄를 짓는 순간과 죄를 짓고 난 후에도 인간의 본질은 본질이라고 논지한다. 그리고 이 논지는 성경을 통해 하나님의 관점임을 강조한다. 에드워즈의 성화론은 하나님이 바라보고 있는 인간의 본질을 성경에 기초를 두고 펼쳐간다.

에드워즈는 하나님의 거룩한 형상에 의해 이끌림을 받았던 인간의 삶은 타락 후에는 육체의 이끌림을 받고 있다고 지적한다. 그는 인간의 삶 속에서 나타나는 이끌림의 현상(한쪽으로 기울어지는 경향)이 인간의 본질이며, 이 본질을 통해 인간이 '성향적 존재'(Dispositional Ontology)임을 끌어낸다. 그는 인간이 성향적 존재라고 강조하는 개념은 자연적이며 하나님이 창조한 창조의 본질적 특성임을 지적한다. 그뿐 아니라 인간의 성향적 존재의 본질은 이해력과 함께 자신에게 유익한 것을 택하며, 자신에게 유익한 쪽으로 기울어져 가게 되어 있는 성향(tender 또는 inclined)이 있음을 강조한다. 이러한 특성은 구원 얻는 믿음을 소유한 그리스도인에게도 예외가 아니다.

에드워즈는 성향적 본질이 가지고 있는 두 가지의 독특한 개념을 성경에서 끌어낸다.

첫 번째로 목적론이며, 두 번째는 관계론이다. 성향적 존재론의 목적론과 관계론은 하나님이 인간을 창조하실 때 로봇으로 창조한 것이 아님을 강조하는 중요한 개념이다. 이 두 개의 개념은 인간이 타락 전과 타락의 순간, 그리고 타락 후에 나타나는 인간의 행동을 변화시키는 원인자다. 다시 말해서, 성향적 존재인 인간은 목적과 관계를 통해 변화하고 변화 받는다. 성향적 존재론의 관점에서 본 에드워즈의 성화론(Edwards' Theory of Sanctification)은 이러한 성화의 원인자를 성경을 통해 논지하고 있다.

에드워즈는 인간의 본성을 하나의 실체(substance)와 형상(form)으로 정의하기보다는 지속적인 운동이나 행동 그 자체 안에 내포된 '성향적 존재'(Dispositional Ontology)로 보면서, 그 개념을 성화론의 중요한 원인자(요인)로 정의하고 해석하고 있다. 그는 인간 본성의 '성향성'(habits, disposition)의 개념을 하나님의 은혜와 맞물리면서 성화론에 대한 자신의 신학적 논지를 전개해 가고 있다.

에드워즈는 하나님이 인간의 삶을 이끌고 간다는 것뿐만 아니라 인간도 자신의 삶을 이끌고 간다고 주장한다. 그는 하나님도 최선을 다하시고 인간도 최선을 다한다고 강조한다. 그가 논지하는 이러한 주체의 이중적 구조(structure of twofold in supervision)는 그의 성향적 존재론의 관점에서 이해될 수 있는 성화의 구조적 개념(structural concept of Theory of Sanctification)이다. 이 개념이 이해될 때에 그리스도인들의 삶의 표지에는 인간의 삶을 이끌어 가는 성령 하나님과 성향적 존재로서 성화의 길을 살아가는 인간의 본질이 맞물려 있음을 이해할 수가 있다.

오늘날의 교회 공동체는 근대화 속에서 길을 잃어버렸다. 성공이라는 개념과 대형주의 속에서 복음을 전파하기 위한 방법론이라는 형식이 복음의 내용에 영향을 미치고, 신앙을 변질시키면서 성령을 잃어버렸다. 성도들은 말씀의 홍수 속에 살아가면서도 진작 변화되어야 할 그리스도인들의 기독교적 삶의 모습이 내적 변화를 통하여 외적으로 성화된, 진행적이고 지속적인 행위로 표출되지 못하고 있다.

그러므로 이 책에서 펼쳐진 에드워즈의 성화론은 성령 하나님의 이끄심에 의탁하여 인간의 본질과 본질에 기초한 기독교인들의 삶을 변화시킬 수 있는 방법론을 찾을 수 있다고 본다. 더 나아가 기독교 교육뿐만 아니라 사회적 교육의 목적과 방법론에도 올바른 방향을 제시할 수 있다고 여겨진다.

감사의 글

최정규 박사
미국 글랜버니 새벽빛교회 담임목사

미국에서의 삶이 녹록지 않다는 것은 미국뿐만 아니라 사랑하는 고국을 떠나 사는 이민자들 누구에게나 부딪치는 현실 가운데서 경험되는 결론이다. 저자 역시 마찬가지이다. 목회와 삶은 매우 힘든 과정이다. 물론 이 책은 힘든 과정에서 나왔다. 그러한 힘들었던 과정이 이 책을 나오게 한 배경이다. 그러나 이 책을 완성하고 출간하게 되기까지는 하나님이 주신 부르심을 통해 영원한 생명에 대한 인지와 그에 대한 상반된 의구심이 지속해서 나타난 목회적 갈증이 있었기 때문이다.

첫째, 저자에게는 미국에서의 삶의 시작은 학업에 큰 목적을 가지고 미국에 왔지만 뜻하지 않았던 죽음을 넘긴 교통사고였다. 이 사고를 통해 하나님의 부르심이라고 하는 깨달음이 영원한 생명에 대해 감겼던 눈을 뜨게 하시고, 말씀을 통해 영원한 생명의 삶이라고 하는 신학의 새로운 길에 발을 들여놓게 하였다.

둘째, 목회의 여정 가운데서 계속 반복되어 나타나는 질문이 있었다. "왜 기독교인들은 영원한 생명을 소유하였음에도 이렇게 변하지 않는가?"

"목사인 나는 왜 변하지 않는가?"

이 질문에 대한 답을 성경에서 찾기 위한 목회적 갈증이 바쁜 목회의 여정 가운데서 다시 캠퍼스를 찾게 했다. 그러나 이 책을 발간하면서 이 과정을 인도하신 분이 성령 하나님이심을 새롭게 깨닫게 된다.

짧지 않은 박사 과정과 연구 논문을 마무리하면서 지난 시간을 돌이켜 보며 하나님의 은혜 가운데 보내게 된 시간이었음을 생각하며 감사드린다. 무엇보다도 하나님의 은총이 없었으면 아무것도 할 수 없었던 시간이었음을 고백하며 하나님께 감사와 영광을 올려 드린다. 특히, 학업적 성취의 과정에서 많은 분께 감사의 마음을 전하지 못했기에 아쉬움이 더욱더 많은 것 같다. 긴 시간이었지만 학문적 성장을 위해 직·간접적으로 힘이 되어 주시고 격려해 주신 많은 분께 이 책을 통해 감사의 말씀을 전하고 싶다.

먼저 본 논문과 책이 완성되기까지 세심한 지도와 코칭을 통해 지도해 주신 황성철 교수님과 정부홍 교수님께 감사를 드린다. 무엇보다도 학위 과정을 위한 수업 과정부터 논문 과정까지 세심한 격려와 상담을 통해 이끌어 주신 Midwestern Baptist Theological Seminary 아시안 학부 박성진 학장님께 깊은 감사의 마음을 전하고 싶다. 더 나아가 학기마다 큰 열정으로 심도 있는 강의를 해 주신 Midwestern Baptist Theological Seminary 모든 교수님께도 감사드린다. 또한 바쁜 가운데서도 논문 교정을 3번에 걸쳐서 해 주신 김지태 장로님과 양식 교정을 꼼꼼히 점검하고 수정해 주신 권민재 목사님께도 감사드린다.

논문의 마지막을 정리하면서 함께 토론에 참석하여 에드워즈의 신학적 배경을 정리하는 데 도움을 준 Glen Burnie Baptist Church의 Interim Pastor 그레그 케임(Greg Kame) 박사님과 2019년도 10월에 예일대학교 '조나단 에드워즈센터'(Jonathan Edwards Center)에서 진행된 컨퍼런스(Conference)에서 에드워즈의 신학적 관점에 대한 많은 나의 질문에 대해 친절하게 대답을 준 『조나단 에드워즈의 신학』(The theology of Jonathan Edwards)의 저자 마이클 맥클리몬드(Michael McClymond)에게도 감사를 드리고 싶다. 마찬가지로, 지난 7년 동안 기도와 사랑으로 후원한 새벽빛교회 성도들에게 감사를 드린다. 저들의 기도와 함께 이 책의 내용을 설교와 사역에 적용할 때에 적극적으로 함께 움직여 준 성도들의 신앙적 열정과 도움을 잊지 못할 것이다.

마지막으로, 멀리 한국에 떨어져 계신 연로하신 어머니께 감사를 드리며, 이미 소천하신 아버지께 감사를 드린다. 미국에서 목회하고 있다는 이유로 잘 보살펴 드리지도 못하고 지낸 시간을 되돌아보며 한편으로는 마음 깊은 곳에서 늘 죄송한 마음이 있음을 전하고 싶다. 또한, 학위 과정이 진행되는 동안 기도와 물질로 후원해 준 사랑하는 동생들과 가정에도 감사를 드린다.

그리고 학위 과정 동안 말없이 기도와 사랑으로 목회와 학업을 위해 헌신한 사랑하는 아내와 막내딸 미라, 그리고 멀리 떨어져 있는 아들 조셉과 한국에 있는 사랑하는 큰딸 미솔과 사위 홍주에게도 감사의 마음을 전하고 싶다.

끝으로 논문이 책으로 출판하기까지 심혈을 기울여 주신 기독교문서선교회(CLC) 박영호 사장님과 관계자들에게 깊은 감사의 말씀을 전하고 싶다.

미국 메릴랜드의 글랜버니에 위치한 새벽빛교회 목양실에서

제1장

서론

1. 연구 배경

 인간은 정신이 있다는 것을 근거로 식물과 다르며, 또한 정신의 활동성이 사회적 관계 속에서 보편적 규범을 가지고 있다는 것이 동물과 다르다. 그렇기 때문에 인간의 정신을 정체된 존재로 이해하지 않고 일관된 원인과 목표를 가지고 있는 동적인 힘으로 표현할 때에 정신을 이해할 수 있다.[1]
 인간의 정신을 동적인 존재로 살펴볼 때 가장 먼저 발견하게 되는 것은 목표이다. 인간의 정신활동은 목표에 따라 규정된다. 인간은 누구나 다 생각하고 느끼고 소망하며, 심지어 꿈도 꾼다. 이러한 정신의 활동은 늘 현존하는 목표에 따라 규정되고 지속하며, 또한 수정되고 제약을 받는다.[2]
 그리고 그 목표는 가변적일 수도 있고 고정적일 수도 있지만, 그와 관계없이 인간의 정신 활동은 늘 현존하는 목표를 지향하고 있다. 그러므로 한

---

[1] 프레드 아들러, 『이해』, 라영균 역 (서울: 일빛, 2015), 24-25.
[2] 아들러, 『인간 이해』, 26.

사람의 목표와 그의 주변 세계에 대해 어느 정도 알고 있으면 우리는 그 사람의 표현 방식이 무엇을 의미하는지 이해할 수 있으며, 그것의 의미를 목표 달성을 위한 발달과 준비 과정으로 파악할 수 있다.[3]

그리스도인들의 정신 활동도 예외일 수는 없다. 다만, 구원받은 사람들의 정신 활동과 목표, 그리고 발달의 주체적 힘이 성령이기 때문에 성령은 구원과 함께 그리스도인들이 그리스도의 형상을 닮아가게 하는 데에 목표를 두고 있다. 그러므로 구원받은 사람들은 구원론에 뿌리를 둔 윤리적 정신과 목표가 존재한다.[4]

성경은 믿음이 하나님의 선물이며(엡 2:8) 성령의 내주하심(요 14:17)과 성령을 따라 살 것(갈 5:16)을 명하고 있다. 따라서, 그리스도인들은 외부로부터 자기 자신에게 임한 구원을 바라보며 그리스도 안에서 자신을 발견한다.[5] 이들은 성령을 따라 난 백성이기 때문에 당연히 성령을 좇아 살아가는 삶의 특징들을 나타낸다는 것이다.[6]

그런데도 오늘날 그리스도인의 왜곡된 삶의 모습은 구원받은 그리스도인들의 성화를 이끌고 갈 주체적 힘이 무엇인가에 대하여 의문을 가지게 한다. 하나님의 은총과 사랑을 받은 그리스도인들이 하나님의 선하고 거룩하고 온전하신 뜻을 찾아 살지 못한다면 그 구원은 현실적으로 아무런 의미를 지니지 못한다.[7]

오늘날의 교회 공동체는 근대화 속에서 길을 잃어버렸고 소비주의 속에서 길을 잃어버렸고 또한 성공 속에서 길을 잃어버렸다. 또한, 대형주의

---

3 아들러, 『인간 이해』, 26-27.
4 이한수, 『신약이 말하는 성령』(서울: 솔로몬, 2010), 183-184.
5 디트리히 본회퍼, 『행위와 존재』, 정지련, 김재진 역 (서울: 대한기독교서회, 2016), 184.
6 이한수, 『신약이 말하는 성령』, 97.
7 박충구, 『기독교 신앙공동체 윤리학』(서울: 대한기독교서회, 2005), 90.

속에서 길을 잃어버렸고 더 심각한 것은 산업화 속에서 성령을 잃어버렸다. 그뿐 아니라, 성공이라는 개념과 대형주의 속에서 복음을 전파하기 위한 방법론이라는 형식이 복음의 내용에 영향을 미치고 신앙을 변형시키면서[8] 교회 공동체의 관점에서 이행해야 할 보편적인 그리스도인의 삶의 내용을 상실하고 있다.

이를테면, 그리스도인들이 성화된 삶의 모습으로 살아야 함에도 성화된 삶의 모습은 나타나지 않고 오히려 많은 성도조차도 비그리스도인들처럼 비인격적인 구조를 편하게 느끼고 있다는 것은 사실이다. 달리 말하면 큰 군중 가운데 무명의 인물로 미지의 사람으로 있는 것을 대수롭지 않게 여긴다.[9]

특히, 오늘날 한국교회 성도들은 말씀의 홍수 속에 살아가면서도 진작 변화되어야 할 그리스도인들의 기독교적 삶의 모습이 내적 변화를 통하여 외적으로 성화된, 진행적이고 지속적인 행위로 표출되지 못하고 있다. 이와 같이 자신의 신앙생활이 구체성을 잃게 된 여러 가지 원인 가운데 하나는 신앙을 고백하면서도 현대의 자연주의 정신을 무의식 중에 받아들였기 때문인 듯하다.[10]

십자가에 못 박히신 그리스도께서 보여주신 본(本)은 사랑이며, 그것은 사랑으로 표현되는 믿음(갈 5:6)이다.[11] 다시 말해서 십자가는 그리스도의 사랑뿐만 아니라 하나님 자신의 사랑의 척도이다.

하나님께서 그리스도 안에 계시며 세상을 자기와 화목하게

---

[8] 밥 로버츠, 『T. 라이프』, 서치돈 역 (서울: 첨탑, 2007), 31.
[9] 데이비드 웰스, 『용기있는 기독교』, 홍병룡 역 (서울: 부흥과 개혁사, 2008), 74.
[10] Francis A. Schaeffer, *True Spirituality* (Wheaton, Ill.: Tyndale House, 1973), 60.
[11] 마이클 고먼, 『삶으로 담아내는 십자가』, 박규태 역 (서울: 새물결플러스, 2010), 258.

하시며 … (고후 5: 19).

죄로 말미암아 자기 아들을 죄 있는 육신의 모양으로 보내어 육신에 죄를 정하사(롬 8:3).

자기 아들을 아끼지 아니하시고 우리 모든 사람을 위하여 내어 주신 이가 (롬 8:32).

여기에서 그리스도의 희생 속에 나타난 하나님 사랑은 신학의 기저음이다.[12]

예수 그리스도의 십자가 사건을 통하여 그리스도인들에게 안겨진 '속죄의 순간을 위한' 구원론의 중심에는 성령이 계신다. 구원론 안에서 하나님이 그리스도를 통하여 보이신 사랑은 성령의 인도하심을 통하여 다른 사람과 관련을 맺고 있는 개인, 그리고 공동체 전체를 규정하는 특성이기 때문이다.[13]

또한, 그 구원론의 특성은 성화론이 자리를 잡고 있기 때문이다. 사실 그 성화의 개념은 도덕의 개념이기 전에 구원론의 개념이다. 다시 말해서 성화는 무엇보다도 기독교인들이 하나님께 속한다는 구원론의 진리를 의미한다.[14] 예수 그리스도의 구속 사역에 기초해서 구원 경험을 묘사하는 죄 용서, 칭의, 성화, 속죄, 구속 등의 다양한 개념들이 모두 구원론적인 술어들이며 성령이 이루시는 사역이다.[15]

---

[12] G.E. 래드, 『신약신학』, 신성종 역 (서울: 대한기독교서회, 2015), 536.
[13] 고먼, 『삶으로 담아내는 십자가』, 259.
[14] 래드, 『신약신학』, 643.
[15] 이한수, 『신약이 말하는 성령』, 164.

그러므로 성화가 하나님의 영역이기 때문에, 교회 공동체의 구성원들이 그 영역 안에서 참된 신앙이 있다면, 적극적인 성화의 길을 가게 하기 위한 하나님의 섭리와 인도하심이 나타난다. 참된 믿음은 하늘에 계신 하나님의 뜻을 행하므로 나타내는 것이지 관념적으로만 믿는 것을 말하지 않는다.[16]

다르게 말하면 참된 믿음은 성화되어야 할 당위성과 그로 인한 활동성이 하나님으로부터 동기를 부여 받으며 정신 활동은 강화된다. 그러나 칭의와 함께 교회 공동체 구성원의 보편적 삶을 통해서 나타나야 할 성화론적 삶은 현실이라는 문제에 봉착하게 된다. 이 시점에서 그리스도인들의 성화된 삶의 모습은 나타나지 않고 오히려 교회 공동체의 보편적 삶의 패턴에 대한 무관심과 그에 대한 총체적 인식 부족은 성화론적 삶에 보조를 맞추지 못하고 있다.

이러한 교회 공동체의 모습을 지켜보면서 연구자는 성화의 과정에 다양하게 표현된 조나단 에드워즈의 신학 속에서 발현된 성화의 원리들을 접하게 되었다. 에드워즈는 중생 이후에 인간 내에 바뀐 성향에 의해 삶이 그 행동으로 나타나며, 동시에, 성령 하나님은 성도 안에 내주하면서 그들의 삶과 행동의 원리가 된다고 논지한다.[17]

신분은 삶으로 유지되고 삶은 신분을 논증한다.[18] 에드워즈에게서 중생이라고 하는 신분과 성화라고 하는 삶은 같은 중요성을 가진다.[19]

그러므로 연구자는 에드워즈가 보여준 성화론에서 삶으로 그리스도인

---

[16] 손봉호, "복음주의 신학과 사회윤리," 「성경과 신학」, 제8권(1990): 40
[17] Jonathan Edwards, *The Works of Jonathan Edwards*, vol. 14 (New Haven, CT: Yale University Press, 1957-2008). 362
[18] 이한수, 『신약이 말하는 성령』, 89.
[19] 이진락, "조나단 에드워즈의 성화론," 「한국개혁신학」, 제 29호 (2011): 76.

들의 신분을 유지하고 또한 그 삶은 그리스도인들의 신분을 유지 시킬 수 있는 구체적 신학적 논증들이 본 논문에서 다루어질 수 있다고 생각하여 본 연구를 하게 되었다.

2. 연구 목적

본 논문의 연구 목적은 "성향적 존재론의 관점에서 본 조나단 에드워즈의 성화론"에 대한 연구이다. 18세기 미국 청교도 신학자이며 목회자인 조나단 에드워즈(1703-58)가 견지하는 성향적 존재론의 바탕 위에서 성화론의 내용과 원리를 연구하는 것을 목적으로 한다.

인간은 오직 그리스도 안에서만 자신을 하나님의 피조물로 인식하게 된다.[20] "피조물의 존재"는 오직 신앙 안에서만 존재하며, 신앙의 "어떠함"과 분리될 수 없는 "신앙하는 자의 현 존재"이다. 그러므로 죄인도 여전히 피조물이라는 사실은 오직 신앙하는 사람만이 말할 수 있는 사실이다.[21]

이러한 현 존재는 " ~ 이 있다"는 식의 존재가 아니라 신앙 안에 있는 존재의 동요 속에 존재하며, 존재론적으로는 하나님이 "존재의 근원"인 동시에 피조물의 주(主)이심을 의미한다.[22] 따라서 에드워즈의 성향적 존재론의 관점은 죄인 존재와 "칭의된 존재" 안에 함께 설정된 "피조물 존재"의 존재론적 한계 설정이 요구되며, 이러한 피조물 존재는 현존재의 구조와 "어떠함"의 구조에 의해 " ~ 을 지향하는 존재"로 규정될 수

---

20 본회퍼, 『행위와 존재』, 184.
21 본회퍼, 『행위와 존재』, 185.
22 본회퍼, 『행위와 존재』, 185.

있다.[23]

또한, 하나님이 인간 존재의 물질적인 부분(몸)과 비물질적인 부분(영혼)이 구분이 안 될 정도로 온전한 연합을 이루도록 만드셨기 때문에 영혼이 영향을 받는데도 몸이 아무런 영향을 받지 않는 것은 전혀 불가능하다.[24] 이에 대하여 에드워즈는 아래와 같이 설명하고 있다.

> 영혼의 구조는 영혼이 중립적이거나 무정한 관찰자가 아니라 자기가 알게 된 것을 좋아하거나 싫어하여 그것을 인정하거나 거부하는 존재라는 것이다. 그리고 이런 기능을 성향이라고 하며 이런 성향의 지배를 받아 행하고자 하는 것이 의지(Will)이며, 이런 모든 기능을 통틀어 우리는 마음이라고 한다.[25]

우리의 영혼은 두 가지 성향에 이끌려 눈에 보이는 것을 굳게 붙잡거나 구하기도 하고, 반대로 그것을 피하기도 하고 거부하기도 한다.[26] 그러므로 에드워즈는 인간의 마음은 모든 활동의 원천이며[27] 현존재가 가지고 있는 본래의 인간 된 우리의 본질과 영육 간의 연합 질서 가운데, 영혼의 성향과 의지가 역동적이고 생기 있게 역사할 때 우리 몸은 동물적인 느낌이나 감정적인 변화를 통해 영향을 받을 수밖에 없다고 설명하고 있다.[28]

다시 말해서 이 속성이 성령의 내재(內在)하심을 통하여 현존재는 자신

---

[23] 본회퍼, 『행위와 존재』, 186.
[24] 샘 스톰즈, 『우리 세대를 위한 조나단 에드워즈 신앙 감정론』, 장호준 역 (서울: 복있는 사람, 2016), 52.
[25] 스톰즈, 『우리 세대를 위한 조나단 에드워즈 신앙 감정론』, 52.
[26] Jonathan Edwards, *The Religious Affections* (Edinburg, Scotland: Banner of Truth Trust, 1986), 27.
[27] Edwards, *The Religious Affections*, 29.
[28] 스톰즈, 『우리 세대를 위한 조나단 에드워즈 신앙 감정론』, 53.

의 "~ 을 지향하는 존재"에 대한 행위적 활동에서 영향을 받는다는 것이 객관적인 그의 입장이다.

이 논문에서 연구의 초점은 세 가지로 정리한다.

첫 번째, 에드워즈의 성화론에 나타나는 성화의 내용이다.

성화의 내용이 무엇이냐에 따라서 에드워즈는 성화 과정에서 나타나는 성화의 참된 모습들을 구별하고 있다. 하지만 성화의 과정을 통하여 나타나야 할 성화의 내용을 획일적으로 정하지는 않았다. 에드워즈는 참된 성도라면 받은 은혜에 대하여 최소한의 기본적인 지속성을 가지고 있다고 주장하면서도, 그는 성화의 과정에서 나타나는 죄의 문제가 강한 영향력을 행사하고 있음을 주지하면서, 그 영향력을 절대로 과소평가하지 않고 있다.[29]

에드워즈는 "참된 성도라도 어느 정도 퇴보하거나 특별한 어떤 유혹에 빠질 수 있지만 신앙생활에 싫증을 내고, 지속해서 싫어하고, 무시하는 정도까지는 가지 않으며 절대 타락하지 않는다"라고 말하고 있다.[30]

에드워즈가 말하고 있는 성화의 내용은 네 가지로 분류할 수 있다.

첫째, 성화의 출발점이 되는 회심과 중생이다.

에드워즈의 저서 『놀라운 회심 이야기』를 통해서 표현된 회심과 중생에 관한 그의 신학이다. 그는 자신의 설교에서 아래와 같이 말하고 있다.

---

[29] 이진락, "조나단 에드워즈의 성화론," 84.
[30] Jonathan Edwards, *The Works of Jonathan Edwards*, 26 *vols.* (New Haven: Yale University Press, 1957-2008) vol. 16: *Letters and Personal Writings*. Edited by Deirfe S. Claghorn, (1998) 2:390. WJE-Y, 2:390.

사람들은 모든 은혜의 역사를 위해 하나님의 능력에 의존한다. 즉 은혜를 마음속에 주실 때도, 죄와 부패를 제어하고, 거룩한 원리를 증가시키며, 선한 일에 열매를 맺고, 마침내 완전에 도달하여 영혼이 완전히 그리스도의 영광스러운 형상을 닮으며, 마음이 기쁨과 행복으로 충만하게 되며 또한 그처럼 완벽하고 복된 영혼이 살기에 적합한 완전한 상태로 몸이 부활하는 것들의 모든 것을 하나님의 능력에 의존한다. 이러한 것들은 가장 영광스러운 하나님의 능력 결과이며, 피조물과 관련된 하나님의 연속적인 행동 속에서 나타나는 것들이다.[31]

에드워즈의 중생과 회심에 대한 신학은 하나님이 주관하신다고 하는 정통적 개혁신학의 위치에 있다. 그는 중생을 가리켜 "중생은 사람이 죄로부터 하나님께로 회심할 때 하나님의 크신 능력에 의하여 사람 속에 일어나는 위대한 변화를 의미한다"라고 했다.[32]

에드워즈는 자신이 사는 시대에 뉴잉글랜드로 몰려오는 개척자들과 함께 혼탁한 사상들이 섞여서 신앙의 정체성에 어려운 문제가 있다는 것을 알고 있었다. 그는 하나님의 주권 역사에 대한 신학적 인식을 보존하고 발전시키기 위해 힘쓴 노력이 이러한 그의 설교를 통하여 나타남을 알 수 있다.

마찬가지로 그는 하나님의 주권을 강조하면서 다른 한편으로는 하나님에 대한 인간의 성향적 의존성이 필연적임을 드러내고 있다. 그는 하나님의 주권적 은혜를 받은 인간의 정신 활동을 "정체된 존재"로 이해하지 않고 일관된 목표를 가지고 있는 "동적(動的)인 존재"로 보고 아래와 같이

---

[31] 조나단 에드워즈, 『조나단 에드워즈 대표설교선집』, 백금산 역 (서울: 부흥과개혁사, 2005), 154
[32] Jonathan Edwards, "Born Again" in *Sermons and Discourses*, 1730-1733, 17:186.

말하고 있다.

만일 당신이 회심하고자 한다면 인간들에 대한 사랑과 자비의 의무들을 다 수행해야만 합니다. 당신의 부모에 대한 책임 있는 행동, 당신의 형제자매들에 대한 사랑의 의무들, 당신의 남편, 아내, 자녀들에 대한 책임, 이웃들에 대한 온유, 정의, 그리고 자비의 의무들을 수행하면서 그것을 찾아야 합니다. 여러분은 모든 악의 분쟁, 시기, 그리고 험담을 피해야 하며, 사랑의 행위에 있어 풍성해야 하며 여러분이 행할 수 있는 모든 선을 행하여 애써야 합니다.[33]

즉, 인간이 하나님의 은혜를 받은 후에 그 은혜 속에서 어떤 놀랍고 기적적인 변화를 기대하면서 어떤 반응을 보여주는 것이 인간 정신 활동의 현 실태로 보고 있다는 뜻이다. 에드워즈의 성향적 존재론은 이런 의미에서 적극적 신앙생활을 강조하는 기본적 개념이 존재하고 있다.

그는 인간의 정신 활동에 이러한 성향적인 기본 정체성이 있음을 적극적으로 드러내면서 성화된 행위로 표지(標識)되어야 하는 필연성을 중생과 회심에 대한 진정한 모습이라고 말한다. 에드워즈의 저서 『놀라운 회심 이야기』는 중생과 회심이 성화와 관련하여 나타난 표지들을 회심과 부흥을 경험한 후에 밝힌 보고서이다.

그는 이 책에서 회심을 경험한 사람들이 지성, 신앙적 감정(애정), 의지 등의 변화도 보여주었다고 말한다. 그의 표현으로는 회심을 경험한 사람들이 이전과 다르게 영적인 일에 큰 확신이 있었으며 관심을 보여주었다

---

[33] Kimnach, et al., "The Reality of Conversion" in *the Sermons of Jonathan Edwards* (New Heaven, CT: Yale University Press, 1999), 97: 188.

고 한다. 에드워즈는 아래와 같이 서술하고 있다.

> 사람들은 주로 처음 회심하였을 때 그리고 회심 직후에 성경의 많은 본문들이 머리에 떠오르게 되었다. 그 말씀들은 자신들의 상황에 너무나 적합한 것이었다. 그리하여 종종 하나님이나 그리스도께 실제적으로 하시는 말씀처럼 능력으로 와 닿았다. 그리고 거듭되는 많은 흡족한 부르심 들과 약속들과 찬송들이 연이어 솟아나고 광명한 빛과 힘을 가져다주고 영혼에 기쁨을 주며 마음을 넓게 해 주고 입만 열면 신앙을 말하게 되었다. 성령의 즉각적인 영향으로 성경의 본문들이 머리에 떠오르게 된다는 것은 당연한 일이라고 생각한다. 내가 그렇게 생각하게 된 것은 기억력을 동원하지 않고 순간적인 계시의 방법을 쓴 것이 아니다. 그럼에도 어떤 즉각적이며 놀랄 만한 힘을 행사하였다는 것을 부인할 수가 없다. 실제로 어떤 사람들에게 있어서 하나님은 성경 구절들과 조화를 이루는 심령 상태와 묵상으로 그들을 이끌어 주심으로써, 그 성경구절들을 머리에 떠오르게 하심이 틀림없다. 그러나 많은 다른 사람들에게 있어서는 그보다 더한 무엇이 있는 것 같다.[34]

에드워즈는 이러한 현상을 돌아보면서 진정한 회심과 중생의 표지를 통하여 나타나는 다양한 현상들은 회심 자체가 전인적으로 이루어졌기 때문이라고 설명하였다.

둘째, 신앙 애정론을 통하여 나타나는 성화에 대한 진정성의 표지(標識)이다.
에드워즈는 감정(emotion)과 느낌(feeling)을 신앙적 애정(affection)과 다르

---
[34] 조나단 에드워즈, 『놀라운 회심 이야기』, 정부홍 역 (서울: CLC, 2005), 82-83.

게 보고 있다. 그는 자신이 사는 시대에 신앙적 애정을 소유한 성도들이 성화의 과정에서 보여준 열 두 가지의 표징들을 통하여 성화의 진정성을 구별하고 강조한다. 에드워즈는 자신의 저서 『신앙적 애정』[35]에서 아래와 같이 말하고 있다.

> 지금 천국에 있는 성도들이 아직 물리적인 몸을 가지지 못했다는 사실은, 몸을 통한 감각과 표현과 모양이 애정의 핵심이 아니고 "애정을 담아내는 것"에 불과하다는 사실을 알 수 있다. "정신으로 먼저 지각한 사랑과 기쁨은 몸으로 표출된다. 정신의 지각은 몸의 움직임보다 선행하고 몸에 의존하지 않는다. 그러므로 영혼은 몸이 없이도 이런 애정을 지각할 수 있다. 몸 안에서든 몸 밖에든 사랑과 기쁨을 누리는 곳은 어디나 정신의 지각이 있다. 이런 내석인 지각, 혹은 영적인 감각이나 느낌과 같은 영혼의 몸짓을 애정이라고 한다.[36]

에드워즈는 "거룩한 정서가 없다면 참 신앙도 없다"라고 설명한다. 그는 마음에 거룩한 정서를 낳지 않은 어떤 이성의 빛도 선한 것이 아니라고 주장하고 있다. 이러한 주장 속에서 우리는 에드워즈가 가지고 있는 성화론의 신학적 인식에는 "신앙적 애정"에 대한 본질이 성화의 과정에서 나타나야

---

[35] 한국에서 조나단 에드워즈의 번역 서적은 대부분 책의 제목을 『신앙적 애정』이라기 보다는 『신앙적 감정』으로 번역하여 사용하고 있다. 그 결과 에드워즈가 가지고 있는 신앙적 애정에 대한 개념이 육신적 감정에서 나오는 감정과 혼동될 수 있다고 여긴다. 그러므로 본 연구에서 연구자는 에드워즈가 가지고 있는 "신앙적 애정"에는 "하나님의 이끄심"이라고 하는 독특한 개념이 함의되어 있다는 것을 부각하기 위해 "신앙적 애정"으로 대체한다. 그러나 에드워즈의 『신앙애정론』의 제목을 『신앙 감정론』으로 번역된 책의 제목은 번역자의 주관적 고유의 권한이므로 책의 제목을 언급할 때는 그대로 번역자의 번역을 그대로 사용한다.
[36] 스톰즈, 『우리 세대를 위한 조나단 에드워즈 신앙 감정론』, 63.

하는 필연성이 존재함을 알 수 있다.[37] 이를 통하여 구원받은 사람이 가지고 있는 애정의 의미와 존재를 에드워즈는 어떻게 구현하였는가에 대해 연구할 것이다.

셋째, '의지의 자유'가 실행에 결정적 영향을 줄 수 있는 요소는 '인식과 평가'이다.

에드워즈는 성향적 존재론의 시각에서 인식과 판단이 신앙적 애정(affection)에 영향을 주고 있다고 주장한다.[38] 그중에서도 인간이 소유하고 있거나 새롭게 만나고 있는 다양한 동기 중에 가장 강한 동기를 통하여 의지가 실행의 표지를 드러낸다는 것이 그의 주장이다. 따라서 "마음의 시야에 뚜렷이 나타나는 동기"는 어떤 것이든 "의지를 결정하는 가장 강력한 동기"라고 에드워즈는 말한다.[39]

달리 말하면 에드워즈가 보기에 의지는 독립적인 정신 기능이라기보다는 매우 유동적인 하나의 과정에 가깝고 일종의 자문 기관에 가까운 것이라기보다는 하나의 동기가 지성의 동의를 촉발해 의지가 행동으로 옮겨지는 식의, 말하자면 전류의 극점과 비슷한 것이다.[40] "동기"라는 용어의 에드워즈의 용법은 마음을 "선(善)"으로 본 것이 항상 논리나 이성이나 심사숙고의 결과물은 아니라는 점을 분명히 보여주고 있다.[41] 에드워즈는 자유 의지 문제 전체에 대한 포괄적이고 중립적인 연구에는 관심이 없었다.

에드워즈가 정말 원했던 일은 훨씬 더 구체적인 일이었다. 그것은 알미니우스주의에 대한 비판과 함께 그들의 관점을 무너트리고 칼빈주의의 공

---

[37] 양낙흥, 『조나단 에드워즈 생애와 사상』 (서울: 부흥과개혁사, 2003), 450.
[38] 스톰즈, 『우리 세대를 위한 조나단 에드워즈 신앙 감정론』, 54.
[39] Edwards, *Freedom of Will*, vol. 1, 140.
[40] 이상현 편, 『조나단 에드워즈의 신학』, 이용중 역 (서울: 부흥과개혁사, 2008), 238.
[41] 이상현 편, 『조나단 에드워즈의 신학』, 238-239.

의를 이해하기 위해 제시한 철학적이며 독창적인 모델이었다.[42] 그러나 실제로 『자유 의지』에서 에드워즈가 행한 작업은 철학적인 것이라기보다는 주로 변증법적이고 윤리적인 것이다. 이러한 주장은 그가 성화론의 원리를 성향적 원리에서 보고 있으므로 나타난 결과이다.

에드워즈가 성향적 존재의 개념으로부터 추출한 의지에 대한 개념은 인간의 행동이 자기 원인적이거나 아니면 인간의 노력을 초월하는 어떤 요인이 행동을 결정하는 원인이 된다는 것을 근본 원리로 삼고 있다.[43] 이에 대하여 에드워즈는 『자유 의지』에서 아래와 같이 말하고 있다.

> 그 어떤 것도 원인이 없이 생기지는 않는다고 단언한다. 스스로 존재하는 것은 영원에서 나와야만 하며 불변해야만 한다. 그러나 존재하기 시작한 모든 것들은 스스로 존재하는 것이 아니다. 그러므로 그것들 밖에 그것들의 존재 기초가 되는 어떤 것이 있어야만 한다. 이전에는 존재하지 않았다가 존재하기 시작한 것은 무엇이든지 그것이 존재하기 시작한 원인을 가져야만 한다는 것이, 하나님이 인간의 마음에 심어 주신 상식과 선천적 감각의 첫 번째 명령이요, 현재나 과거나 미래의 모든 존재에 대한 논리적 기초인 것 같다.[44]

에드워즈는 어떤 의미에서 결정된 것은 다른 어떤 것의 결과여야만 하며, 원인에 의해서 결정되는 것은 항상 '긍정적인 영향'만이 아니고 '부정적인 영향'도 포함되어 있다고 아래와 같이 말하고 있다.

---

[42] Edwards, *Freedom of Will*, vol. 1, 181.
[43] 콘라드 체리, 『조나단 에드워즈의 신학』, 주도홍 역 (서울: 이레서원, 2001), 309.
[44] Edwards, *Freedom of Will*, vol. 1, 181.

원인은 자연적이든 도덕적이든 긍정적이든 부정적이든 간에, 선행하는 것을 가리킨다. 사물이든지 또는 어떤 사물의 방법이나 환경이든지 간에 어떤 사건이 그것에 의존하기 때문에 그것은 근거와 이유이며, 전체적이든 부분적이든 간에 그것이 존재하지 않는 것이 아니라 존재하는 이유이다. 또는 다른 형태로 존재하는 것이 아니라 다름아닌 그런 형태로 존재하는 이유이다. 다시 말하면, 어떤 선행하는 것이 결과적 사건과 밀접하게 연관되어 있으므로, 그것은 진실로, 어떤 긍정적인 영향력을 가졌든지 아니든지 간에, 그 사건을 확인하는 명제가 진실하다는 이유에 속한다.[45]

에드워즈는 의지의 실존과 그 역할을 설명하면서 결과적 사건으로 실존하고 있는 의지의 원인에 관해 설명을 하려고 시도하였다. 이를 통하여 의지의 결과를 만들어 내는 어떤 원인적 존재에 관한 근거가 있어야만 하는 당위성을 설명한다. 그 결과, 그 원인적 존재가 실존하고 있다는 것을 강조하고 있다. 믿음과 실천 사이의 관계를 검토해 보았을 때, 에드워즈는 의지의 "적절하고도 자발적인" 행동은 정신적 동기나 기질에 의해서 결정된다는 사실을 알게 되었다.

에드워즈는 의지를 결정하는 것이 바로 동기이며 그것은 정신적 관점에 있을 때 가장 강력하다고 말한다.[46] 자연의 관점에서 볼 때 인간은 열등한 존재다. 위축과 불안감으로 표현되는 열등이 인간의 의식 속에 늘 존재하면서 삶에 적응할 방법을 찾도록 자극한다. 그리고 이것은 인간이 차지하는 열등한 위치를 만회할 수 있는 계기를 마련해 주었다.[47]

우리 안에 내재된 원동력과 활동성이 지향하는 목표를 상정하면서 동기

---

[45] Edwards, *Freedom of Will*, vol. 1, 180-181.
[46] 체리, 『조나단 에드워즈의 신학』, 310.
[47] 아들러, 『인간 이해』, 32.

는 새롭게 내부에서 창조되지만, 동시에 인간의 의지는 목표에 집착하는 한 자유롭지 못하다.[48]

그러므로 의지의 자유에 영향을 줄 수 있는 인식과 동기의 문제를 에드워즈는 자신의 성향적 존재론에서 보고 있는 성화론에서 중요한 개념으로 다루고 있다. 본 연구에서는 이 부분에 대한 고찰(考察)을 통하여 성화의 근본적 원인제공을 하는 영적 인식과 평가, 그리고 동기의 실존적 존재에 대한 표지를 성향적 존재론에서 고찰(考察)할 것이다.

넷째, 에드워즈의 성화론은 진정성을 내포한 네 가지의 지속적 결과론적 표지인 회심의 표지, 사랑의 표지, 겸손의 표지, 균형성의 표지 등이 있다.

이러한 표지들은 지속해서 유지하면서 삶에서 드러날 때, 진정성의 유무와 함께 사건석 필연성과 도덕적 필연성을 함의하고, 또한 이 둘은 구별된 다른 의미가 존재한다.[49] 그는 자연적 필연성이 인간의 행동에 적용되었을 때 아래와 같이 의미를 지니고 있다고 설명하고 있다.

> 사람들이 자연적 원인의 힘을 통해서 느끼게 되는 필요성이다. 그것은 소위 마음의 습관이나 기질, 그리고 도덕적 동기나 유인 등과 같은 도덕적 원인과는 구별된다. 따라서 어떤 처지에 놓인 사람들은 필연적으로 특별한 감각의 주체가 된다. 육체가 상처를 입었을 때 그들은 고통을 느낀다. 따라서 필연적으로 인간의 육체는 그것을 지탱시켜 주는 것이 없을 때 쓰러지게 된다.[50]

---

[48] 아들러, 『인간 이해』, 28.
[49] 체리, 『조나단 에드워즈의 신학』, 313.
[50] Edwards, *Freedom of Will*, vol. 1, 156-157.

도덕적 필요성의 상관성은 자연적 필요성의 관계만큼 분명하다. 두 가지의 구별은 확실성의 정도에 관한 것이 아니라 그와 관련된 두 가지 사실들의 본질에 관한 것이다.[51] 에드워즈는 이것에 대하여 아래와 같이 지적하고 있다.

> 도덕적 필요성에서 결과와 관련된 원인은 특별한 종류의 것이다. 즉, 그것은 이전의 어떤 습관적 기질이든지 또는 이해력에 나타난 동기이든지 간에, 도덕적 본질에 관한 것이다. 그리고 결과도 역시 특별한 종류의 것이다. 도덕적 본질의 경우와 같이 영혼의 어떤 경향이나 의지, 또는 자발적인 행동 속에 존재한다.[52]

이러한 구별은 은혜와 믿음 사이의 관계에 적용할 때 하나님의 은혜와 인간의 행동 사이에 필연적인 관계가 있다는 사실을 나타내고 있다.

은혜가 '인간 주체'에서 역사할 때 신앙 행위는 의지의 행동을 포함하게 된다. 왜냐하면, 이 경우에 은혜는 도덕적인 것이지, 도덕의 자연적 원인도 아니고 믿음의 자연적 결과도 아니기 때문이다.[53] 하나님이 주시는 은혜는 아무런 생명도 없는 물체처럼 인간의 믿음을 움직이는 외적인 힘이 아니라, 살아있고 의지력을 가진 인간 주체 안에서 역사하시는 하나님의 선물이다.[54]

에드워즈는 구원 얻은 은혜란 다름 아닌 성도의 마음속에 내재하며 역사하는 성령 그 자체라고 명백히 진술한다. 성령이 거듭난 사람의 자아에

---

51 체리, 『조나단 에드워즈의 신학』, 313.
52 Edwards, *Freedom of Will*, vol. 1, 158.
53 Edwards, *Freedom of Will*, vol. 1, 433-434.
54 체리, 『조나단 에드워즈의 신학』, 314.

대해 성령의 효과가 중생한 사람의 자발적인 행위라는 사실과 양립 가능하며 이는 은혜로 거듭난 사람의 내적인 새로운 성향 또는 원리로서 주관적 요소로 존재한다는 그의 개념이다.⁵⁵ 이에 대하여 에드워즈는 아래와 같이 설명하고 있다.

> 효과적 은혜 가운데서, 우리는 단순히 수동적이 아니다. 하나님이 어떤 일을 하시고 우리가 그 나머지를 하는 것도 아니다. 하나님이 모든 일을 하시고 우리도 모든 일을 한다 … 하나님만이 유일한 창시자요, 원천이시다. 우리는 적절한 행위자다. 다른 측면에서 볼 때 우리는 전적으로 수동적이고 전적으로 능동적이다 … 우리가 결과를 얻기 위해서 수단을 써야만 하기 때문이 아니라, 결과 그 자체가 우리의 행동이요 의무이기 때문이다. 이러한 것들은 "하나님이 낭신 안에 역사하시어 의지를 발휘하고 행동하게 하신다"라는 말씀과 일치한다.⁵⁶

체리(Cherry)는 에드워즈에게 있어서 의지는 자기 결정적 실제가 아니라 "이해력의 최후 명령을 따르는" 인간의 행동이라고 말한다. 여기서 "이해력"은 넓은 의미에서 "인식과 이해의 전반적인 능력, 정신의 예비적 기질과 동인을 포함하는 것으로" 간주한다.⁵⁷

따라서 우리는 인간의 행동은 이해력의 최후 명령을 따르는 확신 속에서 나타나며 이 확신은 믿음의 본질은 아니다.⁵⁸ 이에 대하여 에드워즈는

---
55 이상현 편, 『조나단 에드워즈의 신학』, 253.
56 Jonathan Edwards, *The Works of President Edwards*, vol. 4, reprint of the Worcester Edition with additions (New York: S. Convers. 1829-1830), 580.
57 Edwards, *The Works of President Edwards*, vol. 4,, 221.
58 Edwards, *The Works of President Edwards*, vol. 4,, 238.

아래와 같이 설명하고 있다.

> 나는 믿음이 어떤 사람이 자기는 믿음을 소유하고 있다고 믿는 것과 같은 것이라고 생각하지 않는다. 그리고도 불신이 믿음이 없는 상태 자기들이 그것을 소유하고 있는지 의심하는 것과 같은 것으로 생각하지 않는다. 그것은 전혀 다른 것이다.[59]

다른 한편으로, 칼 바르트(Karl Barth, 1886-1968)가 주장한 것처럼 성화의 표지가 행위를 통한 주관적 도덕주의로 떨어지게 될 위험성이 있음을 알 수 있다. 다르게 말하면 인간의 행위와 경험에 집중하게 되어 믿음의 본질을 자기 확신으로 깨닫게 하며 이는 성화의 과정을 통하여 구원의 본질을 잃어버리게 될 수도 있다는 것이다.[60]

에드워즈의 믿음의 본질은 회심의 표지, 사랑의 표지, 겸손의 표지, 균형성의 표지 속에서 진정성의 유무와 함께 자연적 필연성과 도덕적 필연성을 함의하고 있다. 그뿐만 아니라 진정성을 내포한 지속적 결과론적인 표지들은 에드워즈의 성향적 존재론의 관점에서 성화론의 내용에서 중요한 자리에 있다. 에드워즈는 믿음의 본질에 균형성이 있음을 말하고 있다.

두 번째, 위에서 언급된 성화론의 내용을 통하여 성향적 존재론의 관점에서 본 에드워즈의 성화론의 원리에 대한 연구이다.

이 부분에서 연구 관점은 두 가지이다.

---

[59] John E. Smith, ed., *Works of Jonathan Edwards*, Vol. II (New Haven: Yale University Press, 1957), 480.
[60] 체리, 『조나단 에드워즈의 신학』, 250.

① 에드워즈의 "성향적 존재론"의 성서 신학적 원리에 대한 연구와 함께 성경 해석학적인 연구를 통하여 "성향적 존재론"에 대한 성경적 조명을 다룰 것이다.
② 성향적 존재론에 대한 객관적 요소와 주관적 요소이다.

이 두 가지 틀을 이용하여 에드워즈의 성화론의 원리를 연구하고자 한다. 에드워즈의 성화론은 중생과 밀접한 연관이 있다. 에드워즈에 의하면 중생은 성령의 사역이며 인간의 영혼이 하나님을 배신함으로 타락했던 죄의 상태에서, 잃어버렸던 하나님의 형상을 성령이 회복하였다는 것이다. 이것은 성령의 성화하는 사역을 통해 점차로 이루어진다.[61]

또한, 성령 하나님은 성도 안에 내주하면서 그들의 삶과 행동의 원리가 된다고 하는 것이 에드워즈의 주장이다.[62] 이것은 그리스도 안에서 "이미" 이루어진 것과 "아직" 이루어지지 않은 것 사이를 살아가는 종말론적 긴장 구조와 맞물려 있는[63] 그의 성화론을 말하고 있다. 달리 말하면, "이미" 타락했던 영혼을 중생하였으며, 또한 "아직" 예수 그리스도가 계신 천국에 가기까지 이루어져야 할 "성화의 완성"을 위하여 "성령이 일하고 있다"는 것이 에드워즈 성화론의 객관적 원리이다.

에드워즈가 가지고 있는 성령에 대한 인식은 성향적 존재론에서 본 삼위일체 하나님이라는 시각에서 성령의 역할이 설명된다. 즉, 성향적 존재론에서 삼위일체이신 하나님은 성향적 존재이며, 이러한 관점은 삼위(三位)의 한 위격(位格)이신 성령도 성향적 존재로 보는 것이다.

결과적으로는 성령도 성향적 존재이며 실천을 지향한다. 그는 성향적 존

---

[61] Jonathan Edwards, *The Works of Jonathan Edwards: The "Miscellanies,"* 833-1742, no. 847.
[62] Edwards, *The Works of Jonathan Edwards: The "Miscellanies,"* 501-832, no. 614.
[63] 이한수, 『신약이 말하는 성령』, 550.

재론의 개념에는 실천의 본성이 있으며 오히려 성향성이 실천이라고 말한다.[64] 성령이 주는 정신 활동은 생명이기 때문에 멈추지 않고 지속해서 생명의 실천을 하며 열매를 맺는다.[65] 이러한 성향적 존재론에서 도출된 성령의 역할이 에드워즈 성화론의 객관적 원리이다.

세 번째, 에드워즈의 성화론에서 객관적 원리와 함께 나타나는 다른 하나는 인간의 정신활동에서 도출되는 주관적 원리이며 그것은 관계론적 요소이다.

그러므로 주관적 틀 안에서 그가 보여준 성화론은 인간의 내부에 존재하고 있는 다양한 주관적 요소 간의 관계적 관계에서 이해되어야 한다. 에드워즈의 성화론의 주관적 틀 안에서 보이는 관계적 요소들은 세 부분으로 구분하여 그 원리들을 설명하고 있다. 즉, 자신의 성향적 존재와 자신과의 관계, 자신이 인식하는 부분적 주위와 자신과의 관계, 그리고 자신이 인식할 수 있는 가운데서 전체적이며 통합적인 존재와 자신과의 관계이다.[66] 에드워즈가 가지고 있는 성화의 각 요소는 개별성을 가지고 있지만 동시에 철저하게 관계성 속에서 유기적인 모습으로 나타난다.

이상현은 에드워즈의 작품 『잡기들』(The Miscellanies)에서 "중생한 사람들이 가지고 있는 이러한 정신적인 조명이 없는 인간의 이성적 사고는 모든 사물을 그들의 참된 관계 속에서 다른 사물과의 관계 속에서 사물을 전체와 관련하여 볼 수 있는 능력을 결코 가질 수 없다"라고 주장한다.[67]

---

64 이상현, 『조나단 에드워즈의 철학적 신학』, 노영상, 장경철 역 (서울: 한국장로교출판사, 1999), 87-90.
65 이진락, "조나단 에드워즈의 성화론," 82.
66 이상현, 『조나단 에드워즈의 철학적 신학』, 129.
67 Edwards, 130, "Miscellanies," no. 42, HGT, 238, 이상현, 『조나단 에드워즈의 철학적 신학』, 130에서 재인용.

이러한 에드워즈의 신학적 인지를 바탕으로 그가 논지하고 있는 주관적 성향의 관계적 인식은 그의 성화론을 이해할 수 있는 핵심 개념이다. 우리는 본성적으로 자신을 스스로 의지한다. 이런 습성은 우리의 본성일 뿐만 아니라 일생의 습관을 통해서 굳어진 것이기 때문이다.[68]

그러므로 인간의 본성 안에 있는 자아는 우리가 그리스도인임에도 불구하고 이성과 경험, 자기 확신과 만족, 위로라고 하는 다양한 목적이 존재한다. 그리고 이러한 나름의 목적을 이루기 위해 자신 안에서 구원의 본질을 왜곡하며, 인간 중심 성화의 틀과 체계를 스스로 만들어 가고 있다.

이러한 현상은 성령 하나님에 대한 인식도 마찬가지이다. 인식 행위를 통해서 인식된 것은 자아의 처분을 기다리는 지식 체계로 편입될 수 있다. 인식의 목표는 이러한 완성되어 가는 체계 속에서 이 세상에 대한 주(主)기 되어가며 결국 성령의 활동은 인간의 이러한 인식의 체계에 등을 돌린다.[69]

그러나 하나님은 결코 의식의 "객체"가 될 수 없다. 인식론적으로는 "대상적인 것"은 자아에 의해 자기 자신 속으로 끌려 들어가기 때문에 하나님 존재는 인간의 "대상적"이 될 수 없다.[70] 인식의 주체는 성령이신 하나님이시며 그렇기 때문에 하나님은 인간의 의식 속에서 발견되는 것이 아니라 오직 "신앙의 행위" 속에서만 존재하며 발견된다.[71] 에드워즈는 믿음은 하나님의 말씀에 의존하고 있으며 다른 사람의 말에 의존한다는 것은 그것을 믿는 것이기 때문에 그것이 진실인 것처럼 그것에 근거해서 행동하는 것이라고 주장한다.[72]

---

68 체리, 『조나단 에드워즈의 신학』, 288.
69 본회퍼, 『행위와 존재』, 111.
70 본회퍼, 『행위와 존재』, 107.
71 본회퍼, 『행위와 존재』, 107.
72 Edwards, "Miscellanies," *Journal Yale Collection* (Yale Beinecke Rare Book and Manuscript

그러므로 에드워즈의 존재에 대한 성향적 개념은 관계와 행위가 현실적 존재를 구성하는 것이며 그 성향들은 영속하며 본성적으로 반복되는 실행이 가능하다. 그리고 그의 결론은 "존재"(存在)란 보태어질 수 있는 (incremental) 것이며 경향성과 성향이 하나의 존재론적 증대의 원리라는 것이다.[73] 반면에 인식론은 행위 없는 존재론적 존재로 그 개념이 연상된다. 지식은 곧 소유이기 때문에 체계적 지식에서 형성된 실존적 지식은 자신의 실존성을 상실할 수밖에 없다.[74]

그러한 의미에서 에드워즈는 존재론과 인식론에서 표출된 에드워즈 이전의 형이상학의 실체(substance)와 형상(form)을 "성향"의 개념이 가지고 있는 "행위"를 통해 성화론을 전개해 가고 있다고 여겨진다. 하나님은 자신의 고유한 속성 안에서 성도의 성향과 기능에 연합하여 존재한다.[75] 이러한 연합의 과정은 성령의 지속적 관계 안에서 주권을 상실하지 않으며 성도들의 행위 안에서, 아래서, 그리고 뒤에서 작용한다는 것이다.[76]

에드워즈의 "성향"은 사건과 행동이 현실화하는 과정을 지배하며 "이러한 경우에는 이러한 행동이 될 것이다"라고 하는 그 현실화하는 과정에서 행동이 된다고 주장한다.[77] 그러나 그 사람 안에 성령이 거하시는 것은 그 사람 자신에 의해서 유지될 수 없다. 하나님의 빛과 인간의 능력은 동일하지 않기 때문에 성령과 성도 사이의 구별은 지속된다. 그 빛 즉, 성령

Library), 4. 체리, 『조나단 에드워즈의 신학』, 215에서 재인용.
[73] 이상현, 『조나단 에드워즈의 철학적 신학』, 161.
[74] 본회퍼, 『행위와 존재』, 111.
[75] Jonathan Edwards, "An Essay on the Trinity," *Treaties on Grace and other Posthumous writings including Observations on the Trinity*, ed. Paul Helm (Greenwood: Artic Press, 1971), 75.
[76] Edwards, *Religious Affections*, 203
[77] *Yale Collection of Edwards's Manuscripts* (Beinecke Rare Book and Manuscript Library, Yale University). 274.

은 인간 존재 안에 놓인 새로운 기초이다.[78]

그러므로 에드워즈에게 있어서 그의 존재론에 대한 성향의 근본적 출발은 성령의 내재하심(indwelling)을 통하여 일어나며 인간 역시 성령과 영혼 사이에서 연합은 존재하지만 동질성은 없다는 것이다.

따라서 성향적 존재론의 개념은 인간 내부에 내재하는 성령의 위치와 역할이다. 동시에, 이미 인간 자아의 인식으로 인한 체계화된 구조물 속에서 인식되어 나타나는 자기 신앙이 행위 속에서 나타나는 어떤 표징이라고 여겨진다.

시편 69:32에서 진정한 그리스도인은 하나님을 찾는다고 했다. 이는 진정한 그리스도인으로서 성향적 특성을 나타내는 표지이다. 신앙은 하나님에 의해 야기된 것이기 때문에 오직 행위 속에서만 존재하는 것이지 객관적으로 발견될 수 있는 그 무엇이 결코 아니다. 오직 그때마다 신앙의 행위 속에서만 "행동하고 있는 존재"다.[79] 믿는다고 말하며 신앙 행동을 하지 않으면서 오히려 그 신앙을 자신의 체계화된 인식의 구조물 안에 가두어 두는 것은 결국 자기 자신의 신앙을 믿는 것이 된다.[80]

에드워즈는 빌립보서 1:10-11 말씀이 하나님의 영광에 대하여 "창조의 도덕적 부분의 선하심"은 하나님의 "창조의 궁극적 목적"을 말하고 있다고 설명한다.[81] 이 목적을 위하여 성령의 내재하심이 활동성을 나타내야 하며 그 활동성은 인간의 체계화된 자아 자체의 인식의 틀 안에서 어떻게 행동으로 나타나는가를 관찰한 에드워즈의 성화론을 연구하는 것이 본 논문의 초점이다.

---

78 체리, 『조나단 에드워즈의 신학』, 70-71.
79 본회퍼, 『행위와 존재』, 110.
80 본회퍼, 『행위와 존재』, 110.
81 Jonathan Edwards, *The Works of President Edwards*, vol. 3. Reprinted of the FB&C Ltd, London, Dalton House, 2017 (New York: S. Converse, 1829), 47.

에드워즈의 성화 내용이 진정성과 지속성의 표지가 있어야 한다는 그의 논지 속에는 객관적이며 주관적인 성화의 근본 원리가 있다. 그리고 인간의 자아에 형성된 인식의 체계 안에는 성령의 내재하심과 활동으로, 자신과 자신, 자신과 이웃, 그리고 자신과 전체의 관계 속에서 행위로 나타나는 필연성이 존재한다는 것이 그의 주장이다.

그러므로 에드워즈가 성향적 존재론의 관점에서 본 성화 과정은 성령의 내재 및 활동을 통해 회심과 중생, 사랑, 그리고 겸손과 지속적 균형성에 대한 표징들이 있으며 이와 같은 표징들은 결과론적 필연성에 의해 자신과 자신, 자신과 이웃, 그리고 자신과 전체와의 관계론적 인식을 통해 나타나는 행위의 표징들이 있음을 들어내는 것이 본 논문의 목적이다.

3. 연구 방법

본 연구의 구체적 방법론은 다음과 같다.

첫째, 조직신학의 성화론에서 성화의 부분에 대하여 "성령의 역할"에 대한 객관적 초점에 맞춘다.

특히, 성령의 여러 사역 가운데서 성화와 직접적인 관련이 있는 주제들에 대하여 필요에 따라 선택적으로 다룰 것이다.

둘째, 에드워즈의 성화론의 신학적 개념들과 목회적 과정에서 그의 설교와 함께 그의 저서에서 추론된 것을 중심으로 진행될 것이다.

여기에서 추론되었다고 하는 개념은 에드워즈의 지금까지의 연구된 성화론은 그의 설교와 자신의 목회적 배경에서 도출된 표징들과 그의 신학 사상에서 저서들을 통하여 나타난 논지들이다. 그러므로 연구자는 성화론의 과정에서 나타나는 주관적 개념들은 에드워즈의 철학적 신학의 논지인 성향적 존재론과 함께 이를 뒷받침하는 그의 설교집과 저서 안에서 연구하게 될 것이다.

셋째, 에드워즈의 성화론은 회심을 통하여 드러나는 목회적 현상과 자기 삶의 과정에서 형성된 신학이다.

그의 삶은 청교도의 신앙적 삶에서 그 틀을 제공하고 있다. 그러므로 연구자가 에드워즈의 성화론의 과정에서 나타나는 신학적 언급들은 다분히 청교도적 신앙의 개념 속에서 전개될 수 있다. 청교도적 신앙의 개념은 다양하다. 다양한 개념이란 의미는 청교도의 신앙 노선 안에는 보수적인 복음도 있고 진보적인 복음의 개념도 포함되어 있다는 뜻이다. 그런데도 연구자는 18세기 계몽주의와 맞물려 있는 청교도신학에서 나타난 다양한 신학 사상 가운데서도 정통 개혁주의의 신학 사상 안에서 연구할 것이다.

넷째, 에드워즈의 성화론에 관한 연구가 진행될 때에 항상 도출되는 개념이 있다.

그것은 에드워즈의 주관적 관점에서 본 인간론이다. 그가 가지고 있는 인간론은 계몽주의 시대와 함께 고민하던 철학적 신학 사상이다. 그러므로 연구자는 에드워즈의 성화론을 연구할 때 등장하는 인간론은 자신이 사는 시대적 상황에서 고민한 문제들을 해결하기 위하여 사용한 실재적이며 현상의 고찰 때문에 추론된 일반 법칙들이다.

이러한 추론된 법칙들이 본 연구에 사용될 때 연구자는 이러한 철학적 신학의 출처가 성경과 맞물려 있음을 발췌한 것이다. 성화론 속에서 거론되는 성령의 역할에 대한 이론은 방대하다. 그러므로 이 논문에서는 에드위즈의 성화론을 중심으로 연구되기 때문에 다음과 같은 자료들을 사용할 것이다.

첫째, 예일대학교 부설 조나단 에드워즈센터에서 출판된 조나단 에드워즈의 전집을 주된 1차 자료로 사용한다.

인쇄본으로 완간된 전집은 『의지의 자유』(Freedom of the Will)를 비롯하여 26부가 완간되었다. 그 중에서 Volume 1: Freedom of TheWill. Volume 2: Religious Affection. Volume 3: Original Sin. Volume 4: The Great Awakening, 그리고 Volume 17: Sermons and Discourses, 1723-1729. Volume 18: The "Miscellanies" 501-832. Volume 19: Sermons and Discourses, 1734-1738. Volume 20: The "Miscellanies" 833-1152는 본 논문에서 중요하게 다루어진 내용이다. 특히, 이전에 출간된 적이 없는 작품들이 27번에서 41권까지 출간되었고, 연대순으로 배열된 설교 원고가 42번에서 73번까지 출판되었다.[82]

---

[82] 현재 인쇄 본으로 완간 된 전집: Volume 1: Freedom of Will. Volume 2: Religious Affection. Volume 3: Original Sin. Volume 4: The Great Awakening. Volume 5: Apocalyptic Writings. Volume 6: Scientific and Philosophical Writings. Volume 7: The Life if David Brainerd. Volume 8: Ethical Writings. Volume 9: A History of the Work of Redemption. Volume 10: Sermons and Discourses, 1720-1723. Volume 11: Typological Writings. Volume 12: Ecclesiastical Writings. Volume 13: The "Miscellanies" Entry Nos. a-z, aa-zz, 1-500. Volume 14: Sermons and Discourses, 1723-1729. Volume 15: Notes on Scripture. Volume 16: Letters and personal Writings. Volume 17: Sermons and Discourses, 1723-1729. Volume 18: The "Miscellanies" 501-832. Volume 19: Sermons and Discourses, 1734-1738. Volume 20: The "Miscellanies" 833-1152. Volume 21: Writing on the Trinity, Grace, and Faith. Volume 22: Sermons and Discourses, 1739-1742. Volume 23: The "Miscellanies" 1153-1360. Volume 24: The Blank Bible. Volume 25: Sermons and Discourses, 1743-1758. Volume 26: Catalogues of Books (Yale University access only).
2. 이전에 출간된 적이 없는 작품들 (27-41권): Volume 27: Controversies Notebook. Volume 28: Controversies Notebook. Volume29: Harmony of the Scriptures. Volume 30: Prophecies of the Messiah. Volume 31: History of Redemption Notebooks. Volume 32: correspondence by to, and about Edwards and His Family. Volume 33: Misrepresentations Corrected Draft. Volume 34: Original Sin Notebooks. Volume 35: Charity and its Fruits (Tryon Edwards, ed., Charity and its Fruit (1852), Joseph Bellamy, Sermons 1-3(Htfd. Sem.)*. Volume 36: Sermon Notebooks. Volume 37: Document on the Trinity, Grace and Faith. Volume 38: Dis-

본 전집은 에드워즈센터 홈페이지 (http://edwards.yale.edu/) 규정을 통하여 무료로 활용할 수 있다. 그리고 그의 설교집 가운데서 본 연구를 위하여 사용될 수 있는 자료들이 있다. 설교집 42-73까지의 자료들이 비록 설교 중에 표현된 그의 성화론이지만, 그 중요성을 참작하여 사용할 예정이다.

둘째, 조나단 에드워즈에 관한 2차 자료이다.

많은 학술적 자료가 한국에서도 연구되어 도서관에 소장되어 있는데 이 부분에 관한 내용은 위에 이미 위에서 선행 연구자료에 언급하였다. 제한적이지만 한국에서 번역된 서적들도 있으므로 연구 과정에서 사용될 수 있는 귀중한 자료들이다. 이 부분에 대한 구체적 내용은 참고 서적에 기록될 것이다.

셋째, 조나단 에드워즈에 관한 학술 논문이다.

---

missal and Post- Dismissal Documents. Volume 39: *Church and Pastoral Document.* Volume 40: *Autobiographical and Biographical Document.* Volume 41: *Family Writings and Related Documents*
3. 연대순으로 배열된 설교 원고 (42-73): Volume 42: *Sermons, Series* II, 1723-1727. Volume 43: *Sermons, Series* II, 1728-1729. Volume 44: *Sermons, Series* II, 1729. Volume 45: *Sermons, Series* II, 1729-1731. Volume 46: *Sermons, Series* II, 1731-1732. Volume 47: *Sermons, Series* II, 1731-1732. Volume 48: *Sermons, Series* II, 1733. Volume 49: *Sermons, Series* II, 1734. Volume 50: *Sermons, Series* II, 1735. Volume 51: *Sermons, Series* II, 1736. Volume 52: *Sermons, Series* II, 1737. Volume 53: *Sermons, Series* II, 1738, and Undated, 1734-1738. Volume 54: *Sermons, Series* II, 1739. Volume55: *Sermons, Series* II, January-June 1740. Volume 56: *Sermons, Series* II, July-December 1740. Volume 57: *Sermons, Series* II, January-June 1741. Volume 58: *Sermons, Series* II, July-December 1741. Volume 59: *Sermons, Series* II, January-June 1742. Volume 60: *Sermons, Series* II, July-December 1742, and Undated, 1739-1742. Volume 61: *Sermons, Series* II, 1743. Volume 62: *Sermons, Series* II, 1744. Volume 63: *Sermons, Series* II, 1745. Volume 64: *Sermons, Series* II, 1746. Volume 65: *Sermons, Series* II, 1747. Volume 66: *Sermons, Series* II, 1748. Volume 67: *Sermons, Series* II, 1749. Volume 68: *Sermons, Series* II, 1750. Volume 69: *Sermons, Series* II, 1751. Volume 70: *Sermons, Series* II, 1752. Volume 71: *Sermons, Series* II, 1753. Volume 72: *Sermons, Series* II, 1757-1755. Volume 73: *Sermons, Series* II, 1756-1758, Undated, and Fragments.

4. 논문의 제안점과 구성

성화론을 비롯한 신학적 명제는 성경으로부터 도출된 신학에 부합 하는가가 이론의 타당성을 결정한다. 에드워즈의 성향적 존재론도 예외일 수는 없다. 에드워즈의 성향적 존재론을 따라서 그의 성화론을 이해하고자 했던 학자들과 개혁주의 입장을 고수하면서도 에드워즈의 철학적 개념에 쉽고 성급하게 접근한 것을 비판한 학자들이 있다.

에드워즈의 신학에서 경향성의 개념을 처음으로 중요하게 다루고 있는 학자는 프린스턴신학대학원에서 조직신학 교수로 있으며, 예일대학교의 조나단 에드워즈의 전집 출판위원으로 있는 이상현이다. 이상현은 에드워즈가 경향성(habit) 혹은 성향성(disposition)을 자기 사상의 중심 개념으로 삼고 성향적 존재론(dispositional ontology)을 전개했다고 강조한다.[83]

성향적 존재론이란 형이상학적 전제를 발전시킨 철학적 개념이다. 특히, 이상현은 자신의 저서『조나단 에드워즈의 철학적 신학』에서 에드워즈는 사물들 자체가 경향성을 갖는 것이 아니라 사물들 자체가 성향성, 경향성이라는 것을 강조하고 있다고 설명한다.[84] 이상현의 주장으로는 에드워즈는 하나님을 완전한 실제(perfect actuality)이자 자족성(自足性)을 가진 존재로 보고 있다는 사실이다. 그는 에드워즈가 하나님을 성향일 뿐만 아니라 본질적으로 완전한 현 실태로 그 현 실태를 반복해서 구현하는 현 실태로 규정하고 있다는 것이다.[85]

성화론을 성향적 존재론에서 보게 되면 성령의 역할에 대한 문제점들이 드러난다. 이러한 이상현의 주장은 얼핏 성화의 과정에서 구원받은 성도

---

[83] 이상현,『조나단 에드워즈의 철학적 신학』, 24-25.
[84] 이상현,『조나단 에드워즈의 철학적 신학』, 89.
[85] 이상현,『조나단 에드워즈의 철학적 신학』, 36.

들은 하나님의 거룩한 모습을 닮아 가기 위한 성향성(경향성)이 있음을 통하여 [86] 성령의 인도하심에 어떤 선한 결과론적 필연성을 기대하게 된다.

이 부분에 대하여 이진락도 같은 논지를 하고 있다. 이진락은 자신의 논문에서 이상현의 에드워즈의 해석은 분명히 탁월하지만 경향성을 철저하게 존재론적인 것으로 받아들여서 신학의 모든 부분에 적용한다면 역사적 개혁주의 전통과 멀어지는 일이 생길 수 있다고 지적한다.[87]

연구자 역시 존재론의 성향성을 강조하게 되면, 구원받은 성도들이 성화의 과정을 성령의 인도하심보다는 성도 자신의 의지로 "긍정적이거나 부정적 방향으로 이끌고 나갈 수 있다"는 구원론의 신학적 오해를 불러일으킬 가능성이 있다고 여겨진다. 그러나 에드워즈는 이러한 오해를 불러일으킬 가능성에 대하여 다음과 같이 주장한다.

"의지 그 자체는 의지를 가진 존재가 아니다. 선택의 능력도 그 자체가 선택하는 능력을 가진 것이 아니다. 의지나 선택의 능력을 지닌 것은 인간이나 영혼이다. 의지력 그 자체가 아니다."[88] 지난 세기말에 조나단 에드워즈의 신학적 사상은 심리학적으로 검증을 받았다. 그 결과 필리스 맥긴리(Phllis McGinley)와 같은 신학자는 하나님에 대한 에드워즈의 인식을 "종교적 정신 착란 시대"에 채택된 불쾌한 칼빈주의 교리들을 상세히 설명한 광신자로 비판하였다. 그는 조나단 에드워즈의 설교문에서 도출된 "진노의 하나님"에 대하여 "거의 병적인 증오심으로 아담의 모든 자녀"를 증오하고 있다 지적한다.[89]

---

[86] 이상현, 『조나단 에드워즈의 철학적 신학』, 89.
[87] 이진락, "조나단 에드워즈의 '신앙적 정서'에 관한 연구" (박사학위 논문, 총신대학교 대학원, 2008), 225.
[88] Paul Ramsey, *Works of Jonathan Edwards*, vol 2. ed. John E. Smith (New Haven: Yale University Press, 1957-), 621.
[89] 체리, 『조나단 에드워즈의 신학』, 31.

그러나 에드워즈에 대한 새로운 이해가 시작된 것은 부분적으로는 20세기에 와서 청교도의 관한 연구가 활성화된 덕분이며 현재 미국의 특징들이 뉴잉랜드의 청교도와 관련이 있다는 사실을 인식하게 되면서부터 시작된다.[90]

미국의 종교 역사에는 에드워즈의 철학적 신학에 대해 불쾌하게 여과시키는 요인들이 많이 있다. 그럼에도 정통신학과 칼빈주의에 새로운 빛을 비추어 준 칼 바르트(Karl Barth), 라인홀드 니버(Reinhold Niebuhr) 등과 같은 신학자들의 특징들에 대해 많은 논쟁을 할지라도 그들은 다양한 방식으로 어거스틴(Augustine)과 칼빈주의의 범주를 개방했다고 볼 수 있다.[91]

이러한 관점은 조나단 에드워즈에게서도 마찬가지다. 에드워즈의 신앙적 사상에 관하여 연구하게 되면 그는 최초이자 최후의 칼빈주의 신학자다. 이러한 결정은 에드워즈의 사후(死後) 2세기 후의 사람들에게도 여전히 의미 있게 이해될 수 있다는 확신에서 비롯된 것이다.[92]

사실 에드워즈는 개인적으로 자신의 심령 가운데 역사하시는 성령의 은혜를 풍성하게 체험한 사람이었고 자신의 목회 현장 가운데서 수많은 영혼이 회심의 은혜를 누리고 성화의 역사를 본 경험이 있다.[93]

특히, 그는 성도의 내면에서 역사하는 성령의 역할을 인식할 수 있는 적극적인 표면적 내용을 지적하고 있는데 에드워즈의 회심을 포함한 하나님의 주권과 거룩한 삶에 대한 신학 저술은 대부분 자신의 설교를 통하여 발전시킨 것이다.[94] 이러한 목회적 관찰과 성경적 고찰의 결과를 통하여 에드

---

[90] 체리, 『조나단 에드워즈의 신학』, 32-33.
[91] 체리, 『조나단 에드워즈의 신학』, 38.
[92] 체리, 『조나단 에드워즈의 신학』, 38.
[93] 이상웅, "조나단 에드워즈의 성령론" (박사학위 논문, 총신대학교 대학원, 2008), 139.
[94] 김성기, "조나단 에드워즈의 성화론: 지속적 회심의 과정으로서의 성화" (박사학위 논문, 계명대학교 대학원, 2013), 145.

워즈는 성화의 과정을 자신의 철학적 신학의 기반 위에 놓고 하나님의 우선적인 현 실태를 손상하지 않고 하나님 존재 안에 역동성을 도입하는 아주 혁신적인 해결책을 제시하였다.[95]

에드워즈는 성향적 존재론의 기반 아래 성령의 인도하심에 대한 추론적 추상을 통하여 성화론을 발제(髮際)하였다. 에드워즈는 하나님의 본질에 대한 역동적 이해를 통하여 하나님은 완전히 현실화된 참된 하나님이신 동시에 더욱더 "재현"되길 원하는 "경향성"의 본질이라는 신관을 통하여 하나님의 완전성과 하나님의 창조력을 같이 주장할 수 있게 되었다.[96]

에드워즈의 이러한 철학적 신학의 추론적 추상을 통해 논지한 성향적 존재론 속에서의 성화론은 자칫 성화의 과정이 획일적인 변화에 대한 필연성의 함의(含意)를 불러일으킬 가능성이 제시된다. 그럼에도 에드워즈가 제시한 성향적 존재론의 입장에서 논고한 성화의 과정이 관계성과 지속성을 가지고 있는 특성이 성화론에서 나타나는 성도들의 변화에 중요한 요소이다.

사실 개혁신학의 정통과 함께 존 칼빈(John Calvin)은 삼위일체의 하나님을 강조하면서 성화의 주체를 하나님으로 보고 강조하였으며, 존 웨슬리(John Wesley, 1703-1791)는 요한일서 5:18을 인용하여 그리스도인들은 이 세상에서 모든 죄와 모든 불의에서 구원을 받으며 그들은 죄를 범하지 아니한다는 의미에서 또한 악한 성장에서 벗어난다는 의미에서 완전함을 강조하면서, 이는 하나님의 은혜가 넉넉히 임하였기 때문으로 강조하였다.[97] 그러나 에드워즈의 논지는 한 발자국 더 나간다. 그는 하나님도 백 퍼센트 일하시고 성도도 백 퍼센트 일하신다는 논지 속에서 균형 잡힌 칼빈주의

---

[95] 이상현, 『조나단 에드워즈의 철학적 신학』, 34-35.
[96] 이상현, 『조나단 에드워즈의 철학적 신학』, 26.
[97] 조종남, 『웨슬리의 신학연구』 (서울: 대한기독교출판사, 1995), 234-235.

입장을 내세우지만 반면에 그는 성도의 적극적인 행동을 강조하고 있다는 것이다.[98] 이에 대하여 에드워즈는 아래와 같이 말하고 있다.

> 어떤 사람 안에 은혜의 경향성이 있다면, 그것은 결코 다른 이유 때문이 아니다. 성령께서 그 사람으로 성전 삼아 그 사람 안에 거하시기 때문이요, 성령께서 생명을 주시는 중대한 원리라는 방식으로 그 사람이 본래 갖추고 있던 여러 가지 기능들과 연합하여 역사하고 계시기 때문이다.[99]

다른 한편으로 에드워즈가 보기에 성령께서 생명을 주시는 중대한 원리 속에서 역사하더라도 은혜는 인간의 상태나 소유와 연속성이 없기 때문이다. 이러한 소유와 연속성이 없으므로 성도는 옛사람이면서 동시에 새 사람이기 때문에 신앙적 자아에 어떤 연속성이 있느냐는 문제가 제기된다.

왜냐하면, 완비된 인간적 상태가 믿음의 기적에 관한 표징들을 유지해 주지 못하기 때문이다.[100] 하나님은 은혜가 그 마음속에서 지배 원리가 될 뿐만 아니라 그와 같은 상태로 계속될 것을 아시며, 또한 성도들은 오직 하나님의 권능에 의해서 믿음을 유지한다고 그는 설명한다.[101]

영적 실천의 과정을 보고 있는 에드워즈는 지속적인 영적 실천의 과정을 유지할 수 있는 신학적 근거들을 찾기 위해 고민한 흔적들이 있다. 이러한 상황에서 에드워즈는 대담하고 획기적인 새로운 철학적 방향을 제시하였다. 실재의 본질을 "성향성, 경향성"(disposition)이라는 동적인 관념으로 생각하자는 것이다. 그러므로 세상은 경향성의 조직이며, 하나님은 사

---

[98] 조종남, 『웨슬리의 신학연구』, 210.
[99] 조종남, 『웨슬리의 신학연구』, 211.
[100] 체리, 『조나단 에드워즈의 신학』, 147-148.
[101] 체리, 『조나단 에드워즈의 신학』, 148.

랑과 아름다움의 "경향성"의 존재론 속에서 무한히 완전하신 분으로 표현하였다.

즉, 완전하신 하나님은 경향성의 본질을 가지고 있다는 것이다.[102] 에드워즈는 개인적 정체성에 관한 이론에서 신앙적 자아의 연속성을 설명하기 위한 철학적 원리를 제공했다.[103] 그는 하나님의 권능을 신앙적 자아의 연속성으로 유지할 수 있게 하려고 성향적 존재론의 틀을 확보한 것이다.

에드워즈의 성향적 존재론이 연구자가 보기에는 이율성을 가지고 있으며 자칫 성화의 주관성과 내용성을 인간 중심의 방향으로 표현하여 성화의 과정에서 성령의 인도함을 외면하게 할 수 있는 개념이 함의 될 수 있다는 생각을 가질 수 있다. 그러나 이러한 생각은 에드워즈의 아래의 언급을 보면서 그의 성화론이 인간 중심 성향의 관점에서 본 성화가 아님을 인식하게 한다.

> 중생은 성령의 사역이다. 이 성령의 역사로 인해 인간의 영혼이 하나님을 배신함으로 타락했던 죄의 상태에서 잃어버렸던 하나님의 형상을 회복하는 타락 이전 거룩함의 상태로 회복하게 된다. 이것은 성령의 성화하시는 사역을 통해 점차로 이루어진다.[104]

이 부분에 대하여 부연 설명을 한다면 제임스 던(James D.G. Dunn) 은 자신의 저서인 『예수와 성령』(Jesus and the Spirit)에서 성령의 내면적 지도와 충동의 통제에 따라 모든 것들을 신자 스스로 "시험 할"(δοκιμάζειν) 수 있는

---

[102] 이상현, 『조나단 에드워즈의 철학적 신학』, 21.
[103] 체리, 『조나단 에드워즈의 신학』, 149.
[104] Edwards, The "Miscellanies," 501-832. no. 614.

신자의 윤리적 능력과 자유에 큰 강조점을 주고 있다.[105]

그는 고린도전서 2:16에서 언급된 "우리가 그리스도의 마음을 가졌느니라"에 대하여 외적인 규범의 필요성을 인정하면서도 "그리스도의 마음"에 대한 성령의 인도나 내적 충동 때문에 가능해지는 신자의 윤리적 결단이 지닌 자발적 성격에 타당한 무게를 실어준다.[106]

이런 의미에서 바울이 에베소서에서 '하나님의 말씀'을 '성령의 검'으로 표현(엡 6:17)한 부분을 외적인 말씀으로부터 날카롭게 구분하여 구별화시키는 것은 옳지 못하다. 슈라게(W. Schrage)의 강조처럼 성령의 활동 영역에서는 신령한 사람이 내면적으로 하나님의 뜻을 인식해야 하면서도 또한 그와 함께 "밖으로부터" 다시 한번 인식되어야 할 규정된 구체적 계명이 필요하다고 강조한다.[107]

에드워즈는 자신이 가지고 있는 성향적 존재론 안에서 논지되는 성화론에서, "밖으로부터" 다시 한번 인식되어야 할 구체적 계명에 대한 것을 해결하기 위해 고민하였다. 그뿐만 아니라 에드워즈가 자신의 철학적 개념 속에서 신학적 개념으로 가지고 들어온 정황이 있음을 그의 논문에서 발견된다.[108] 그의 존재론은 사물이 실재하는 것들에 의해 단지 속해 있는 것이 아니라 오히려 사물들 자체가 성향성 들이며 법칙이다. 즉, 성향성과 법칙들이 존재들의 법칙이라고 말한다.[109]

연구자는 에드워즈의 이러한 철학적 신학의 바탕 속에서 그의 성화론이

---

[105] James D.G. Dunn, *Jesus and the Spirit, A Study of the Religious and Charismatic Experience of Jesus and the First Christians as Reflected in the New Testament* (Philadelphia: The Westminster Press. 1975) 225. 이한수, 『신약이 말하는 성령』, 198에서 재인용.
[106] 이한수, 『신약이 말하는 성령』, 198.
[107] 이한수, 『신약이 말하는 성령』, 198-199.
[108] 이상현, 『조나단 에드워즈의 철학적 신학』, 22.
[109] 이상현, 『조나단 에드워즈의 철학적 신학』, 89.

성령의 역할과 함께 구원받은 성도 자신의 역할을 가늠할 수 있는 법칙을 도출해 갈 수 있는 길을 열어 놓았다고 보는 것이다. 에드워즈의 학자들은 삼위일체의 관계론적 논지와 함께 성령의 역할 속에서 인지될 수 있는 정통적 신학의 테두리 안에서 그의 성화론의 가능성을 발견한다. 이러한 논지는 그의 성화론이 정통적 삼위일체론과 성령론에서 벗어나지 않고 있다는 결론이다.

왜냐하면, 에드워즈는 "삼위일체의 신비를 해설하여 신비로움과 그 불가해한 것을 펼쳐 보이고 해결한다고 절대 단언하지 않는다" [110]는 그의 고백을 통하여 자신의 삼위일체론이 기존의 정통 개혁주의의 신앙과 같음을 언급하고 있기 때문이다. 그러므로 에드워즈의 성화론에서 객관적 요소를 자리 잡고 있는 성령론에 대한 그의 신학적 명제는 성서적 토대 위에 정통적 개혁신앙의 통일성과 일치를 염두에 두고 있음을 알 수 있다.

마이클 골만(Michael J. Gorman)은 하나님이 이미 십자가에서 표현한 사랑은 구원받은 사람들에게 하나님의 사랑을 인지하고 그 사랑을 실천하게 만드는 기저음이라고 했다. [111]

또한, 김유준은 자신의 논문에서 에드워즈가 "인지와 평가의 정신 활동에 동기를 줄 수 있는 것은 하나님의 사랑이며, 그는 사랑을 최고의 감정(신앙적 애정)으로서만이 아니라 다른 모든 감정의 원천으로서 언급하였음을 소개하고 있다. [112]

그리스도의 율법이란 "사랑 가운데서 그리스도에 의하여 재정의 되고

---

[110] Jonathan Edwards, *Discourse on the Trinity: The Works of Jonathan Edwards*, 26 vols. (New Heaven and London: Yale University Press, 1957-2008) 21:139, 이상웅, 『조나단 에드워즈의 성령론』, 89에서 재인용.
[111] 고먼, 『삶으로 담아내는 십자가』, 258.
[112] 김유준, 『조나단 에드워즈의 삼위일체론』 (서울: CLC, 2016), 130. 괄호 안은 연구자의 추가적 언급.

성취된 율법"을 의미한다. 이로써 성령의 인도하심을 받은 성도는 그리스도께서 가르치셨고 십자가에서 본을 보이신 정신을 소유한다. 다시 말해서 구원받은 성도들은 그리스도의 율법의 근본정신을 성취한다고 하는 적극적인 자리를 얻게 된다.[113]

그러므로 그리스도의 죽음과 부활을 통하여 표현된 하나님의 사랑이 그리스도인들의 구원론으로 드러나기 위해서는 삶이 사랑으로 나타나는 동시에 이러한 실천적 표징들이 기저음으로 존재하고 나타난다는 것이 에드워즈의 성화론에 자리 잡고 있다. 이것은 에드워즈의 성화론의 구조적 테두리 안에서 볼 수 있는 논지이며, 이 논지는 연구자가 다루고 있는 네 번째 연구 초점이다. 무엇보다도 에드워즈는 하나님의 은혜로 의롭다 칭함을 받은 자로서 죄의 세력을 이기고 하나님께 헌신하는 삶을 삶으로써, 성령으로 육신의 정욕을 거슬리는 삶을 삶으로써 성화를 이뤄가는 길은 그리스도와 신자들이 상대방 안에 들어가 산다는 상호 내주 개념이다. 여기에서 신자들은 신자 개개인과 공동체 전체를 다함께 이르는 말이다.

던(Dunn)이 간명하게 말하고 있듯이 바울과 그가 섬기는 공동체들이 볼 때 이 관계는 "그리스도가 신으로서 안에도 계시고 밖에도 계심을 아는 신비주의적 지각 같은 것"이다.[114] 예수 시대와 교회 시대를 연결하고 교회의 삶 속에서 예수의 삶을 연속적으로 영위할 수 있도록 하는 것은 다름 아닌 "성령"이다.[115]

육신과 몸의 행실을 죽이는 일에 대한 바울의 교훈을 존 칼빈은 자신의 『기독교 강요』에서 "성령이 하시는 가장 중요한 일은 믿음을 일으키는 것이며, 그래서 보통 성령의 능력과 역사를 표현하는 말들은 대체로 믿음과

---

[113] 이한수, 『신약이 말하는 성령』, 200.
[114] James D.G. Dunn, *The Theology of Paul the Apostle* (Grand Rapids: Eerdmans, 1998), 401.
[115] 이성찬, "누가의 성령론적 윤리" (박사학위 논문, 장로회신학대학교 대학원, 2010), 5.

관련이 있다. 성령께서는 오직 믿음에 의해서 우리를 복음의 광명으로 인도하시기 때문이다"라고 설명하고 있다.[116]
존 웨슬리(John Wesley)는 이 부분에 대한 성령의 사역을 아래와 같이 설명하고 있다.

> 성령의 확신 사역은 죄인을 회개하게 하는 데서 끝나지 않는다. 진심으로 회개하여 의롭다 함을 얻게 하고 자 범죄뿐 아니라 타고난 죄(Inbred sin)를 확신하게 하지만, 여전히 성령은 모든 생욕과 욕망을 포함한 육체적 본성이 여전히 믿는 자의 삶 안에 남아 있음을 고통스럽게 인식하도록 한다.[117]

그러면서 웨슬리는 범죄 행동의 주체는 하나님이 아니고, 자유 의지를 가진 범죄자인 인간이므로 하나님이 그 죄책을 질 수 없다고 강조한다.[118] 그러나 칼빈은 하나님의 절대권을 나타내기 위해 아담의 범죄와 죄의 도입을 하나님의 의도에 의한 것으로 보았다.[119] 이를 통하여 인간의 성화에 대한 가능성이 하나님의 절대적 은총과 주도적 인도함에 있다고 보는 것이다. 여기서부터 웨슬리와 칼빈의 차이가 드러나면서 특히 웨슬리는 하나님의 은총으로 인하여 자유 의지가 일부 회복되었다는 개념 때문에, 하나님의 은총이 인간 구원의 주도권 적인 역할을 하고, 거기에 인간은 응답하는 것이라고 설명하고 있다.[120]
그러면 조나단 에드워즈는 성화에 대하여 어떻게 논지하고 있는가? 그의 저작이 매우 방대하다. 또한 성화에 관련된 글이 많이 존재하

---

116 존 칼빈,『기독교 강요』, 김종흡 외 3인 역 (서울: 생명의말씀사, 1986), 12.
117 케네스 콜린스,『존 웨슬리의 신학』, 이세형 역 (서울: KMC, 2014), 183.
118 송홍국,『웨슬리 신학』(서울: 대한기독교서회, 1988), 74.
119 William R. Cannon, *The Theology of John Wesley* (Nashville: Abingdon, 1956), 195.
120 김홍기,『세계 기독교의 역사 이야기』(서울: 예루살렘, 1992), 155.

고 있으므로 그 안에서 몇 가지의 성화론에 관한 연구를 가늠할 수 있다고 본다.

특히, 그가 인지하고 있는 성화의 근본 실체는 "만일 하나님이 영혼으로부터 성령을 거두어 가시면 마치 촛불을 끌 때 방에 있던 빛이 일순간에 사라지는 것처럼 은혜로운 모든 경향성과 모든 행동도 일순간에 사라져 버리게 된다"라고 언급한 부분에서 알 수 있듯이, 성령을 거두어 가시면 인간의 성화는 물론 구원까지도 존재하지 않음을 알 수 있다. [121] 그러면서 그는 성화의 과정이 전적으로 성령의 주권적이고 은혜로운 사역에 시종일관 의존하고 있다고 생각하면서 하나님도 백 퍼센트 일하시고 성도도 백 퍼센트 일한다는 것은 균형 잡힌 칼빈주의의 입장이라고 말할 수 있다. [122] 이러한 그의 입장을 아래와 같이 설명하고 있다.

> 우리는 그 안에서 단지 수동적이지 않다. 하나님이 어떤 것을 하시고 우리는 나머지를 하는 것도 아니다. 그러나 하나님은 모든 것을 하시고 우리는 모든 것을 한다. 하나님은 모든 것을 산출하고, 우리는 모든 것을 행한다. 왜냐하면, 하나님이 산출하시는 것은 우리의 행위이기 때문이다. 하나님은 오직 유일하게 적절한 작자이고 근원이시다. 우리는 단지 적절한 행위자이다. 우리는 다른 관점에서 보면 전적으로 수동적이고 전적으로 능동적이다. [123]

---

[121] Edwards, *The Place of Spiritual union in the Thought of Jonathan Edwards*. vol. 26 (New Haven and London: Yale University Press, 1957-2008), 21:196. 이상웅, 『조나단 에드워즈의 성령론』, 210에서 재인용.
[122] 이상웅, 『조나단 에드워즈의 성령론』, 211.
[123] Jonathan Edwards, *The Work of Jonathan Edwards*. vol. 26, 21:251. 이상웅, 『조나단 에드워즈의 성령론』, 210-211에서 재인용.

그렇다면 성도들이 그리스도의 형상을 따라 구원의 은총을 삶으로 살아가게 만드는 주체가 성령이라는 것이 확실시된다. 또한, 구원받은 성도도 수동적이며 능동적 행위자가 된다면, 자칫 에드워즈의 성화론의 원리를 이해하는 데에 이해의 혼선을 일으킬 수 있는 논지도 있다. 왜냐하면, 성화의 주관자가 하나님과 인간이 모두 주관자가 될 수 있다는 논리적 개념이 문제가 된다는 것이다. 그러나 이 둘의 역할 속에서 성령의 역할은 상호조화 되며 우리가 이해할 수 있는 성화의 과정을 여기에서 논리적으로 도출할 수 있다. 즉, 우리가 오케스트라의 연주에서 알 수 있듯이 작곡자에 의하여 정해진 악보에는 많은 악기가 등장한다. 소프라노를 주도하고 있는 악기들과 함께 알토와 테너 그리고 베이스 등 다양한 악기들이 자신들의 역할을 지휘자의 지시에 따라 감당한다. 그러나 각 악기가 가지고 있는 녹특한 부분을 악기 연주자들은 이미 알고 있다.

지휘자는 악기의 특징, 악기를 다루는 연주자들의 독특한 특징도 인지하고 있다. 각각의 악기 연주자는 나름의 주도성을 가지고 있다는 것을 지휘자가 인정하고 있다. 자신들의 영역을 주도하고 있는 각각의 악기들이 소프라노를 주도하고 있는 악기의 주도성을 중심으로 자신들에게 요청되는 지휘자의 지시를 따라가면서 동시에 나름의 주도성을 발휘하면서 다른 악기와 관계적 조화를 절대 잊지 않는다는 것이다.

결국, 이를 통하여 전체적으로 우리가 들을 수 있는 아름다운 음악 작품을 만들어 내고 있는 것이다. 오케스트라의 각 분야의 진행은 나름의 주도성과 법칙이 있다. 그러나 지휘자이신 삼위일체의 성령께서 전체를 움직인다. 그 주도성과 법칙이 소프라노를 중심으로 각 부분의 주도성이 관계적 법칙에 따라 진행된다. 그리고 동시에 전체성에서 벗어나지 않음을 통하여 아름다운 작품을 만들어 내는 것이다.

에드워즈의 성화론에 나타난 이러한 구조적 맥락을 바라보면서 본 논문은 그의 성화론에 나타난 내용과 원리에 근거하여 자신과 자신, 자신과 이웃, 자신과 전체와의 관계론적 인식을 통해 나타나는 행위의 표징들이 에드워즈가 성향적 존재론의 관점에서 보고 있는 결론이라고 볼 수 있다.

그러므로 본 연구는 사역적, 학문적인 분야에 기여할 수 있음을 네 가지로 나누어 볼 수 있다.

첫째, 성화론에 관하여 혼선이 있는 현대교회에 각 교회의 특성에 맞는 성화론의 구체적인 교육 방법을 수립하는 데에 기여할 수 있다.

둘째, 성화는 다른 이론과는 달리 내적인 체험을 통한 마음의 변화와 외적 실천을 통한 삶의 변화가 이루어지는 목표를 가지고 있으므로,[124] 성향적 존재론의 입장에서 본 성화론은 인간론에 대한 학문적 틀에 영향을 줄 수 있다.

셋째, 성화론에 대한 성령의 객관적 역할이 인간의 내부에서 발현되는 주관적 성향과의 관계를 도출하는 연구이므로 이 논문의 학문적 연구는 복음 전파의 사명을 교회 성장의 초점으로 돌려버린 교회 공동체의 정체성 확립에 영향을 줄 수 있다.

넷째, 성향적 존재론의 관점으로 본 조나단 에드워즈의 성화론은 지속적인 하나님의 은혜를 구현함과 적극적으로 십자가의 사랑을 삶으로 살아가게 할 수 있는 인식과 동기, 그리고 행위를 통한 그리스도인의 성향적 존재의 정체성을 밝히는 것이다. 이를 통하여 성화론에 대한 실천신학의 발전에 도움을 줄 수 있다.

---

[124] 김성기, "조나단 에드워즈의 성화론: 지속적 회심의 과정으로서의 성화," 31.

연구자의 논문의 구성은 다음과 같다.

본 논문은 모두 6개의 장으로 구성된다. 제1장의 서론과 제6장의 결론을 제외한 4개의 장들로 본론을 구성한다.

제1장 서론에서는 연구 배경, 연구 목적, 연구 방법, 그리고 논문의 제안점 및 구성에 관해 제안된 문제를 다룬다.

제2장 선행 연구 고찰에서는 에드워즈의 성화론과 관련하여 지금까지 진행된 조나단 에드워즈의 성화론에 관한 선행 연구를 비평적으로 다룰 것이다.

제3장에서는 조나단 에드워즈가 성향적 존재론의 관점으로 본 성화론의 역사적 형성 배경을 다룬다.

제4장에서는 조나단 에드워즈의 성화론의 내용을 다룬다.

제5장에서는 성향적 존재론의 관점에서 본 조나단 에드워즈의 성화론의 원리를 다루게 된다.

제6장은 결론 부분이다.

제2장

조나단 에드워즈의 성화론에 대한 선행 연구 현황

조나단 에드워즈에 관한 연구는 미국 프린스턴대학교와 예일대학교에서 매우 다양하게 진행되었고, 성령론과 성화론을 중심으로 에드워즈의 신학을 정리한 책들이 많이 있다. 특히, 본 연구에서 다루어진 에드워즈의 성향적 존재론에 대한 시각에 대하여 다양한 주장이 있다.

최근 한국에서는 에드워즈의 성향적 존재론에 대한 연구가 활발하게 진행되는 것에 비해 성화론에 관한 연구는 중요성을 고려할 때 연구가 부족하여 학위논문이 부족한 것이 사실이다.

1. 조나단 에드워즈의 성화론에 대한 긍정적·부정적 선행 연구

본 장에서는 조나단 에드워즈의 성화론에 관한 긍정적 연구와 부정적 연구를 함께 다루면서 선행 연구를 고찰하고자 한다. 이러한 기존 연구들을 고찰하고 평가하여 본 연구의 기본적인 연구 방향을 설정하고자 한다.

이윤석의 박사학위 논문 「그리스도와의 연합관점으로 본 조나단 에드워즈의 성화론」이 있다. 이 논문에서 이윤석은 선행 연구 고찰을 통하여 에드워즈의 성화론에 대한 오해, 성화의 기본 원리, 성화의 결정적 특성, 성화의 점진적 특성 등을 다루었다. 성화의 주관적 근거는 성령이며 구원의 전체 일이 삼위 하나님 모두와 관련되긴 하지만 성화와 직접적인 관련이 있는 위격(位格)은 성령이라고 설명하고 있다. 하나님의 영은 하나님의 사랑으로 일컬어지며 하나님의 개인적 사랑이라 불리는 동등한 기초와 전 유성을 갖는다고 논증한다.[1]

에드워즈가 성령이 사랑이라고 진술한 부분을 아래와 같이 소개하고 있다.

> 비록 모든 하나님의 완전함이 삼위일체 하나님의 각 위격에 돌려 지기는 하시만, 그런데도 성령은 특히 고린도전서 13장에서 "자애"(Charity)로 번역된 사랑, 아가페라는 이름으로 불린다. 신성 또는 하나님의 본질은 다시 한번 사랑으로 이야기된다 ⋯ 만약 우리가 우리 안에 거하는 사랑이 있으면, 우리는 우리 안에 하나님을 가진 것이다. 그리고 요한일서 4:13에서 그는 우리 안에 거하는 이 사랑이 바로 하나님의 영이라고 주장한다. 이것은 앞에서 말한 주장이 옳음을 보여주며, 만약 사랑이 우리 안에 있으면, 우리는 우리 안에 진짜로 하나님이 거하심을 안다. 사도는 사랑을 하나님의 영은 하나님이라는 것이 주어지고 허락된 것으로 생각한다.[2]

이윤석은 성부와 성자에게서 나온 사랑인 성령은 신자들의 마음에 내주하면서도 사랑으로 역사한다는 신학적 개념을 설명한다. 에드워즈에 의하

---

1 이윤석, 「그리스도와의 연합 관점으로 본 조나단 에드워즈의 성화론」(박사학위 논문, 총신대학교 일반대학원, 2016), 155.
2 Jonathan Edwards, "Treatise on Grace," in *Works of Jonathan Edwards*. vol. 21:18.

면 성령은 성부 하나님의 아름다움과 성자 그리스도의 기쁨에 신자의 영혼이 참여하도록 만든다. 이는 성령이 성부와 성자에게서 나온 사랑이기 때문에 가능한 일이다.[3]

이윤석은 성령의 역할을 성화의 주관적 근거로 보면서 비교적 폭넓게 논지 하였지만, 에드워즈가 주력하고 있는 인간의 내부에 존재하는 성향적 존재로서의 특징에 관해서는 논지하지 못하고 있다.

이상웅 박사학위 논문 「조나단 에드워즈의 성령론」이 있다. 논문에서 성화와 영화를 다루고 있다. 이 논문은 비교적 성령론의 범위 안에서 조나단 에드워즈의 신학적 성향을 설명하고 있다. 그러나 성령의 역할에 대한 조나단 에드워즈의 생각을 성경적 관점에서 파악하는 데에는 충분한 인식을 주지 못하고 있다.

이상웅은 논문 5.4장에서 "성화와 영화"라는 제목을 가지고 삼위일체론 속에서 거룩하게 하시는 성령의 사역을 설명하면서 모든 거룩함과 참된 은혜와 그리고 덕이 신적인 사랑으로 분해될 수 있다는 조나단 에드워즈의 주장을 설명하고 있다. 저자는 창조된 영들을 거룩하게 하시는 이는 성령이심을 강조하고 조나단 에드워즈의 논지를 강조하고 있지만,[4] 에드워즈의 목회적 논지들을 신학적인 개념으로는 변증하지 못하고 있다. 성화의 첫 시작과 점진적인 성화에서 제시된 실천신학적 입장에서 성화의 예증들을 소개하는 데에 치중하였다. 이 논문에서 소개한 에드워즈 성화의 예증들을 통하여 성령의 역할에 대한 신학적 위치를 설정하였지만, 성화론에서 에드워즈가 가지고 있는 성향적 존재론의 인간론에 대해서 논지하지 않았다. 이 논문에서 1746년에 발간된 에드워즈의 "거룩한 성도의

---

[3] 이윤석, "그리스도와의 연합 관점으로 본 조나단 에드워즈 성화론," 156-157.
[4] 이윤석, "그리스도와의 연합 관점으로 본 조나단 에드워즈 성화론," 203.

열 두 가지 표지"를 소개했고 이를 세 가지로 분석하여 감정의 중요성을 성경적 증거를 통해 진술하고 있다.

에드워즈의 성화론 속에서 성령의 역할을 객관적 논지를 통하여 구체적인 신학적 조명 없이 소개하고 있으며 "거룩한 성도의 열두 가지 표지"에 대한 인지를 통해 에드워즈의 신앙 감정에 대한 중요성을 언급하고 있다. 그러나 구원받은 사람들의 신앙 감정과 성화 과정 중에 나타나는 다양한 감정의 표지들의 본질에 대한 신학적 해석을 하지는 못했다.

김성기 박사학위 논문 「조나단 에드워즈의 성화론: 지속적 회심의 과정으로서의 성화」가 있다. 논문에서 에드워즈의 성화론에 관하여 에드워즈 자신의 교육적이며 목회적 환경 속에서 경험된 회심의 사건들을 고찰하였다.

그리고 그는 에드워즈 안에 형성된 신학 사상에 영향을 주었던 교육적 목회적 환경을 구체적으로 다루었다. 이런 고찰은 에드워즈 자신의 신학 사상 형성에 관한 과정을 이해하는 데에 도움을 주었다. 논문에서는 회심한 이후에도 지속적인 회심의 과정을 통하여 거룩해질 가능성에 관한 에드워즈의 신학적 개념을 소개하고 있다.

에드워즈는 성화를 말할 때 일반적으로 중생을 통한 회심이 일평생 계속되는 과정을 말하는데, 이 논지는 칼빈주의의 입장과 같은 맥락에 있다고 설명한다.[5] 에드워즈의 성화 주체는 '성령'임을 설명하면서 삼위일체론 속에서 중생, 영혼의 소생, 그리고 성화 모두가 하나님의 영에 의해서 진행된다고 하는 논지를 확인하였다.[6] 지속적인 회심에 대한 성령의 역할을 설명하면서 지속적 회심의 과정을 일으키는 원인과 주체적 요소를 설

---

5 김성기, "조나단 에드워즈의 성화론: 지속적 회심의 과정으로서의 성화," 95.
6 김성기, "조나단 에드워즈의 성화론: 지속적 회심의 과정으로서의 성화," 96.

명하고 있다. 그러나 에드워즈가 보고 있는 지속적 회심의 과정에서 그의 성화론을 신학적 요소들과 연결하기보다는 구원받은 성도들에게 성화가 일어나야 하는 당위성에 초점을 맞추고 있다. 한편 성화의 주관적 요소가 될 수 있는 인간의 내부에 대한 논지는 부족하다고 볼 수 있다.

조지 헌싱어(George Hunsinger)의 논문 「성향적 구원론」(*Dispositional Soteriology*)은 에드워즈의 구원론을 다루고 있다. 에드워즈가 가지고 있는 신학적 개념에서 논지한 칭의를 설명하면서 성향(Disposition)을 중요하게 다루고 있다. 에드워즈는 성향을 강조하면서 성향이 활동하는 상황에 따라 믿음, 소망, 사랑, 순종, 참된 회개, 복음적 겸손 등 다양한 모습으로 나타난다고 말하고 있다. 따라서 믿음도 이 중의 하나일 뿐이며, 구원에 있어서 믿음이 중요한 것이 아니라 성향이 결정적으로 중요하게 여겨진다는 것이다.[7]

헌싱어는 '그리스도 안에'(in Christ) 있는 일차적 근거가 에드워즈의 칭의의 근거이지만, 마찬가지로 '우리 안에'(in us) 있는 "마음의 습성과 원리"가 두 번째 나타나는 주된 근거라고 주장한다. 그는 인간의 마음의 습성과 원리가 칭의의 관계 속에서 나타나고 있지만, 칭의의 두 번째 근거가 되는 마음의 근거와 습성은 칭의의 공로로 보는 것이 더 강조됨으로써 에드워즈의 구원론은 개혁주의 입장에서 크게 벗어났다고 주장한다.[8]

헌싱어는 "오직 믿음으로"(By faith alone)가 아닌 "오직 성향으로"(by disposition alone) 이루어지는 칭의가 에드워즈의 입장이어서 이를 통한 성화론 역시 칭의와 연계되어 있으므로 칭의와 성화에 있어서 하나님의 구원과 은혜에 대한 강조가 균형을 이루지 못하고 있다고 논지한다.[9]

---

[7] George Hunsinger, "Dispositional Soteriology," 53.
[8] Hunsinger, "Dispositional Soteriology," 111-113.
[9] Hunsinger, "Dispositional Soteriology," 119.

헌싱어는 에드워즈는 칭의의 근거를 그리스도라고 하지만, 에드워즈의 논지에서 구원은 내재적인 거룩함, 사랑스러움, 순종에 대한 보상으로 주어진 것이라고 주장한다.[10]

이진락 박사학위 논문 「조나단 에드워즈의 '신앙적 정서'에 관한 연구」가 있다. 성화의 요소는 신앙적 정서, 성령의 내주, 중생과 회심, 새로운 영적 감각, 영적인 실천 등으로 보고 있다. 에드워즈의 경향성의 개념을 처음으로 본격적으로 중요하게 다룬 학자가 이상현이라고 말한다.[11] 그는 에드워즈의 경향성 개념에 대한 이상현의 해석 전체에 대해 논쟁하기보다는 에드워즈가 경향성 개념을 성화의 원리로 말하고 있다는 사실에 착안하여 에드워즈의 성화론을 설명하고 있다.

이진락은 경향성에 대한 에드워즈의 개념을 궁극적으로 실천을 지향한다고 말하고 있다. 이것은 에드워즈의 경향성에 관한 이상현의 주장과 같다. 하지만 이진락은 이러한 경향성에 대한 에드워즈의 논지에 관한 불편한 부분이 있음에도 불구하고 에드워즈가 가지고 있는 성향적 존재론이 성화의 필요성에 대한 당위성을 인정하면서 그의 성향적 존재론에 대하여 비교적 긍정적으로 논지를 하고 있다.

그의 논지에는 에드워즈의 경향성에 대한 철학적 개념을 굳이 논쟁의 대상으로 삼기보다는 성향적 존재론이 가지고 있는 철학적 개념을 설명하면서 이에 대한 변론적 논쟁은 하지 않고 있다. 특히, 이진락은 에드워즈의 신학적 개념들을 꾸준히 연구하면서 나름대로 에드워즈에 대한 신학적 함의들을 발전시켜 갔다.

이진락은 「성경과 신학」에서 "조나단 에드워즈의 신학적 미학에 관한

---

10 Hunsinger, "Dispositional Soteriology," 111.
11 이진락, 「조나단 에드워즈의 '신앙적 정서'에 관한 연구」, 224.

연구"를 논지하면서 에드워즈가 거룩함이 없는 아름다움은 영적인 아름다움이 아니라고 설명한 것을 지적하며 에드워즈는 인간을 정신적 존재로 보고 있으며 최고의 정신적 존재인 하나님과 연결되어 있을 때 참으로 덕스럽고 참으로 탁월하고 참으로 아름답다고 말한다.[12]

이진락은 인간의 정신적 존재를 하나님과 연결하여 아름다움을 거룩함에 관계 지어 설명하면서, 에드워즈의 성화의 방향을 거룩한 아름다움에 연결하고 있다. 성령은 본래 거룩한 영이며 거룩한 하나님의 본성인데 성령은 거룩함과 아름다움을 이 세상과 인간들에게 전달한다는 에드워즈의 논고를 설명하면서, 그는 에드워즈의 개념에는 특별한 측면이 있다고 논지한다. 즉, 에드워즈는 성령의 아름다움을 충분히 강조하면서 성부와 성자가 무한히 사랑하고 기뻐하는 하나님의 행동이 성령이라고 설명하는 에드워즈의 성령에 대한 신학적 개념을 소개한다.[13]

에드워즈에 의하면 "성부와 성자가 서로 무한히 사랑하고 기뻐하는 하나님의 행동"이 성령이다.[14] 이진락은 에드워즈의 신학이 성부와 성자 사이의 사랑의 관계가 성령이라는 아우구스티누스적인 전통을 수용하면서 삼위일체론 속에 자리잡고 있다고 말한다.[15] 이러한 에드워즈의 삼위일체론의 관계적 개념에서 본 논지가 자칫 오해를 불러일으킬 수 있는 부분들이 있다. 에드워즈의 성령에 대한 이러한 논지가 19세기 뉴잉글랜드 신학자들의 마음을 불편하게 만들어 에드워즈의 삼위일체론에 대한 정통성 시

---

[12] 이진락, "조나단 에드워즈의 신학적 미학에 관한 연구,"「성경과 신학」, 72집 (2014): 267.
[13] 이진락, "조나단 에드워즈의 신학적 미학에 관한 연구," 275.
[14] Edwards, "Miscellanies," no. 94, 13:260. 이진락, "조나단 에드워즈의 신학적 미학에 관한 연구,"「성경과 신학」, 275에서 재인용.
[15] 이진락, "조나단 에드워즈의 신학적 미학에 관한 연구,"「성경과 신학」, 275-276.

비가 된 사례가 있다.[16]

다시 말해서 그의 삼위일체론에 대한 포괄적 이해 없이 접하게 되면, 오늘날도 성부와 성자의 성향성의 존재론으로만 이해하게 되며, 동시에 이러한 시각은 성령을 한 위격으로 보기보다는 삼위일체의 하나님이 일하심으로 오게 되는 결과론적인 존재로 보기가 쉽다는 것이다. 예컨대, 구 프린스턴의 벤자민 워필드(Benjamin Breckinridge Warfield, 1851-1921)는 에드워즈의 삼위일체의 존재론적 증명을 아주 매력적이라고 하면서도 일종의 삼신론적인 경향을 보였다고 비평을 가하였다.[17]

그뿐 아니라, 네덜란드의 암스테르담에 소재한 자유대학교 신학부에서 개혁신학자 헤르만 바빙크(Herman Bavinck, 1854-1921)의 지도로 조나단 에드워즈의 신학에 관한 연구로 1907년에 박사학위를 받은 얀 리델보스(Jan Ridderbos)는 에드워즈의 삼위일체론 속에서 양태론적 경향이 있음을 비판하였다.[18] 그러나 에드워즈가 성부와 성자 사이의 사랑 관계에서 설명하고 있는 성령에 대한 개념은 성부 하나님과 성자 하나님이 성령과 함께 가지고 있는 연합적 관계에서 보고 있을 때 이해될 수 있는 신학적 개념이다.

달리 말하면, 에드워즈는 삼위일체적 전망 속에서 신학적 미학을 다루었기 때문에[19] 성령의 아름다움을 충분히 강조하고 있다는 것을 이해할 때는 에드워즈의 삼위일체론이 결코 양태론적인 개념이나 삼신론적인 개념이 아니라는 것이다. 에드워즈에 의하면 성부는 누구에게서도 나시지도 않았으며 어디에서도 그 근원이 출발한 분이 아니다.[20]

---

[16] 이상웅, 『조나단 에드워즈의 성령론』 (서울: 부흥과개혁사, 2013), 133.
[17] 이상웅, 『조나단 에드워즈의 성령론』, 134-135.
[18] 이상웅, 『조나단 에드워즈의 성령론』, 135.
[19] 이진락, "조나단 에드워즈의 신학적 미학에 관한 연구," 275.
[20] 이상웅, 『조나단 에드워즈의 성령론』, 146.

이상웅은 『조나단 에드워즈의 성령론』에서 성자가 성부보다 열등하시지 않듯이, 성령도 성부나 성자보다 열등하신 분이 아니며, 오히려 에드워즈는 성부, 성자, 성령 삼위가 같은 실체, 같은 신적 본질을 소유하고 계신다는 점에서 같은 하나님이라고 생각하였다.[21]

이진락은 「조나단 에드워즈의 신앙적 정서」에 대한 논문에서 경향성 개념에 대한 논쟁을 피하면서 에드워즈가 "경향성 개념을 성화의 원리로 간주하고 있다"라는 사실에만 관심을 가진다고 논지 하였다. 그는 경향성에 대한 에드워즈의 관점을 가지고 성도의 인격과 삶 전체를 아우르는 포괄적인 원리로 성령이 성화에 주체적 인도자가 됨을 논지 하면서 에드워즈의 성화론을 고찰하고 있다.[22]

그러나 이진락은 결론에서 인간은 죄와 부패로 인해서 참된 신앙과 거짓된 신앙을 확실하게 구별할 수 없다고 말하고 있다. 그리고 어떤 형태로든지 확실하게 구별할 수 있다고 생각하는 것은 교만의 죄라고 하면서 양과 염소를 확실하게 구별하는 것은 오직 하나님만 하시는 일이고 우리 인간들은 주어진 한계 안에서 최선을 다할 뿐이라고 일갈한다.[23]

연구자는 이진락의 논문에서 에드워즈의 성향적 존재론에 대한 불편한 생각들이 그의 논문 속에 존재해 있음을 밝히면서, 다만 에드워즈의 성화론 개념에는 하나님 중심주의의 테두리 안에서 벗어나지 않으려고 하는 신학적 개념이 나타난다고 지적하고 있다. 그러나 이진락의 논문에서 나타난 에드워즈의 성화론에 대한 연구는 인간론에서 이해하려는 에드워즈의 성화론과 맥락을 같이 하고 있다.

---

21 이상웅, 『조나단 에드워즈의 성령론』, 147.
22 이진락, 「조나단 에드워즈의 '신앙적 정서'에 관한 연구」, 225.
23 이진락, 「조나단 에드워즈의 '신앙적 정서'에 관한 연구」, 241.

왜냐하면, 이진락이 "인간들의 주어진 한계에서 최선을 다해야 한다"[24]라고 하는 것은 성화의 과정에서 인간 내부에 성향의 존재로서의 특성이 존재함을 잠정적으로 인정하고 있기 때문이다. 이진락은 "조나단 에드워즈의 영적인 감각과 영적인 지식"에 대한 논문을 「역사신학 논총」 20집에 기고하였다. 여기에서 그는 「역사신학 논총」 19집에 기고한 내용을 발전시켜서 에드워즈의 영적인 감각에 대한 세 가지 종류인 감각, 마음의 감각, 새로운 감각 등으로 소개하고 있다.[25]

이 논문에서 에드워즈는 성령의 내주로 말미암아 성도의 영혼 속에 생긴 초 자연적이고 신적인 감각을 다음과 같이 설명했음을 말하고 있다.

> 하나님의 성령 역사(influences)를 통해서 성도들의 정신(mind) 속에 작용하는 은혜로운 역사와 감성에는 새로운 내적 지각(perception) 혹은 감각(sensation)이 있다. 이 새로운 내적 지각 혹은 감각은 거듭나지(sanctified) 못한 사람들의 정신 속에 있는 것들과는 본성과 종류에 있어서 완전히 다르다.[26]

그는 에드워즈의 학자들이 영적인 감각(혹은 새로운 마음의 감각)이 인간의 일상적인 다섯 가지 감각의 새로운 변화인가?

혹은 그와는 전혀 새로운 제6의 감각인가 대해서 에드워즈의 신학적 주장에 대한 폴 헬름(Paul Helm)의 논쟁을 아래와 같이 소개하고 있다.

> 영적 감각은 하나님이 주신 것이고 인간의 오감과는 질적으로 다름을 강

---

[24] 이진락, 「조나단 에드워즈의 '신앙적 정서'에 관한 연구」, 241.
[25] 이진락, "조나단 에드워즈의 영적인 감각과 영적인 지식," 「역사신학 논총」, 20집 (2010): 148.
[26] 이진락, "조나단 에드워즈의 영적인 감각과 영적인 지식," 152.

조한다. 에드워즈가 신앙 체험의 특징을 설명하기 위해서 로크의 용어를 사용하지만, 그 용어는 감각 경험의 차원으로 축소될 수 없다. 즉, 새로운 영적 감각은 인간 경험의 차원을 넘어서는 것이다.[27] 그러므로 에드워즈의 새로운 감각은 우리가 통상적인 감각 경험과는 완전히 다른 것이기 때문에 제6의 감각이 된다.[28]

그러나 콘라드 체리(Conrad Cherry)는 "이 마음의 감각은 새로운 기능(faculty)이 아니라고 주장한다. 그것은 기존의 감각 능력들(powers)에 초자연적으로 덧붙여진 새로운 능력도 아니다. 신앙의 지식 안에서 작동하는 이 능력은 인간에게 본성적으로 혹은 심지어 신앙과는 별개의 차원에서 주어진 기능 혹은 능력이다"라는 견해에 서 있다.[29]

그러나 에드워즈는 본성의 원리는 본성이나 영혼의 개별적 기능들(다섯 가지 감각, 지성, 감정, 그리고 의지와 같은 것들)의 배후에서 작용하는 원리라고 가르친다. 이 새로운 감각에 수반되는 마음(heart)의 새로운 성향(disposition)은 의지의 새로운 기능이 아니고, 의지의 기존 기능들이 새롭게 작용할 수 있게 해 주는 토대라고 밝힌다.[30]

이 주장에 대하여서는 이상현도 같은 주장을 하고 있다. 이상현은 어떤 것도 인식되지 않고서는 존재할 수 없다는 에드워즈의 "관념론적" 이론은 현실적으로 어떤 정해진 규칙에 따라 하나님에 의하여 전달된 관념으로만 존재한다고 주장한다.[31]

다시 말해서, 에드워즈는 물질적인 물체들 존재의 궁극적이며 존재론적

27　이진락, "조나단 에드워즈의 영적인 감각과 영적인 지식," 155.
28　이진락, "조나단 에드워즈의 영적인 감각과 영적인 지식," 155.
29　이진락, "조나단 에드워즈의 영적인 감각과 영적인 지식," 156.
30　이진락, "조나단 에드워즈의 영적인 감각과 영적인 지식," 156-157.
31　이상현, 『조나단 에드워즈의 철학적 신학』, 98.

인 근거는 하나님 자신에게 있다는 것이다. 그러므로 현실적 실존은 현실적 관념들과 분리할 수 없는 것으로 생각되며 여기에서 현실적 관념이란 "어떤 고정되고 정확하게 제정된 방법들과 법칙들에 따라 우리와 다른 사람들의 마음에 전달된 것임"을 알 수 있다는 것이다.[32]

따라서 에드워즈의 존재론에서 새로운 마음의 성향은 새롭게 형성된 여섯 가지의 감각이 아니며 이미 구원받은 영혼의 의지 속에 존재하고 있는 하나의 지표임을 말하고 있다. 그러므로 에드워즈의 영적인 감각과 영적인 지식에 대한 이진락의 논문은 비록 성향적 존재의 문제에 깊게 논지하지 않는다고 하더라도 성향적 존재론 속에서 정신이 가지고 있는 성향의 본질성이 영적인 감정을 표출할 수 있다고 보는 에드워즈의 성화론 발전에 이바지하고 있다고 본다.

조현진은 「한국개혁신학」에 "조나단 에드워즈의 원죄론 연구"라는 제목으로 기고하였다. 그는 에드워즈의 논지를 다음과 같이 설명한다.

> 에드워즈의 원죄 교리의 특징은 성향의 변화(dispositional change)라는 구조 속에서 전적 타락 교리를 해석하여 선한 성향(good disposition)으로 역사하는 성령 하나님이 내주하면서 원의(righteousness)가 되었지만, 아담의 범죄 이후로 하나님은 인간을 떠나셨고 결국 원의를 상실한 인간의 악한 성향(corrupt or evil disposition)의 영향력 아래에서 비참한 상태로 들어가게 되었다.[33]

에드워즈 시대의 계몽주의와 이로 인한 이신론(Deism)의 논쟁에 관하여

---

[32] 이상현, 『조나단 에드워즈의 철학적 신학』, 98.
[33] 조현진, "조나단 에드워즈의 원죄론 연구," 「한국개혁신학」, 42집 (2014): 190.

서 개혁주의의 입장을 가지고 자신의 원죄론을 정리하였다. 조현진은 18세기의 계몽주의의 역사적 배경을 설명하면서, 에드워즈는 원죄를 무엇보다 성향(disposition or habit)의 문제로 해석하고 있다고 설명한다.[34]

하나님이 성향적 존재이기 대문에 창조 때에 하나님과 같이 성향적 존재로 인간을 창조하셨다. 그리고 그 성향을 성령의 내주하심과 연결해 성령의 다스림이 창조 때부터 인간에게 있었다고 설명한다. 그러나 조현진은 이러한 하나님의 은혜가 인간의 본성 타락과 부패를 막을 수 있는 능력이 있음을 지적한다. 그렇다고 해서 하나님의 은혜가 인간의 본성까지 임의로 변화시킬 수 있다고 에드워즈가 주장하는 것은 아니라는 여백을 남긴다.[35]

조현진에 의하면, 특별히 에드워즈는 "원리"(principles)라는 개념을 창조와 원죄에 대하여 설명하기 위해서 도입하고 있다고 한다. 에드워즈에 따르면 하나님이 "하위의 원리"와 "상위의 원리"를 아담의 창조 원리에 심어 놓으셨는데 여기서 하위 원리란 자연적인 원리를 말하며, 상위의 원리는 영적이고 거룩하고 신성한 것으로 하나님의 사랑을 이해할 수 있다.[36] 타락 전 인간은 성령 하나님은 인간 안에 내주하면서 상위의 원리들을 통해 하위의 원리들을 통제하며 살도록 하신다. 이런 의미에서 하위의 원리가 상위의 원리의 경계선을 넘을 수는 없었다고 지적한다.[37]

그런데도 아담과 하와는 그들이 가진 자유 의지(Freedom of Will)에 의해 악을 선택할 능력을 가지고 있다고 설명한다. 에드워즈는 이 개념을 통하여 하나님의 사랑을 저버린 아담과 하와가 악을 선택하자 이들에게서 상

---

[34] 조현진, "조나단 에드워즈의 원죄론 연구," 195.
[35] 조현진, "조나단 에드워즈의 원죄론 연구," 196-197.
[36] 조현진, "조나단 에드워즈의 원죄론 연구," 196-197.
[37] 조현진, "조나단 에드워즈의 원죄론 연구," 197.

위의 영적인 원리를 거두어 가셨고, 결국 상위의 원리를 통제하시는 성령 하나님의 빈자리를 하위의 본성의 원리가 대체하였다고 설명한다.[38]

이러한 에드워즈의 원죄론은 성향의 변화를 통한 구원론에도 연결되면서 원죄론을 "성향적 구원론"(Dispositional Soteriology)의 기초가 된다고 그는 지적한다. 조현진은 성령의 역사로 인해 인간 내면에서 일어나고 있는 성향의 변화와 구원의 토대를 에드워즈의 원죄론이 마련해 주고 있다고 주장한다.[39]

구원의 토대를 마련해 주는 의미에서는 일맥 이해가 가는 논지이지만, 에드워즈의 원죄를 설명하기 위한 과정 중에 등장한 원죄론에 대한 이 논지는 이해의 합의에 이르기에는 부족한 점이 존재하고 있다. 성령의 이끄심을 통한 성화의 과정에서 원죄에 대한 설명은 원죄를 가지게 된 그 상황과 신학적 배경의 실낱 없이 다루게 되면 악의 존재와 그의 활동에 대한 신학적 조명에 논란이 될 수 있음을 인식하면서 본 연구에서는 이 부분은 다루지 않을 것이다.

조현진은 "18세기 뉴잉글랜드에서의 아르미니안 논쟁: 조나단 에드워즈의 자유 의지론과 칭의론을 중심으로"라고 하는 제목으로 「개혁논총」 35집에 논지하였다. 조현진은 이 논문에서 18세기 조나단 에드워즈의 자유 의지론과 칭의론을 알미니안 논쟁의 상황에서 역사적으로 점검하면서 분석하고 그의 개혁신학이 가진 독특한 계몽주의적 성격을 드러내고 있다고 설명한다.[40] 그는 에드워즈가 알미니우스 논쟁을 통해 자신의 칭의론과 자유 의지론이 발전되었다고 논지한다.

---

[38] 조현진, "조나단 에드워즈의 원죄론 연구," 197.
[39] 조현진, "조나단 에드워즈의 원죄론 연구," 199.
[40] 조현진, "18세기 뉴잉글랜드에서의 아르미니안 논쟁: 조나단 에드워즈의 자유 의지론과 칭의론을 중심으로," 「개혁논총」, 35집 (2015): 270.

에드워즈는 알미니우스 주의와의 논쟁을 통해 당대 학계에서 논의되던 "필연성(necessity)의 개념"을 이용해서 하나님의 섭리와 역사를 개입시킨다. 이 "필연성의 개념"은 토마스 홉스(Thomas Hobbes, 1588-1679)에게 온 것으로 "자유와 필연의 문제"는 17세기 초반부터 계몽주의자들 가운데 논쟁이 되던 주요 주제이다.[41]

조현진은 이 논문의 결론에서 모든 인간의 선택과 의지에는 이미 의지의 원인자가 존재하며 이는 아담의 타락 이후에 악한 성향적 지배를 받게 된 인간은 결코 선한 행위를 선택할 수 없음을 주장했다고 설명한다.[42]

조현진은 에드워즈의 의지의 자유가 가지고 있는 신학적 의미는 의지의 원인자가 존재하기에 그 성향성을 입증하고 있음을 나타낸다고 논지한다.[43]

조현진은 알미니우스주의자들이 주장하는 중립적 자유 의지의 개념이 잘못 이해된 것으로 자리매김하는 데에는 에드워즈가 발전된 이론을 정립하였고, 한편으로는 의지의 자유가 존재의 구조로서의 경향성과 법칙이 있으므로 인하여 알미니우스주의자에게 근본적 잘못된 부분을 지적하고 있다고 설명한다.[44]

조현진이 「한국개혁신학」 제30호에 기고한 "조나단 에드워즈의 '성향적 구원론'에 대한 연구" 논문이 있다. 이 논문에서 저자는 에드워즈가

---

[41] F. 코플스톤, 『영국 경험론: 홉즈에서 흄까지』, 이재영 역 (서울: 서광사, 2010), 52, 조현진, "18세기 뉴잉글랜드에서의 아르미니안 논쟁: 조나단 에드워즈의 자유 의지론과 칭의론을 중심으로," 「개혁논총」, 35집 (2015): 270에서 재인용.
[42] 조현진, "18세기 뉴잉글랜드에서의 아르미니안 논쟁: 조나단 에드워즈의 자유 의지론과 칭의론을 중심으로," 289.
[43] 조현진, "18세기 뉴잉글랜드에서의 아르미니안 논쟁: 조나단 에드워즈의 자유 의지론과 칭의론을 중심으로," 289.
[44] 조현진, "18세기 뉴잉글랜드에서의 아르미니안 논쟁: 조나단 에드워즈의 자유 의지론과 칭의론을 중심으로," 289.

인간애에 있는 성향의 변화를 통해 전개하고 있는 그의 구원론을 구원의 서정에 따라 논지하고 있다.[45] 그는 에드워즈의 중생과 회심 그리고 회심이 여기에서 머무는 것이 아니고 "칭의"(justification)로 이어지면서, 하나님을 향해 의롭다 인정받은 자들이 소유한 실재적인 어떤 것이 있어야만 한다는 것이다. 이것이 바로 성령에 의해 인간에게 생산된 새로운 성향이다.

결국, 에드워즈가 중생에서 말하고 싶은 것은 성령의 주입으로 인한 성향적 변화로 이루어지는 인간의 하나님으로의 방향전환이다.[46] 또한 저자는 이 선한 성향이 로마 가톨릭이 주장하는 것처럼 인간 자신이 가지는 내적인 의로움이나 공로가 될 수는 없다고 일괄한다.[47]

조현진은 이 논문에서 에드워즈는 새로운 성향으로서의 성령의 역사가 일어난다는 점에서 성화를 중생과 밀접한 연관이 있으며, 성령의 사역을 통하여 인간이 타락 이전의 거룩함의 상태로 회복하게 되어 가는 성화의 과정이 이루어져 가고 있음을 피력한다. 그리고 성령은 성도 안에 내주하면서 그들의 삶과 행동의 원리가 된다고 강조한다.[48]

이상웅이 「한국개혁신학」에 기고한 「조나단 에드워즈의 삼위일체론적인 성령론」 논문이 있다. 논문에서 이진락이 "조나단 에드워즈의 신학적 미학에 관한 구"에서 언급한 내용과 유사한 관찰들 보여준다. 즉, 에드워즈는 성령의 아름다움을 충분히 강조하면서 성부와 성자가 무한히 사랑하고 기뻐하는 하나님의 행동이 성령이라고 설명한 부분들을 설명하면서[49] 성부와 성자 간에 주고받는 상호의 사랑이 다름 아니라 세 번째 위격이신

---

45 조현진, "조나단 에드워즈의 '성향적 구원론' 연구," 「한국개혁신학」, 제30호 (2011): 130.
46 조현진, "조나단 에드워즈의 '성향적 구원론' 연구," 138.
47 조현진, "조나단 에드워즈의 '성향적 구원론' 연구," 140.
48 조현진, "조나단 에드워즈의 '성향적 구원론' 연구," 143.
49 이진락, "조나단 에드워즈의 신학적 미학에 관한 연구", 275.

성령이시라는 것임을 논지하는 에드워즈의 신학적 논지를 설명한다.[50]

더 나아가 에드워즈에게 중생은 성령의 주입(infusion)과 내주(indwelling)를 통해 아담 이후 타락했던 인간 성향의 변화를 의미하며 중생은 하나님이 자신의 은혜를 인간에게 주입하시는 사역이라고 주장한다.[51]

그리고 계속하여 에드워즈는 중생(regeneration)이란 개념과 함께 성령의 주입이라는 차원에서 "유효적 소명"(effectual calling), "회심"(conversion), "회개"(repentance) 등을 비슷한 상태를 의미하는 용어로 사용하고 있다고 설명한다.[52] 논문에서 삼위일체론과 성령의 관개를 설명하면서 에드워즈의 삼위일체론은 다소 이해하기 어려운 면들을 가지고 있기는 하지만 분명하게 정통적이라고 할 수 있다고 지적한다.

에드워즈가 초자연적인 것을 모두 거부하고 합리주의적인 사고를 절대적 기준으로 삼았던 계몽주의 시대에 살아가면서, 그 시대 정신에 대항하여 기독교 근본 교리인 삼위일체론을 변증하고 있음을 염두에 두고 그의 신학 사상을 이해하면 무리가 없음을 강조한다.[53]

스톰스(Samuel Storms)의 신앙 감정론을 재해석한 「성령의 표적들: 신앙 감정론의 재 해석(Signs of the Spirit: An Interpretation of Jonathan Edwards: *Religious Affections*)」 논문이 있다. 사무엘 스톰스(Samuel Storms)는 "신앙 감정론"과 "개인적 이야기"를 중심으로 에드워즈의 신학을 정리했다. 에드워즈의 설교집인 『신앙 감정론』을 중심으로 구원받은 성도의 특징에 대하여 가급적 사용할 수 있는 일반 언어들을 사용하여 구체적인 설명을 시도하고 있다. 특히, 이 책에서는 거룩한 감정(Holy Affections)에 대하여 비교적 자

---

[50] 이상웅, "조나단 에드워즈의 삼위일체론적인 성령론," 「한국개혁신학」, 제 25권 (2009): 314-315.
[51] 이상웅, "조나단 에드워즈의 삼위일체론적인 성령론," 137.
[52] 이상웅, "조나단 에드워즈의 삼위일체론적인 성령론," 138.
[53] 이상웅, "조나단 에드워즈의 삼위일체론적인 성령론," 325.

세히 소개하면서 성화에 대한 구체적 실례들을 비교적 자세히 설명하고 있다.[54]

프레드 영(Fred W. Youngs)의 저서인 『조나단 에드워즈의 사상에서 영적 연합의 위치』(The Place of Spiritual union in the Thought of Jonathan Edwards, 1986) 가 있다. 이 논문은 에드워즈가 칼빈(Jean Calvin, 1509-1564)을 비롯하여 존 플라벨(John Flavel, 1627-1691), 조지 오웬(John Owen, 1616-1683)과 같은 청교도들의 영향을 받아 "그리스도와의 연합(union with Christ)의 내용을 다루고 있다. 그는 에드워즈의 신학을 청교도신학의 맥락에서 보는 통찰을 보여줌으로써 에드워즈의 신학에 대한 청교도적 입장을 선구적으로 표현하였다.

프레드 영은 이 논문에서 그리스도와의 연합의 관점으로 돌이킴과 화해, 성령의 역할, 교회의 역할에 대하여 고찰한다. 이 논문은 조직 신학적 주제 중심 연구로서[55] 성화에 대한 에드워즈의 신학적 인지를 설명하고 있다.

끝으로, 로버트 칼드윌(Robert Caldweel III)의 『성령 안에서의 교제: 조나단 에드워즈의 신학에서 연합의 연결 끈으로서의 성령』(Communion in the Spirit: The Holy Spirit as the Bond of Union in the Theology of Jonathan Edwards)을 통하여 성령의 존재와 사역을 밝혀내는 초점에서 연구된 책이 있다.

이 책은 성화(聖化)에 대한 부분을 다루고 있다.[56] 영적 시력의 특성, 성령의 증언, 확신, 이웃과 하나님에 대한 참된 사랑, 그리스도인의 영성의 참된 표지들, 성도들의 주의 만찬에서 그리스도와 함께 참여하는 교제 등

---

[54] 이윤식, "그리스도와의 연합 관점으로 본 조나단 에드워즈의 성화론" (박사학위 논문, 총신대학교 일반대학원, 2016), 34.
[55] 이윤식, "그리스도와의 연합 관점으로 본 조나단 에드워즈의 성화론," 37.
[56] 이윤식, "그리스도와의 연합 관점으로 본 조나단 에드워즈의 성화론," 38.

에드워즈 성화의 신학을 구성한다고 설명한다. 그러나 이 책은 에드워즈의 성화론이 가지고 있는 틀에 대한 적절한 인식을 보여주지 못하고 있다고 지적하고 있다.[57]

조나단 에드워즈의 중요성을 확인할 수 있는 것은 지금까지 얼마나 많은 논문이 전 세계적으로 산출되었는가를 보는 것이다. 레저(M. X. Lesser)는 1729년부터 2005년까지 출간된 에드워즈에 관한 각종 문헌이 3,285편이 넘는다고 하였다.[58]

또한, 케네스 민케마(Kenneth Minkema)는 1890년부터 2000년까지 쓰인 에드워즈의 박사 논문이 286편이며 이 가운데서 설교(12편), 부흥과 대각성(13편), 선교학(5편), 윤리학, 미학(20편), 문학, 문화 비평(36편), 철학, 심리학(57편), 역사, 전기(64편), 그리고 마지막으로 신학에 대해서 쓰인 박사 논문이 총 82편임을 조사했다. 이를 통하여 알 수 있는 것은 에드워즈의 사상의 다양한 면들이 신학을 넘어서 인문학적인 연구의 대상이 되었다고 말할 수 있다.[59]

2. 결론 및 평가

성향적 존재론의 관점에서 본 조나단 신학은 선행 연구에서 나타난 것처럼 신학적 이해 부분에 불편함이 있음을 알 수 있다.

에드워즈의 성화론을 성향적 존재론에서 보게 됨으로써, 하나님의 존재론에 대한 변증이 표출되며, 이러한 변증법적 질문에 대한 해답이 필연성

---

[57] 이윤식, "그리스도와의 연합 관점으로 본 조나단 에드워즈의 성화론," 38-39.
[58] 이상웅, "조나단 에드워즈의 성령론," 9.
[59] 이상웅, "조나단 에드워즈의 성령론," 10.

을 요구하기 때문이다. 신학의 지식은 실존의 물음에 속한다.[60] 하나님이 신앙 행위 밖에서도 "존재하는지"는 오직 그 자체만이 말할 수 있을 뿐이다. 그러나 인간은 자기 자신을 진리 안에 세울 수 없기 때문에 인간이 하나님에 "대하여" 언급하는 한, 인간의 사고는 진리를 벗어나 자기 사고 속에 폐쇄되고 말 것이다.[61]

물론, 로마 가톨릭과 구 개신교 교의학의 존재론적 근본 명제인 "행함은 존재에서 나온다"는 명제는 초월적 단서의 "존재"에 대한 문제를 들어내고 있다.[62]

따라서 본 논문에서는 존재에 대한 계시의 존재론적 해석은 근본적으로 "존재"(창조주)를 "대상적"이지만 "의식 초월적"으로 규정한다.[63] 마찬가지로, 성령의 존재 역시 대상적이지만 의식 초월적이며, 인간의 실존 토대는 "주체 초월적 손재" 안에 있는 존재로서 오직 "외부로(밖으로)부터 인간의 실존을 인식할 수 있을 뿐"[64]이라는 한계 설정이 요구된다. 이를 통하여 "인간은 죄 가운데 있든지, 아니면 은혜 가운데 있는 존재임을 인식하게 됨으로써"[65] 성령의 내재와 활동이 성화론의 객관적 위치로 자리 잡게 된다고 여겨진다.

물론, 인간의 종교적 행위와 하나님의 신앙의 행위가-본질적으로 두 개의 영역으로 서로 구분됨이 없이 하나님의 주체성과 인간의 "실존 관련성" 중 어느 하나가 지양되는 일이 없이-어떻게 사고 될 수 있는지는 아직 해

---

60 본회퍼, 『행위와 존재』, 112.
61 본회퍼, 『행위와 존재』, 108.
62 본회퍼, 『행위와 존재』, 123.
63 본회퍼, 『행위와 존재』, 125.
64 본회퍼, 『행위와 존재』, 125.
65 본회퍼, 『행위와 존재』, 114.

명되지 않고 있다. 칼 바르트에게도 마찬가지다.[66]

그러나 에드워즈는 "믿음이란 영혼이 구세주라는 그리스도의 개념을 받아들이는 것이다. 즉, 그의 실재와 선하심에 대한 인식과 확신 가운데서 복음이 계시해 준 대로 구세주로 받아들이는 것이다"라고 강조한다.[67]

그러므로 에드워즈의 영혼에 대한 이러한 인식의 개념은 인간의 성향적 속성이 성화 과정의 주관적 요소가 될 수 있다고 여겨진다. 따라서 이 논문에서 다루고자 하는 에드워즈의 성화론을 성향적 존재론의 관점에서 볼 때는 세 가지 인지하여야 할 요점들이 있다. 그것은 본 논문을 진행하면서 앞으로 진행될 논문의 방향에 영향을 줄 수 있기 때문이다.

첫째, 에드워즈의 성화론을 성향적 존재론에서 보게 된 것은 연구자가 인간론을 성향적 존재로 보게 된 개념에서 보고 있는 에드워즈의 존재론에 대하여 동의하기 때문이다. 왜냐하면, 정신의 발달이 활동성의 문제이며 또한 모든 정신 현상의 변화와 발전은 유기체의 자유로운 활동성에 달려있다고 생각하고 있기 때문이다. 또한, 인간의 정신을 정체된 것으로 보지 않고 동적(動的)인 것으로 보고 있기 때문이다.[68] 이를테면 이와 같은 개념은 성경에서 언급하고 있는 최초의 인간 아담의 정신 활동을 통하여 (창 2:15-19) 표지 된 개념이기 때문이다.

둘째, 성 삼위일체와 성령의 속성을 성향적 존재론으로 보고 있는 에드워즈의 신학적 인식은 하나님의 속성에 대한 표현 중에서 에드워즈의 인식이라고 볼 수 있다. 이 부분에 대한 그의 인식은 하나님의 속성을 성향적

---

[66] 본회퍼, 『행위와 존재』, 109.
[67] Edwards, "Miscellanies," *Journal Yale Collection*. 11, 체리, 『조나단 에드워즈의 신학』, 55 에서 재인용.
[68] 아들러, 『인간 이해』, 27.

존재론으로 국한시키기보다는 인간론에 대한 성향적 인식이 인간과 하나님과의 관계론적 인식 속에서 보여준 부분이다.

에드워즈가 살던 지역적, 역사적 환경 속에서 발전된 그의 성향적 존재론이 비록 철학적 인지 속에서 도출되었지만, 그의 성향적 인식론은 관계론적 입장에서 강조된 것임을 이해할 때에는 충분히 에드워즈의 성향적 존재론은 우리에게 이해될 수 있는 개념이며 성화의 발전에 도움이 될 수 있다.

셋째, 정신 생활의 사회적 특성을 통해서만 성화에 대한 개념을 알 수 있다고 생각하기 때문이다. 연구자는 에드워즈의 성화론이 인간과 하나님의 관계, 그리고 인간과 인간과의 관계적 틀 안에서 조명될 때에 존재와 행위에 대한 신학적 개념이 도출되며, 그러한 개념 안에서 인식될 때에 조직신학의 보편적 개념 안에서 성향적 존재론에서 보고 있는 에드워즈의 성화론도 가치가 있다고 본다.

따라서 연구자는 에드워즈의 성향적 관점이라는 테두리 안에서 그가 가지고 있는 성화론의 내용이 정통적 개신교의 신학적 입장에서 이해될 수 있고 또한 새롭게 발전된 성화의 개념을 도출시킬 수 있다고 본다. 따라서 삼위일체 되시는 하나님의 존재론에 대한 성향적 이해를 "대상성"이지만 "주체 초월적 존재"로서의 하나님의 존재와 속성에 대한 이해의 한 부분으로 생각한다면 큰 무리가 없다.

또한, 에드워즈의 인간의 성향성이 지향하고 있는 인식과 행위가 그리스도인의 존재에 대한 정체성을 알게 하는 데에 초점을 두고 있다고 여겨지기에 이러한 관점으로 에드워즈의 성화론이 연구될 것이다.

제3장

성향적 존재론의 관점에서 본 조나단 에드워즈의 성화론 형성 배경

인간에 대한 이해는 자신의 "사물을 보는 견해"에서 시작되며 살아있는 인간을 대상으로 임상적 접근 방식을 취하고 있다. 즉, 인간이라고 하는 "객체화된 대상"에 대한 연구임과 동시에 "연구자 자신이 마치 그것을 살아가고 있는 자신의 인생"에 대해 반성하는 질문에 답하는 것들로 그 특징을 이루고 있기 때문이다.[1]

에드워즈가 보고 있는 성화론 역시 인간과 역사, 그리고 사회 환경과의 관련 속에서 보고 있는 일종의 인간학이라고 볼 수 있다. 무엇보다도 에드워즈는 자신이 대상을 관찰하면서 피 관찰자와 관찰자인 자신과의 관계 속에서 관찰하는 삶의 과정을 참여적 관찰을 통해 인간 본성에 관한 지식의 범위를 넓혀가고 있다.

에드워즈는 하나님의 은혜와 인간 행동의 밀접한 관계를 명확히 설명할 수 있는 본질을 찾기 위해 노력했다. 에드워즈는 성경에 뿌리를 두고 참여적 관찰에 기초하여 하나님과 인간의 관계에 대한 신학적 개념을 긴 세월

---

[1] 박아청, 『에릭슨의 인간 이해』 (서울: 교육과학사, 2014), 28.

속에서 확장해 나갔다. 에드워즈의 이러한 노력과 연구의 결과들은 그의 많은 저서와 기록물 그리고 목회적 여정을 통해 표현되고 있다.

특히, 에드워즈의 자서전에 의하면 젊은 시절의 에드워즈는 어린 시절 칼빈주의 전통의 핵심적 교리인 "하나님의 주권에 대한 교리"와 "영원 전 예정설"을 매우 싫어했다. 그는 자신의 자서전에 하나님의 주권과 예정설에 대하여 "강한 반감"이 있었음을 고백하고 있다.[2]

또한, 그는 자신이 겪은 영적 경험의 단계가 "옛 신학자들"의 가르침과는 일치하지 않는다고 진술하고 있다. 에드워즈는 연구와 자기 점검을 통해 불일치의 원인을 규명하기로 다짐하고 자신을 포함한 인간의 마음을 이해하는 일은 그의 평생에 걸친 과업이 되었다.[3] 이렇게 논지하고 있는 이유에 대해서는 콘라드 체리는 에드워즈의 신학적 개념이 형성되어가는 초기 과정에 관해 아래와 같이 묘사하고 있다.

> 에드워즈는 그의 사적인 연구에서 믿음의 본질에 대하여 사색하는 동안에 종종 믿음을 정의하는 것이 어렵다는 사실을 고백했다 … 그는 때때로 믿음에 포함된 모든 것들을 분명하게 표현하기에 적절한 단어들이 매우 부족하다는 사실 때문에 절망했다. 그런데도 에드워즈는 "믿음을 짧게 정의하는 것보다 더욱 완벽하게 묘사할 수 있다. 곧 많은 단어가 한두 마디의 말보다 그것을 더욱 잘 표현해 줄 수 있다"고 믿었다. 에드워즈가 인식과 의지의 능력에 따라 믿음의 행동을 이해한 방법에 대해서 우리가 검토한 것은 그 속에 포함된 것을 단지 부분적이고 형식적으로 묘사하는데 지나지 않는다. 여전히 "매우 많은 단어가 필요하다. 믿음의 객체, 가능성, 그리고

---

2 Jonathan Edwards, *The Works of Jonathan Edwards, Letters and personal Writings*, vol. 16, (New Haven and London: Yale University Press, 1957-2008), 791-792.
3 이상현 편, 『조나단 에드워즈의 신학』, 37.

일반적인 자세에 대한 많은 단어가 필요하다. 왜 신앙적 믿음이 생기는가? 사람이 믿음에 관한 "단순한 개념"을 가졌을 때 그는 정확히 무엇을 안다는 말인가? 이러한 지식이 의지를 내포하고 있다고 말하는 것은 무슨 의미인가? 믿음에는 어떤 종류의 능력이 수반되는가? 신앙적 믿음의 주된 차원들을 논의하기 전에 먼저 이와 같은 질문에 대답해야만 한다.[4]

체리의 지적처럼 에드워즈는 신앙과 인간을 이해하기 위해 다양하고 광범위한 질문에 대한 답을 찾아보려고 노력하면서 그의 신학적 개념을 발전시켰다. 이에 관해 마이클 맥크리먼드(Michael J. McClymond)와 제럴드 맥더모트(Gerald R. McDermott)는 에드워즈의 신학적 개념의 지적인 방식은 대담하고, 자유롭고, 자기 비판적이고, 발전적이며, 무엇보다도 이전에 인식된 것보다 더 광범위하게 독특한 연구 방식, 즉 기록에 의한 조사와 발견 방법의 산물이었다고 설명하고 있다.[5]

그러면서 에드워즈가 연구 시간의 대부분을 주어진 명제의 장점과 약점을 평가한, 그리하여 자세히 추론된 생각의 조각들을 조립하는 데 시간을 보냈고, 장단점을 논증하며 반대에 대해 답변하는 방식을 발전해 갔다고 말하면서 에드워즈의 신학적 개념의 발전을 아래와 같이 설명하고 있다.[6]

에드워즈의 주된 지적인 전략 두 가지는 연쇄(concatenation)와 포섭(subsumption)으로 묘사할 수 있다. 연쇄는 보통 연결되지 않는 것으로 생각된 개념들 사이의 연결점을 찾는 것을 가리킨다. 일반적으로 에드워즈의 사상은 다

---

4 체리, 『조나단 에드워즈의 신학』, 61.
5 마이클 맥클리먼드, 제럴드 맥더모트, 『조나단 에드워즈 신학』, 임요한 역 (서울: 부흥과개혁사, 2015), 32-33.
6 맥더모트, 『조나단 에드워즈 신학』, 33.

양성 가운데 통일성을 추구하는 것으로 묘사될 수 있다. 그래서 에드워즈는 그 이전에는 거의 보지 못했던 개념들 사이의 연관성을 찾으려고 규칙적으로 노력했다 … 포섭은 에드워즈의 통찰이 점차 확장되고 더욱 일반적인 범주로 흡수되는 방식을 가리킨다. 예를 들어 "신학 묵상록"은 하나님의 "목적"에 대해 에드워즈가 했던 생각의 세 단계를 보여준다. 첫 단계(신학 묵상론 3번)에서 에드워즈는 인간의 행복 자체가 하나님이 세상을 창조하신 목적이었다고 주장했다. 이는 "천지 창조의 목적"의 마지막 논지에 비추어 볼 때 놀라운 것이다. 에드워즈는 완벽한 창조주께서 세상 창조의 결과로서 주어지는 행복이 필요하지 않다고 추론했다. 나중에 에드워즈는 하나님이 자신의 "이름," "영광" 또는 "찬양"을 위해 세상을 창조하셨다는 성경의 가르침을 발견했다. 중간 단계(신학묵상록 243번)에서 그는 인간의 행복과 하나님의 영광 모두가 하나님의 창조에서 "궁극적인 목적"이지만 서로 독립적이라고 주장했다. 에드워즈와 같은 사상가가 볼 때 하나님의 우주적 목적에서 궁극적인 이원성은 만족스럽지 않았다. 그래서 마지막 단계(신학 묵상론 332번)에서 하나님의 "교통"이라는 표제 아래 하나의 하나님의 영광과 인간의 행복이 통합되었다. 교통은 그의 고찰에서 개별적으로 시작된 이전의 두 개념을 포섭하는 개념적인 범주였다.[7]

에드워즈가 가지고 있는 신학적 개념의 발전을 연쇄와 포섭이라는 견지에서 볼 때 무엇보다도 그는 하나님과 인간 역사의 밀접한 관계를 명확히 설명할 수 있는 본질을 찾고자 하였다. 특히, 이러한 연쇄와 포섭의 결과들은 에드워즈의 저서들과 기록물들에서 발견된다. 그는 1755년 자신의 인생 말기에 하나님의 천지 창조의 목적이 "하나님께 영광"을 돌리는

---

7 맥더모트, 『조나단 에드워즈 신학』, 35-36.

것에 있음을 강조하고 있는 그의 논문인 「천지 창조의 목적」(*Dissertation On the End For Which God Created*)에서 아래와 같이 주장하고 있다.

> 그러므로 하나님 자신을 제외한 외부를 향한 선의 무한한 충만의 영광스럽고도 풍성한 유출이 있을 수도 있으며, 또한 자신을 전달하려는 성향 혹은 자신의 충만을 보급하려는 성향이 그분을 피조된 세계로 움직이게 했다는 사실이 그분의 최후 목적이었다고 생각하는 것은 합당해 보인다 … 하나님께서 피조물에 존재하게 하셨던 그 발산하려는 성향은 일반적 의미에서 전달적인 성향 혹은 그 자체를 흘러 넘쳐나게 하고 보급하시려는 신성의 충만 가운데 있은 성향이었다 … 그러므로 진리에 일치하여 정확하게 말하기 위하여, 우리는 그분이 본성의 본래 소유물로서 그분 자신의 무한하신 충만의 발산으로서 하나님 안에 있는 성향은 그분이 세상을 창조하시도록 자극했던 것이었으며, 그래서 발산 그 자체가 주님에 의하여 창조의 최종적인 목적으로 정해지게 되었다고 할 수 있다.[8]

에드워즈는 천지 창조에 관한 목적의 원인자를 하나님 안에 있는 성향과 욕망이 피조물의 존재는 물론이고, 이에 대한 예견(foresight)보다 더 앞섰을 것이 틀림없다고 강조하면서 피조물의 미래의, 의도된, 그리고 예견된 존재의 원래 근거는 하나님의 성향임을 강조한다. 그리고 더 나아가 그것은 우리에게 표지되고 있는 사랑 가운데서 나타나며 그 사랑은 하나님의 성향과 별개의 것이 아니라 같은 것이며, 사랑이 처음부터 흘러나오는 근원 자체라고 강조한다.[9]

---

[8] Jonathan Edwards, *The Works of President Edwards*, vol. 6 of 8 (London: Forgotten Books, 2018), 33-34.
[9] Edwards, *The Works of President Edwards*, vol. 6 of 8, 51.

또한, 이러한 원인자가 되는 모든 창조물의 성향성들을 통해 하나님께서 자신의 목적을 이루심에 있어서 그 목적의 달성은 하나님의 기쁨(happiness)이며, 이 기쁨은 하나님의 성향의 발산인 사랑에서 온다고 해석하고 있다.[10] 그는 이 하나님의 성향은 인간이 받은 인간의 성향을 통해 하나님을 마음으로 높이고, 찬미하고, 영화롭게 하는 것 이외의 모든 것은 아무 것도 아니라고 강조한다.[11] 이와 같이 그의 신학적 개념이 연쇄와 포섭이라는 과정을 통해 발전되고 확산하여 가는 것을 알 수 있다.

그러므로 "성향적 존재론"의 관점에서 보고 있는 에드워즈의 성화론에 관한 본 연구는 에드워즈가 가지고 있는 "존재의 성향성"에 대한 개념 인식이 우선되어야 한다. 그 후에 "성향적 존재론"이 그의 교육 과정에서 어떻게 형성되었으며, 목회 사역의 목표 가운데 성화론에 접목되면서 어떻게 확장되었는가를 이해할 수 있다.

또한, 확장된 성화론은 그가 청교도에서 유산으로 받은 믿음의 실천에 어떻게 자리매김을 하였으며, 당시 알미니우스주의와 관계를 통해 어떤 모습으로 그 윤곽을 드러냈는가를 고찰하는 것이 연구의 목적이다. 그렇기 때문에 에드워즈의 성화론 형성의 배경을 이해하기 위해서는 그의 "존재의 성향성"에 대한 개념 이해를 고찰할 필요가 있다. 이와 관련하여 이상현은 에드워즈가 가지고 있는 성향의 개념은 창조된 세계의 "관계들"을 통해서만 존재한다고 하면서 아래와 같이 설명하고 있다.

하나님께서 하나의 현실태를 창조하신다는 것은, 특정한 시간과 공간에서 그에 따라 저항을 야기하게 될 법칙들의 연계를 확립하는 것이다. 하나님

---

[10] Edwards, *The Works of President Edwards*, vol. 6 of 8, 70.
[11] Edwards, *The Works of President Edwards*, vol. 6 of 8, 56.

께서 현실적으로 저항을 야기하지 않으실 때도, 이러한 장래에 있을 저항들은 그들을 지배하고 결정하는 일반 법칙들의 연계를 통하여 실재적으로 가능한 것들(실질 태들)로의 현실태적 양태를 가지게 된다. 그러나 법칙들의 연계인 하나의 현실태가 현실적으로 실존하는 존재가 되는 것은 적절한 저항이 현실적으로 있을 때이며, 그에 의해 다른 현실태들과의 특정한 관계들이 성립될 때이다. 다른 말로 하여, 실질태가 현실태로 되기 위해서는 관계들의 현실화(actuality)를 요청한다. 그러므로 에드워즈의 존재에 대한 성향의 개념은 하나의 존재가 관계들 속에서 무엇이라는 것뿐만 아니라 관계들을 통해서만 존재한다는 것을 의미한다.[12]

에드워즈는 존재에 대한 인식을 "성향"이라고 하는 용어를 사용하여 설명하고 있다. 그는 "성향" 외에도 존재의 개념을 중요하게 다루면서 빈번히 사용한 단어는 "경향성"(habit), "경향"(tendency), "지향성"(propensity), "원리"(principle), "기질"(temper) 및 "마음의 틀"(frame of mind) 등이다. 습득된 경향인지 본유적 성향인지의 구별이 항상 분명하지는 않으나, 에드워즈는 이와 같은 용어들을 같은 의미로 사용하고 있다.[13]

특히 에드워즈가 사용하는 경향성이란 용어의 개념은 아리스토텔레스(Aristoteles, 기원전 384-32)의 개념에까지 소급된다. 아리스토텔레스는 이 "경향성," 곧 "hexis"라고 하는 말을 처음으로 철학적 사용에 도입한 사람일 것이다. 이상현은 에드워즈가 이 사실을 분명히 염두에 두고 있다고 강조하면서, 특히 중세에 있어서 토마스 아퀴나스(Thomas Aquinas, 24/25?-1274)는 아리스토텔레스의 사용법을 그대로 이어받아 발전시켰다고 지적

---

[12] 이상현, 『조나단 에드워즈의 철학적 신학』, 127.
[13] 이상현, 『조나단 에드워즈의 철학적 신학』, 47-48.

한다.¹⁴ 아리스토텔레스에게 개개의 물체 안에서 형상은 사물의 본질일 뿐 아니라 마땅히 그렇게 하거나 되려고 노력해야 할 성질을 의미한다. 즉, 형상은 규정적이며 규범적인 범주에 해당한다.

예를 들어 도토리는 상수리나무의 형상을 지니고 있다. 도토리 자체는 상수리나무의 의무가 아니지만 그렇게 될 수 있는 가능성을 지니고 있기 때문에 일정한 과정을 거치면 상수리나무가 된다. 아리스토텔레스는 가능성이 현실이 되는 순간 그 물체는 가능태에서는 질료가 두드러지고, 현실태에서는 형상이 두드러지면서 고유한 본질을 실현한다. 아리스토텔레스는 가능태와 현실태를 구별함으로써 그가 인식하고 있는 존재론의 초점은 가능태가 현실태로 되는 변화의 과정에 초점을 맞추고 있다.¹⁵

그러나 에드워즈는 고유한 본질에 대한 개념을 인간에게는 달리 생각했다. 정신에 대한 논문을 쓰면서 정신만이 존재이고, 물체는 단지 "존재의 그림자"일 뿐이라고 설명한다.¹⁶ 그는 "어떤 사람이든 자기가 원하는 일을 하는 것은 쉬운 일이며 원하는 것 자체가 행동하는 것임"을 강조하면서 "자연 불변의 법칙에 근거하여 영혼과 육체가 결합하고 있는 한 그것들도 결합하여 있어야 한다"고 지적한다.¹⁷ 그는 육체와 영혼은 하나의 통합체임을 설명하면서 내적인 것과 외적인 것은 행위 가운데 통합된다고 말한다.

이상현은 에드워즈가 창조물의 실체적이며 지속하는 성격을 정태적인 것이 아닌 성향적인 것으로서 이해하려 하였다고 주장한다. 왜냐하면, 에드워즈에 따르면, 하나님이 창조한 사물은 다른 사물들과 관계를 가짐으

---

14 이상현, 『조나단 에드워즈의 철학적 신학』, 48.
15 존 프레임, 『서양 철학과 신학의 역사』, 조계광 역 (서울: 생명의말씀사, 2018), 138.
16 프레임, 『서양 철학과 신학의 역사』, 362.
17 Edwards, *The Works of President Edwards: Affection*, vol. 2, 425-426.

로써만 존재한다고 강조하기 때문이다.[18] 이상현은 에드워즈의 존재에 대한 개념을 아래와 같이 설명하고 있다.

> 최종적으로 에드워즈의 경향성과 법칙으로서의 존재에 대한 개념은, 실재에 대한 역동적인 견해로 귀결된다. 현실태들의 본성의 지속성이 경향성과 법칙에 의해서 구성된다고 말하는 것은, 현실태들이 지속해서 행동의 경향들임을 말하는 것이다. 사물들은 본질적으로 성향성이기 때문에, 경향성과 법칙을 실행하는 것과 하나님 자신의 힘의 직접적인 실행을 통해서 계속하여 현실적 실존을 향하는 경향들이다 … 에드워즈에 있어, 존재의 가장 기본이 되는 수준에서 기능하는 성향들과 법칙들은 능동적 경향들이다. 실재는 한때 성취된 어떤 것이 아니며 계속 성취되고 또다시 성취되는 것이다. 실재는 현실태들을(관계들을) 확장 혹은 증식해 가는 영속적인 과정이다. 더 나아가 스콜라철학주의자들이 실체를 부르는 데에 사용하였던 것이 경향성과 법칙이라면, 이제 현실태의 이행과 실행은 하나의 존재론적인 의미를 갖게 된다. 현실태의 이행들은 행동을 위한 잠재 태의 실행뿐만 아니라 실존을 위한 잠재 태의 실행이기도 하다.[19]

에드워즈가 가지고 있는 본질에 대한 "성향적 존재론"은 사물들이 경향성을 갖는 것이 아니라 사물들 자체가 경향성들이며 그 경향성은 지속적 존재와 법칙 가운데서 의미를 부여하고 있다. 특히, 에드워즈는 지속되고 있는 존재 자체가 성향임을 강조한다. 따라서 그는 물체들의 실체라는 것은 하나님이 적당하다고 생각하는 공간의 부분들 안에 특정한 방식으로

---
[18] 이상현, 『조나단 에드워즈의 철학적 신학』, 91.
[19] 이상현, 『조나단 에드워즈의 철학적 신학』, 91-92.

하시는 행위이기 때문에 물체의 존재를 설명하기 위해서 독립적이며 숨겨진 실체로서의 물질적인 물체에 대해 말할 필요가 없다고 보고 있다.[20]

또한, 그것은 고정된 형이상학적 개념에서 인식되었지만, 에드워즈는 계몽주의와 청교도 유산과의 갈등 속에서 이를 신학적 개념을 가지고 이해하고자 하였다. 그는 인간 본질의 성향성 개념을 동적 상태로 인식하면서 "하나님 자신의 성향이 인간의 행위 안에서, 아래서, 뒤에서 작용한다"라고 주장하였다.[21]

에드워즈는 인간 존재의 본질을 성향성의 개념으로 인식하고 발전시키면서 "이러한 경우에는 이러한 행동이 될 것이다"라고 하는 하나의 법칙이 성향임을 주장한다.[22] 또한 에드워즈는 "모든 결과와 사건은 필연적으로 그 존재의 적절한 근거 및 이유와 연결되어있다"라고 하면서[23] 성향을 인간 행동을 야기시키는 일종의 필연성과 존재의 본질로 설명하고 있다.

그렇기 때문에 에드워즈는 "성향적 존재론"의 토대 위에서 성향과 의지를 예리하게 구분하여 사용하고 있다. 이러한 에드워즈의 성향에 대한 신학적 입장의 발전과 정착된 그의 사상은 제5장에서 자세히 고찰될 것이다.

본 장에서는 에드워즈의 성화론에서 성령의 임재와 역할, 그리고 인간의 본질을 성향성에 뿌리를 두고 있는 신학적 개념이 어떻게 도출되었는

---

[20] Vermon J. Bourke, "Habitus as Perfectant of Potency in the Philosophy of Thomas Aquinas," (Ph.D., Diss., University of Toronto, 1938), 109-167, 이상현, 『조나단 에드워즈의 철학적 신학』, 94-95에서 재인용.

[21] Jonathan Edwards, "An Essay on the Trinity," *Treaties on Grace and other Posthumous writings including Observations on the Trinity*, ed. Paul Helm (Greenwood: Artic Press, 1971), 72-75.

[22] Jonathan Edwards, *Yale Miscellanies Yale Collection of Edwards' Manuscripts* (Beinecke Rare Book and Manuscript Library, Yale University), 274.

[23] 조나단 에드워즈, 『자유 의지』, 정부홍 역 (서울: 새물결플러스, 2017), 246.

가를 연구하는 것이다. 이를 위해서 에드워즈의 생애, 목회 환경과 관련된 몇 가지 요인을 고찰할 필요가 있다. 먼저 에드워즈의 성장 과정에서 직접 영향을 끼친 그의 가정 환경과 계몽주의적 사회의 변혁에 편승한 교육 과정을 고찰하는 것부터 출발하고자 한다.

"성향적 존재론"이 그의 가정 환경과 교육 과정에서 어떻게 형성되었는가를 고찰하는 것이다. 그리고 형성된 그의 "존재론의 성향성"이 목회자로서 사역의 목표 가운데 성화의 필요성을 강조하면서 "성화론"에 어떻게 접목되었는가를 연구하는 것이다. 또한, "성향적 존재론"과 접목된 "성화론"은 그가 청교도에서 유산으로 받은 믿음의 실천에 어떻게 확장되어 그 역할을 감당하게 되었으며, 더 나아가 당시 알미니우스주의와의 관계에서 어떤 개념으로 그 윤곽을 드러냈는가를 고찰하는 것이 이 장의 목적이다.

왜냐하면, 에드워즈가 신앙과 실천의 관계를 동일하게 다룬 청교도와의 관계가 그의 성화론에 존재하고 있기 때문이다. 또한, 그는 "성향적 존재론"의 개념에 기초하여 그의 저서인 『자유 의지』에서 알미니우스주의가 가지고 있는 "의지"에 대한 잘못된 신학적 개념을 지적하고 있다. 그는 인간 본성에서 성향성과 의지를 구별하여 변론하고 있다.

그뿐만 아니라 의지가 인간의 성향적 본성에 의존하고 있다고 하는 중요한 신학적 개념을 성화론의 측면에서 보여주고 있기 때문이다. 에드워즈는 인간의 본성을 하나의 실체와 형상으로 정의하기보다는 지속적인 운동이나 행동 그 자체 안에 내포된 "성향적 존재"로 보면서, 성화론의 중요한 원인자로 정의하고 해석하고 있다.[24]

---

[24] Edwin Arthur Burttt, *The Metaphysical Foundation of Modern Science* (New York: Doubleday, 1954), 220-225.

에드워즈는 인간 본성의 "성향성"의 개념을 하나님의 은혜와 맞물려서 성화론에 대한 신학적 논지를 전개해 가고 있다. 그러므로 에드워즈에게 이러한 신학 개념이 자리 잡게 된 배경을 이해함으로써 에드워즈의 "존재의 성향성"이 성화론의 근본 원인자로 존재하고 있음을 이해할 수 있기 때문이다.

1. 교육적 배경

에드워즈는 1703년 10월 5일에 코네티컷(Connecticut)주, 이스트 윈저(East Windsor)에 있는 목회자 가정에서 열 한 자녀 가운데 다섯째이며 유일한 아들로 태어났다. 하버드대학교에서 최종적인 신학학위(M. A)를 받은 에드워즈의 아버지인 티모시 에드워즈(Timothy Edwards)는 목회 사역 60년 동안 당시 코네티컷주의 가장 학식이 많은 목사로 알려졌다.[25] 에드워즈는 아버지 티모시가 코네티컷주 식민지의 가장 오래된 마을 중 하나였던 이스트 윈저에서 9년간 목회를 하고 있었을 때 태어났다.[26] 딸이 열 명인 가정의 외아들로 태어난 에드워즈에게 가족들은 대를 이어 회중교회 목사로 성장하기를 기대했다.

그래서 에드워즈의 부모는 에드워즈에 대한 대학 입학과 목회 소명을 위한 훈련으로 가정 교육에 초점을 맞췄다.[27] 아버지 티모시(Timothy)와 어머니 에스더(Esther)는 이 하나뿐인 아들에게 성경, 개혁주의신학, 그리스-

---

[25] 조지 M. 마즈던, 『조나단 에드워즈 평전』, 한동수 역 (서울: 부흥과개혁사, 2005), 49.
[26] Philip F. Gura, *Jonathan Edwards: America's Evangelical* (New York: Hill and Wang, 2005), 3.
[27] 이상현 편, 『조나단 에드워즈의 신학』, 63.

로마 고전, 고전어들을 집에서 가르쳤다. 부모의 교육으로 에드워즈는 6세에 라틴어 공부를 시작했고, 12세에 라틴어와 헬라어를 읽고 히브리어를 조금 맛보았다.[28]

그뿐만 아니라 티모시(Timothy)는 모든 사람에게 높은 기준을 요구하는 엄격한 교사였다. 학식에 대한 그의 명성은 수많은 영적 고전들로 가득 찬 그의 서재와 성경에 정통한 지식과 마을에 사는 많은 소년에게 고전을 가르쳐 대학에 입학하도록 준비시킨 훌륭한 교사라는 점 등에서 비롯된 것이다.[29]

에드워즈에게 훨씬 어려웠던 것은 아버지 티모시가 참된 영성 함양을 위해 제시해 놓은 높은 규범을 따르는 것이었다. 그러나 아무리 열심히 훈련하고 애를 써도 아버지를 만족시켜 드릴 수 없었다.[30] 그런데도 에드워즈는 세속적인 친구들과 어울리는 것을 싫어했다. 그는 모순된 행동, 예컨대 친구들의 행동을 묵인하면서 목사가 되기 위해 훈련하고, 도덕적 질서를 무시하는 등의 행동을 할 수 없었다.[31]

이러한 그의 삶의 습관과 행동은 그의 아버지인 티모시의 엄한 삶에 대한 규율과 가르침, 그리고 가정에서 자신을 목사로 준비시키기 위해 행하였던 교육적 삶의 과정을 통해 받은 것이라고 여겨진다.

에드워즈는 1723년 12월 12일 자신의 일기를 통하여 "내가 읽어야 할 좋은 책이 부족할 때는 수학을 공부하든지, 다른 오래된 학문을 공부하면서 시간을 사용하자"는 언급을 하고 있다.[32]

---

[28] 맥더모트, 『조나단 에드워즈 신학』, 50.
[29] 마즈던, 『조나단 에드워즈 평전』, 65.
[30] 마즈던, 『조나단 에드워즈 평전』, 66.
[31] 마즈던, 『조나단 에드워즈 평전』, 73.
[32] Jonathan Edwards, *The Works of Jonathan Edwards, Letters and Personal Writings*. vol. 16, 782.

이 기록을 통하여 에드워즈는 20세를 넘기면서 아버지의 서재나 예일 대학교 도서관에 있는 많은 양의 책들을 읽고 있었다는 것을 확인할 수 있다.[33] 에드워즈는 열세 번째 생일에서 한 달이 못 되었던 나이에 대학 교육(Connecticut에 있는 신생 대학교, 1718년 에드워즈가 3학년 되던 해에 예일대학교가 됨)을 받기 시작했고, 문법, 수사학, 논리학, 고대 역사, 대수학, 기하학, 천문학, 형이상학, 윤리학, 자연 과학을 배운 후 1720년(16세)에 수석으로 졸업했다. 그리고 그는 예일대학원에서 2년 동안 공부했다.[34]

에드워즈는 1720년이 자신에게 있어서 영적 경험을 통해 심한 영적 갈등을 겪고 있는 시기였다고 고백한다. 온전한 헌신과 함께 자신의 내부에서는 또 다른 완강한 저항이 그의 지성 위에 세워져 가고 있었다.[35] 그는 어린 시절부터 하나님의 구원에 대한 교리에 늘 불만을 품고 있었음을 아래와 같이 설명하고 있다.

> 하나님께서 자신이 기뻐하시는 자는 선택하셔서 영원한 생명으로 인도하시고, 그렇지 않은 자는 영원히 꺼지지 않는 지옥의 불에 들어가도록 내버려 주신다는 하나님의 주권 교리에 대한 강한 반감이 있었다. 그것은 나에게 잔혹한 교리처럼 생각되었다.[36]

이 고백적인 기록은 그가 신학적 갈등을 해소하기 위한 어떤 출구를 찾을 수밖에 없는 갈증을 불러일으킨 요소이기도 하다. 그런데도 그의 마음과 지성은 이 문제에 있어 분리될 수 없었다. 이런 반감은 분명히 어린 시

---

[33] 마즈던, 『조나단 에드워즈 평전』, 67.
[34] 맥더모트, 『조나단 에드워즈 신학』, 50.
[35] 마즈던, 『조나단 에드워즈 평전』, 73-74.
[36] Edwards, *The Works of Jonathan Edwards, Letters and personal Writings*. vol. 16, 791-792.

절 부모의 엄격한 정통 교리에 대한 저항심에서 비롯된 것이었다.

에즈워드는 칼빈주의 교의에 기초한 하나님의 전적인 주권 교리를 필사적으로 신뢰하고 싶었지만, 복종은 고사하고 그런 독재자를 믿을 수 없었다.[37] 그러나 에드워즈는 훗날 하나님이 자신의 선하신 주권에 따라 사람들의 운명을 영원히 결정하시는 것은 참으로 정당하다는 것을 확신하게 된다.[38]

그는 1721년에 자신에게 회심이 있었다는 것에 대해 1734년경에 쓰여진 것으로 추측되는 "개인 독백"(*personal narrative*)에 기록하고 있다. 실제로 청교도에서 가장 두려워하는 작은 신앙 문제에 있어서 자기기만과 위선이었을 것이다. 결과적으로 회심을 주장하는 것이나 회심 그 자체는 당시에는 너무 가볍게 취급할 수 있는 것이 아니었기 때문이다.[39] 그는 자신의 회심에 관하여 회상하며, 삼위일체 하나님이 영광스러운 복음에 눈을 열게 하시고, 거룩한 것의 새로운 의미를 부여해 주셨을 때 그를 압도한 변화를[40] 아래와 같이 묘사하고 있다.

> 내가 어떻게 그리고 어떤 방법으로 확신하게 되었는지 설명할 수 없다. 그것은 단순히 성령 하나님의 비상한 역사가 있던 한순간, 또는 그 후로 얼마 동안 내 상상 속에서 이루어진 확신이 아니라, 지금 더욱 확실하게 밀려오는 확신이다. 또한 나는 하나님의 주권의 정당함과 공정함을 나의 이성으로도 이해할 수 있게 되었다.[41]

---

[37] 마즈던, 『조나단 에드워즈 평전』, 75.
[38] 마즈던, 『조나단 에드워즈 평전』, 75.
[39] 스테펜 J. 니콜라스, 『조나단 에드워즈의 생애와 사상』, 채천석 역 (서울: 개혁주의신학사, 2013), 35.
[40] 니콜라스, 『조나단 에드워즈의 생애와 사상』, 35.
[41] Edwards, *The Works of Jonathan Edwards, Letters and Personal Writings*. Vol. 16, 792.

그는 이 지적(知的)인 발견을 통해 곧바로 명백한 영적인 변화를 수반했기 때문에 하나님의 주권적인 역사의 확신은 전적인 성령의 역사로 생각되었다. 성령 하나님의 역사가 한순간, 어떻게 나타나는지 알 수 없음에 대한 고백을 통하여 에드워즈는 자신의 이성으로는 성령의 역사에 대한 구체적 현상은 후일 지성을 통하여 인식할 수 있음에 여지를 남겨 놓고 있다.

특히, 이 시기(예일대학교의 대학원 시절)에 그가 경험한 성령 하나님에 대한 인식은 에드워즈가 그의 성품과 하나님의 성품, 그리고 하나님과 온 우주와의 관계에 대한 심오한 통찰력을 형성하기 시작했다는 것을 알 수 있다.[42] 사실 18세기 초 에드워즈가 살고 있었던 뉴잉글랜드(New England) 지방은 미국이었지만 오히려 영국풍 또는 유럽의 특성 가운데 가장 두드러진 엄격한 계급 구조의 사회였다. 에드워즈는 뉴잉글랜드(New England)의 기준에서 볼 때 귀족 계층이었다.

또한, 18세기의 영국인들은 세상을 군주제의 관점에서 바라보았으며 서로 밀접한 관계를 맺고 있는 계층이 세상을 지배한다고 생각했다.[43] 더욱이 뉴잉글랜드 서부 지역은 빈번한 전쟁이 있는 시기에 영국 정착민들의 초기 개척지였기 때문에 지독한 가난뿐만 아니라 수시로 영국계 개신교도들, 프랑스계 가톨릭교도들, 그리고 인디언이 충돌하는 환경이었다.

에드워즈는 이러한 상황 속에서 성장하면서 로마 가톨릭과 인디언에 대해 그리고 하나님의 영원한 작정 속에서 그 각각의 독특한 위치에 대한 관심을 기울이고 그것을 연구하기 위해 많은 시간을 들였다.[44] 에드워즈의 삶을 형성했던 시기는 갑작스럽게 문화가 바뀌며, 철학 체계가 경합하

42　마즈던, 『조나단 에드워즈 평전』, 75.
43　마즈던, 『조나단 에드워즈 평전』, 24.
44　마즈던, 『조나단 에드워즈 평전』, 25.

는 상황이 형성되었다. 그리고 또한 국제적인 사상의 교류가 일어나면서, 동시에 문학, 정치학, 종교 분야에서 전통주의자들과 혁신가들 사이에 격렬한 논쟁이 있던 시기이며, 어떤 면에서는 우리 시대와 더 가까운 시대였다.[45]

튜센(Thuesen)은 에드워즈가 사는 시대의 영국과 뉴잉글랜드의 지적, 철학적, 그리고 학문적 상황을 설명하면서 에드워즈의 교육적 환경을 이해하고 짐작하게 하는 당시의 사회적, 학문적 분위기를 아래와 같이 소개하고 있다.

> 무엇보다도 18세기 초에는 영국에서는 고상한 학문의 새 기풍이 존로크(John Locke)와 밀접한 연관을 맺고 있었지만, 새로운 학문을 옹호한 케임브리지 플라톤주의자인 랄프 커드워스(Ralph Cudworth)와 헨리 무어(Henry Moore), 잉글랜드 국교회 주교 에드워즈 스틸링플리트(Edwards Stilingfleet), 존 틸럿슨(John Tillotson), 평론가 조지프 애디슨(Joseph Addison)과 리처드 스틸(Richard Steele) 경, 철학자 새뮤얼 클라크(Samuel Clarke)와 3대 샤프츠베리(Shaftesbury) 백작 안토니 애슐리 쿠퍼(Anthony Ashley Cooper)와 같은 사람들이 포함되어 있다. 17세기 말에서 18세기 초에 저작 활동을 한 이들은 엄격한 교리 체계보다 도덕과 이성을 강조하는 기독교의 새로운 흐름을 옹호했다. 18세기 초가 되면 이 "고상한" 형식이 영국 국교회 내에 만연하여 한때 전성기를 구가한 청교도 혁명의 칼빈주의는 사실상 영국인들의 삶에서 더 큰 힘을 발휘하지 못하게 되었다.[46]

---

45 맥더모트, 『조나단 에드워즈 신학』, 75.
46 이상현 편, 『조나단 에드워즈의 신학』, 67-68.

실제로 자유주의적이고 진보적인 사상은 18세기 초 영국에서는 이미 익숙해져 있었지만, 에드워즈가 예일대학교에 다니기 시작한 시절의 코네티컷(Connecticut) 지방에서 당시에는 아직 비교적 낯설게 여겨졌다. 그러나 런던에서 파견한 매사추세츠 및 코네티컷 식민지 관리인 제레미아 더머(Jeremiah Dummer)가 모든 학문 분야를 망라하는 8백여 권의 장서를 예일대학교에 기증한 이후 상황은 바뀌기 시작했다.[47]

에드워즈는 예일대학원 시절 그의 석사학위 준비 기간(1720-1722)과 개별 지도 교수 시절(1724-1726)에 이 책을 접할 기회를 가지게 되었다. 여기에서 에드워즈는 로크(Locke)의 사상은 물론, 클라크(Clarke), 무어(Moor), 스틸링플리트(Stilingfleet), 그리고 틸로손(Tillotson) 등 유명 인사들의 다채로운 사상까지 담은 책들을 접할 수가 있었으며 심지어 코란의 영어 번역본까지 있었다.[48] 듀센(Thuesen)은 에드워즈가 예일대학교 시절에 학문적으로 필요한 서적들을 접하면서 사회적 기류에 편승하여 다양하고 폭넓은 지식을 습득했음을 아래와 같이 설명하고 있다.

자연철학 분야에서 에드워즈는 아마도 쟈크 로오(Jacques Rohault, 1667)의 르네 데카르트(Rene Descartes) 물리학을, 1697년에 새뮤얼 클라크(Samuel Clarke)가 라틴어로 번역한 책(유턴 물리학적 주해를 달아)을 공부했을 것이다. 또 에드워즈가 아버지에게 보낸 한 편지를 보면 독일의 칼빈주의자, 요한 하인리히 알스테드(Johann Heinrich Alsted)가 쓴 『기하학』 책을 예일대학교에서 교과서로 썼다는 사실을 알 수 있다. 알스테드는 청교도들 사이에서 모든 학문 분야의 적절한 요약을 시도한 4권짜리 전집인 『학문 백과사전』

---

47 이상현 편, 『조나단 에드워즈의 신학』, 68.
48 이상현 편, 『조나단 에드워즈의 신학』, 68-69.

(*Scientiarum Omnium Encyclopediae*, 1630)의 저자로 유명했다. 그 밖에도 에드워즈의 편지를 보면 에드워즈가 에피쿠로스 철학을 옹호한 17세기의 프랑스 과학자 피에르 가센디(Pierre Gassendi)의 천문학을 공부했다는 사실도 알 수 있다.[49]

윌리암 모리스(William S. Morris) 역시 사후 간행된 『젊은 시절의 조나단 에드워즈』에서 에드워즈 시대 예일대학교의 절충주의와 더불어 어디서든 지혜를 찾고자 하는 에드워즈 자신의 평생에 걸친 성향을 상세히 소개하고 있다.[50] 모리스에 따르면 에드워즈의 독서 기록 속에 "존 로크(John Locke)와 아이작 뉴톤(Isaac Newton), 또는 토마스 쉐퍼드(Thomas Shepard)와 리차드 십스(Richard Sibbes) 외에 많은 사람의 이름이 포함되어 있다"라는 사실은 에드워즈 마음속에 일어난 전통적 사유 형식과 계몽주의적 사유 형식 사이의 긴장이 늘 있었고 때로는 격렬하기도 했음을 의미한다.[51]

그 때문에, 에드워즈의 교육 배경에는 이러한 사회적 변화의 분위기를 타고 그 자신도 역시 계몽주의로부터 몰려오는 혼란된 신학 사상에 대한 혼선을 나름대로 정리하고자 하는 생각으로 가득 차 있었다고 하는 것은 그의 도서 목록과 기록들을 보면서 충분히 가늠할 수 있을 것이다. 특히, 에드워즈는 대학 시절과 대학원(M.A.과정) 시절에 과학적 관심이 최고조에 이르렀다.

그 당시 "자연 철학"은 "철학"에서 분리되지 않았었다. 자연 철학은 전통적인 기독교의 몇 가지 특징에 대한 많은 의문을 불러일으키고 있었지만, 에드워즈와 동시대 사람들 가운데 자연 과학과 신학이 서로 충돌한

---

49 이상현 편, 『조나단 에드워즈의 신학』, 66.
50 이상현 편, 『조나단 에드워즈의 신학』, 75.
51 이상현 편, 『조나단 에드워즈의 신학』, 75-76.

다고 생각한 사람은 거의 없었다. 그런데도 당대에 가장 뛰어난 철학자들, 수학자들 그리고 자연 철학자들은 가장 형이상학적이고 신학적인 이론들을 자신의 실제적인 관심사와 결합하려는 전통적인 노력을 하고 있었다.[52] 에드워즈 역시 새로운 방식으로 자연 철학이나 과학, 존재와 정신에 대해 생각하기 시작했다. 실제로 17, 18세기는 실체와 형상에 관한 아리스토텔레스와 스콜라주의의 형이상학이 뉴턴의 과학과 경험론의 영향에서 근본적인 수정이 진행되고 있었다.[53] 로크와와 흄(David Hume), 그리고 뉴턴 및 캠브리지의 플라톤주의자들 사상 안에서는 경향성이라는 관념이 종종 일관성 없는 여러 가지 방향으로 나타나고 있었다.

그런데도 그들의 논의는 경향성 개념의 새로운 철학적 개념을 제시하고 있고, 이러한 환경은 에드워즈에게 실재에 대한 새로운 전망을 형성하는 일과 경향성의 옛 관념을 재 개념화하는 데에 비옥한 토양을 제공하였음이 분명하다.[54]

특히, 에드워즈는 예일대학교를 졸업한 해(1720)와 노쓰엠톤에서 목회를 하던 초기 시절에 뉴턴(Newton)은 자연현상들의 원리 - 질량, 중력, 응집력 - 들은 사물의 특정한 형상으로부터 나타나는 특징들이 어떤 초자연적인 성질이 아니고 사물들의 그 본질을 형성하는 자연의 일반적인 법칙들이라고 하였다.[55] 에드워즈는 이러한 뉴턴의 과학적 법칙들의 결과들을 동조하고 있음을 알 수 있다. 에드워즈는 사물들의 본성은 그들의 개념에 의지하지 않고 설명될 수 있음을 제안하고 있다.

만약에 "실체"라는 용어가 에드워즈에게서 사용되고 있다면, 그 의미

---

52 마즈던, 『조나단 에드워즈 평전』, 109-110.
53 이상현 편, 『조나단 에드워즈의 신학』, 49-50.
54 이상현 편, 『조나단 에드워즈의 신학』, 61.
55 Burt, *The Metaphysical Foundation of Modern Science*, 222.

는 이제 전혀 새로운 것으로 바뀌었다.⁵⁶ 그는 인간 존재의 본질이 실체와 형상으로 인식하기보다는 마치 질량과 중력, 그리고 응집력이 존재함으로써 자연 현상을 이해하듯이 인간 존재의 본질이 운동이나 행동 그 자체로 해석함으로써 존재를 정의하려고 하였다.⁵⁷ 이러한 존재의 개념에 대한 이해를 통해 에드워즈는 "성향성"은 수동적이지만 또한 목표가 생기며 그 목표를 향해 움직이는 하나의 의도가 있는 힘이라는 의미에서 능동적 경향이다"라고 하는 개념을 돌출시킨다.⁵⁸

에드워즈의 자연 철학이나 과학에 관한 인식은 신앙적 인식에까지 영향을 주었다. 그러나 이러한 영향은 하나님에 대한 신앙의 개념이 흔들리기보다는 오히려 그의 신학적 개념을 발전시키고 확신시켰으며, 그러한 결과는 에드워즈가 신학 서적을 통해 습득한 신앙의 개념들이 이미 그의 인식 속에 자리 잡고 있었기 때문이라고 생각된다. 그러므로 그가 읽고 신학적 개념을 발전시켜 나간 신학 서적과 그와 관련된 서적들을 고찰하는 것은 그의 성화론 형성의 배경을 이해하는 데 중요하다. 튜센(Thuesen)이 자신의 저서인 『조나단 에드워즈의 지적 배경』에서 다음과 같이 에드워즈가 자신의 신학에 대한 지적 배경을 발전시킨 서적들에 관해 아래와 같이 소개하고 있다.

> 초기 청교도들이 에임스(William Ames)의 『신학의 정수』(*Marrow of Theology*) (신학의 정수는 암기해야 했다)를 공부했듯이, 에드워즈 자신도 초기 학창 시절에 이 책을 틀림없이 공부하였을 것이라고 지적하고 있다. 그리고 에드워즈는 유럽대륙의 조직 신학서로 마스트리흐트(Peter van Mastricht)의 『신

---

[56] 이상현 편, 『조나단 에드워즈의 신학』, 95.
[57] Burt, *The Metaphysical Foundation of Modern Science*, 220-225.
[58] 이상현 편, 『조나단 에드워즈의 신학』, 37-38.

학의 이론과 실제』를 자신의 신학적 원천의 하나로 삼게 된다.[59]

그뿐만 아니라 에드워즈의 독서는 청교도, 영국 국교도, 영국 국교에 반대하는 목회자들의 신학을 포함해서 논리학과 형이상학 책들, 이신론과 회의주의 저자들, 역사 문헌, 지리학, 정치학 저술, 주해와 성경 연구, 과학 저술, 소설 그리고 기타 문학 저술, 시집, 종교와 문화에 대한 비교 연구 자료, 유대교와 이슬람교까지 이른다.[60]

에드워즈의 지적 인식은 "계몽주의적 자유"와 "개혁파 전통주의" 사이의 유익한 긴장을 형성하였고, 이 긴장은 에드워즈 전체 사역에 활력을 불어넣었다.[61] 에드워즈가 예일대학교와 예일대학원에 다니던 시대적 상황은 이처럼 계몽주의와 종교를 대립시키는 이분법적인 경향이 만연하고 있음에도 오히려 많은 계몽주의 지성인이 반종교적이라기보다는 종교적이라고 지적하는 것이 중요하다.[62]

아이작 뉴톤(Isaac Newton), 니콜라스 말레브란케(Nicholas Malebranche), 랠프 커드워스(Ralph Cudworth), 그리고 조지 버클리(George Berkeley)와 같이 신앙이 독실한 사상가들의 원고에는 자연만큼이나 상당한 성경 해석이 들어 있는 것처럼 철학이 신학을 보조하는 것이라고 보았다.[63] 마찬가지로 에드워즈의 신학 체계도 이분법적인 명제로 발전하지는 않았고, 오히려 이러한 현상은 예일대학교 시절에 모든 철학 내지 신학적 문제에 대한 자신의 복잡하게 뒤얽힌 개념들이 명쾌한 계보학적 분류에 끊임없이 도전하

---

[59] 이상현 편,『조나단 에드워즈의 신학』, 66.
[60] 맥더모트,『조나단 에드워즈 신학』, 72.
[61] 맥더모트,『조나단 에드워즈 신학』, 72.
[62] 맥더모트,『조나단 에드워즈 신학』, 73.
[63] 맥더모트,『조나단 에드워즈 신학』, 73.

는 시간이었다.⁶⁴

에드워즈는 다양한 독서 체험을 통해 쌓게 된 지식은 자기 안에 고립된 전통적인 신학의 지식이 아니라, 당대의 사회적 갈등과 사조에 대하여 나름대로 소신 있게 반론을 제기하며 변증법적인 신학의 기초를 수립하는 기회가 되었다는 것을 알 수 있다.

밀러(Miller)는 에드워즈가 이 시기에 계몽주의 시대의 인물인 로크의 "인간 오성론"을 만나게 된 것은 에드워즈의 지적 성숙 과정에서 "핵심적, 결정적 사건"이 되었다고 지적한다.⁶⁵ 에드워즈는 예일대학교에서 존 로크의 작품인 『인간 오성에 관한 에세이』(*Essay Concerning Human Understanding*)를 읽으면서 신학과 사상의 큰 틀이 형성되는 계기를 맞게 된다. 마즈던(Marsden)은 『조나단 에드워즈 평전』에서 에드워즈에 대해 처음으로 전기를 쓴 그의 친구인 사무엘 홉킨스(Samuel Hopkins)의 기록에서 아래와 같이 소개하고 있다.

> 대학교 2학년이던 13세 때, 그는 인간 이해에 관한 로크의 글을 읽고 큰 기쁨과 유익을 얻었다. 그는 비상한 천재성으로, 다른 말로 하면 타고난 능력으로, 그 사상을 정확하게 이해하고 깊이 꿰뚫더니 지금은 그것을 연습하고 완전히 깨닫기 시작했다. 종종 그리고 숨을 거두기 얼마 전까지만 해도 그는 그 책을 손에 들고는 몇몇 친구에게 말하기를, 대학 시절에 읽었던 그 책을 통해 말할 수 없는 위로와 기쁨을 얻었으며, 그 책에 몰두하여 연구하면서 얻은 만족과 기쁨은 새로 발견한 금, 은 보화를 손에 가득 들고 있는 욕심 많은 구두쇠의 기쁨보다 훨씬 크다고 말하곤 했다.⁶⁶

---

64 이상현 편, 『조나단 에드워즈의 신학』, 76.
65 이상현 편, 『조나단 에드워즈의 신학』, 72.
66 마즈던, 『조나단 에드워즈 평전』, 103-104.

그러나 스테판 니콜라스(Stephen J. Nichols)는 로크의 작품과 에드워즈의 관계는 약간 더 복잡하다고 하면서 아래와 같이 설명하고 있다.

> 페리 밀러(Perry Miller)는 존 로크의 『인간 오성에 관한 에세이』(Essay Concerning Human Understanding)를 에드워즈가 읽은 것이 그의 전체 삶에서 중요하고 결정적 순간이 되었다고 말할 만큼 중요하게 취급한다. 하지만 이안 머리(Iain H. Murry)와 같은 학자들은 이런 주장이 과장되었다고 말한다. 그런데도 에드워즈는 사실상 "인간 오성에 관한 에세이"에서 로크의 사상을 철저히 읽고 살폈다. 에드워즈가 관심을 기울였던 많은 부분이 경험주의 곧 로크가 감각론이라 부르기를 좋아했던 지식에 관한 로크의 이론에 중심을 두었다. 이 이론은 모든 사람의 지식이 감각이나 경험을 통해서 온다는 것을 주장하고 있다.[67]

다른 한편으로 튜센은 노만 피어링(Norman Fiering)의 주장을 인용하여 다음과 같이 설명하고 있다.

> 에드워즈가 로크 식의 경험론자라기보다는 합리론자에 더 가깝다 … 가장 중요한 문제들에 대해서는 에드워즈의 생각과 로크의 생각은 극히 상반된다. 로크는 형이상학적 사색을 불신했고 "인간 오성론"에서 인간 이성의 한계를 보여주려 애썼다. 그러나 에드워즈는 분명 더 전통적인 형태의 사변적 사상가였다. 하지만 어떤 학자들은 에드워즈가 기회 원인론(하나님이 유일 원인으로서 존재하는 세계를 계속해서 재창조한다는 개념)을 분명하게 지지했다는 점을 지적하는 반면, 어떤 학자들은 신적인 인과 관계에 대한 에

---

67 니콜라스, 『조나단 에드워즈의 생애와 사상』, 33.

드워즈의 견해를 하나님이 유한한 법칙과 습관을 지속해서 유지하신다는 관점으로 설명하는 등 에드워즈의 사색 범위는 아직도 논쟁거리가 되고 있다.[68]

비록 에드워즈의 사색 범위가 학자들 간에 아직 논쟁이 되고 있음에도 에드워즈는 로크의 사상을 발전시켜 자신의 합리적인 개념을 돌출하고 있다는 것에는 의심의 여지가 없다. 이를테면 로크는 아래와 같이 설명한다.

달리 생각하는 사람이 있다면, 그에게 파인애플의 맛을 전달해 줄 수 있는 단어는 어떤 것이 있는지, 그리고 그가 그 과일의 맛에 대한 진정한 개념을 얻게 해 줄 수 있는지 시험해 보라.[69]

에드워즈는 로크의 이러한 "인식론적 개념"을 접하게 된 것은 예일대학교 2학년 때이다. 그러나 에드워즈는 대학원 시절에 회심의 사건을 통해 하나님을 믿는 마음의 상태를 기점으로 지성의 인식 기능과 마음의 인식 사이를 예리하게 구별한다. 이에 대해 존 스미스(John Smith)는 에드워즈가 가지고 있는 맛의 개념을 로크의 개념과 구별하면서 에드워즈의 목표는 참된 신앙이란 대체로, "그가 때에 따라 마음의 신앙 내지 경험적 신앙이라고 부르기도 하는 거룩한 감정에 있다는 점을 보여주려는 것임을 염두에 두어야 한다"라고 지적한다.[70] 체리도 이 부분에 대하여 지적하면서 아래와 같이 설명하고 있다.

---

[68] 이상현 편, 『조나단 에드워즈의 신학』, 73.
[69] A. C. Fraser, ed. John Locke, *an Essay Concerning Human Understanding* II, vol. 2 (New York: Dover Publications, 1959), 37. 체리, 『조나단 에드워즈의 신학』, 55에서 재인용.
[70] 이상현 편, 『조나단 에드워즈의 신학』, 209.

에드워즈의 맛의 비유는 믿음의 지식이 단순한 추론과는 달리 동일하게, 조화롭게 두 가지 기본적인 인간의 능력에 근거하고 있다는 사실을 분명하게 강조한다. 그것은 마음의 인식이 이해력, 즉 정신이 사색하고 주시할 뿐만 아니라 맛보고 느낄 수 있는 바탕이 되는 이해력이라는 에드워즈의 주장을 뒷받침해 주고 있다. 그러나 그것이 무의식적인 느낌이나 지식의 상태로 대치된다고 생각해서는 안 된다.[71]

에드워즈는 마음의 인식은 정신이 주시하고 이해하는 것을 바탕으로 하지만 마음에는 "신앙적 애정"이 존재하고 있음을 논지하고 있다. 그는 마음의 인식을 "신앙적 애정" 및 영적 이해와 연결 지으면서 이곳에서 신앙의 의지를 수반하는 활동과 함께 성향의 개념을 접목하고 있다. 그는 신앙에는 사람이 어떤 대상에 대한 "단순한 개념적인 이해"를 갖는 것과 "어떤 측면에서" 그 대상에게로 "기우는"(inclined) 것과의 차이가 있음을 주장했다.[72] 스미스는 에드워즈가 성향과 의지의 관계를 적극적이며 합리적인 개념 속에서 동적인 성향으로 해석하고 있다고 지적하며, 참된 신앙이란 대체로 거룩한 감정에 있다는 점을 보여주려는 것임을 염두에 두어야 한다고 설명한다.[73] 이와 관련하여 에드워즈가 영적 대각성 후의 기록한 "신앙적 애정"에서 다음과 같은 언급을 보면 그가 이해하고 있는 감각 기능이 로크가 이해하고 있는 감각 기능을 토대로 하고 있지만 다른 시각에서 보고 있는 것을 알 수 있다.

마음이 어떤 사물의 감미로운 아름다움과 사랑스러움을 느낀다는 것은 그

---

[71] 체리, 『조나단 에드워즈의 신학』, 59.
[72] 이상현 편, 『조나단 에드워즈의 신학』, 207.
[73] 이상현 편, 『조나단 에드워즈의 신학』, 208.

사물에 대한 관념 속에 감미로움과 기쁨의 감각 가능성을 의미하며 아름다움의 사랑스러움 또는 기쁨에 대한 감각 가능성은 그 자신의 본성 안에 심정의 감각을 포함하고 있다. 이러한 종류의 모든 지식은 그것이 심정에 관련된 사물에 관련될 때 곧 선과 악이 관련되어 있을 때 나타나며 그런 지식은 감각 가능한 지식이다. 그런데 이러한 감각은 감각 가능한 지식 속에 함축되어 있거나 또는 그 지식으로부터 일어나는데, 감미로움, 또는 즐거움, 쓰라림 또는 고통과 같은 감각이 수반되지 않는다면 그 어느 것도 감각 가능한 지식으로 불릴 수 없다.[74]

믿음에 있어서 애정과 의지의 문제가 후일 대각성 시대에 발생한 논쟁들의 중심이 되면서, 에드워즈는 자신의 신앙 경험에 기초해서 성령이 역사할 때 애정이 고조되며, 정서가 움직이고, 이성이 계몽되며, 믿음은 의지력에 영향을 미치고 능동적으로 실천을 가져오며 믿음 안에서 얻은 의지는 세상에서 적극적이고 실천적인 생활을 초래한다고 강조한다.[75] 칼빈주의의 불편함을 해결하기 위해 경험주의의 바탕을 둔 로크의 감각 기능을 내적 신앙과 접목함으로써 에드워즈가 칼빈주의를 발전시켰다고 주장하는 맥클리몬드(McClymond)와 맥더모트(McDermott)는 에드워즈가 가지고 있는 칼빈주의에 관한 변증법적인 인식을 아래와 같이 설명하고 있다.

에드워즈가 칼빈에 대한 의존을 거부했다는 것은, 일찍이 벤자민 워필드(Benjamin B. Warfield, 1851-1921)가 표현했듯이, 그가 "맹목적인 추종자"가 아니라 단순한 항변이다. 이 거부에는 종종 무시되어 온 다음의 구절이 뒤

---

[74] Edwards, *Religious Affections*, 272.
[75] John E. Smith, ed., *Jonathan Edwards, Religious* (New Haven: Yale University 1959), 169.

따랐다. "나는 구분을 목적으로 칼빈주의자로 불리는 것이 모두 적합하다고 받아드린다." 에드워즈는 이 당시 "칼빈주의자"라는 용어가 무엇보다 "알미니우스주의자"라는 용어보다 더 큰 비난의 용어라고 믿었음에도 불구하고 이 말을 했다.

에드워즈는 단순히 물려받은 전통을 되풀이하는 것이 아니라 칼빈주의신학을 확장하고 풍성하게 하고, 때로 수정하기 했다. 예를 들어 칭의에 대한 강의(1738년 출판됨)에서는 칼빈주의 개념에 뿌리를 두지만, 로크의 경험주의에 의해 발전된 "새로운 영적 애정"이라는 유명한 표현을 사용했다. 에드워즈는 칭의의 특성과 근거에 대해서는 칼빈의 말에 동의했지만, 거기에다 성향에 뿌리를 두는 존재론적인 토대를 첨가했다. 에드워즈도 칼빈과 마찬가지로 하나님의 주권을 강조했지만, 이 교리를 더 큰 하나님의 아름다움이라는 선상 속에 위치하게 했다.[76]

따라서 에드워즈의 사상에는 로크의 사상에서 발현된 인간 오성에 대한 지성의 인식 기능을 인식하면서, 이와는 구별된 성령 하나님이 주신 효과적 은혜에 대해 지성으로 인식할 수 있는 내적 신앙의 인식을 "신앙적 애정"으로 표현하고 있다.[77]

에드워즈는 이러한 내적 인지를 뉴턴의 과학적 인지를 통해 얻은 존재론적 뿌리인 "성향성"의 동적(動的) 본질과 접목하였다. 그렇게 함으로써 모든 사람의 지식이 감각이나 경험을 통해서 오듯이 인간의 믿음도 이러한 내적인 감각을 통해 "믿음의 존재"를 인지할 가능성을 발견한 것이다.

---

[76] Smith, ed., *Jonathan Edwards, Religious*, 417.
[77] *Religious Affection*에 대한 한국어 번역은 모두 "신앙적 감정"으로 되어 있음. 번역상 에드워즈가 표현하고자 하는 의미와 다르기에 이 연구서에서는 "신앙적 애정"으로 번역한다. 자세한 내용은 각주 35를 참조한다.

이러한 신학적 사상 체계와 신앙적 개념은 자신의 목회 환경 속에서 접한 영적 대각성 운동을 통해 성도들의 반응과 결과적 표지들을 접하게 된다. 결국 자신의 목회 사역에서 발생한 많은 신앙적 이슈는 자신이 함축시켜온 신학적 사상을 정립하는 데에 교육적 배경에 큰 기초가 되었다고 생각된다.

그러나 다른 한편으로 윌슨 킴나(Wilson H. Kimnach)가 지적했듯이 사상가로서의 에드워즈에게 가장 일찍이 영향을 미친 가장 중요한 두 요인은 성경(聖經)과 아버지 티모시의 설교였다.[78] 티모시의 신학적 사상이 에드워즈에게 영향을 주었다는 것을 이해하기 위해서는 티모시가 가지고 있는 신학적 사상과 자신이 에드워즈에게 보여준 삶의 태도와 관련되어 있다. 마즈던은 티모시가 탁월한 부흥사이며 청교도 목사로서 경건한 삶의 표지가 회심임을 중요하게 다루고 있음에도 불구하고 아들 에드워즈에 대한 삶의 태도를 아래와 같이 기록하고 있다.

> 에드워즈의 아버지 티모시는 탁월한 부흥사였다 … 특히 티모시는 회심과 관련된 분야의 전문가였다. 무엇이 진정한 하나님의 사역이고 무엇이 자기기만인지 구별하여 말할 수 있는 것보다 더 어려운 것은 없었다. 그것만큼 그 속을 알 수 없는 것이 없었다. 회심은 단순히 열광적인 자아도취가 아니었다. 감정은 속일 수 있으며 언제든지 변하기 마련이었다. 하나님의 역사라고 하기 위해서는 그것이 실제적이고 지속적이어야 했다. 18세기에 자연을 연구하던 관찰자들과 같이, 티모시는 자기 교구의 성도 가운데 일어난 영적 경험들의 특징을 잘 기록해 두었으며 그가 무엇을 추구해야 하는지 정확하게 알고 있었다 … 그러나 사람에게 일어나는 분명한 영적 체

---

[78] Smith, ed., *Jonathan Edwards, Religious*, 62.

험이 하나님의 사역인지 또는 사탄의 사역인지 파악하는 것은 너무 어려웠다 … 그래서 티모시는 아홉 살 된 자기 아들 에드워즈가 자기에게서 비롯한 열심히 영적인 것들을 추구하던 것이나 조나단과 그의 친구들이 숲에 마련해 놓았던 은신처에서 돌아와 다시 전쟁놀이를 즐기는 것을 보면서 전혀 놀라지 않았다.[79]

회심과 관련된 문제가 영혼의 상태를 관찰하는 문제이기 때문에 "자기기만"으로 불리는 거짓된 종교적 역사와 하나님의 역사를 구별하는 데 심혈을 기울였던 티모시의 태도는 자신의 삶을 행위로 실천하는 태도에서 에드워즈에게 영향을 주었으리라 생각된다. 에드워즈가 티모시로부터 받은 회심에 관한 신앙은 강압적 요청이라기보다는 옛 청교도들이 가지고 있는 회심의 단계를 "자신의 죄성을 깨닫고 확신하는 단계," "죄에 대한 하나님의 진노를 깨닫는 단계," 그리고 "영광스러운 변화의 각성 단계"라는 세 가지 단계로 단순화시켜서 이해하고 적용한 아버지 티모시 삶의 태도에 영향을 받았다는 것이 더 자연스럽다.[80]

이와 같이 회심과 같은 청교도의 실천적 경건 전통을 중시했던 아버지의 영향으로 인해서 에드워즈는 분명 엄격한 경건의 훈련을 교육받은 환경 속에서 살았을 것이다.[81]

그렇기 때문에, 튜센은 에드워즈가 성경보다 로크를 더 좋아한 것처럼

---

[79] 마즈던, 『조나단 에드워즈평전』, 54-55. 마즈던은 여기에서 감정에 대한 표현을 Emotion을 사용하여 에드워즈가 사용한 Affection과 구별하고 있다. Marsden, *Jonathan Edwards: A Life*, 26페이지 참조할 것.
[80] Kenneth P. Minkema, "*The Edwardses: A Ministerial Family in Eighteenth Century New England*," (Unpublished Ph.D. dissertation, University of Connecticut, 1988), 80-83.
[81] 마즈던, 『조나단 에드워즈 평전』, 66.

묘사한 밀러의 해석은 잘못되었다고 지적한다.[82]

특히, 에드워즈는 그의 개인적인 이야기에서 신약성경 디모데전서 1:17의 말씀을 읽고 묵상하는 가운데 "말씀을 읽을 때 거룩하신 분의 영광에 대한 감각"에 관해 아래와 같이 술회하고 있다. 이 기록을 통해 에드워즈의 신학적 개념이 확실하게 성경을 중심으로 발전하였음을 이해할 수 있다.

> 그 말씀을 읽을 때 거룩하신 분의 영광에 대한 감각, 내가 이전에 경험했던 것들과는 전혀 다른 새로운 감각이 내 영혼에 생겨나서 그 안에 퍼져 나가는 것 같았다. 성경의 어떤 구절도 이런 방식으로 나에게 다가왔던 적은 없었다. 나는 하나님은 얼마나 탁월하신 분이신가에 대해 생각했고, 내가 그 하나님을 즐거워하며 천국의 하나님께로 감싸 올려져서 그분 안에 폭 빠지게 된다면 얼마나 좋을까 생각했다. 나는 계속 말하였고 성경의 그 말씀들이 나에게 노래를 하였다.[83]

그뿐만 아니라 에드워즈는 자신이 성경에서 읽어갈 때 받는 놀라운 감동들이 자신의 삶에 얼마나 큰 영향을 주고 있는지를 아래와 같이 기록하고 있다.

> 성경을 읽을 때 종종 하나하나의 단어들이 내 마음을 만졌다. 나는 내 마음속에서 그리고 그 달콤하고 능력 있는 말씀들 사이에서 조화를 느낄 수 있었다. 또한 나는 종종 각각의 문장에서 나타나는 그토록 많은 빛을 보는

---

[82] 이상현 편, 『조나단 에드워즈의 신학』, 62.
[83] Edwards, *The Works of Jonathan Edwards, Letters and Personal Writings*. Vol. 16, 792.

것 같았고, 그토록 생기를 주고 황홀케 하는 영혼의 양식이 전해지는 것을 느꼈기에 나는 성경을 계속 읽어나갈 수 없었다. 종종 한 문장에 오래 머물면서 그 안에 담긴 놀라움을 보았는데, 거의 모든 문장이 놀라움으로 가득 차 있었다.[84]

이처럼 성경은 에드워즈의 삶에서 가장 중요한 부분을 차지하고 있었다고 해도 과언이 아니다. 실제로 에드워즈는 그의 젊은 시절 독서 목록에 열거한 첫 번째 책인 "성경"을 불가사의한 힘을 가진 책으로 여겼다. 이는 에드워즈가 성경이 만물의 척도가 되어야 한다는 청교도적 원칙에 충실했음을 입증한다.[85]

더 나아가, 그의 일생을 통하여 성경 중심의 가치관은 천국과 영원을 의식히게 되고 이러한 천국과 영원을 의식한 에드워즈는 구속의 필요성을 생성하기 위해 죄의 사실이 필요했음을 분명히 함으로써 구속사라고 했다.[86] 그의 작품인 구속사가 묘사하는 세계는 에드워즈에게 있어서 그 1차 자료가 당연히 성경이다.[87]

에드워즈의 『구속사』는 성경 중심적 삶과 교육 과정을 통해 1757년 그가 때 이른 죽음을 맞이하기 직전까지 1750년에서 1757년 사이에 쓰인 대작이다.[88] 이 작품은 그의 삶 속에서 보여준 성경 중심의 삶과 교육 과정이 만들어낸 결과라고 말할 수 있다. 그는 프린스턴대학교 이사회에 보낸 편지에서 『구속사』에 대한 자기 뜻을 아래와 같이 밝히고 있다.

---

[84] Edwards, *The Works of Jonathan Edwards, Letters and Personal Writings*. Vol. 16, 797.
[85] 이상현 편, 『조나단 에드워즈의 신학』, 78-79.
[86] D. G. 하트, 숀 마이클 루카스, 스티븐 니콜스 편, 『조나단 에드워즈의 유산』, 장호익 역 (서울: 부흥과개혁사, 2009), 45.
[87] 하트, 루카스, 니콜스 편, 『조나단 에드워즈의 유산』, 44.
[88] 하트, 루카스, 니콜스 편, 『조나단 에드워즈의 유산』, 43.

저는 (오래전부터 출판의 의도 없이) 한 대작을 마음에 담고 있었습니다. 말하자면, 구속사로서 이는 전적으로 새로운 방법, 즉 역사의 형식을 가진 신학의 총체입니다. 구속사는 기독교 신학을 전체적으로 생각하는 것으로 각각의 부분은 예수 그리스도의 위대한 구속 사역을 가리키고 있습니다. 구속사는 다른 모든 것 가운데 장엄한 하나님의 구상이며, 모든 하나님의 작정과 시행의 총체요, 궁극적이라고 생각합니다. 구속사는 거대한 구상을 역사적인 순서로 살펴보는 것입니다.[89]

그가 『구속사』를 집필하면서 드러난 그의 신학 사상은 철학과 신학의 종합된 총체이지만, 그는 1739년 설교 시리즈의 결론에서 구속사에 대한 자신의 성경 중심적 사상을 아래와 같이 설명하고 있다.

구속 사역은 하나님의 모든 사역 가운데서 가장 위대합니다 … 또한 성경 속에서 구속 사역이 그렇게 많이 다루어진 것과 역사서와 선지서와 시가서에서 그렇게 많이 주장한 것을 의심할 필요는 없습니다. 왜냐하면, 성경 전체의 대주제이기 때문입니다.[90]

에드워즈는 성경을 통해 하나님이 모든 것의 주체가 되며 구속의 주인 되심을 통해 인간 이해의 모든 관점을 하나님의 이끄심이라고 하는 관점에서 본 것이다. 그의 신학적 개념은 하나님이 모든 것을 주체하고 계신다는 것에 기초하여 하나님의 은혜와 인간 행동의 밀접한 관계를 명확히 설명할 수 있는 본질을 찾기 위해 노력했다. 그것은 자신이 인식하고 있는

---

[89] Edwards, *The Works of Jonathan Edwards, Letters and Personal Writings*. Vol. 16, 729-728.
[90] Edwards, *The Works of Jonathan Edwards, Letters and Personal Writings*. Vol. 16, 47.

신학적 개념을 증명하기 위한 일이다.

에드워즈는 교육적 배경을 통해 얻은 "지속하여지는 경향성"에 대한 명제와 실체에 대한 "형이상학적 개념"을 연합시켰다고 볼 수 있다. 에드워즈는 이러한 연합된 개념을 가지고 "하나님도 최선을 다하고 우리도 최선을 다한다"[91]라고 하는 이중 주체에 관한 개념을 인지할 수 있는 "성향적 존재론"을 도출하였다. 그러므로 에드워즈의 이러한 연합개념은 "성향적 존재론"을 구성하는 데에 결정적인 실마리가 되었고 볼 수 있다.

2. 목회적 배경

1) 에드워즈의 신학

특별히 "성향적 존재론"의 측면에서 본 성화론의 역사적 배경을 살펴봄에 있어서 그의 목회 배경은 매우 중요하다. 왜냐하면, 이미 앞에서 언급했듯이 에드워즈의 성화론은 목회의 과정을 통하여 인간이라고 하는 "객체화된 대상"에 대한 연구임과 동시에 "연구자 자신이 마치 그것을 살아가고 있는 자신의 인생"에 대해 반성하는 질문에 답하고 있는 것들로 그 특징을 이루고 있기 때문이다.[92]

에드워즈가 보고 있는 성화론은 무엇보다도 에드워즈 자신이 예일대학교와 동(同) 대학원에서 지속해서 관심을 두었던 것은 인간의 지속적인 경향성을 통해 실제에 대한 형이상학의 재구성이다. 이러한 실제에 재구성

---

[91] Edwards, *The Work of Jonathan Edwards*. vol. 26, 21:251. 이상웅, "조나단 에드워즈의 성령론," 210-211에서 재인용.

[92] 박아청, 『에릭슨의 인간 이해』, 28.

은 물질적이든 영적이든 모든 면에서 하나님의 주권에 대한 진리를 회심을 통해 확신하는 날로부터 시작하고 있다.[93]

에드워즈의 "성향적 존재론의 관점에서 본 성화론"은 성경에 뿌리를 두고 하나님의 은혜와 인간 행동의 밀접한 관계를 명확히 설명할 수 있는 본질을 신학적 개념에서 연구함으로써 출발하였고, 인지된 신학적 개념을 목회적 환경에서 적용하고 확장하여 얻어진 논지라고 볼 수 있다.

에드워즈는 예일대학교에서 석사 과정을 마치고 나서 1722년 8월부터 1724년에 뉴욕과 이스트 윈저(East Windsor)의 근처에 있던 볼턴에서 1년 남짓 짧은 기간 목회를 하게 된다.[94] 그러나 에드워즈의 본격적인 목회는 1726년 8월 29일에 외조부 스토다드(Stoddard) 목사에게서 명성이 자자한 노쓰엠톤교회의 목회를 도와 달라는 부탁을 받고 시작된다. 1727년 2월 15에 그는 외조부 스토다드 목사를 돕는 부목사로 사역을 시작하면서, 1729년에 스토다드의 소천을 통하여 노쓰엠톤교회의 담임목사로 시무를 하게 된다.[95] 오랫동안 거목이 서 있던 빈자리에서 사역을 시작하기는 쉽지 않은 일이었다.

60년이라는 긴 세월 동안 스토다드는 그의 인격적인 영향력으로 도시를 일구면서 힘 있는 설교를 통해 노쓰엠톤 사람들의 죄악을 호되게 꾸짖고 강조하면서 개혁의 동기를 주었으며, 또한 그들의 정체성을 세워주었다.

에드워즈는 이것을 익히 잘 알고 있었다. 그는 전임자인 외조부 스토다드와 똑같은 목회를 하기로 결심하게 된다.[96] 그러나 이러한 결심은 사실 에드워즈가 스토다드의 목회를 물려받았을 때 담임 목회를 시작하는 에드

---

[93] 이상현 편, 『조나단 에드워즈의 신학』, 88.
[94] 니콜라스, 『조나단 에드워즈의 생애와 사상』, 57.
[95] 이상현 편, 『조나단 에드워즈의 신학』, 41.
[96] 마즈던, 『조나단 에드워즈평전』, 192.

워즈에게 형성된 자연스러운 목회적 마음으로 볼 수 있다. 그러나 노쓰엠 톤에서 스토다드의 목회를 물려받았을 때, 에드워즈는 이미 인간 본성에 관한 "성향성"의 신학적 개념이 확립되었을 뿐만 아니라, 자신의 아버지로부터 목회적 사역의 틀이 깊은 영향을 받는 상태였다.

에드워즈는 한때 외조부 스토다드와 "같은 견해를 가지고" 그의 전통을 따랐지만, 결코 마음이 편하지 않았었다. 어떤 면에서 볼 때, 에드워즈의 문제는 그가 수투다드의 외손자였다는 것보다는 티모시의 아들이었다는 점에 있었다.[97] 마즈던(Marsden)은 그의 저서인 『조나단 에드워즈의 평전』 에서 아래와 같이 말하고 있다.

> 스토다드(에드워즈의 선임 목사이며 외조부) 주의를 받아들이지 않았던 티모시는 여진히 에드워즈의 삶에 영향력이 있었으며, 이 아들은 그때까지도 활동하던 노부모를 정기적으로 찾아뵙고 있었다. 에드워즈는 항상 "어떤 점에서" 아버지에게서 떠날 준비가 되어있었지만, 절대 쉽지 않았다. 논쟁을 피하고 싶지 않았던 에드워즈는 "신앙적 애정"에서 회심의 증거로서의 정확한 3단계 부분에 대해 분명하게 정리했다 … 자신에게 개인적으로 매우 뼈아팠던 이 장애물을 제거하자 에드워즈는 그의 아버지와 외할아버지를 분리했던 문제의 본질에 집중할 수 있었다. 회원이 되고자 하는 사람들은 회심에 이르기까지의 경험을 단계적으로 말할 수 있어야 한다고 주장했던 아버지의 견해는 실제로 너무 많은 것을 요구했다. 반면에 외할아버지는 너무 다른 극단으로 나갔다. 정형화된 형식을 따를 필요 없이 진심 어린 신앙 고백만을 요구하던 에드워즈의 해결책은 외할아버지의 극단적인 견

---

[97] 마즈던, 『조나단 에드워즈평전』, 513.

해를 피하면서 아버지 견해의 본질적인 장점을 견지하는 것이었다.[98]

노쓰엠톤에서 에드워즈는 8주마다 주일 낮 예배와 오후 예배 사이에 "성례" 예배를 인도했다. 1년에 두 번씩 식민지의 법령에 의해 특별 설교와 함께 금식일이 있었다. 추수감사절도 상황에 따라 최소한 1년에 한 번은 있었다. 그는 1,300명의 교인을 섬기며 일반적으로 700명이 주일에 참석했다. 그리고 꾸준히 집에 방문객을 받으며, 정기적으로 목회 인턴들을 지도했다.[99]

에드워즈는 점점 더 많은 설교를 하면서 그의 개인적인 글쓰기의 주제도 믿음이나 경건의 징표와 같은 더 목회적인 주제로 바뀌었다. 급기야 에드워즈는 교회, 성도의 자격, 회심, 성례 등에 대한 할아버지의 견해를 자세히 검토하기 시작했고 그러한 견해에 점점 불만을 느껴 자신 생각을 "신학 묵상 일기"나 그 밖의 노트에 기록해 두었다.[100]

실제로, 에드워즈는 코네티컷의 부흥(영적 대각성)이 일어나기 직전 여러 기회를 통하여 자신의 저서인 『신적이고 거룩한 빛』에서 강조하고 있는 칼빈주의적 구상을 포함하고 있는 설교를 지속해서 실시했다.[101] 그리고 무엇보다도 대각성 기간에는 "오직 믿음으로만 받은 구원"과 같은 설교를 해 왔다.[102] 이 시기까지만 해도 그의 목회적 관심은 중생에 관한 구원론에 집중하고 있었음을 알 수 있다.

그러나 18세기 중반 무렵, 영국, 웨일스, 아일랜드, 스코틀랜드, 그리

---

[98] 마즈던, 『조나단 에드워즈평전』, 513.
[99] 맥더모트, 『조나단 에드워즈 신학』, 628-629.
[100] 이상현 편, 『조나단 에드워즈의 신학』, 42.
[101] Edwards, *The Works of Jonathan Edwards, Divine and Supernatural Light*. vol. 17: 408-425.
[102] Edwards, *The Works of Jonathan Edwards, Justification by Faith Alone*. vol. 19, 147-242.

고 미국에서 놀라운 일련의 영적 부흥 운동이 일어났다. 이것은 에드워즈의 목회 방향에 변화를 줄 수 있는 사건이 되었다. 이 놀라운 사건들을 영국에서는 복음주의적 부흥이라고 불렀고 미국에서는 대각성이라고 불렀다.[103] 적어도 이 부흥 운동은 조나단 에드워즈, 횟필드(Whitefield), 그리고 웨슬리(Wesley) 등의 사역과 더불어 시작되었다고 볼 수 있다.[104] 놀랍게도 이 일은 에드워즈가 노쓰엠톤(Northampton)에 부임한 후에 담임 목회를 한 지 5년 후 그의 나이가 31세 되던 해인 1734-1735에 일어났다. 더욱이 이 일은 노쓰엠톤교회를 중심으로 인근 32개 마을에서 연쇄 부흥이 일어났는데, 오늘날 이 부흥을 가리켜 "코네티컷 계곡 부흥"이라고 명명하고 있다.[105] 에드워즈는 부흥이 일어났을 때의 상황을 자세히 기록하여 후일 『놀라운 회심 이야기』라는 제목으로 출판되는데, 그 과정을 아래와 같이 설명하고 있다.

> 초창기 사람들을 흔들어 놓았던 그런 각성들은 두 가지 결과를 가져왔다.
> **첫째**, 보통 사람들은 자신의 죄악 된 행위들을 즉각 그만두었다. 더욱더 느슨했던 부류의 사람들은 자신의 이전 범죄와 방종한 행실들을 버리고 두려워하였다. 한때 성령께서 마을 전체에 모든 방법으로 놀랍도록 임하기 시작하였을 때에는 사람들이 오랫동안 계속해 오던 다툼과 비방과 훼방을 바로 그만두었다 …
> **둘째**, 사람들이 구원의 방법, 성경 읽기, 기도, 묵상, 교회 성찬식, 그리고 비공식 집회에 완전히 몰두하게 하였다. 그들의 부르짖음은 '우리가 어찌

---

[103] Mark Noll, The Rise of Evangelicalism: The Age of Edwards, Whitefield, and The Wesley (InterVarsity Press, 2003), 18.
[104] 이진락, "조나단 에드워즈의 '신앙적 정서'에 관한 연구," 48-49.
[105] 김성기, "조나단 에드워즈의 성화론: 지속적 회심의 과정으로서의 성화," 33.

구원받을 수 있겠습니까?'였다. 이제 휴식의 장소는 술집이 아니라 목사의 사택이 되었다. 술집에 모였던 것보다 더 많이 모여들었다.[106]

에드워즈는 회심의 표징들 가운데서 변화와 함께 구원의 방법, 성경 읽기 그리고 기도와 묵상, 성찬식에 참여하는 사람들의 외적인 표지들을 접하게 되었다. 에드워즈가 보기에 회심이란 사람도 천사도 가져다줄 수 없는 것이며 전능하신 자의 능력의 사역이다. 그런 일들은 너무나 분명하고 용이하며 합리적이기에 누구나 눈으로 목격할 수 있는 것이다.[107] 에드워즈는 사람들이 이성(理性)을 이용해서 확신을 얻었음을 아래와 같이 묘사하고 있다.

> 지금까지 살펴본 대로 종종 사람들은 구원에 이르는 최초의 확신을 어떻게 얻었는가 하면 강단으로부터 들은 것을 가지고 이성을 잘 이용함으로써 얻었다. 그리고 때로는 그들이 스스로 묵상하면서 이성을 이용해서 확신을 얻었다.
> 그와 같은 주장들을 수없이 들었던 것과 똑같은 것이다. 그렇지만 그 주장들이 미치는 영향력과 그 결과로 주어지는 확신은 모두 새로운 것이다. 그 영향력과 확신은 새롭고 전에 경험해 보지 못했던 능력과 함께 온다. 전에도 그들을 그렇게 들었고 또한 그렇게 되기를 원했다. 그런데 이제는 그들이 실제로 그렇게 되는 것을 목격하고 있다. 이제 거룩한 일들이 그들에게 대단히 분명한 것으로 다가오는 것을 보고서 과거에는 왜 볼 수 없었는지 의아해한다.[108]

---

106 조나단 에드워즈, 『놀라운 회심 이야기』, 정부홍 역 (서울: CLC, 1997), 50-51.
107 에드워즈, 『놀라운 회심 이야기』, 87.
108 에드워즈, 『놀라운 회심 이야기』, 86.

에드워즈가 이성을 통한 인식의 기능을 고찰하면서 이러한 회개의 사건과 함께 구원의 확신을 가질 수 있는 이성의 역할을 고찰하였다. 그러나 이러한 이성의 역할은 회개와 구원의 확신 외에 또 다른 면도 있음을 관찰하는 것은 에드워즈가 인간의 본성을 알고자 하는 내적 갈망의 현주소임을 알 수 있다. 그는 다른 한편에서 일어나고 있는 아래와 같은 상황도 예의주시하였다.

> 각성 초반기에는 자신들의 과거 삶 속에서 지은 죄들을 뒤돌아보고 하나님의 진노를 절실하게 느꼈다. 그리고 더욱 엄격히 행동하고, 죄를 고백하고, 하나님의 진노를 풀어드리고, 지은 죄들을 갚으려는 은밀한 소망을 두고, 많은 신앙적인 의무들을 행하는 데 전심 전념하였다. 첫 번째 임재에서 그들의 열징은 내난하였다. 고백과 기도를 드릴 때 눈물로 뒤범벅이 되었다 … 그러나 그런 열정들은 오래가지 못했다. 그들이 실수하기 쉬운 것을 빨리 발견하고서 다시 더 악화되기 쉽다는 것을 염려하고 있었다. 그렇게 빨리 회심하게 되리라고는 전혀 예상치 못했다. 하나님을 더 멀리 떠날 것만 같다는 생각이 엄습했다. 그래서 실망하였지만 계속 노력했다. 하지만 노력하는 만큼 실망도 컸다. 모든 노력이 수포가 되고 하나님의 마음이 자기들에게도 기운 증거들을 보지 못했다. 하나님이 이루어 주실 것이라고 소망하였던 것처럼, 자기들의 기도도 전혀 응답되지 못했음을 발견했다.

예컨대 에드워즈 자신도 영적 대각성의 시간을 맞이하면서 그의 생애 속에서 감지하지 못했던 영적인 변화를 자신이 목격하면서 많은 성경적 질문을 통해 신자들에게 일어나고 있는 새로운 변화의 원인에 대한 의문이 생기는 것을 알 수 있다. 긍정과 부정이 함께 어우러져 영적 대각성 사건을 통해 다양하게 표출되는 증거들을 관찰한 것이다. 이러한 그의 관찰은 특히 1734년 5월에 회중들에게 경건의 삶을 위한 설교를 하게 된 동기가 되기도 했다. 에드워즈는 이때 젊은이들에게 하나님의 사랑에 대한 깊은 차원의 경건을 아래와 같이 말하고 있다.

> 참된 신앙과 덕의 삶은 거룩한 사랑의 삶이며 하나님을 향한 사랑의 삶인데, 그 사랑은 이 세상의 어떤 사랑보다 더 큰 즐거움을 준다. 사랑의 삶은 이 세상에서 가장 달콤한 것인데, 다른 어떤 사랑도 하나님에 대한 사랑과 같은 즐거움을 줄 수 없다 … 젊은이들은 신앙과 덕의 길을 걸음으로써 욕구에 대한 가장 달콤한 만족감을 얻을 것이다. 그것이 세속적이거나 육신적인 욕구가 아니라 더욱 탁월하고 영적이고 거룩한 욕구이며, 거룩한 갈망과 경향이다.[109]

에드워즈는 신앙적 욕구에 대한 만족감을 덕의 길을 걸음으로써 얻을 수 있으며 이것은 거룩한 갈망과 경향이라고 강조하면서 "경향"이라고 하는 단어를 선택하여 설교하였다. 이어서 같은 해 8월에 에드워즈는 노쓰엠톤『신적이며 영적인 빛』이라는 제목으로 이듬해에 출판될 설교를 전했다.

두 번째로 출판된 이 설교문에서 그는 하나님이 신자들의 마음에 내주하시는 것이 성경과 이성에 합치된다는 점을 설파했다. 이러한 내적인 빛은 신자의 심령 전체, 즉 온 신앙적 "애정"(affection)을 새롭게 한다고 지적한다. 그와 같은 교리를 역설하면서 그는 젊은이들의 신앙적 애정이 현저

---

[109] 에드워즈, 『놀라운 회심 이야기』, 56-57.

하게 "부드러워지는" 현상을 목격했다.[110] 그러나 여기에서 에드워즈에게 목회 방향에 새로운 관점을 갖게 하는 사건이 발생했다.

그것은 다름 아닌 경건과 더없이 행복한 공동체적 일체감과 환희로 가득한 찬양이 있었던 너무나도 짧은 시간이 지난 뒤 어느 날 갑자기 막을 내린 것이다. 그 이유는 다름 아닌 정신적으로 명백히 불안정했던 토마스 스테빈스(Thomas Stebbins)라는 사람이 자살을 기도하게 되고 에드워즈의 삼촌인 조셉 홀리(Joseph Hawley II)가 자신의 영혼의 상태에 대해 근심하다가 갑작스러운 우울증에 휩싸여 스테빈스(Stebbins)의 전례를 따라 자살을 기도했다가 불행하게도 절명하는 사건이 생긴 것이다.[111] 그뿐만 아니라 에드워즈는 노쓰엠톤(Northampton)이 영적 각성으로 인해 국제적인 명성을 얻어가고 있는 그 시점에서 교인들의 영적인 쇠퇴를 바라보면서 자신의 사역에서 어려움과 혼란의 상황에 있음을 1737년 5월 벤자민 콜만(Benjamin Colman) 목사에게 보낸 편지에서 아래와 같이 표현하고 있다.

> 바깥 지역에서 하나님의 종들이 하나님이 우리들을 위해 행하신 위대한 일들을 붙잡고 있다는 소식을 들으니 새 힘이 납니다. 그러나 동시에 다른 이들은 우리들 때문에 하나님을 기뻐하고 찬송하고 있지만, 그러한 기쁨에 비해 우리들이 얼마나 쇠퇴했는지를, 신앙에 있어서 생기 있는 영이 우리 안에서 겪고 있는 타락함을 생각해 보면 굉장히 낙담이 됩니다. 하나님께서 강하고 저항할 수 없는 능력으로 행하셨을 때 그처럼 신속하고 놀랍게 진행되었던 역사가 이 마을에서 오랫동안 중단된 것처럼 보이고, 우리는 조금씩 점점 더 쇠퇴하고 있음을 느낍니다.[112]

---

110 Edwards, *The Works of Jonathan Edwards, Youth and the Pleasures of Piety*. vol. 19, 83-85.
111 이상현 편, 『조나단 에드워즈의 신학』, 43.
112 이상현 편, 『조나단 에드워즈의 신학』, 44.

이 시점에서, 노쓰엠톤의 상류 시민 가운데 한 명이며 에드워즈의 이모 부인 조셉 홀리가 자살을 하고 일반적으로는 교인들의 부흥 이전의 악하고 불경건한 상태로 "퇴보"하는 모습을 보며 에드워즈는 목회 사역을 전면 재고해야 할 필요성을 절실히 느꼈다.[113] 케네스 민케마(Kenneth Minkema)는 에드워즈가 이 시기에 가지고 있었던 신학적 여정을 아래와 같이 설명하고 있다.

> 코네티컷 계곡에 부흥이 휩쓸고 지나간 후 몇 달, 몇 년이 흐르자 에드워즈는 실질적으로 신앙적 체험의 다른 중요한 차원을 균형 있게 강조함으로써 "신적이며 영적인 빛"의 내용을 수정, 보완하기 위해 회심의 참된 특징에 대한 이전의 관심에 균형 감각을 찾고자 하는 교정적 시각에서 설교와 집필 활동을 했다. 그는 설교 문과 "신학 묵상 일기," "경건의 표징" 등의 초고, 그리고 "사람들의 경험을 판단하기 위한 지침" 등의 메모에서 마음만을 강조하는 관점에서 탈피하여 인내와 지속적인 그리스도인의 행실을 강조하는 방향으로 나아갔다. 이 때문에, 에드워즈는 이제 성화가 이전의 칭의만큼이나 중요한 관심사가 되었다.[114]

에드워즈가 회개와 경건의 삶에 대한 설교를 통해 성화론에 대한 관심을 보였던 것은 코네티컷 계곡 부흥 사건 이전에도 있었다. 그러나 코네티컷 계곡 부흥 사건에서 회개의 표지가 있음에도 불구하고 변화되지 않은 교인들의 삶을 목도한 시점 이후가 에드워즈가 본격적으로 성화론에 대하여 집중하게 된 시기라고 지적하는 민케마의 강조는 의미가 있다고 볼

---

[113] Edwards, *The Works of Jonathan Edwards, Introduction*. vol. 19: 794-795.
[114] 이상현 편, 『조나단 에드워즈의 신학』, 45.

수 있다.

왜냐하면, 이 과정에서 에드워즈는 1734년과 1735년의 회심 사건을 경험하면서 닥친 부흥은 교인들의 삶의 행위가 기대보다는 실망을 가져다 준 상황을 초래했기 때문이다. 민케마는 에드워즈가 성화에 대한 중요성을 인식하면서 그의 설교 방향에 근본적인 변화가 있었음을 아래와 같이 묘사하고 있다.

> 1730년대 후반 내내 에드워즈는 부흥 때의 열렬함과 현재의 무감각함을 비교하며 교인들을 책망하고 다른 한편으로는 자신의 생애에서 가장 야심 차고 장기간에 걸친 일련의 설교와 강론을 통해 참된 그리스도인의 교리를 가르쳤다. 에드워즈는 1737년 말과 1738년 초에 마태복음 25장의 열 처녀 비유에 대한 19편의 연속 설교를 선하게 되었고, 1939년 초부터 우주적 구속사의 파노라마를 30회가 넘는 분량으로 설교했다. 이 설교에서 그는 참 성도와 거짓 성도의 유사점과 차이점을 열거하면서 얼마나 많은 노샘프턴의 교인이 기름 없는 등을 들고 있는 위선자와 같은지를 통렬히 지적했다. 또 에드워즈는 1738년의 남은 기간 고린도전서를 본문으로 그리스도인이 구원받은 후에 삶의 내용이 어떠한지를 보여주는 설교를 21회에 걸쳐서 강조하면서 설교를 했고 후일 이 내용은 『사랑과 열매』의 제목으로 출판되었다.[115]

이 시기부터 에드워즈의 진리를 향한 열정은 참 성도와 거짓 성도를 구별하는 설교를 통하여 구원받은 그리스도인의 삶의 내용에 대해 강조하는 설교를 지속해서 했다. 또한 에드워즈는 이러한 그리스도인의 회심과 삶

---

[115] 이상현 편, 『조나단 에드워즈의 신학』, 45-46.

의 내용을 강조하는 설교를 진행하면서 순회 부흥사인 조지 횟필드(George Whitefield)와의 교제가 진행되었다. 그는 1740년 10월에 횟필드를 초대하여 일련의 부흥 집회를 진행하면서 당시 교회를 가득 메우고 눈물을 흘리며 경청하는 청중들을 살펴보기도 했다. 청중들은 횟필드 특유의 극적인 설교 스타일에 넋을 잃었다.[116] 식민지 대륙 전체를 뒤흔든 대각성은 1740년부터 시작되었다.

이 대각성 운동의 시작은 영국의 위대한 순회 전도자 횟필드의 순회 전도 설교 사역에서 시작되었다. 횟필드는 미국을 7번 방문하면서 1740년 9월 북쪽 지역인 뉴잉글랜드(NewEngland)에서 로드 아일랜드를 비롯한 보스턴과 주변 마을들은 물론 노쓰엠톤(Northampton), 그리고 코네티컷 강 주변 마을들 등 뉴잉글랜드 전 지역을 순회했다.[117] 45일간 40여 곳을 순회하면서 거의 100회에 걸쳐 설교하였고, 들판에서 설교할 때는 5천 명-8천 명의 회중들이 모이기도 했으며, 보스턴을 떠나기 전의 고별 설교 때는 보스턴(Boston) 광장에 약 2만 명에 달하는 회중들이 모였다.[118]

한편 1740년 10월 17일 금요일 횟필드는 에드워즈의 노쓰엠톤교회에 도착해서 월요일까지 머물렀다. 횟필드의 일기에 따르면, 금요일 오후 예배 설교에서 그가 이전 노쓰엠톤의 부흥 경험을 상기시켰을 때 많은 사람이 눈물을 흘렸다. 그리고 주일 아침 예배 설교를 했을 때 에드워즈 목사는 예배 시간 내내 눈물을 흘렸다. 성도들도 똑같이 감동하였다.[119] 이러한 부흥에 열기는 노쓰엠톤의 첫 번째 각성을 능가했고 2년 이상 지속되었다.[120]

---

[116] 이상현 편, 『조나단 에드워즈의 신학』, 46.
[117] 이상현 편, 『조나단 에드워즈의 신학』, 47-48.
[118] 이진락, "조나단 에드워즈의 '신앙적 정서'에 관한 연구," 72.
[119] Edwards, *The Works of Jonathan Edwards, The Great Awakening*. vol. 4, 48.
[120] George Whitefield, *George Whitefield's Journals, October 7-19*, 1740 (Pennsylvania: The

횟필드에 이어서 그의 요청을 통하여 길버트 테넌트(Gilbert Tennent, 1703-1764)의 순회 설교가 이어졌으며, 에드워즈와 함께 1741년 봄 이후에 순회 설교를 많이 다닌 것 같다.[121] 특히 이 시기에 부흥의 불길이 영향을 미치지 못하여 냉랭한 분위기가 감돌고 있었던 엔필드(Enfield)에서 에드워즈는 신명기 32:35를 본문으로 삼고 "진노하시는 하나님의 손안에 있는 죄인들"이라는 제목으로 설교했다. 이 설교의 마지막 부분은 본 논문의 성화론을 다루는 부분에서 에드워즈의 가지고 있는 성령의 역할과 인간의 "성향성"에 관한 중요한 신학적 견해를 대변하고 있기에 아래와 같이 결론 부분을 소개하고 있다.

> 지금은 주님이 받을 만하실 때입니다. 그러나 이때가 어떤 이들에게는 큰 은혜의 때가 될 수 있지만, 또 어떤 이들에게는 확실히 놀라운 복수의 날이 될 수도 있을 것입니다. 만일 우리가 우리 영혼을 등한히 여긴다면, 이런 은혜의 때에 마음이 더 강퍅해져 더욱더 죄를 짓게 될 것입니다.
> 하나님은 어떤 사람들을 그 마음의 완악한 대로 내버려 두사 깨닫지 못하게 하시기도 하는데, 이런 사람이 되는 것보다 더 위험한 일은 없을 것입니다. 하나님은 사람으로부터 지금 택한 자들을 불러모으고 계십니다. 그리고 지금은 그 어느 때보다도 훨씬 사람들이 단 기간에 구원을 받고 하나님 나라로 들어갈 것입니다. 사도 시대에 유대인들에게 성령이 크게 임하셨던 것처럼 이제는 그렇게 성령이 크게 임할 것입니다. 택함 받은 자들은 성령을 받을 것이요 택함 받지 못한 사람들은 눈이 멀어 그것을 보지 못할 것입니다.

Banner of Truth Trust, 1978), 475-477.
[121] 이진락, "조나단 에드워즈의 '신앙적 정서'에 관한 연구," 73.

만약 당신이 택함 받지 못한 사람들 가운에 속한다면, 이날을 영원히 저주할 것이요, 태어난 날을 저주할 것이며, 성령이 쏟아져 내리는 때를 보느니 차라리 그것을 보기 전에 죽어 지옥으로 가고 싶을 것입니다. 지금은 침례 요한의 때처럼 도끼가 특별하게 나무뿌리에 놓여 있는 때입니다. 그래서 좋은 열매를 맺지 아니하는 나무마다 베임을 당하여 불에 던지어질 것입니다.[122]

에드워즈는 이러한 설교를 함으로써 곤란한 상황이 나타날 것이라고 예감할지라도, 그는 곧바로 하나님이 놀라운 역사를 베풀고 계신다는 마지막 요지를 펼친다. 엔필드에 사는 사람들에게뿐만 아니라 현재를 살아가는 우리에게도 역으로 저항하는 마음이 발생할 수 있다는 것이다. 그러나 에드워즈는 하나님의 은혜를 단순하게 가정하거나 자비의 열린 문을 당연한 것으로 취급하지 않고 있다.[123]

특히 그가 마지막 부분에서 선포한 성령의 임하심이 택함 받은 자들에게 보편적으로 임한다는 사실을 선포하면서 자신이 가지고 있는 전통적 칼빈신학 사상을 강조하고 있다. 성령의 객관적인 위치와 역할을 가늠할 수 있는 신학적 믿음을 그의 설교를 통해서 도출시킨 부분이라고 여겨진다.

이 설교에서 에드워즈는 성화의 주체가 되는 "성령"과 "인간의 성향성"이 함께 어우러져 있음을 직접적으로 강조하고 있다. 에드워즈는 "만일 우리가 우리 영혼을 등한히 여긴다면, 이런 은혜의 때에 마음이 더 강퍅해져 더욱더 죄를 짓게 될 것입니다"라고 언급하면서, "우리가 우리 영

---

[122] Edwards, *The Works of Jonathan Edwards, The Great Awakening*. vol. 4, 51.
[123] 니콜라스, 『조나단 에드워즈의 생애와 사상』, 212-213.

혼을 등한히 여긴다"라고 하는 것은 "우리가"가 가지고 있는 존재의 본질을 "우리 영혼"과 분리하면서 "등한히 여긴다면"이라는 종속 구절을 통하여 "우리"라고 하는 존재의 본질 속에 담겨 있는 "성향성"을 도출시키고 있다.

즉, "등한히 여긴다"라고 하는 행위가 존재 본질이 가질 수 있는 어떤 가능성을 실질태로 표현함으로써 "본질의 성향성"이 그의 표현하는 문맥 곳곳에 함의되어 있음을 감지할 수 있다.

에드워즈는 이전의 대각성 집회와는 달리 각성의 에너지에 물꼬를 트려 애쓰고 있었다. 그는 이전보다 부흥의 열기를 북돋는 데 있어서 훨씬 신중해졌지만 이전의 부흥에서 얻은 경험으로 교인들의 수를 무분별하게 늘리는 일보다는 참으로 거듭난 소수 교인의 경험을 확실히 해 두는 일이 더 중요하다는 사실을 배웠다.[124]

휫필드가 떠난 후에 에드워즈는 노쓰엠톤에서 마태복음 13장의 씨 뿌리는 비유의 말씀을 택하여 무사태평한 이들과 새롭게 각성한 이들을 일깨우기 위해 "여러분은 시온산에 선 죄인입니다"라는 제목을 가지고 설교하면서 하나님의 능력 외에는 의지할 것이 아무 것도 없다고 강조하기도 했다.[125]

이 과정에서 다른 한편에서는 제임스 데이븐포트(James Davenport, 1716-1757) 목사의 열광주의적 사역의 활동을 보인 불편한 사건이 나타난다. 그는 소위 상류층 사람이었고, 그의 할아버지와 아버지는 모두 목회자였다. 16세의 어린 나이에 예일대학교를 졸업했고 22세에 목사가 되어 롱 아일랜드(Long Island) 교구를 맡게 되었다.[126]

---

[124] 니콜라스, 『조나단 에드워즈의 생애와 사상』, 212
[125] 이상현 편, 『조나단 에드워즈의 신학』, 48.
[126] 이상현 편, 『조나단 에드워즈의 신학』, 48.

그는 휫필드의 놀라운 성공의 사례를 듣고서 강한 도전을 받았으며 후일 1741년 한여름에 하나님이 자신에게 더 큰일을 시키시기 위해서 목회지를 떠나도록 부르셨다고 주장했다. 그는 코네티컷으로 이동하여 해안선을 따라서 여러 지역으로 이동하면서 목사들에게 자신들의 영적 상태를 점검하고 회심의 여부를 판단할 것을 주장하고 다녔다. 실제로 그의 설교 가운데 상당한 회심자가 나왔던 것으로 보이는 한편 황홀경, 실신 같은 현상도 일어났다.[127]

그러나 광란에 가까운 열광은 무질서를 만들어 냈고, 초청받지 않은 교회에 들어가서 강단을 요구하기도 했으며 거절당할 때는 가차 없이 회심하지 못한 목회자라고 비난을 퍼붓고 성도들에게는 그들의 목회자들이 회심하지 않았기 때문에 그들을 버리라고 부추겼다.[128] 후일 그는 스트래트포드(Stratford)에서 체포되어 하트포드(Hartford) 재판에 회부되었고 법원은 정신병에 걸린 것으로 판단하고 정상을 참작하고 선처를 하여 강제적으로 그의 원래 교구인 롱 아일랜드로 돌려보냈다. 그런데도 그는 6월에 다시 보스턴에 나타나 충동적이고 격정적인 행동을 해서 보스턴의 당국자들이 그를 체포하여 재판했고, 정신이상자로 판결되어 무죄판결을 받고 다시 추방되었다.[129]

실제로, 데이븐포트의 열광은 자신을 추종하는 열광주의자들을 모아 놓고 세속적으로 구별되는 것이 중요하다고 주장하면서 몸에 지닌 장신구들, 목걸이, 반지, 가운, 여러 가지 보석을 비롯한 귀중품들을 불사르라고 외쳤다.[130] 그 후 그는 이러한 행동이 지나친 것으로 생각하고 고향으로 돌

---

[127] 김성기, "조나단 에드워즈의 성화론: 지속적 회심의 과정으로서의 성화" 39.
[128] 김성기, "조나단 에드워즈의 성화론: 지속적 회심의 과정으로서의 성화," 39.
[129] 김성기, "조나단 에드워즈의 성화론: 지속적 회심의 과정으로서의 성화," 40.
[130] 이진락, "조나단 에드워즈의 '신앙적 정서'에 관한 연구," 78.

아갔고 휴식을 취하는 동안 정신의 회복과 함께 회개의 글을 발표했으나 이미 너무 늦어 버렸다.

왜냐하면, 열광주의의 열기는 곳곳에서 타올랐고 많은 교회가 광신주의로 인해서 분리되었다. 이러한 이유로 부흥은 점차 냉각되면서 부흥을 반대하는 자들에게 결정적인 반대 이유를 제공하는 실마리가 되고 말았다.[131] 그 때문에, 부흥론자와 부흥 반대론자가 형성되고 대립의 각을 세우면서 갈등이 고조되어 가게 되었다. 에드워즈는 양극단의 차이가 점점 더 갈등이 심해지는 것을 막기 위해 희생적인 노력을 하게 된다.[132]

그 결과 에드워즈는 자신의 변증을 제시한 것이「뉴잉글랜드의 현재 신앙 부흥에 대한 약간의 생각들」(Some thought on the Present Revival of Religion in New England, 균형 잡힌 부흥론)이라고 하는 설교이다. 그는 5부작으로 된 이 논문(총 3/8페이지)을 출판사로 보내면서, 이 논문에서 '마음의 성향'을 구체적으로 표현하면서 등장시킨다.

에드워즈는 균형 잡힌 부흥론을 저술하는 동안 시리즈 설교를 하면서 그것을 정리하여 『신앙 애정론』(religious affection)이란 책을 준비한다.[133] 에드워즈는 자신이 경험한 부흥의 대각성을 지켜보면서 얻어진 지경과 성경에 대한 인식을 통하여 1746년에 『의지의 자유』, 그리고 『원죄론』과 함께 그의 3대 중요한 저술이라고 할 수 있는 『신앙 애정론』을 세상에 내놓는다.[134]

처음에는 『놀라운 부흥과 회심 이야기』에서 아비가일 허친슨(Abigail Hutchinson)과 페베 바트렛(Phebe Bartlet), 이후에는 『부흥론』에서 사라 피어

---

[131] 김성기, "조나단 에드워즈의 성화론: 지속적 회심의 과정으로서의 성화," 40.
[132] 김성기, "조나단 에드워즈의 성화론: 지속적 회심의 과정으로서의 성화," 40-41.
[133] 김성기, "조나단 에드워즈의 성화론: 지속적 회심의 과정으로서의 성화," 42.
[134] 김성기, "조나단 에드워즈의 성화론: 지속적 회심의 과정으로서의 성화," 42-43.

폰트(Sarah Pierpont), 에드워즈, 그리고 『데이비드 브레이너드(David Brainerd) 의 전기』에서 브레이너드(Brainerd)를 경건의 모범으로 소개하였다. 그뿐만 아니라 자신이 1734-1735년에 터득한 교훈을 은혜의 참된 표지와 거짓된 표지로 자세히 구별한 내용이 고스란히 담겨 있다. 특히, 『신앙 애정론』(*religious affection*)에는 참된 은혜의 마지막 두 번째 표지이자 가장 진전된 형태의 적극적인 표지로 "은혜롭고 거룩한 애정은 그리스도인의 행실로 발휘되며 열매 맺는다"[135] 라고 지적하면서 성화의 중요성을 강조한다.

이미 에드워즈의 교육적 배경에서도 언급했지만 철학적인 뿌리가 무엇이었든지 간에 신앙고백이 반드시 진실한 마음의 증거가 수반되어야 한다던 에드워즈의 주장은 그가 가지고 있는 신앙과 신학의 핵심에서 나온 것이었다. 에드워즈는 참된 신앙은 반드시 감정(이 감정은 신앙적 애정을 뜻함)을 수반해야 하며 사람의 의지는 선천적인 자기 사랑에서부터 하나님의 사랑으로 철저하게 변해야만 한다는 것이다.[136]

그리스도인으로서 정교인이 되기 위해서는 그리스도인이 가지고 있는 은혜의 역사에 대한 신실한 믿음과 그리스도인으로서의 삶을 살고자 하는 소망의 표현이 있어야 한다는 것이 그의 신학적 인식이며 뿌리이다.[137] 결국, 이러한 에드워즈의 신학적 뿌리는 노쓰엠톤의 사역에서 성례 문제를 통하여 결정적인 어려움을 당하게 된다. 조지 마즈던(George M. Marsden)은 『조나단 에드워즈 평전』에서 성례식을 통하여 표현된 에드워즈의 신학적 개념은 목회적 배경을 통해 표현된 성화론의 주요 표징 중에 하나라고 하는 것을 아래와 같이 설명하고 있다.

---

[135] 김성기, "조나단 에드워즈의 성화론: 지속적 회심의 과정으로서의 성화," 44.
[136] 이상현 편, 『조나단 에드워즈의 신학』, 50.
[137] 마즈던, 『조나단 에드워즈평전』, 514.

삶이 변화되었다고 말하는 교인 가운데 대부분이 강렬한 아름다움을 경험했을 것이라고 일단 인정했다가, 그들이 날이 갈수록 사소한 질투심과 탐욕, 정욕에 사로잡히는 것을 보고 매주 드리는 예배 중에 그들의 불평하는 소리와 불경스러운 태도를 들어야 하는 것이 매우 참기 어려운 일이었다. 노쓰엠톤에 대한 에드워즈의 태도가 배신당한 남편의 태도와 같았다면, 그것은 이 문제가 에드워즈가 매우 위험하다고 생각한 종류의 문제였기 때문이었다. 에드워즈는 주의 성찬을 "언약을 갱신하고 확인하는" 가장 본질적인 표지요 인침으로 보았다. 에드워즈는 성찬이 "적어도 신부가 결혼식에서 신랑이 주는 반지를 끼는 것이 그를 신랑으로 맞아들인다는 고백과 인침을 의미하는 것과 같다"라고 말했다. 그런 서약을 가볍게 여기고 그것을 되풀이해서 파기하는 것은 무서운 죄가 되는 것이었다. 의심할 나위 없이, 고린도전서 11장은 이런 태도를 사기의 쇠를 먹고 마시는 것이라고 말씀하셨다.[138]

에드워즈는 교인들이 "구원하는 믿음"을 소유했다면, 그 믿음은 행위로 표지가 되어야 한다는 것을 필연적으로 보았다. 어쩌면 그는 1740년 어떤 마을에 1640년 청교도 마을과 같이 되라고 요구하는 것과 같았다.[139] 그러나 대담한 설교는 변화되기를 원하는 사람들에게는 혁신적이지만, 그럴 필요가 없다고 생각하는 사람들에게는 모욕적이었다.[140] 결국 그는 솔로몬 스토다드(Solomon Stoddard)의 개방된 성찬 정책에서 이탈한 것과 관련된 끈질긴 논쟁 끝에 1750년 노쓰엠톤 강단에서 면직됐다. 에드워즈가 원했던 이슈의 핵심은 스토다드가 자신들이 중생하지 않았다고 인정하는

---

138 이상현 편, 『조나단 에드워즈의 신학』, 52.
139 마즈던, 『조나단 에드워즈 평전』, 514.
140 맥더모트, 『조나단 에드워즈 신학』, 605.

자를 교인으로 받아들였지만 에드워즈는 침례(세례)와 성만찬과 같은 공적 은혜의 수단은 제한된 의미에서만 은혜의 수단에 해당하는 것이었다.

왜냐하면, 에드워즈는 성례전은 설교와 같이 믿지 않는 자들을 회심시킬 수 있는 은혜의 수단이 아니라 이미 믿는 자들을 위한 것으로 생각했기 때문이다.[141] 아래의 그의 설교에서 알 수 있듯이 에드워즈는 스토다드와 견해를 달리하고 있었다.

> 성례전은 기도와 마찬가지로 은혜의 수단이라고 불리고 있지만, 나는 성례전이 은혜의 수단일 수 있지만, 은혜를 불러일으키고 시작하게 만드는 수단은 아니라고 답한다. 따라서 그것들은 은혜를 유지하고 향상하는 수단들이다. 마치 인생의 모든 수단들이 인생을 시작하게 하는 수단들이 아닌 것처럼 그러하다. 즉, 어떤 것들은 음식처럼 우리의 생명을 보존하고 향상하는 수단들이다. 만약 교회 예식들이라는 은혜의 수단이 은혜를 시작하게 하는 은혜의 수단이라면 이것은 본래 의미보다 너무 많이 밝혀진 것이다.[142]

이 설교에서 알 수 있듯이 비록 은혜는 수단으로 볼 수 있지만 에드워즈는 성례전을 은혜를 불러 일으키고 시작하는 수단으로 보지 않고 오히려 그 은혜를 유지하고 향상시키는 수단으로 보고 있었다. 즉, 성례전은 은혜를 주신 하나님과 은혜의 혜택을 받은 존재 사이에서 이미 받은 은혜를 유지하고 확장하는 도구일 뿐이다.

물론, 교회에서도 누가 중생했는지 확신할 수는 없다. 이 사건의 배경에

---

141 맥더모트, 『조나단 에드워즈 신학』, 604.
142 체리, 『조나단 에드워즈의 신학』, 115.

는 단지 성례 문제에 있는 것이 아니다. 비록 에드워즈는 적어도 성례 문제와 연결된 삶의 변화에 있어서 중생에 대한 가능성과 성실함을 강조함으로써 성찬에 참여하고자 하는 자는 하나님의 은혜가 있으며 또한 거룩한 삶을 살기로 마음먹어야 한다는 것이다.[143]

또한, 자기 삶의 행위 속에서 적어도 노력과 애씀의 필연성이 표징으로 있어야 한다고 생각하는 것이다. 에드워즈의 이러한 생각의 신학적 기조에는 구원에 이르는 믿음을 가진 사람들에게는 성향적 존재라는 관점에서만 자연스럽게 이해될 수 있는 신학적 사상이다. 그는 "나는 진실로 스스로 내 마음을 전적으로 하나님께 넘겨 드리기를 소망합니다"라는 고백의 문구들을 남겼다.[144] 이 고백에서 알 수 있는 것은 에드워즈가 "자신의 마음을 스스로 그리고 전적으로 넘겨 드리기를 소망한다"는 표현은 마음에 있는 경향성의 발로(發露)이며 이것은 목회 속에서 인간의 "성향성"의 특징을 자연스럽게 표현한 부분이라고 여겨진다. 왜냐하면, 에드워즈는 거룩한 성향 즉, 중생한 자의 기질이라고 말할 때, 이것은 기회가 있으면 거룩한 결과들을 일으킬 "능동적인 원인이 되는 힘"을 의미했다.[145]

모든 지속적 경향성은 하나님이 고정하신 법이며[146] 하나님도 최선을 다하고 인간도 최선을 다한다고 하는 "존재의 성향성"의 개념에서 이해될 수 있는 논지이다. 그러므로 에드워즈의 노쓰엠톤 사역에서 성례 문제를 통하여 결정적 어려움을 당하게 되는 신학적 뿌리는 "성향적 존재론"에 기초하고 있음을 알 수 있다.

왜냐하면, 에드워즈가 보기에 성령의 임재와 활동은 너무나 실제적이어

---

143 Edwards, *Works of Jonathan Edwards: Sermons and Discourses*, 1743-1758, vol. 25, 434.
144 맥더모트, 『조나단 에드워즈 신학』, 607.
145 Edwards, *The Works of Jonathan Edwards, Sermons and Discourses*, 1743-1758, vol. 25, 492.
146 Edwards, *The Works of Jonathan Edwards: The "Miscellanies,"* vol. 13, 358.

서 성령의 행위는 거듭난 사람 자신의 자발적 행위이기도 한 것이다.[147] 에드워즈는 "믿음은 하나님 말씀에 의존하고 있다. 다른 사람의 말에 의존한다는 것은 그것을 믿는 것이다. 마치 그것이 진실인 것처럼 그것에 근거해서 행동하는 것이다"라고 강조한다.[148]

말씀을 믿거나 신뢰한다는 것은 그것에 근거해서 실천한다는 것이다. 말씀을 믿거나 신뢰한다는 것은 그것에 근거해서 실천한다는 것이다. 에드워즈가 말하는 믿음은 종교적 집회에 참석하거나 성례 전이나 다른 행사에 참여하여 말과 종교적 행위를 가지고 성경에서 요구하는 형식적 의무를 실천하는 것을 통해 하나님께 영광을 돌리는 것이다. 그러나 더 중요한 것은 삶 속에서 하나님의 명령에 대한 순종과 자기 부정, 그리고 기독교적 사랑 가운데서 이웃과 관계를 실천하는 행동을 말한다.[149]

에드워즈는 "하나님과 영적인 교제를 하는 성도들을 성령에 의해서 행동한다. 그들 안에서 행동하는 것은 하나님의 성령이다"라고 강조한다.[150] 성경에서도 믿음은 바라는 것들의 실상(히 11:1)이며, 성령이 주신 도구이며(고전 12:9), 성령으로 믿음을 따라 의의 소망을 기다린다(갈 5:5) 라고 하면서 믿음 자체에서 성령의 역할을 강조하고 있다. 그러므로 성령을 조명받은 인간의 본성은 하나님의 효과적 은혜에 힘입어 의의 소망을 기다리며 더 나아가 성령의 목적과 그 목적을 향한 능동적인 실천을 초래한다는 것은 필연성인 것이다.

그런데도 에드워즈는 여전히 새로운 형태의 종교적 사상 및 관습에 대

147　맥더모트, 『조나단 에드워즈 신학』, 673.
148　이상현 편, 『조나단 에드워즈의 신학』, 258.
149　Edwards, *Yale Collection of Edwards' Manuscripts* (Beinke Rare Book and Manuscript Library, Yale University), 4.
150　Soreno E. Dwight, ed., *The Works of President Edwards*, "God's Sovereignty in the Salvation of Man," vol. 10 (New York: S. Convers, 1829-1830), 274-275.

해서는 경계의 긴장을 유지했다. 무엇보다도 그는 스토다드가 발전시키고 에드워즈도 20년이 넘도록 지속시킨 모호한 형태의 입교 절차는 에드워즈에게 불편한 감정을 가지게 하였다.[151]

결국, 에드워즈가 노쓰엠톤 사역에서 성례 문제를 심각하게 다룬 이유는 자신의 이러한 신학적 신앙을 목회적 환경과 타협없이 진행한 결과라고 할 수 있다. 노쓰엠톤에서 발생한 목회적 환경이 에드워즈에게 심각한 문제로 부상한 이유가 있다. 에드워즈는 이미 영적 대각성의 과정을 겪으면서 구원받은 사람들의 삶을 성화에 초점을 두고 강조하면서 목회를 진행하고 있었기 때문이다.

에드워즈는 구원받은 성도들의 삶에 대해 교인들이 인식되지 못한 부분이 존재하거나 삶의 내용을 가볍게 여기면서 살았든지 아니면 잘못 인식된 부분에 있다는 것을 인지하고 있었다. 이것은 그가 단지 목회의 관심이 구원론에만 있는 것이 아니고 성화론에 목회의 열정을 집중하고 있었음을 증명하고 있다. "거룩한 실천은 그리스도인의 체험에 뒤따르는 반응이 아니라 그리스도인이 가지는 체험의 본질이다"라고 하는 것은 그의 목회적 사명이기도 하다.[152]

에드워즈는 그리스도인이 구원에 이르는 믿음을 소유한 자라면 적어도 그 믿음의 존재는 행위를 통하여 표현하려고 하는 잠재 태와 동시에 요구되는 행위가 실질태를 통해서만 성향의 존재론이 유효하다고 강조한다. 그는 그리스도인의 도덕적 실천이 없으면 그리스도인의 삶이란 없다고 말한다.[153]

이상현은 "에드워즈가 중생한 자의 실천적 결과들이 불가피하고 필연

---

[151] 체리, 『조나단 에드워즈의 신학』, 94.
[152] 이상현 편, 『조나단 에드워즈의 신학』, 52.
[153] 맥더모트, 『조나단 에드워즈 신학』, 673.

적이라고 주장하는 것은 주권적인 하나님이 자신의 목적을 성취하실 불가피성에 뿌리를 둔다"라고 언급했다. 에드워즈의 성화론에는 하나님이 현실적으로 저항을 야기하지 않으실 때도 이러한 장래에 있을 저항들은 그들을 지배하고 결정하는 일반 법칙들의 연계를 통하여 실재적으로 가능한 것들(실질태들)로의 현실태적 양태를 가지게 된다. 그리고 실질태가 현실태로 되기 위해서는 관계들의 현실화(actuality)를 요청한다.[154]

그렇기 때문에 에드워즈는 성향의 본질이 요청하는 현실화(actuality)의 개념을 가지고 목회의 실천을 통한 표징들을 보기 원했다. 성도들은 하나님이 주신 은혜에 의해 힘을 얻는다. 하나님이 주신 은혜만큼의 노력과 애씀을 통해 성경적 삶을 실천에 옮기려고 최선을 다하는 정황을 보길 원했던 에드워즈의 목회적 흔적이 그의 사역의 기록에서 발견된다.

결과적으로 에드워즈는 성경에 뿌리를 두고 "인간 본질의 성향성"에 기초하여 하나님과 인간의 관계에 대한 신학적 개념을 실천하기를 원했다. 그는 인간의 본성이 "성향적 존재"라고 하는 교육적 배경에서 얻어진 철학적 신학 개념을 목회 여정에서 부각하고 발전시킨 동시에 폭넓게 적용하였다. 이로써 에드워즈는 "성향적 존재론"이 성화론의 근본적 원인자임을 목회적 리더십에서 드러냈다.

3. 청교도 신학의 영향

에드워즈가 성화론에서 인간의 성향을 존재론의 본질까지 깊게 다루게 된 원인은 여러 가지 이유가 있을 수 있다. 특히, 청교도의 어떤 신앙적 개

---

[154] Edwards, *The Works of Jonathan Edwards: "The "Miscellanies" 501-832*, vol. 18, 531.

념이 에드워즈에게 인간 본질의 "성향성"에 깊이 관여할 수 있는 동기를 주었는가를 고찰하는 것은 중요하다. 왜냐하면, 그는 청교도 목회자의 가정에서 태어나고 성장했다. 무엇보다도 청교도 신앙에는 경건의 삶을 위해 실천을 강조하는 삶의 양식 안에는 성향을 강조하는 부분이 있다.[155]

그러므로 에드워즈가 주관적인 관점에서 인간 존재의 성향적 본질이 성화의 요인이라고 인식한 이유를 이해하기 위해서는 청교도 신앙과 에드워즈의 관계를 고찰하는 것이 중요하다. 17세기 중반 이후의 청교도 신앙에서 중요하게 다루고 는 경건은 새로운 성향을 지니고 있다기보다는 그 이전의 실천적 신학과 관련된 애정적이고 내면적이며 영적 경험을 강조하는 그럼으로써 청교도 경건을 세밀화하고 강화하는 방향으로 전개되었다.[156]

이 시기에 리차드 백스터(Richard Baxter, 1615-1691)와 존 번연(John Bunyan, 1628-1688)은 청교도 경선의 대표적인 인물이다. 그중에서도 백스터는 청교도 경건의 "애정있고 실천적인"(affectionate practical) 성격을 잘 드러내 주는 인물이다.[157] 백스터의 『그리스도인의 지침서』(Christian Directory, 1673)는 매일의 삶 속에서 청교도들이 경건의 삶을 실천해야 하는 지침을 기록해 놓은 그의 대표작이다. 백스터는 이 책에서 청교도의 경건을 실천하는 전 영역을 다루면서 양심과 관련된 다양한 상황들을 해결하려는 체계적인 시도를 하였다.[158]

이와 관련하여 제임스 패커(James I. Packer, 1926-)는 『그리스도인의 지침

---

[155] James I. Packer, *A Quest for Godliness: The Puritan Vision of the Christian life* (Wheaton, IL: Crossway Books, 1990), 66.
[156] Dewey D. Wallace, *The Spirituality of the Later English Puritan: An Anthology* (Macon, GA: Mercer University Press, 1987), xii-xv.
[157] F. Ernest Stoeffler, *The Rise of Evangelical Pietism* (Leiden: E. J. Brill, 1971), 87-99.
[158] Richard Baxter, *Christian Directory. Reprinted* Vol. 1 *of The Practical Works of Richard Baxter* (Morgan, PA: Soli Deo Gloria Publications, 2000), 730-732.

서』에서 다루고 있는 "실천적인 경건"이 의미하는 것을 아래와 같이 설명하고 있다.

> 그들은 이미 말한 거룩한 진리에 대해 이해와 확신을 부여하고, 자기 판단의 과정을 시작함으로써, 그리고 이미 내려진 판결에 적합한 응답을 불러일으켜서 말씀을 영화롭게 하기 위하여 성령을 바라보았다. 이러한 응답들은 믿음, 소망, 사랑의 전 영역, 회개, 자기 불신, 자기 부인, 자기 헌신, 순종, 찬송, 감사, 찬미, 간구의 전 영역을 다루었으며, 여기에 더하여 다양한 성향적인 정서를 더 하였는데, 이는 단지 지나치는 감정의 물결이 아니라 느낌을 수반하는 마음의 분명한 경향으로서, 한 사람이 하나님께 대한 애착과 하나님과의 교제에 기여하는 것이다. 청교도들의 이러한 성향의 중요성에 대한 강조와 그것들(기쁨, 슬픔, 갈망, 두려움 등과 같은 그들의 적합한 대상을 향하는 모든 것들)을 강화하고 그것들에 호소하려는 노력은 이러한 청교도 작가들이 왜 애정적이라고 불리는지에 대해 설명해 준다.[159]

이와 같은 잉글랜드 청교도들의 실천적 경건의 삶에 대한 가치관과 노력은 뉴잉글랜드의 청교도들은 물론, 에드워즈에게 이르기까지 연속성을 지니며 나타난다.[160] 비록 청교도들이 인간 존재의 본질을 다루고 있지 않았지만, 패커의 언급을 통해 청교도들이 가지고 있는 성향의 중요성이 언급되고 있다. 청교도적 삶의 교육과 신앙의 실천을 유산으로 받은 에드워즈가 성향에 대한 인식을 가지고 있었던 것은 매우 자연스러운 추측이다.

에드워즈가 옛 신학자들의 가르침과 인간 마음의 변화가 일치하지 않

---

[159] Packer, *A quest for godliness: The Puritan vision of the Christian life*, 66.
[160] Edwards, *The Works of Jonathan Edwards, Coues of Books: Peter Thuesen, Editor's Introduction*, vol. 26, 42-43.

는 원인을 규명하려고 고민했던 과정에서 "성향"에 대한 인식을 하고 있었다는 것은 후일(後日) "성향성"을 인간 존재의 본질의 개념으로 갖게 된 중요한 요소이다. 그러므로 그의 "성향적 존재론"의 개념을 갖게 된 원인자를 찾는 과정에서 에드워즈가 성장해 오고 신앙적 영향을 받은 청교도의 신앙적 유산이 중요한 역할을 하였다고 여겨진다.

에드워즈가 태어난 1703년의 뉴잉글랜드는 신학사와 신학 논쟁으로 유서 깊은 곳이다. 그의 가문은 종교적 박해에서 벗어나 종교개혁의 이상을 성취할 "성경적 공화국"을 세우고자 영국에서 이주한 청교도로 에드워즈는 뉴잉글랜드의 칼빈주의 정통 신앙의 영광스러운 유산과 그로 인한 갈등적 상황을 함께 물려받았다.[161]

청교도는 교회를 "하나님과 서로가 거룩한 언약으로 함께 결합한 공동체"로 이해했다.[162] 무엇보다도 청교도는 더 자유롭고 덜 구조화된 신앙과 예배 형태, 인간 전통보다는 성경에 근거한 신념과 실천을 선호하여 전통적인 가톨릭주의의 고정화된 형식과 실천을 거부했다. 즉, 내부적으로는 하나님이 기뻐하시는 영적 삶을 개발하는 것을 강조하며 외부적으로는 교회 구조의 개혁과 사회 자체를 하나님의 목적에 부합하도록 개혁하는 것을 강조한다.

그들은 종교개혁 이후로 나머지 기독교 세계에서 이루지 못했다고 생각했던 것을 이루려고 노력하는 삶을 살았다.[163] 오늘날 청교도주의에 관한 특정한 이해를 위하여 정의를 내리기는 쉽지 않은 일이다.[164] 왜냐하면,

---

161   이상현 편, 『조나단 에드워즈의 신학』, 34.
162   Perry Miller, *The New England Mind, The Seventeen Century* (Cambridge, MA: Harvard University Press, 1982), 435.
163   맥더모트, 『조나단 에드워즈 신학』, 76.
164   John Coffey and Paul C. H. Lim, eds., "Introduction," in *The Cambridge Companion to Puritanism* (New York: Cambridge University Press, 2008), 7.

청교도주의는 영적인 체험과 하나님에 대한 애정의 응답을 기반으로 하고 있기 때문이다. 이를테면 그들의 정교한 신학적 체계에도 불구하고 존 번연과 같은 칼빈주의 청교도들에게 있어서 중요한 것은 그들이 "느낀 것"이었다.

이처럼 청교도 운동은 단순한 사상적, 지적 운동이 아니었으며, 그들에게 있어서는 신학과 영적인 경험의 관계가 매우 중요하게 인식되어 있기 때문에 청교도주의는 체험 가운데서의 "마음의 경건"으로 불리게 되었다.[165] 그러므로 에드워즈가 자신의 기록물에서 도출시킨 "영적 체험"은 청교도의 신앙적 유산으로 평가하는 것이 당연하다.

청교도들은 16세기에서 17세기에 이르는 시기에 설교, 경건 문헌, 신학적 논문, 편지들, 일기, 그리고 영적 생활의 모든 영역과 관련된 방대한 분량의 문헌들을 만들어 냈다.[166] 이 시기에 대중적으로 경건 훈련을 위한 지침서로써 가장 많이 알려진 책들은 루이스 베일리(Lowis Bayly)의 『경건의 실천』(The Practice of Piety)이며, 또한 아더 덴트(Arthur Dent)의 『평범한 사람의 하늘 가는 길』(The Plain Man's Pathway to Heaven)과 같은 책이었다. 여기에서 청교도들은 골방에서 매일의 기도 훈련, 성찬식 참여를 위한 준비, 더 나아가 거룩한 죽음의 방법들과 같은 주제들을 다룬 손때 묻은 작은 크기의 경건 지침서들을 흔히 볼 수 있는데, 그들은 이러한 책들을 통해서 경건의 훈련과 삶을 만들어 나갔다.[167]

한편, 초기 청교도들의 경건주의적 전환에 중요한 역할을 감당한 대표적인 인물은 윌리암 퍼킨스(William Perkins, 1558-1602)였다. 그의 근본적

---

[165] John Spur, *English Puritanism*, 1603-1689 (New York: St. Martin's Press, 1998), 1-6.
[166] Tom Schwanda, "Heart Sweetly Refreshed," *Puritan Spiritual Practices Then and Now, Journal of Spiritual Formation and Soul Care*, vol. 3, no. 1 (2010): 21.
[167] Spur, *English Puritanism*, 1603-1689, 190.

인 관심사는 경건이었다. 어떤 의미에서 그는 신학과 경건을 구분하지 않았다.[168]

퍼킨스는 자신의 저서인 『양심의 사례들』(Case of Conscience, 1592)과 『예언의 기술』(The Arte of Prophesying, 1592)에서 자신이 확립한 청교도의 실천적 경건인 양심의 문제와 자기 점검 그리고 이와 관련된 결론을 다루었다. 여기에서 그는 청교도들의 설교에 관한 지침서, 그리고 청교도 실천적 경건의 특징적 요소를 이루는 "구원에서 신적 주도권과 인간의 책임과 행동 사이의 긴장 관계와 균형"을 다루고 있다.[169]

다음으로 17세기 초반 청교도들의 세대를 16세기에 세워진 청교도의 실천적 신학의 경향에서 실제로 이끌어 준 인물은 퍼킨스의 제자였던 윌리엄 에임스(William Ames)이다. 그는 『신학의 정수』(The Marrow of Theology)를 통해 실천적 신학의 구조를 확립하였는데, 여기에서 에임스는 신학은 "하나님을 대하여 사는 것과 관련된 교리"로 정의하였다.[170] 수에센(Thuesen)이 쓴 『조나단 에드워즈의 지적 배경』에서 소개한 것처럼 초기 청교도들이 에임스(Ames)의 『신학의 정수』를 공부했듯이 에드워즈 자신도 초기 학창시절에 이 책을 공부하였을 것이라고 지적한 것은 이러한 청교도의 배경 속에서 자란 에드워즈에게는 매우 자연스러운 과정이라고 여겨진다.

그러므로 잉글랜드 청교도들의 실천적 경건의 흐름은 에드워즈에 이르기까지 뉴잉글랜드의 청교도들에게서도 연속성을 지니며 나타나게 된다. 그들은 중생을 일으키거나 기대하도록 그 어떤 것도 만들 수 없다고

---

[168] Spur, *English Puritanism*, 1603-1689, 55-56.
[169] John Coffey and Paul C. H. Lim, eds., "Introduction," in *The Cambridge Companion to Puritanism*, 194-195.
[170] William Ames, *The Marrow of Theology*. trans. John D. Eusden (Durham: Labyrinth, 1968), 77-80.

믿었기 때문에 성령이 역사할 수 있도록 마음을 준비하는 것을 중요하게 여겼다. 이에 따라 뉴잉글랜드 청교도들은 내면적인 묵상을 통해 구원을 위한 마음의 준비를 하는 것을 중요하게 여겼다.[171]

그뿐만 아니라, 청교도들은 경건 전통에서 기도를 신앙의 중요한 실천 도구로 여겼는데 그들은 기도를 은밀한 기도, 가정 기도, 그리고 공적인 기도로 나누어 실천하였다.[172] 무엇보다도 에드워즈는 청교도의 실천적 경건 전통을 중시했던 아버지 티모시로부터 엄격한 청교도적 경건의 훈련을 실천하는 삶을 보았을 것이다.[173]

그런데도 에드워즈의 친구이며 그를 가까이에서 지켜보았던 홉킨스 (Hopkins)는 에드워즈가 칼빈주의자 입장이기는 했지만 그는 어떤 사람에게 절대적으로 의존하지는 않았다고 말한다.[174] 수에센이 지적하고 있듯이 에드워즈는 일생 그가 물려받은 청교도 정통주의와 그가 살았던 계몽주의 시대의 합리론 사이에서 갈등했음에도 불구하고 상반되어 보이는 이 두 가지 영향력이 그를 절대적으로 지배하지 못하였고 오히려 절충주의적 입장을 보였다는 것이다.[175]

그러나 에드워즈가 가지고 있는 경건과 관련된 청교도 전통의 영향은 청교도 유산이 그에게 남기고 간 흔적이며 그 가운데서도 성경주의(Scripturalism)의 유산은 청교도의 본질이라고 할 수 있다.

---

[171] Norman Pettit, *The Heart Prepared: Grace and Conversion in Puritan Spiritual Life* (New Haven: Yale University Press, 966), 1-2.
[172] Robert L. Barber Jr, "The Puritan connection between prayer and preaching," (Unpublished Ph.D. dissertation, Fuller Theological Seminary, 2000), 60-131.
[173] 마즈던, 『조나단 에드워즈 평전』, 47-49.
[174] Samuel Hopkins, *The Life and Character of the Late Reverend, Learned, and Pious Mr. Jonathan Edwards, President of the College of New Jersey* (Northampton, MA: Andrew Wright, 1804), 44.
[175] 이상현 편, 『조나단 에드워즈의 신학』, 60-88.

에드워즈는 일생에 걸쳐 서구 기독교 사상의 전근대적 유산에 뿌리를 두고 있는 청교도 전통주의와 결과적으로 근대적 회의주의로 귀결된 비판적 가정을 담고 있는 계몽시대의 합리론 사이에서 갈등했다. 그런데도 이러한 상반되는 두 영향력은 어느 쪽도 에드워즈를 절대적으로 지배하지 못했다.[176]

에드워즈는 어린 시절부터 신앙의 참된 기쁨을 기쁨으로 누리는 경험들을 나름대로 하면서 그 기쁨에 대한 인식을 통하여 특별한 의미를 간직하며 성장했다. 1739년에 그가 쓴 『자서전 이야기』(Personal Narrative)에서 학생 시절 자신에게 보여준 영적 관심은 종교적 의무감에 많이 심취되어 있음을 아래와 같이 소개하고 있다.

> 나는 하루에 다섯 번씩이나 은밀히 기도하곤 하였다. 다른 아이들과 같이 종교적인 대화를 하는데 많은 시간을 보내곤 하였다. 나는 종교 속에 있는 기쁨을 알지 못하는 것을 경험했다. 나의 마음은 종교로 많이 심취되었다. 스스로 의로운 기쁨을 가졌고, 종교적 의무 속에 충만 하는 것이 나의 기쁨이었다. 나는 약간의 학우들과 같이 연합하여 아주 한적한 장소, 늪지에 기도 처소를 위한 오두막을 지었다. 그 외 나는 숲 속에 나 개인의 은밀한 처소를 만들고 거기에 스스로 퇴각하여 시시때때로 많은 은혜를 받곤 하였다. 나의 정서는 행동적이고 쉽사리 움직였다. 나는 종교적 의무 속에 있을 때 나에게 맞는다고 생각하였다. 나는 많은 사람이 이러한 정서에 속임수를 당하며 내가 종교 속에서 가졌던 그러한 종류의 기쁨을 은혜로 오인한다고 생각하기에 이르렀다.[177]

---

[176] 이상현 편, 『조나단 에드워즈의 신학』, 61-62.
[177] Dale and Sandy Larsen, *Jonathan Edwards. Renewed Heart* (Downers Grove, IL: InterVarsity Press, 2002), 1:14-1.5

이러한 신앙적 과정을 밟게 된 것은 무엇보다도 청교도 목사인 아버지 티모시 목사의 영향이다. 청교도 아버지들은 - 티모시 에드워즈가 전쟁 중에 보낸 편지들을 볼 때 - 자녀를 훈련하고 영적으로 양육하는 일을 감독하는 중요한 역할을 감당했다. 무엇보다도 아이들의 선천적인 이기심, 욕심, 그리고 불순종은 인류가 첫 조상 아담과 하와에게서 타락한 죄의 본성을 물려받았다는 사실을 매일 생각나게 해 주는 아버지의 신앙은 실천가이며, 경건한 청교도 목사였다.[178]

특히, 티모시는 가시적 성도의 자격을 갖추는 것으로써 은혜의 수단을 통한 경건의 열매와 회개 그리고 신앙의 고백이 하나님의 선택하심의 가능성을 보게 하는 표징으로 여겼다.[179] 그는 은혜의 수단들을 회심을 위해 필수적인 것으로 보았고 이를 통해 회심 전과 회심 후에도 은혜의 수단들을 소중하게 적용하였다.[180] 무엇보다도 티모시는 청교도 목사이지만 그 누구도 제어할 수 없는 하나님의 은혜 계획을 강조하는 칼빈주의자라는 사실에 반드시 주목해야 한다. 하나님께 대한 참된 사랑에서 비롯한 선행은 오직 중생한 자들에게만 가능하며 심지어 믿음의 적극적인 행위라 할지라도 구원에 이르는 효과적인 조건이 될 수 없음을 강조한다.[181]

마즈던(Marsden)는 "보수적인 아버지 티모시의 영향을 받은 에드워즈가 사회를 바라본 관점은 청교도들이 생각하던 것같이 권위적인 족장이 이끌어 가는 성경적 사회의 이상을 담고 있는 것이며, 청교도 이상이 실현되는 개혁주의적 복음주의 문화가 전 세계적으로 승리하는 것을 꿈꾸는 것이었

---

[178] 마즈던, 『조나단 에드워즈 평전』, 46.
[179] Kenneth P. Minkema, "The Edwardses: A ministerial family in eighteenth century New England," (Unpublished Ph. D. dissertation, University of Connecticut, 1988), 80-82.
[180] Minkema, "The Edwardses: A ministerial family in eighteenth century New England," 81-82.
[181] 마즈던, 『조나단 에드워즈 평전』, 57-58.

다"라고 강조하였다.[182]

무엇보다도 경건의 실천은 에드워즈 가정에서 가장 중요한 것이었다. 에드워즈의 삶 속에서 볼 수 있는 묵상적인 삶의 행위와 실천 가운데 기쁨을 경험한 기록들은 그의 아버지 티모시의 경건의 실천을 향한 삶의 태도에 많은 영향을 받고 있다고 볼 수 있다.[183] 그뿐만 아니라 에드워즈의 청교도 신앙을 이해하기 위해서는 그의 어머니 에스더 스토다드(Esther Stoddard) 에드워즈의 신앙적인 환경을 보는 것이 유익하다. 왜냐하면, 에드워즈는 아버지 티모시는 물론이지만 그의 어머니로부터 내적인 청교도의 경건한 삶을 보면서 자신의 경건한 삶의 실천에 대해 영향을 받았을 것으로 여겨진다. 왜냐하면, 에드워즈의 어머니 에스더 스토다드(Esther Stoddard) 에드워즈는 솔로몬 스토다드(Solomon Stoddard)의 딸로서 인디언들이 뉴잉글랜드에 침입하여 부고한 사람들을 마구 살해한 디어필드(Deerfield) 침입 사건을 눈으로 경험한 에스더 마도 스토다드(Esther Maddor Stoddard, 에드워즈의 외조모)의 딸이다.[184]

에스더 마도 스토다드는 가족들의 죽음과 이에 대한 상실이 있었음에도 불구하고 그의 자녀들에게 보낸 편지를 통하여 그녀는 자신의 삶 속에서 믿음을 실천하기 위해 애쓰고 노력한 사람이었음을 알 수 있다. 그녀는 이스트 윈저(East Windsor)에 사는 딸 에스더 스토다드 에드워즈(에드워즈의 어머니)에게 아래와 같은 내용의 편지를 보냈다.

내가 무슨 말을 할 수 있단 말이니?

---

[182] 마즈던, 『조나단 에드워즈 평전』, 382.
[183] Minkema, "The Edwardses: A ministerial family in eighteenth century New England," 155-163.
[184] 마즈던, 『조나단 에드워즈 평전』, 40-41.

아론의 축복과 같이 주의 평강이 내게 임하시기를 기도한다. 하나님은 욥과 같이 "그가 나를 단련하신 후에 내가 정금과 같이 나오기를 바라시는 것 같구나"라고 서신을 보낸다. 또한, 그녀는 딸에게 서신을 통하여 "세월은 짧단다. 그리고 우리에게 남아있는 세월은 네 언니와 오빠에게 그랬던 것처럼 정말 짧을 수도 있어"라는 내용으로 격려하곤 했다.[185]

이와 같은 환경 속에서 신앙을 배우고 지켜온 에드워즈 어머니의 신앙은 90세가 될 때까지 이스트 윈저의 많은 여자가 낡은 교실에서 열리는 오후 수업에 참여하여 그녀가 정확하게 주석을 달아주는 가운데 성경과 신학 서적을 가르쳤다는 기록을 통해 그녀의 신앙을 엿볼 수 있다.[186]

따라서 이러한 부모의 영향을 받은 에드워즈는 어린 시절 하나님께 헌신하고 숲 속에서 기도하고 묵상하며 부모로부터 물려받은 신앙의 유산인 청교도적인 삶을 통하여 영적 교제를 체험하게 된다. 에드워즈의 가정뿐만이 아니라 청교도들이 신앙과 실천의 도구인 묵상은 매우 중요한 신앙생활의 한 부분이다. 그들에게 있어서 묵상은 주로 두 가지의 실천이 요구된다. 하나는 정기적 묵상이고 다음 하나는 비정기적 묵상이다.[187] 실제로 에드워즈는 자신의 일기에서 아래와 같이 기록하고 있다.

나는 특별한 주제들을 묵상하기 위한 날들을 따로 전해 두었는데, 어떤 때는 내 죄가 크다는 사실을 고찰하기 위해 하루를 배정하고 다른 때는 불경건한 자들이 미래에 겪을 고통이 무섭고 확실하다는 사실을 고찰하기 위

---

[185] 마즈던, 『조나단 에드워즈 평전』, 41.
[186] 마즈던, 『조나단 에드워즈 평전』, 46.
[187] Joel R. Beeke, *Puritan Reformed Spirituality* (Grand Rapids, MI: Reformation Heritage Books, 2004), 76-77.

해 그렇게 하며, 또 어떤 때는 신앙의 진리와 확실성, 그리하여 성경에서 약속하고 위협하는 미래 중대사들을 고찰하기 위해 그렇게 한다.[188]

에드워즈가 보여준 영적 생활에 관한 애씀과 노력은 청교도가 가지고 있는 기본적인 실천을 보여준다. 그는 자신의 결심문에서 다음과 같은 기록을 통해 경건의 실천을 옮기기 위한 노력을 보여주고 있다.

> 내가 사는 동안 나의 모든 힘으로 살아가기로 했다 … 나의 삶의 마지막 시간이라면 내가 실천하기를 두려워하는 일들은 절대 하지 않겠다는 결심을 했다 … 먹고 마시는 일에 최대한의 엄격한 절제를 유지하기로 했다 … 주일에는 우스운 일이나 어떤 웃음을 만들어 내는 이야기도 하지 않기로 결심했나.[189]

에드워즈 자신이 어떻게 실천을 할 수 있었는가를 고민하면서 보여주었던 애씀과 노력은 청교도적 삶의 행위로부터 온 영향이라고 여겨진다. 영적 생활에 대한 가족과 주위의 청교도적 사고방식이 준 영향 가운데 에드워즈의 묵상에 대한 생각은 청교도가 가지고 있는 묵상의 실천적 요구에 의한 영향이라고 할 수 있다.

특히, 에드워즈가 묵상을 장려하면서 경건 안에서의 성장이라는 청교도적 개념, 즉 청교도 성화의 교리는 철저히 개혁주의적인 기초가 있음을 발견한다. 청교도로부터의 성화는 그리스도와 신자의 연합을 통해서 이루어지며 성령께서 신자들의 노력과 협력하시는 것이 아니라 신자의 노력을

---

[188] Edwards, *The Works of Jonathan Edwards, Letters and personal Writings*. Vol. 16, 789.
[189] Edwards, *The Works of Jonathan Edwards, Letters and personal Writings*. Vol. 16, 753-756.

촉진하기 위해 성령에 의해 주권적으로 적용된다는 것이다.[190]

이러한 청교도에게서의 성화에 대한 개념은 에드워즈의 성화에 대한 개념에서도 나타난다. 에드워즈는 신자의 노력을 촉진함은 물론 주권적으로 활동하시는 성령에 대하여 아래와 같이 설명하고 있다.

> 이 빛, 오직 이 빛만이 영혼을 구원으로 인도하는 그리스도에게로 가까이 접근할 수 있도록 인도해 줄 것이다. 그것은 마음을 복음에 복종하게 하고 그 안에 계시된 구원 계획에 대한 적의와 반대를 타파한다. 그것은 마음이 그 기쁜 소식을 포용하고 전적으로 집착하며, 그리스도의 계신 안에서 그를 우리의 구세주로 알게 한다. 그것은 영혼이 그것과 일치하고 조화를 이루게 하며, 온전한 신뢰와 존경심으로 그것을 받아들이게 하며, 온전한 성향과 애정으로 그것에 집착하게 한다. 그리고 그것은 영혼이 그 자신을 온전히 그리스도에게 드릴 수 있도록 만들어 준다.[191]

에드워즈가 "온전한 성향과 애정으로 그것에 집착하게 한다"고 한 고백은 성령의 이끄심에 대한 인간의 반응에서 성향과 애정을 중요한 요소로 보고 있음을 알 수 있게 하는 부분이다. 그가 목회자로서 보아온 성도들의 성화 과정은 자신이 목회하는 사역 속에서 자신은 대상을 관찰하면서 동시에 피 관찰자와 관찰자인 자신과의 관계에서 관찰하는 참여적인 관찰을 통해 자신이 가지고 있는 신학적 사상에 대한 결과론적인 지식과 경륜을 얻고 있다. 특히, 성화론 형성 과정에서 보게 되는 청교도적 인식

---

[190] 루이스 두프레, 돈 E. 세일러즈 편, 『기독교 영성 III』, 엄성옥, 지인성 역 (서울: 은성출판사, 2001), 430.

[191] Edwards, *The Works of President Edwards* (A Divine and Supernatural Light), London: FB & c Ltd, Dalton House, 2017. 449-450.

은 시대적인 상황에서 새롭게 퍼져 나가는 계몽시대의 합리론 사이에 등장한 갈등을 이해하며 성화의 원인을 찾아가고 있다.

에드워즈와 청교도의 관계를 고려해 보면, 청교도 경건에는 병적인 것들도 있으며 그 중에서 위험한 것도 있음에도 불구하고 청교도들의 좋은 면만을 가지고 그의 성화론에 영향력을 보여준 것을 보게 된다.[192] 이를 테면 청교도의 경건 실천을 위해서 제시하고 있는 특징적인 요소들이 인간의 정신 세계를 정형화하여 규정화된 것들이 있다. 그 가운에서도 특징적인 것은 청교도들의 묵상 실천은 관상(contemplation)의 실천과도 관련을 맺고 있으며 관상 기도에 대한 실천을 위한 구체적인 언급이 있다는 것이다.

특히, 17세기에 청교도 경건 실천에서 묵상과 관상의 차이에 대해 토마스 맨턴(Thomas Manton, 1620-1677)은 아래와 같이 묘사하고 있다.

> 당신은 학자들과 경건한 작가들이 일반적으로 숙고와 묵상과 관상을 구별하고 있음을 알고 있어야 한다. 숙고는 진리에 대해 생각하는 것으로서 이해와 암기를 통해 그 진리를 정렬해 놓은 것이다. 묵상은 담화 또는 다양한 긴급한 논쟁을 통해 영혼에 진리를 강화하는 것이다. 관상은 묵상의 열매이고 완성이다. 관상은 우리의 마음이 하나님께 밀착함을 통해, 그리고 하나님의 존전에서 멈추어 서는 것을 통해, 무언의 다양한 영광, 하나님의 위엄, 혹은 하늘의 영광에 놀란 영혼, 현재의 기쁨으로 이동되는 것, 이성이 당장 사용되지 않고 연기되고, 영혼은 직관이 잠들어서 잠잠한 상태가 되는 것, 신적인 탁월함과 우리의 소망의 영광에 대한 감미로운 달콤함을 들여다보고 말하는 것, 그리고 마음이 초자연적으로 높이 들어 올려지는

---

[192] 두프레, 세일러즈 편, 『기독교 영성 III』, 442.

것을 통해 만들어진다.[193]

또한, 이 시기에 청교도 실천적 경건 전통 가운데 서 있던 백스터(Baxter)도 "관상"(觀想)은 허용될 수 있고, 의무이며, 어떤 사람에게는 관상과 기도, 그러한 거룩한 실천들과 그 가운데서 살아가는 것은 큰 은혜라고 설명하면서 관상의 실천에 대해 아래와 같이 강조하고 있다.

> 모든 그리스도인이 하나님을 사랑하는 데 있어서 그 무엇보다도 관상이 필요한 것처럼 그것을 많이 사용해야 한다. 관상은 신령과 진정으로 하나님을 예배하기 위하여 필요하다. 관상은 천국의 마음과 대화를 위해, 죽음과 심판을 위한 적합한 준비를 위해, 그분의 모든 일반적인 일들이 하나님의 영광과 그분을 기쁘시게 하여서 "주님께 성결"이 모든 것 위에 기록되고, 그리고 그가 가진 모든 것들이 거룩하게 되고 자신을 하나님께 헌신하기 위해 필요한 것이다.[194]

청교도 경건 전통에서 기도는 은밀한 기도, 가정 기도 그리고 공적인 기도로 나누어 볼 수 있다.[195] 특히 은밀한 기도는 청교도들에게 가장 중요한 은혜의 수단 중 하나로서 경건의 실천을 위한 의무이며, 그들의 경건 지침서, 일기, 자서전에 이러한 은밀한 기도에 대한 내용을 강조하는 내용이 많이 담겨 있다.[196]

---

[193] Thomas Manton, *Sermons upon the Genesis XXIP*," in the *Works of Thomas Manton*, vol. XVII (reprint, London: James Nisbet and CO., 1874), 293.
[194] Baxter, *Christian Directory*, 259.
[195] Roy W. Williams, *The Puritan concept and practice of prayer* (Unpublished PhD Dissertation, University of London, 1982), 11-12
[196] Charles E. Hambrick-Stowe, *The Practice of Piety: Puritan Devotional Disciplines in Sev-

뉴잉글랜드 회중교회에서 1세대 이주 청교도들이 실천적 신학에 익숙한 세대들이었기 때문에 정착 초기에는 이와 같은 경건의 실천에 관한 요구는 잘 진행되었다. 특히, 그들은 잉글랜드로부터 종교적 영향력을 최소화하기를 원했는데 그 노력의 결과로 "케임브리지 헌장"(Cambridge Platform)을 채택하였으며,[197] 이것은 뉴잉글랜드교회 회의를 통해 확립된 것으로서 회중교회로 대표되는 "뉴잉글랜드 방식"에 관한 청교도들의 "공식적인 진술"이 되었다.[198] 이 "공식적인 진술"은 뉴잉글랜드 청교도들의 앞선 세대들이 정교하게 발전시킨 "회심의 유형론"을 적용 발전시킨 그들만의 독특한 교회의 회원 자격으로서 새로운 기준으로 발전시킨 것이다. 이것은 앞선 청교도들보다 더욱 엄격한 신앙 실천을 요구하는 것인데, 그들의 신앙고백과 교리들에 대한 지식, 윤리적인 삶들에 대한 "가시적인 성도"(visible saints) 개념에 기초한 것이다.[199]

이를테면 교회 회원이 될 사람에게는 청교도의 도덕적인 삶이 요청되었고 무엇보다도 구원의 은혜에 대한 경험과 회심의 표지들을 회중들 앞에서 고백해야 하며 이와 함께 이들은 언약 관계 속에서 교회를 이루어 간다고 하는 것이다.[200]

이 문제는 후일(後日) 청교도 2세대와 3세대를 거치면서 옛 정통과의 긴장과 마찰이 생기기 시작했다. 청교도들은 자녀들에게 침례(세례)를 베풀 수 있는지에 관한 문제에 부딪히면서 소위 "중도 언약"(half-way covenant)이

---

enteenth-Century New England (Chapel Hill: University of North Carolina Press, 1982), 175.
[197] Francis J. Bremer, *The Puritan experiment: New England society from Bradford to Edwards* (Hanover: University Press of New England, 1995), 139.
[198] Bremer, *The Puritan experiment: New England society from Bradford to Edwards*, 105-113.
[199] Bremer, *The Puritan experiment: New England society from Bradford to Edwards*, 105-106.
[200] Mark A. Noll, *A History of Christianity in the United States and Canada* (Grand Rapids: W. B. Eerdmans, 1992), 35-39.

라고 하는 개념을 도입하여 그들에게도 침례(세례)를 베풀 수 있다고 결정하게 된다. 그러나 이러한 결정이 수용되는 과정에서 보수적인 많은 목회자에게 논란을 일으키게 되었고, 1700년대에 이르러 성만찬에 참여할 수 있는 자격을 지닌 사람의 자격, 곧 완전한 침례(세례) 교인의 자격에 대한 논쟁으로 전환되었다.[201]

결국에는 이 문제는 에드워즈의 아버지 티모시와 같은 보수적인 목사들을 비롯하여 뉴잉글랜드 목사들에게 널리 수용되기까지는 훨씬 많은 논쟁이 되었으며, 특히 이 논쟁의 중심에는 에드워즈의 외조부 스토다드가 서 있었다. 스토다드는 누가 회심했는지 정확하게 말하는 것은 어렵다고 강조한다.[202] 오히려 성찬은 은혜의 방편이므로 신실하게 바로 서 있는 사람들에게 성찬을 허락하면 그들이 회심하는 데 도움이 될 것을 강조하여 논쟁에서 승리하게 되면서 그는 성례가 "회심 의식"(a converting ordinance)이 될 수 있다고 주장했다.[203]

정형화된 신앙생활의 규정은 표징을 요구할 때에 하나님과의 교제를 제공하여 하나님의 은혜를 경험하는 유익한 면이 있다. 그러나 이러한 은혜의 도구가 자칫 은혜의 본질로 전락할 가능성을 열어놓게 된다. 사람은 신앙적인 일을 향할 때 악이 발생한다.[204] 에드워즈는 이 부분에 대해 "신학묵상집"에서 아래와 같이 지적하고 있다.

> 은혜는 마치 빛이 태양으로부터 나오듯 하나님으로부터 즉각적이고 직접적으로 나오는 것이다. 그런데도 은혜는 말씀과 교회의 의식 등과 같은 은

---

[201] 마즈던, 『조나단 에드워즈 평전』, 60-61.
[202] 마즈던, 『조나단 에드워즈 평전』, 61.
[203] 마즈던, 『조나단 에드워즈 평전』, 61.
[204] 체리, 『조나단 에드워즈의 신학』, 114.

혜를 증진하는 수단들로부터도 나온다. 비록 이러한 것들이 사용되기는 하지만 그것들은 은혜를 만들어 내는 데는 어떤 원인이나 도구로써 아무 영향을 끼치지 못한다. 그러나 그것들은 은혜를 만들어 내는 일과 관련이 있으며 그것을 행하기 위해 필요하다.[205]

은혜의 도구가 은혜의 본질로 인식하게 될 때 인간은 하나님과의 교제보다는 교제의 도구를 더 소중하게 인식하는 오류를 범한다. 체리(Cherry)는 에드워즈가 염려하는 그 결과는 "우상 숭배"라고 하면서 인간은 자연적 원리에 기초해서 창조주의 방 안에 "개별적인 관심과 사적인 쾌락"의 성을 쌓는다고 지적한다. 그리고 여기에 인간의 배교가 존재한다고 강조한다.[206]

바로 이 점에서 에드워즈는 외조부 스토다드와 반대되는 위치에 서 있다. 그리고 이 논쟁에 휩쓸려 결국 1750년에 노쓰엠톤의 강단에서 사임하게 되었다.[207]

노쓰엠톤에서 일어난 문제는 에드워즈가 성찬에 대한 개념이 전임자 스토다드와 차이가 있음에서 시작된 결과이다. 그 차이는 에드워즈 자신의 신학적 개념이 종합되어 나타난 회심에 대한 근본 취지에서 나온 것이다. 그는 평소에 그렇게 규정화된 요소들은 신앙의 실천 증진을 위하는 과정에서 어떤 방법에 의해 어떤 방향으로 이끌어 가고 있다는 것은 자칫 정신세계의 유형성을 고정하려는 유혹이 존재한다는 것을 아래의 기록에서 볼 수 있다.

---

[205] Edwards, "The Miscellanies," 501-832, *The Works of Jonathan Edwards*, vol. 18, 84.
[206] 체리, 『조나단 에드워즈의 신학』, 114.
[207] 체리, 『조나단 에드워즈의 신학』, 115.

나는 어떻게 하면 더 거룩하게 되고 더 거룩하게 살 수 있을까, 더 하나님의 자녀와 그리스도의 제자가 될 수 있을까 계속 질문했으며, 그러한 것들이 나의 낮과 밤 동안의 계속된 싸움이었다. 나는 계속 나 자신을 점검하면서 내가 삶 속에서 무언가를 추구했을 때 보다 더 내가 어떻게 거룩하게 살 수 있을까 큰 열심과 진지함으로 그 가능한 길과 방법을 연구하고 고민하였다. 그러나 내 힘에 너무 많이 의존하였기 때문에 나중에는 그것이 나에게 큰 해가 되었음이 드러났다.[208]

에드워즈의 다른 기록물에서도 이런 면들이 종종 발견되지만, 후일 에드워즈는 지속적인 회개를 통하여 자신의 내부에 나타나는 진정한 회개는 하나님의 은혜와 능력에 의존되고 있음을 밝히고 있다. 특히, 에드워즈의 이 고백은 인간의 성향은 하나님의 은혜를 받는 정신적 수용성과 함께 이를 기반으로 목적이 형성되며 이 목적은 성향을 이끌고 가는 요인이 될 수도 있음을 보게 한다. 목적이 삶을 이끌어 갈 때 성령의 이끄심을 자칫 잃어버릴 수 있는 원인 제공이 되며, 결과적으로 성령의 역사와 성향의 본질이 만들어 내는 성화의 기본에서 벗어날 가능성이 있다.[209]

에드워즈의 시대에 활동했던 조셉 버틀러(Joseph Butler)는 신학적으로는 알미니우스주의자였고 철학적으로는 로크(Locke)의 경험주의를 받아들였다. 그는 그리스도인이면서 계몽주의의 요구를 충족시키려고 노력했다. 그러나 에드워즈는 청교도의 사상과 유산을 따라 모든 사고를 성경의 권위 아래 복종시키려고 노력했다.[210] 이러한 노력은 에드워즈의 삶과 행실의 일치를 요청한 청교도가 준 유산이다. 에드워즈는 그러한 유산이 어떤

---
[208] Edwards, *Works of Jonathan Edwards: Letters and personal Writings*, vol. 16, 795.
[209] 체리, 『조나단 에드워즈의 신학』, 116-117.
[210] 프레임, 『서양 철학과 신학의 역사』, 361.

목적을 가지고 움직이게 될 경우에는 그 목적의 본질(하나님의 영광을 위한 목표 혹은 자신의 욕망을 채우기 위한 목표)에 따라 성향적 본질은 하나님의 은혜를 멀리하게 되는 결과를 초래한다는 것을 보게 한다.

특히, 청교도의 신학은 자주 "구원의 준비"라는 말로 자연과 은혜, 믿음을 위한 노력과 실제로 믿음을 받아들이는 것 사이의 관계를 설명한다. 그리고 이것이 적지 않은 중요한 논쟁의 초점이 되었지만, 에드워즈는 회심이 자신의 힘과 노력을 통해 스스로 회심에 이르는 것이 아님을 밝힌다.[211] 그 때문에 에드워즈는 "회심에서 일어나는 가장 중요한 변화는 - 이것은 모든 것의 시작이요 기초다 - 마음의 기질과 성향과 영의 변화이다. 왜냐하면, 회심에서 일어나는 것은 하나님의 성령을 수여하는 것 외에 다른 것이 아니기 때문이다"라고 설명하면서 회심의 주체가 성령임을 강조한다.[212]

에드워즈는 이러한 노력이 회개의 진정한 본질이 아니었음을 인지하게 되지만, 그런데도 자신의 회개에 대한 노력은 청교도가 경건한 생활을 강조하는 유산의 틀 속에서 에드워즈에게 준 영향이다. 이러한 청교도의 유산으로 에드워즈의 신학적 개념에 남겨진 은혜의 도구는 후일(後日) 대각성에서 보여준 회개의 사건들을 경험하고 지켜보면서 "신앙적 애정"에서 회심을 설명하는 그의 기록에서 이해할 수 있다.

에드워즈는 청교도의 유산인 믿음의 실행을 위한 지침과 경건 생활을 통해 인간의 성향을 예리하게 분리함으로 인해서 "존재론적 본질이 성향"임을 드러냈고 확장해 가는 데에 큰 역할이 있었음을 알 수 있다.

---

[211] Edwards, *Works of Jonathan Edwards: Writing on the Trinity, Grace, and Faith*. vol. 21. 164.
[212] Edwards, The "Miscellanies," *The Works of Jonathan Edwards*, vol. 13, 462.

4. 알미니우스주의와의 신학 논쟁

에드워즈는 그가 물려받은 개혁주의 언약 이해 가운데 최소한 일부를 거부했다. 일찍이 에드워즈는 신학 노트에 기록하기를 개혁주의 신학자들은 은혜의 언약이 인간과 맺은 것이라고 잘못 믿으며 여기서 "언약"이라는 단어의 사용은 "우리를 우리 자신의 의(義)에 의존하기 쉽도록" 만드는 조건으로서 뭔가를 하도록 전제한다고 했다. 에드워즈는 "뭔가를 하도록 전제한다"라고 하는 것이 알미니우스주의적 토대라고 언급했다.[213]

알미니우스주의는 네덜란드의 야코부스 알미니우스(Jacobus Arminius, 1560-1609)가 전개한 신학을 기초로 발전되었다. 알미니우스의 이름을 따라 알미니우스주의로 알려진 알미니우스는 칼빈주의 관점과 비교적 비슷하지만, 은혜를 떠난 인간은 구원으로 돌이키기 위해 스스로는 어떤 것도 할 수 없다는 칼빈주의 주장에 대해 인간이 구원을 위해 자신 스스로 준비하는 아주 작은 것을 할 수 있다는 조건적인 입장을 제안했다.[214]

즉, 알미니우스주의자들은 구체화하고 엄격한 칼빈주의 형태에 반대하는 입장을 주도하면서 그리스도가 모든 인류를 위해 죽었으며 하나님의 예정은 인간의 믿음이나 순종에 대한 예지에 달려 있다고 주장했다.[215] 이처럼 알미니우스는 존 칼빈의 신학 일부를 긍정적으로 다루기도 했지만 예정론에서 사람의 상태에 관한 하나님의 예지에 근거해서 예지 예정을 주장하고 있다.

그뿐만 아니라 그는 구원론에서 인간의 능력에 대한 긍정적인 태도와

---

[213] 맥더모트, 『조나단 에드워즈 신학』, 323.
[214] 맥더모트, 『조나단 에드워즈 신학』, 89.
[215] 맥더모트, 『조나단 에드워즈 신학』, 89.

자유 의지에 대한 강조로 개혁주의에 이의를 제기했다.[216] 알미니우스는 결국 라이덴(Leiden)대학교에서 동료 교수이자 엄격한 개혁주의자인 프란시스커스 고마러스(Franciscus Gormarus, 1563-1641)에게 고소당하면서 이를 시작으로 알미니우스 논쟁이 유럽에서 일어나게 되었다.[217]

에드워즈는 "인간을 짐승과 구분하는 가장 중요한 기능은 이해의 기능이며 따라서 이 기능을 향상하는 것을 주된 과업으로 삼아야 한다"고 말했다. 그러나 비록 에드워즈가 인간의 이해 기능을 중요하게 다루지만 그는 하나님의 예정에 대하여 인간의 믿음이나 순종이 예지에 달렸다는 알미니우스주의에 이러한 주장에 절대 동조하지 않았다.[218] 특히, 에드워즈의 칭의에 대한 예일대학교 석사 논문은 알미니우스주의의 구원론을 반대하면서 겨냥한 것이었다. 사실, 에드워즈는 자신의 논문에서 야코부스 알미니우스(Jacobus Arminius)보다는 알미니우스주의는 인간의 노력으로 하나님의 은혜를 얻어내는 인간 능력에 대해 높아져 가는 확신과 더 관련이 있다고 지적하며 강조하고 있다.[219]

에드워즈는 이 세상에서 가장 중요한 지식은 하나님에 대한 지식과 우리 자신에 대한 지식이며, 우리에 대한 지식은 본성이며 본성은 지성과 의지로 이루어진다고 설명했다.[220] 에드워즈는 인간이 무엇을 해야 한다는 것은 의지의 자유가 있기 때문에 해야 하는 것이 아니고 먼저 인간에게는

---

[216] 조현진, "18세기 New England에서의 아르미니안 논쟁: 조나단 에드워즈의 자유 의지론과 칭의론을 중심으로," 「개혁 논총」, 제15집 (2015): 271.
[217] 조현진, "18세기 New England에서의 아르미니안 논쟁: 조나단 에드워즈의 자유 의지론과 칭의론을 중심으로," 271.
[218] Hickman, ed. *The Works of President Edwards: Christian Knowledge* (Edinburgh, Scotland: Banner of Truth Trust, 1955), 157.
[219] 맥더모트, 「조나단 에드워즈 신학」, 416.
[220] 에드워즈, 「자유 의지」, 68.

하나님이 그렇게 만드시고 조성하신 본질이 있다고 논지한다.[221] 그는 "의지"와 "욕구"가 정확히 동일한 의미를 지닌 단어가 아니며 어떤 경우에도 사람이 결코 자기 욕구와 상반되는 것을 하고 싶어 하지 않으며 자기 의지에 상반되는 것을 요구하지 않는다고 주장한다.[222]

에드워즈는 동일한 한 가지 일 속에서 이 욕구와 의지는 상충하지 않으며 이 둘은 약간의 구별이 있지만 동일하다고 강조한다.[223] 그는 "성향적 존재론"을 기초로 하여 의지의 자유를 인간의 "성향성"에 가둔다. 성향적 존재는 자신을 가장 유쾌하게 만드는 어떤 것에 의해 움직이는 본질을 말하고 있다.[224]

"성향적 존재론"의 개념을 통해 행위 언약에서 이해되어야 할 인간 행위의 자유에 대한 『자유 의지』에서 그의 이론을 펼쳐가고 있다. 행위 언약은 내가 무엇인가를 해야 한다고 하는 알미니우스의 자유론과 같은 개념을 유출할 수 있지만 에드워즈는 어떤 특정한 계기가 생길 때 특정한 사건이 발생하게 되는 법칙이며 행위 자체를 "성향적 존재론"에 기초하고 있음을 명료화한다.

에드워즈는 노쓰엠톤교회에서 부흥의 열기가 가라앉고 성찬 참여 자격에 대해 교인과의 갈등이 심화하고 논쟁에 휘말리게 된 이후 본격적으로 알미니우스주의를 연구하게 된다.[225] 그는 노쓰엠톤에서 해임된 직후 1752년 스코틀랜드의 장로교 목사 존 어스킨(John Erskine)에게 자신이 목회하는 교회의 목사 해임을 승인하기 위해 소집된 교회 운영 위원회에 "네 다섯 사람"이 원래부터 알미니우스주의자라는 소문이 있었고 자신을 반대하는 움

---

[221] 에드워즈, 『자유 의지』, 75.
[222] 에드워즈, 『자유 의지』, 77.
[223] 에드워즈, 『자유 의지』, 78.
[224] 에드워즈, 『자유 의지』, 84.
[225] 이상현 편, 『조나단 에드워즈의 신학』, 234.

직임을 진두지휘한 이들이 "몇 가지 본질적인 면에서 알미니우스주의에 빠졌다"라고 말했다.²²⁶

그러므로 에드워즈는 이미 알미니우스주의가 이미 노쓰엠톤에서 활동하고 있음에 대해 알고 있었다는 것을 말한다. 에드워즈는 알미니우스주의의 시작과 발전에 대해 아래와 같은 기록을 남겼다.

> 이들(소시니안) 이후에 약 130년 전 알미니우스자들이 네덜란드에서 일어났다. 네덜란드인 야코부스 알미니우스(Jacobus Arminius)를 따르기에 알미니우스자들로 불렀고 종파를 구성했다 … 개혁주의 교회들이 함께 돌트에 모여 대회를 시작했다, 돌트 대회는 알미니우스자들을 정죄했지만 그 사상은 널리 전파되었다. 알미니우스주의는 특별히 찰스 1세 시대 잉글랜드 국교회에서 선성기를 맞았다. 이전에는 잉글랜드 국교회에서 칼빈주의가 주류였지만, 이후로는 알미니우스주의가 주류가 되었다. 더하여 알미니우스주의는 비국교도들뿐만 아니라 뉴잉글랜드(New England)에서도 크게 세력을 확장했다.²²⁷

이러한 기록은 에드워즈가 알미니우스주의의 시작과 확산에 이르기까지 상당한 지식을 가지고 있음을 반영하는 것이며 무엇보다도 예일대학교 시절부터 알미니우스 논쟁에 대해 인크리스 마터(Increase Mather, 1639-1723)에게 배웠기에 그 위험성을 충분히 인식하고 있음을 나타낸다.²²⁸ 1730년에 에드워즈는 인간의 자연적인 능력을 통해 최소한 스스로 하나님께로

---

226 이상현 편, 『조나단 에드워즈의 신학』, 235.
227 Edwards, *The Works of Jonathan Edwards*, vol. 9. (New Heaven and London: Yale University Press, 1989), 431-432.
228 Edwards, *The Works of Jonathan Edwards*, vol. 14. (New Heaven and London: Yale University Press, 1997, 8.

돌이킬 능력이 있다고 주장하는 알미니우스주의의 성장을 인식했다.

　미국 혁명 전 뉴잉글랜드에는 이신론자들보다 아르미니우스주의자들이 훨씬 많았다. 일반적으로 당시의 뉴잉글랜드 지역 주민들 대부분은 알미니우스주의를 도덕 중심적인 일종의 반펠라기우스주의(Semi-pelagianism) 또는 인본주의로 생각했다. 이것은 알미니우스와 연관된 특정한 학파를 언급하기보다는 칼빈주의 교리에 반대하는 일반적인 지적 태도들을 지적하는 것이다.[229]

　사실 에드워즈는 어린 시절부터 영원한 삶에 대해 하나님이 누구를 선택하고 누구를 거절할지를 선택하는 데 있어서 "하나님의 주권 교리"에 의문을 제기했다. 그러나 에드워즈가 회심한 후 "기쁜 확신"으로 하나님의 주권을 받아드리게 된 후에는 "인간의 의존에서 영광을 받으시는 하나님"에 대한 그의 의식 속에서 확실히 칼빈주의적인 사상을 드러내고 있다.[230]

　그럼에도 에드워즈는 이신론과 알미니우스주의에 관심이 많았다. 특히, "신학 묵상론"의 대략 1,400개 목록 가운데 이신론을 다룬 부분이 1/4이나 될 정도로 많았지만, 이신론에 반대하는 논증은 주로 "신학 묵상론"에만 편중되어 있었다.

　그는 알미니우스주의와 이신론을 모두 반박하기 원했지만 자신의 저술인 『의지의 자유』(1754)와 『원죄론』(1768)은 분명히 알미니우스주의를 겨냥한 것이었다.[231]

　에드워즈는 대각성 운동을 옹호하는 글인 『균형 잡힌 부흥론』(1742)에

---

[229] Robert W. Jenson, *America's Theologian: A Recommendation of Jonathan Edwards* (New York and Oxford: Oxford University Press, 1988). 53.
[230] 맥더모트, 『조나단 에드워즈 신학』, 126.
[231] 맥더모트, 『조나단 에드워즈 신학』, 90.

서는 알미니우스주의 원리는 "이신론자"가 되게 만든다고 경고했다.[232] 그리고 생애 마지막에 프린스턴대학교 이사회에 『알미니우스주의와 칼빈주의 사이의 논쟁에서 주요 핵심에 해당하는 것』을 출판하는 동안 "모든 다른 논쟁점을 고려"하기를 희망한다고 말했다. 이 무렵 에드워즈는 행위와 죄에 대한 칼빈주의 교리를 변호하는 변증법적인 저술(자유 의지, 원죄론)을 완성했다.[233]

에드워즈에게 주된 관심은 알미니우스주의와 당사자인 알미니우스가 아니라 유감스럽기 그지없는 "신앙적 애정"의 부패였다.[234] 알미니우스주의자들은 사건이 하나님의 주권에 의해서가 아니라 사람의 의욕에 맡겨지고 전혀 다른 원인 없이 일어난다고 주장한다.[235] 에드워즈의 『자유 의지론』의 편역자인 정부홍은 편역자 서론에서 에드워즈의 "의지"와 "원인"에 대해 아래와 같이 논지하고 있다.

> 에드워즈는 의지의 삼중 상태를 명료하게 설정한다. 타락 이전, 죄인의 타락 이후, 그리고 성도의 회심 이후가 그것이다. 즉, 타락 이전에 사람의 의지는 "더 많이 자유"로웠으나, 죄로 인해 "노예가 되었으며" 타락 이후에는 덜 자유로워졌다. 그러나 은혜로 회심하면 의지는 여전히 자유롭다. 이렇게 하여 에드워즈는 "원인 없는"(uncaused) 의지의 자유라는 알미니우스주의 개념과 기계론주의 개념을 부정할 뿐이지, "원인 있는"(caused) 의지의 자유에 대한 개혁주의 교리를 부정하는 것이 아니다.[236]

---

[232] 맥더모트, 『조나단 에드워즈 신학』, 416.
[233] 맥더모트, 『조나단 에드워즈 신학』, 417.
[234] 이상현 편, 『조나단 에드워즈의 신학』, 234.
[235] 맥더모트, 『조나단 에드워즈 신학』, 323.
[236] 에드워즈, 『자유 의지』, 31.

에드워즈는 타락 이전과 타락 이후, 그리고 회심 후에 가지고 있는 자유 의지의 본질은 개혁주의의 교리에서 주장하듯이 원인이 존재한다고 강조한다. 정부홍은 에드워즈가 가지고 있는 아르미니우스의 개념을 아래와 같이 요약하고 있다.

> **첫째**, 자유란 의지 안에 있는 자기 결정력이나 의지 자신과 행동 위에 있는 어떤 특정한 주권으로 이루어져 있다. 이로써 의지는 의지 자신의 의욕을 결정한다. 자기 의지 없이 어떤 다른 원인에 의한 의지의 결정을 의존하지 않으며, 의지 자신의 행동보다 앞선 어떤 것에 의해서 결정되지도 않는다.
> **둘째**, 그들의 개념대로 말하자면 무관심(indifference) 중립 상태도 자유에 속한다. 혹은 정신이 의욕의 행동을 하기 직전 중립적 평형 상태(equilibrium)에 있는 것을 말한다.
> **셋째**, 우발(contingence)도 자유에 속하며, 자유에 있어서 필수적인 어떤 것이다. 앞서 설명한 바와 같이 그 단어의 보편적 의미가 아니라면, 우연은 자유가 실재하기 직전의 어떤 근거와 연관된 고정되고 특정한 연결이나 모든 필연과 반대되는 어떤 것이다.[237]

에드워즈에 따르면 알미니우스주의자는 의지 자체가 자유를 가지고 있다고 강조했다. 그들은 의지는 필연 없이 자유롭게 아무런 행위라도 할 수 있다고 주장한다. 그러나 에드워즈는 의지와 그 자유에 대한 자신의 정의를 재구성할 때 보편적인 개념을 적용하고, 알미니우스주의적인 정의의 모순을 폭로하는 데 그 개념을 사용한다. 그 보편적 의지의 개념은 로크

---

[237] 에드워즈, 『자유 의지』, 25.

(Locke)의 "인간 지성에 관한 소론"에서 사용되었다. 로크에 따르면 자유란 아래와 같다.

> 자기가 무언가를 하고 싶어 하는 대로, 혹은 자신의 선택에 따라 행동할 능력과 기회는 모두 자유를 의미한다. 이런 의미를 고려하지 않으면 자유란 선택의 원인이나 발단으로부터 나온 어떤 것이다. 그리고 어떻게 그 사람이 그런 의욕을 갖게 되었는지에 관한 것이다.[238]

에드워즈는 자유란 자신의 선택으로 행동할 능력을 말하며 그 사람의 선택을 지적하고 있다. 더 나아가 에드워즈는 의지에 관한 보편적 개념을 아래와 같이 말하고 있다.

> 누군가가 의지란 영혼이 선택(choose)하거나 거부(refuse)하는 것이라는 정의가 더 완벽하다고 생각한다면 나도 그 정의에 만족할 것이다. 그렇지만 나는 "의지는 영혼이 선택하는 것"이라고 말하는 것으로도 충분하다고 생각한다. 왜냐하면, 모든 의지의 활동에서 그것이 무엇이든 정신은 다른 것보다 더 좋아하는 한 가지를 선택하기 때문이다. 정신은 다른 것보다도 특별한 어떤 것을 선택한다 … 영혼이 자의적으로 활동한다는 뜻은 항상 선택적으로 활동한다는 것이다.[239]

에드워즈는 "인간 지성에 관한 소론"에서도 "의지 자체가 의를 가진 행위자는 아니다 … 자기 의지대로 행할 자유를 가진 사람이 의지를 소유한

---

[238] John Locke, *An Essay Concerning Human Understanding* (New York: Dover Publication, 1959), 319-324, 에드워즈, 『자유 의지』, 26에서 재인용.
[239] 에드워즈, 『자유 의지』, 73-73.

행위자 또는 행동하는 자다"라고 지적한 것은 정확히 로크의 "소론"에서 가지고 온 것이다.[240] 그러나 에드워즈가 인식하고 있는 행위자에 관한 주관성은 로크의 견해와 같지만 주관성에 관한 본질은 다르게 보고 있다. 로크는 행위자 선택의 자유에 초점을 맞추고 있지만 에드워즈는 행위자 선택의 원인에 초점을 맞추고 있다.

에드워즈는 정신은 다른 것보다 더 좋아하는 한 가지를 선택한다는 것을 강조하면서 정신의 수동성을 강조하고 있다. 에드워즈가 『자유 의지』에서 설명하고 있는 아래 사항은 의지의 본질이 정신 안에 존재하며 행위자 선택이 자유가 아니라 행위자를 유쾌하게 만드는 어떤 것에 의해 행위자의 의지가 결정되고 있음을 논지하고 있다.

이것은 행위자의 본질과 성향의 관계를 설명하고 있는 그의 기본적 개념이다.

> 먼저 내가 사용하는 "좋은"(good)이란 단어가 무슨 뜻인지 밝혀야 한다. 이것은 "유쾌한"(agreeable)과 같은 뜻이다. 내가 사용하는 표현 중 정신에 좋게 나타나 보인다는 것은, 정신에 유쾌해 보이거나 즐겁게 보인다는 표현과 같다. 악하고 불쾌하다고 판단되는 것은 정신에 매력을 느끼게 하거나 바람직하게 보이지 않으며, 정신 속의 성향과 선택에 개입하는 경향이 있어 보이지 않는다. 사실상 무관심 중립 상태에 있어 보이는 것은 아무것도 없으며, 유쾌하거나 불쾌해 보인다. 그러나 만약 그 좋은 것이 성향을 유도하고 의지를 움직이려면, 정신에 적합한 만족을 주어야(suits) 한다는 것이다. 그 좋은 것은 정신을 매혹하고 개입시키는 가장 높은 경향을 가지고 있다. 그것이 정신의 주관에 들어와 있는 것 같이 정신을 가장 만족하

---

[240] 에드워즈, 『자유 의지』, 27.

게 하며, 가장 상쾌하게 한다. 그런 의미에서 그것은 가장 명확히 좋은 것이다. 이처럼 직접적이며 명확한 모순이 없는데도 불구하고 다른 말을 하는 것은 불쌍한 일이다.[241]

에드워즈는 정신이 유쾌하게 하는 어떤 것에 의해 유도된다고 하는 것은 정신의 본질이 수동적이며 또한 수용성인 특징이 있기 때문에 의지의 자유는 그 안에서 해석돼야 함을 밝히고 있다. 다시 말해서 정신이 그러한 선택을 하게 한 원인과 발단이 무엇인가를 반드시 확인해야 한다는 것이다. 에드워즈의 정신의 의지와 욕망에 관한 개념은 아래의 설명에서 확실히 드러난다.

> 의지는 항상 가장 명확히 좋은 것, 혹은 가장 유쾌해 보인 것에 있다. 정신의 의욕(volition) 혹은 선택의 즉각적 귀결과 열매라 할 수 있는 자의적인 활동은 선호나 선택 그 자체보다는 가장 유쾌해 보이는 것에 의해서 결정된다. 그러나 의욕의 활동 그 자체는 항상 가장 유쾌해 보이게 하는 목표에 대한 정신의 주관에 의해서 결정된다.[242]

에드워즈는 정신의 어떤 기능을 유발하는 원인자가 있으며 그 원인자는 유쾌해 보이는 것에 의해 목표가 형성됨을 설명하고 있다. 이 개념에 기초해서 에드워즈는 알미니우스주의가 가지고 있는 의지의 개념을 포괄적으로 그 모순이 존재하고 있음을 비판하고 있다. 에드워즈는 알미니우스주의자들이 주장하는 의지의 자유 개념을 아래와 같이 요약하여 말하

---

241 에드워즈, 『자유 의지』, 83-84.
242 에드워즈, 『자유 의지』, 87.

고 있다.

> 자유란 의지 안에 있는 자기 결정력이나 의지가 자기 자신과 자신의 활동들을 다스리는 확고한 주관이다. 이로써 의지는 의지 자신의 의욕을 결정한다. 자신의 의지 없이는 다른 어떤 원인에 의한 의지의 결정을 의존하지 않으며 의지의 활동들보다 앞선 어떤 것에 의해서 결정하지도 않는다.
> 그러한 무관심(indifference) 중립 상태도 그들이 생각하는 자유에 속한다. 혹은 의욕이 활동하기 이전에 정신이 평형 상태에(in equilibrio) 있는 것을 말한다.
> 우발(contingence)도 자유에 속하며, 자유에 필수적인 어떤 것이다. 이것은 앞서 설명한 바와 같은 "자유"라는 단어의 일반적인 의미가 아니라, 자유가 실재하기 직전의 어떤 근거나 이유와 연결되는 고정되고 확고한 연결 혹은 모든 필연에 반대되는 어떤 것이다.[243]

알미니우스의 자유에 대한 개념에는 도덕적 행동이 의지 자체의 자유에서 나오는 것이다. 그러나 에드워즈는 자유나 그 상반된 것 어느 것도 의지 자체에 속하지 않으며 의지는 인간의 정신 기능 중 하나이지 그 자체가 어떤 선택을 하는 능력을 갖춘 행위자는 아니라고 논박한다.[244] 특히 알미니우스의 『자유 의지』가 가지고 있는 개념은 회심과 성화를 하나님과의 협동 내지 협력으로 보는 신인(神人) 협력설을 끌어낸다.[245]
그러나 에드워즈는 "하나님이 전부하시고 우리도 전부한다"[246]라고 주

---

[243] 에드워즈, 『자유 의지』, 130.
[244] 에드워즈, 『자유 의지』, 128.
[245] 맥더모트, 『조나단 에드워즈 신학』, 499.
[246] Edwards, *The Works of President Edwards*, vol. 4, reprint of the Worcester Edition with additions (New York: S. Convers. 1829-1830), 580.

장함으로써 신인 협력설을 강하게 반대했다. 에드워즈가 "하나님이 전부 하시고 우리도 전부한다"라는 논지는 인간의 정신을 분리하여 어떤 기능적인 요소가 있음을 주장하면서 또한 정신을 하나의 총체적 모습으로 보고 있기 때문이다. 그는 인간 정신의 특징은 수동적이며[247] 어떤 것을 하나님으로부터(외부로부터) 받았을 때는 그 선택에 있어서 어떠한 목적이라도 있어서 그 목적을 관망한다면 그 활동을 자극하는 동기가 될 것이라고 말한다.[248] 또한, 에드워즈는 정신은 수동적이지만 그런데도 빛을 받아 드리는 것은 적극적인 활동이라고 주장한다.[249]

에드워즈는 이 개념이 하나님은 "자기 섭리 가운데 분명하게 도덕 행위자들의 모든 의욕을 적극적 영향 혹은 허용으로 지시하시기" 때문이라고 하면서[250] 하나님의 효과적 은혜가 필연임이 아래의 설명에 함의되어 있음을 일 수 있다.

> 정말로 비밀은 여기에 있다. 진실로 모든 물체의 실체라고 하는 것은 하나님의 정신에 있는 무한히 정확하고 정밀하며 전적으로 안정적인 관념과, 어떤 고정적이고 정확히 확립된 방법과 법칙에 따라 우리와 다른 정신들에 점차 전달하시는 하나님의 안정적인 의지다. 또는 약간 다른 언어로 말하자면, 무한히 정확하고 정밀한 하나님의 관념과, 피조된 정신들과 그 정신에 미치는 영향에 상응하는 전달에 대하여 책임있고 정밀하고 안정적인 하나님의 의지라고 말할 수 있다.[251]

---

247 에드워즈, 『자유 의지』, 471.
248 에드워즈, 『자유 의지』, 448.
249 체리, 『조나단 에드워즈의 신학』, 56.
250 에드워즈, 『자유 의지』, 651.
251 Edwards, *The Works of President Edwards, Scientific and Philosophical Writings*, vol. 6, 344.

에드워즈는 인간의 정신이나 마음이 존재론적으로 우주를 떠받치기에는 충분하지 않다고 생각했다. 그는 더 확고한 토대가 필요했다. 하나님의 무한함 속에서 항상 모든 것을 구체적이 되고 싶은 것까지 아니다. 그래서 그는 "하나님 중심의 관점에서 무한히 정확하고 정밀한 하나님의 관념은 피조된 정신들과 그 정신에 미치는 영향에 상응하는 전달에 대하여 책임 있고 정밀하고 안정적인 하나님의 의지"라고 논지하는 것은 토마스 아퀴나스가 언급했듯이 에드워즈 역시 "하나님의 지식이 만물의 원인이다"라고 결론지었다.[252]

그러나 이신론자이며 알미니우스주의자와 같은 입장을 가지고 있는 토마스 추부(Thomas Chubb)[253]는 의지와 정신은 제시되는 동기를 먼저 수용할지 거절할지를 결정한다고 말한다.[254] 그는 의지가 동기에 자극을 받아 활동하게 되므로, 동기/자극은 의지 활동의 수동적인 근거가 되며 동기 없이는 의욕이 발생하지 않는다고 인정하면서 역설적으로 동기/자극은 의지 활동의 수동적인 근원이 된다고 주장한다.[255]

또한, 그는 무관심 중립 상태 혹은 평형 상태에서 의지가 활동할 수 있다고 한다. 그는 마음의 습관적 성향이 덕이 있으므로나 혹은 악덕한 것이 될 수 없으며, 도덕적 능력과 자기 결정력을 무력화 혹은 방해할 정도의 힘만 있다고 강조한다.[256] 그러나 에드워즈는 추부의 개념이 잘못되었다고 말하면서 추부의 개념은 아래와 같은 심각한 모순에 직면하게 된다고 강조하고 있다.

---

[252] 맥더모트, 『조나단 에드워즈 신학』, 161.
[253] 맥더모트, 『조나단 에드워즈 신학』, 506.
[254] 에드워즈, 『자유 의지』, 247.
[255] 에드워즈, 『자유 의지』, 250-251.
[256] 에드워즈, 『자유 의지』, 428-429.

습관과 성향 자체가 덕 있거나 악덕하지 않다면, 그런 성향의 실행도 덕 있거나 악덕하지 않을 것이다. 왜냐하면, 경향의 실행이 자유롭게 자기 스스로 결정하는 의지의 실행이 아니요, 그 의지의 자유 실행이 아니기 때문이다 … 따라서 그 활동을 결정하는 것은 우발이다. 이 우발(contingence)은 사람 안에 있는 무엇으로부터 일어나는 것이 아니라, 사람에게 발생하는 것이다. 그 사람이 어떠한 경향이나 선택을 하든지 우발이 필수적이다. 그러므로 우발이 이 사람을 더 낫게 혹은 더 못하게 만들 수 없다 … 그러므로 성향들이 고정적이든 변동적이든 선하든 악하든 그 속에 아무런 덕도 악덕도 존재하지 않는다. 이전의 성향이 선하든 악하든 성향으로부터 나오는 활동 속에는 아무런 덕도 악덕도 존재하지 않는다. 이전의 경향이 전혀 없이 나오는 활동 속에는 어떤 덕도 악덕도 존재하지 않는다. 그렇다면 우리는 어디서 덕이나 악덕이 있을 수 있는 곳을 찾을 수 있을까?[257]

마찬가지로 에드워즈는 만약에 위의 언급처럼 알미니우스주의자들의 개념이 받아진다면 심각한 사회적 혼란을 야기시킬 수 있음을 아래와 같이 지적하고 있다.

자유와 도덕 행위에 대한 그러한 개념은 교육, 설득, 훈계 혹은 모범으로써 사람들을 덕으로 선도하려는 일체의 노력을 마비시킬 뿐만 아니라 그러한 일체의 노력이 사람들을 실질적으로(materially) 덕 있는 데로 유도할 수는 있겠지만, 동시에 그런 노력이 자유를 파괴해서 덕의 모양을 빼앗아 가버리기 때문이다. 즉, 그 노력은 자신들의 힘으로 의지를 평형 상태에서 밀어내 버리고, 국면을 결정하고 변경하며, 그 의지의 손아귀로부터 자기

---

[257] 에드워즈, 『자유 의지』, 439-440.

결정력의 작용을 못 하도록 탈취한다 … 왜냐하면, 그 노력은 의지를 그 평형 상태에서 밀어내고, 의지의 자기 결정의 자유를 방해하며, 그리하여 덕의 모양과 칭송받을 만한 것이 무엇이든 그것의 본질을 배제하려는 훨씬 더 큰 경향을 갖고 있기 때문이다.[258]

그러므로 에드워즈는 알미니우스주의자들이 의지의 자유는 무관심 중립 상태로 이루어져 있다고 한 주장이나 수정론자들이 무언가를 하고 싶어 하는 영혼의 능력이 무관심 중립 상태에 있다고 하는 것에 대한 잘못된 수많은 예를 들면서 그들의 개념은 고약하고 잘못된 신학적 개념임을 논박하고 있다.[259] 오히려 에드워즈는 영혼/의지는 항상 어떤 성향 아래에 있기 때문에 완전히 무관심하거나 자유로울 수 없다고 강조한다.[260]

에드워즈는 알미니우스주의와 이러한 논쟁에서 인간의 본질에 초점을 맞추어 "성향성"을 확고히 들어내며 "의지" 앞에 있는 본질인 "존재의 성향성"에 기초를 두고 있음을 아래와 같이 설명하고 있다.

의지는 압도적인 성향을 벗어나지 못하며 다른 자유 결정 활동을 하지 못한다. 의지는 항상 성향을 따를 뿐이다. 그런 의미에서 의지의 자유란 없다. 아무리 작은 선행 편향(bias)이 있을지라도, 알미니우스주의자들이 내세우는 자유 개념과 충돌한다. 선행하는 성향이 의지를 붙잡고 있으며 또 성향이 제거되지 않으면 그 성향은 의지를 묶어버리기 때문에, 의지는 성향을 따르지 않고는 활동이 전적으로 불가능해진다. 한 가지 확실한 것은 의지는 의지 안에 주둔해 있는 지배적인 성향을 거슬러 활동하거나 선택

---
[258] 에드워즈, 『자유 의지』, 449.
[259] 에드워즈, 『자유 의지』, 206.
[260] 에드워즈, 『자유 의지』, 207.

할 수 없다는 것이다.²⁶¹

사람은 자유로워도 사람의 의지는 자유롭지 않고 의지의 선행 활동으로 결정된다는 것이 에드워즈의 주장이다. 그는 애초부터 모든 활동이 의지 밖에 있는 어떤 원인(cause)에 의존하고 그 원인은 전적으로 성향 혹은 활동의 근원이며 잘못됨의 본질이 그 본성에서 나오는 것이지 그 원인에서 나오는 것이 아니라고 강조한다.²⁶² 그러므로 알미니우스주의 같은 자유 개념대로 하면 의지의 어떤 활동도 자유로울 수 없다고 논지한다.²⁶³

알미니우스주의자들은 덕이 있음이나 악덕함은 성향이나 활동의 원인에 기인함을 주장하면서 이를 통해 악덕함이 사물들의 본성에 있지 않고 그 사물들의 원인에 있으므로 그 원인만이 책망받아야 한다고 주장한다.²⁶⁴ 결과적으로 알미니우스주의는 성향의 결과론을 가지고 성향을 원인자로 제시하고 있다. 그러나 에드워즈가 주장하는 성향은 성향의 결과론을 보고 주장하는 것이 아니라 인간 존재의 본질이 "성향성"이라고 하는 근원을 가지고 인간의 정신을 설명하고 있다. 특히, 추부가 인간의 정신과 연계하여 행동은 수동이 없는 어떤 것이라고 논지했을 때 에드워즈는 추부와 같은 다른 많은 사람이 사용하는 "행동"(action)이란 단어는 그 의미가 아주 난해하고 수동(passion)이나 피동(passiveness)이 없는 어떤 것이라는 개념을 그들이 가졌기 때문이라고 강조한다.²⁶⁵ 에드워즈는 추부의 개념을 반박하면서 인간의 정신을 아래와 같이 세분하게 분석하고 있다.

---

261 에드워즈, 『자유 의지』, 207-208.
262 에드워즈, 『자유 의지』, 457.
263 에드워즈, 『자유 의지』, 73.
264 에드워즈, 『자유 의지』, 459.
265 에드워즈, 『자유 의지』, 470.

그러므로 행동은 선행하는 어떤 것의 결과이며, 선택의 선행하는 활동(act)이다. 그리고 결론적으로 이 결과에서 정신은 수동적이며 선행하는 원인의 힘과 행동에 영향을 받는다. 즉, 그 힘과 행동은 선행하는 "어떤 것의"(연구자 삽입) 선택이므로 능동적일 수 없다. 그러므로 우리는 다음과 같이 역설할 수 있다. 즉 행동은 항상 선행하는 "어떤 것의"(연구자 삽입) 선택의 결과이므로 엄밀히 말해 행동이라 할 수 없다. 왜냐하면, 그것은 선행하는 인과관계적 선택의 힘에 대하여 수동적이며, 정신은 동일한 일에서 능동적이면서 동시에 수동적일 수 없기 때문이다.[266]

체리(Cherry)는 에드워즈가 인간이 주체가 되어 행동하였을 때 본질이 행한 것을 알 수 있는 유일한 것은 지성과 의지라고 지적한다. 믿음의 사람은 이성적 인간일 뿐만 아니라 의지적 애정적 인간이다.[267] 특히, 에드워즈는 정신을 수동적이라고 묘사하면서 수동적인 정신은 선행하는 어떤 것의 힘과 행동에 영향을 받고 있기 때문에 그 힘과 행동도 능동적일 수 없다고 강조한다.

에드워즈에 따르면 의지를 결정하는 요인은 가장 강한 동기 즉, 가장 명백한 선(善), "정신이 좋아하는 것," 그리고 "악하거나 동의할 수 없는 것"으로 간주한 것의 부재다.[268] 그러나 후일(後日) 로크는 그의 "소론" 제1판에서는 에드워즈와 같은 견해를 보였으나 제2판에서는 견해를 바꾸어 의지를 결정하는 요인이 더 큰 선(善)에 있지 않고 현재의 불안 즉, 그가 말한 대로 의지가 피하거나 없애고자 하는 불안에 있다고 말한 것이다. 결과

---

[266] 에드워즈, 『자유 의지』, 471.
[267] 체리, 『조나단 에드워즈의 신학』, 272-273. Cherry는 Edwards가 사용한 Affection의 의미를 그대로 적용하여 설명하고 있다. Cherry, *The Theology of Jonathan Edwards*, 164-176참조.
[268] 에드워즈, 『자유 의지』, 29.

적으로 이 논지는 의지의 자유에 대해 작은 틈을 열어 놓았으며, 후일(後日) 폴 람세이(Paul Ramsey)는 뉴잉글랜드 알미니우스주의자들이 로크(Locke)의 개념을 채택하면서 더 큰 자유를 허용하는 실마리를 제공했다고 인식하고 있다.[269] 최근에 정부홍은 에드워즈가 존 로크의 "소론"을 해석하며 칼빈주의의 관점으로 "자유주의"에서 의지의 자유를 재정의한 것을 아래와 같이 비교하여 설명하고 있다.

① **보편적인 개념**: 사람은 그가 "기뻐하는 대로 할" 자유/기회/능력을 갖추고 있다. 의지는 사람들이 자기가 좋아하는 대로 자유롭게 활동하게 된다.

② **알미니우스주의의 개념**: 의지는 무관심 중립 상태 속에서 의지 자신의 자유 행위 모두를 주권석으로 결정한다. 사람이나 의지는 원인을 제공하며 결정하는 "하나님이 주신" 능력을 갖추고 있다. 따라서 사람이나 영혼은 "자발적으로 행동하면서 결정을 내린다.

③ **에드워즈의 개념**: 사람의 기능으로서의 "의지는 (진실로) 선호하거나 선택하는 능력만을 의미한다. 의지는 (알미니우스주의자들이 말하는) 선택하는 능력을 갖추고 있지는 않으나 "사람이 좋아하는 대로 행하는" 능력이 있다. 의지는 항상 가장 강한 동기에 의해서 정신의 주관에 따라서, 그리고 "필연 하에서 혹은(항상은 아니나)" 지성의 명령과 주관의 인도를 받아" 결정한다.[270]

에드워즈가 가지고 있는 알미니우스주의에 대한 이해는 무엇보다도 『자

---

[269] 에드워즈, 『자유 의지』, 29.
[270] 에드워즈, 『자유 의지』, 30-31.

유 의지』에서 대부분 강조하여 설명하고 있다. 그 중에서도 알미니우스주의가 가지고 있는 의지의 개념에 대해 에드워즈가 설명하고 있는 의지의 실체는 자신이 성화론에서 일관성 있게 강조하는 성령의 위치와 역할에 매우 중요한 부분이라고 여겨진다.

에드워즈는 "의지가 의지를 결정한다"라고 주장하는 아르미니우스주의자들에 대하여 "그렇다면 의지가 활동하고 결과를 낳게 하는 원인이요 또 의지가 의지 자신의 영향과 활동 대상이 된다"라고 하면서 이를 강하게 비판한다.[271]

오히려 그는 "정신의 속에 있는 것들이 의지를 움직이는 경향이다"라고 설명하면서 "의지는 항상 가장 강한 동기에 의해서 혹은 의욕을 자극하는 가장 지대한 선행 경향을 가진 정신의 주관에 의해서 결정된다"[272]라고 결론을 내리고 있다. 그뿐만 아니라 도덕적 불능은 인간의 본성이라고 불리는 것이 그 일을 허용하지 않기 때문이며 도리어 성향의 부족 혹은 상반된 성향의 힘 때문에 나타난다고 논지하고 있다.[273]

에드워즈가 볼 때 알미니우스주의자들은 대부분 사람에게 하나님이 인간을 구원하기 위해 행동할 수 있기 전에 인간이 하나님께로 돌이키기를 기다리신다고 확신시켰다. "인간이 은혜를 받기 위해 기도하고, 그것을 얻기 위해 마땅한 수단을 쓸 때 하나님은 구원하는 은혜를 인간의 진지한 노력에 약속하셨다는 것"이 크게 유행하는 알미니우스주의자들의 주장이다.[274] 그러나 에드워즈는 그들의 주장에 대하여 "누가 구원을 받을 것인지 그리고 함축적으로 어떻게 역사가 펼쳐질 것인지를 결정하는 것은

---

[271] 에드워즈, 『자유 의지』, 81.
[272] 에드워즈, 『자유 의지』, 94.
[273] 에드워즈, 『자유 의지』, 120.
[274] 맥더모트, 『조나단 에드워즈 신학』, 469.

하나님의 의지나 주권이 아니라 변덕스러운 인간의 결정"이라고 질타한다.[275]

에드워즈는 하나님은 "피조물이 존재하기 오래 전에 피조물에 구원을 주시려고 결정하셨으며 선택받은 자들에게 구원을 허락하시는 이유는 하나님의 고유한 본성 안에 있는 선을 향한 "성향" 때문이라고 지적한다.[276] 그 때문에 에드워즈는 다른 어떤 그리스도인의 미덕도 자신을 구원할 수 없다고 믿었다. 맥클리몬드(McClymond)와 맥더모트(McDermott)는 에드워즈의 주장을 인용하여 믿음을 순종의 표현이라고 말하는 것보다는 순종이 믿음의 표현이라고 말하는 것이 더 옳은 설명이라고 말한다. 구원하는 믿음은 반드시 사랑, 순종, 그리고 다른 여러 그리스도인의 미덕을 낳고, 어떤 의미에서 칭의는 견인에 의존한다.[277]

맥클리몬드와 맥더모트는 사도 야고보가 행위에 의한 칭의를 논의하는 것(약 2:24)은 바울의 이신칭의(롬 5:1)와 모순되지 않으며, 야고보는 참된 믿음을 드러내는 행위에 초점을 두고, 바울은 그리스도와의 연합으로 행위를 낳은 믿음에 초점을 두고 있음을 강조하고 있다고 하는 에드워즈의 믿음에 대한 신학 개념을 정리하고 있다.[278]

에드워즈는 알미니우스주의 교리가 "그리스도를 기초석의 자리에서 치워버린다. 그리고 인간의 미덕을 그리스도의 자리에 둔다. 인간을 높이고 하나님과 중보자로부터 빼앗는다. 그리고 죄인이 자신의 의를 신뢰하도록 만들기 때문에 영혼에는 치명적인 것이 된다"라고 강조한다.[279]

---

[275] Edwards, *The Works of Jonathan Edwards*, vol. 21: 305.
[276] Edwards, *The Works of Jonathan Edwards*, vol. 18: 250-251.
[277] 맥더모트, 『조나단 에드워즈 신학』, 510.
[278] 맥더모트, 『조나단 에드워즈 신학』, 510.
[279] Edwards, *The Works of Jonathan Edwards*, vol. 19: 230-232.

에드워즈는 18세기 뉴잉글랜드에서 일어난 알미니우스 논쟁을 통해 자신의 개혁신학을 발전시켰으며 이 논제에서 핵심 주제를 "칭의론"과 "자유 의지론"으로 보았다. 또한 "의지의 자유"에서는 알미니우스주의자들이 주장하는 중립적 자유 의지의 개념은 잘못 이해된 것으로 보았다. 특히, 알미니우스주의자들은 칼빈주의의 필연 교리는 스토아철학과 아주 유사하므로 이교도적이라고 지적하였지만 에드워즈는 오히려 알미니우스주의 교리가 스토아철학과 더 유사하여 마음의 전적 타락과 부패를 부인하고, 사람이 자기 힘으로 덕이 있는 사람이 될 수 있다고 주장하고 있다고 지적한다.[280] 그는 모든 인간의 선택과 의지에는 이미 의지의 원인자가 존재하며, 이는 아담의 타락 이후 악한 성향의 지배를 받게 된 인간은 결코 선한 행위를 선택할 수 없음을 주장했다.[281]

물론, "성향적 존재론"에서 알미니우스주의의 개념이 자칫 유도될 수 있는 부분이 존재한다. 인간의 성향은 한쪽으로 기우는 어떤 기질이 존재한다고 할 때 이 기질을 알미니우스주의자가 주장하는 것처럼 인간의 의지가 구원에 대한 어떤 부분에 역할을 감당할 수 있다는 가능성을 유추시킬 수 있기 때문이다. 이 문제에 대한 초점을 밝히기 위해 정부홍은 에드워즈의 『자유 의지』를 한국어로 번역하면서 편역자로서 알미니우스주의가 가지고 있는 자유 의지에 대한 개념을 에드워즈가 지적한 부분을 강조하면서 아래와 같이 설명하고 있다.

> 알미니우스주의적 자유 의지는 의지가 항상 자유 안에 있고, 항상 자유로우며, "자기 스스로 모든 자유 활동을 결정한다"는 뜻이다. 또한 이러

---

[280] 에드워즈, 『자유 의지』, 528-529.
[281] 에드워즈, 『자유 의지』, 653.

한 자유 의지 개념은 필연에 대한 개념과 반대되며 필연, 곧 인과적 혹은 유신론적 결정론과도 반대된다. 에드워즈는 의지가 가장 강한 동기 혹은 사람이 좋아하는 것이 무엇인지를 선택하도록 결정하는 제1원인(the first cause, causa prima)이라고 간주한다. 그런데도 하나님의 주권적 결정이라고 해서 "사람이 자기 의지와 상반되는 것을 필연적으로 혹은 힘으로 강압적으로 하게 만들지" 않는다. 하나님은 단지 그들 자신의 정신에 있는 가장 강한 동기를 따라서 바라는 대로 자유롭게 선택하며 행하도록 결정하신다. 이러한 의지의 자유는 에드워즈가 주장하는 것으로서 인과적 결정론주의와 양립한다. 곧 그는 "유신론적 양립주의"(theistic compatibilism)를 주장한다.[282]

에드워즈는 인간이 무언가를 할 수 있다는 자유 의지는 스스로 무언가를 하는 것이 아니고, 가장 강한 동기나 자신이 좋아하는 무엇인가에 이끌려서 하는 제1원인자로 규정하고 있다. 동시에 하나님이 인간 자신의 정신에 있는 강한 동기를 따라서 원하는 대로 자유롭게 행하도록 결정하시면서 동시에 "구원에 이르는 믿음"을 소유한 인간은 "참으로 효과적이며 불가항력적"이라고 하는 은혜의 도덕적 필연 때문에 이른바 "효과적 은혜"[283]의 교리 속에서 자기 자신의 의지에 저항하는 불가항력적 은혜가 행위로 표지되는 것이 가능하다고 주장한다. 에드워즈는 존재의 본질이 가지고 있는 성향성과 아르미니안주의가 주장하는 자유 의지를 예리하게 구분하였다.

결론적으로 하나님의 주권적 이끄심이 있음에도 불구하고 하나님은

---

[282] 에드워즈, 『자유 의지』, 40-41.
[283] 에드워즈, 『자유 의지』, 44-45.

사람이 자기 의지와 상반되는 것을 필연적으로 혹은 힘으로 강압적으로 하게 만들지 않는다. 하나님은 단지 그들 자신의 정신에 있는 가장 강한 동기를 따라서 바라는 대로 자유롭게 선택하며 행하도록 결정하신다.

그뿐만 아니라 "효과적 은혜"의 개념은 에드워즈의 성화론에서 인간의 존재 본질인 "성향성"이라는 개념과 맞물리면서 성화론의 기초가 되고 있다. 이러한 에드워즈의 신학 사상은 알미니우스주의가 가지고 있는 『자유 의지』에 관한 상반된 개념 속에서 적나라하게 드러나고 있다.

5. 잠정적 결론

에드워즈의 성화론은 인간에 대한 이해를 통해 논증된 신학 사상이다. 인간이라고 하는 "객체화된 대상"에 대한 연구와 동시에 "연구자 자신이 살아가고 있는 자신의 인생"에 대해 반성하는 질문에 답하는 것들로 그 특징을 이루고 있기 때문이다. 무엇보다도 에드워즈는 자신이 대상을 관찰하면서 피 관찰자와 관찰자인 자신과의 관계 속에서 관찰하는, 그리고 그러한 삶의 과정을 참여적 관찰에서 지경을 얻고 있다고 했다.

에드워즈가 참여적 관찰에 기초하여 성경에 뿌리를 두고 신학적 개념을 찾고자 고민했던 긴 세월은 어린 시절 유산으로 받은 칼빈주의 전통의 핵심적 교리인 "하나님의 주권에 대한 교리"와 "영원 전 예정설"에 대하여 "강한 반감"으로부터 시작되었다. 자신이 겪은 영적 경험의 단계가 "옛 신학자들의 가르침과는 일치하지 않는다"고 한 그의 진술은 연구와 자기 점검을 토대로 불일치의 원인을 규명하기로 다짐하고 자신을 포함한 인간의 마음을 이해하는 일을 그의 평생에 걸친 과업이 되게 했다고 했다.

　그러므로 에드워즈가 살아간 시대적, 역사적 배경은 그가 가지고 있는 인간 이해의 의문을 해결하기 위한 도구가 되었으며 이를 토대로 성화론의 형성과 결정에 기초적 개념을 도출시키는 계기가 되었다는 것은 자연스러운 관점이다. 따라서 이와 같은 연구는 그의 성화론 형성을 이해할 수 있는 출발점이 기초가 되기 때문에 필요 적절한 것이라고 여겨진다.

　본 장에서 에드워즈 어린 시절의 가정을 포함하여 그의 신앙 형성 과정과 교육 환경을 살펴보았다. 무엇보다도 그는 1721년에 자신에게 회심이 있었다는 것에 대해 1734년경에 쓰여진 것으로 여겨지는 『개인 독백』(Personal Narrative)에 기록하였다. 예일대학교에서 학문적 기초를 쌓는 동안 경험한 회심의 사건은 그의 신앙과 신학, 그리고 목회와 저술에 큰 영향을 미치고 있음을 알 수 있다.

　삼위일체 하나님이 영광스러운 복음에 자신의 눈을 열게 하시고 거룩한 것의 새로운 의미를 부여해 주셨을 때 그를 압도한 변화는 확실하게 밀려오는 하나님 주권의 정당함과 공정함에 대한 확신에 관해 자신의 이성으로 이해할 수 있게 되었다고 했다. 신앙 개념에 대한 이러한 이성적 이해는 그의 교육적 환경이 에드워즈에게 준 것임을 부정할 수 없다. 에드워즈가 가지고 있는 "성향"에 대한 개념이 인간의 본질로 자리 잡게 된 동기는 예일대학교에서 얻은 신학 사상과 계몽주의 사상이 가정에서 부모로부터 물려받은 모범적인 신앙생활과 함께 공유되어 도출시킨 개념임을 알 수 있다.

　에드워즈의 목회적 여정에서 노쓰엠톤의 목회적 체험 가운데서 자신이 가지고 있었던 인간의 본질이 성향의 존재임을 확인함은 물론 그의 목회 전략에 그 개념이 의도적으로 적용되었음을 알 수 있다. 마찬가지로 영적 대각성 운동이라고 하는 놀라운 체험은 성령의 내주로 인한 회심 체험을 목도하게 되고 확신하게 되었다. 이성적 인식의 원리, 행동의 원리, 그리고 변화의 원리는 그가 지식적으로 축적해 온 존재의 본질인 "성향성"에 기반을 두고 있는 것이 마음의 감각이며 이를 통해 "신앙적 애정"의 결정체를 창출했다.

에드워즈는 목회 초기에 가지고 있었던 "회심"이 점차 "성화"에 더 큰 무게를 가지고 목회의 실천적 부분에 초점이 맞춰져 있음을 볼 때 "성향적 존재론"에 대한 개념이 더욱 강조되고 있었음을 알 수 있다. 특히, 그는 구원받은 성도는 온전한 그리스도인이 되기 위하여 노력과 애씀이라고 하는 표지를 통해 구원에 대한 어떤 표지를 확인하기를 원했던 목회적 열정을 볼 수 있다.

에드워즈는 자신이 가지고 있는 성향의 개념을 기초해서 개인의 체험, 그리고 목회 과정에서 경험하는 체험과 영적 대각성 체험을 바탕으로 교인들의 삶에 변화를 가질 기회를 찾고자 하였다. 무엇보다도 자신이 목회하고 있는 노쓰엠톤교회의 교인들이 구원받은 표지로 진정한 고백을 통해 회개와 성화의 표지를 보기 원했다. 이것을 성취하고자 1740년에 실시된 성례식의 모험은 에드워즈 자신이 가지고 있는 성화의 신학적 개념을 확실하게 표현하고 싶은 신앙적 욕망이 도출된 사건이다.

그러나 그의 의도는 노쓰엠톤교회 구성원들이 가지고 있는 청교도적 율법주의의 신앙적 정신의 틀을 더욱 여실히 들어 내면서 담임 목사인 에드워즈의 신학적 개념을 반대하는 결과를 초래하게 되었고, 마침내 목회지를 사임하는 상황을 만들었다.

에드워즈가 청교도로부터 물려받은 것은 신앙과 실천이다. 그러므로 그에게 믿음은 인식과 행위가 항상 함께 존재한다. 그는 구원 얻은 믿음이 행위로 진행되고 있는 기초가 요구된다고 했을 때 하나님의 "효과적 은혜"의 교리와 인간의 "성향적 존재론"이 맞물려 있음을 신학적 근거를 통해 제기한다. "성향성 있는 존재"는 행위를 통하여 어떤 표지가 도출되며 이 도출은 성령의 내재하심에 대한 표지로 여기고 있다. 그는 청교도가 가지고 있으며 선임 목사인 외조부 스토다드의 구원 과정에 관한 정형화된 규율에는 자칫 또 다른 율법적 삶을 만들어 낼 수 있다고 질타한 것이 노쓰엠톤교회의 사임 사건이다.

에드워즈는 자신의 과거에 있었던 회개가 성화로 되어 가기 위해 하나님께 의존하는 것보다는 자신의 방법으로 성숙을 이루기 위해 자신의 의지로 만들려는 열정이 있었다고 토로했다. 그럼에도 그가 믿음을 행위까지 필수적인 요소로 확장한 것은 "성향적 존재론"의 본질이며 그의 조상들이 가지고 있었던 청교도적 유산이다.

에드워즈가 청교도에게서 받은 유산에는 성향에 대한 인식도 포함되어 있다고 했다. 청교도 유산 속에서 행위의 어떤 표징을 확연히 드러내야 한다고 하는 필연적 개연성은 그가 가지고 있는 행위의 주체적 본질로 "성향적 존재론"임을 말하고 있다. 그러므로 에드워즈와 청교도와의 관계를 살펴봄으로써 그의 성화론에 자리 잡고 있는 중요한 요소들을 볼 수 있다고 본다.

그뿐만 아니라 에드워즈가 알미니우스와 어떤 관계를 가지고 있는가를 살펴보는 것은 매우 중요하다. 왜냐하면, 인간의 "성향적 존재론"의 개념을 가지고 인간의 자유 의지에 관한 논리적 증거가 알미니우스주의와의 변혁적 논쟁에서 표출하고 있기 때문이다. 특히, 그의 유작 『자유의지』는 정신을 분석하고 성경을 토대로 알미니우스주의의 잘못된 개념을 세밀히 지적했다. 그는 자신의 회심 사건을 통해 성령의 주체성을 인식하면서 하나님의 예정된 섭리가 온당하다는 것을 이해했으며 하나님의 예정된 섭리는 이성을 통해 인식할 수 있다는 것을 논지했다.

알미니우스주의가 주장하는 자유 의지의 개념은 잘못되었다는 것을 증명하기 위해 에드워즈는 『자유 의지』라고 하는 저서를 통해 인간 행동의 주체가 의지가 아니고 "성향성"을 가지고 있는 인간의 본성이며 이를 기초로 해서 인간 정신을 분석하였다.

결론적으로 에드워즈는 인간의 정신은 수동적이지만 하나님도 최선을 다하고 인간도 최선을 다한다고 하는 하나님과 인간의 관계를 명료화했다. 그는 이 세상에서 가장 중요한 지식은 하나님에 대한 지식과 우리 자신에 대한 지식이며 우리의 본성은 지성과 의지로 이루어진다고 설명한다. 인간의 능동적 행동은 성화가 되는 과정에서 수동성에 대한 "본질"을 잃어버리면 하나님과의 관계를 소홀하게 여기게 되며 인간의 자유는 자신을 유쾌하게 하는 육신의 욕망을 위한 도구로 전락함을 강조한다.

본 장에서 살펴본 에드워즈의 교육적 배경, 목회적 배경, 그리고 청교도와 알미니우스주의와의 관계를 살펴보는 것은 그의 "성향적 존재론"의 관점을 형성시킨 요인들을 인식하게 할 뿐만 아니라 "성향적 존재론"을 기초로 하여 나타나는 성화론의 주요 요인들을 이해할 수 있는 기초임을 볼 수 있게 한다.

제4장

성향적 존재론의 관점에서 본 조나단 에드워즈의 성화론 내용

알프레드 아들러(Alfred Adler)는 인간의 정신은 실재하는 것을 지각할 뿐 아니라 미래에 일어날 일을 느끼고 추측하는 능력도 갖추고 있다고 설명한다. 활동적인 유기체는 이 능력을 통해 자기에게 필요한 예측 기능을 습득하며 항상 미래의 문제에 직면해 있기 때문에 예측하는 기능이 필요하다.[1]

어떤 문제가 생기면 우리는 어떻게 행동할 것인지를 미리 생각하고 판단한다. 당장 경험할 수 없지만 예측된 상황에서 생길 수 있는 감정들을 토대로 판단을 내려야 한다. 경험하게 될 상황에 대한 생각, 느낌, 감정을 종합하고 나서야 비로소 입장을 정할 수 있다. 다시 말해서 특별한 노력을 기울일 필요가 있는지 아니면 자주 조심스럽게 피해갈 것인지를 결정한다.[2] 존 프레임(John Frame)은 인간이 하는 결정의 뿌리는 마음이라고 지

---

[1] 아들러, 『인간 이해』, 64.
[2] 아들러, 『인간 이해』, 65.

적하였다.³ 그러나 그리스도인들의 정신과 마음은 다르다. 왜냐하면, 경험하게 될 상황에 대한 생각, 느낌, 애정(육체적 감정을 포함한 신앙적 애정)의 종합이 하나님과의 관계 속에서 입장을 정하기 때문이다.

기독교인의 삶은 믿음에서 더 큰 믿음으로 나아가는 여행이며 운동이다. 이것은 더 나은 이해와 우리의 불신앙을 극복하는 방향으로의 여행이다(마 9:24). 불신앙을 극복하는 과정을 성화라고 부른다.⁴ 그리고 성화의 수단은 본받음에 의한 배움 즉, 하나님의 말씀을 자신의 것으로 만드는 것이다.⁵ 그러므로 사람이 하나님의 뜻이 무엇인지를 찾기 위해서는 성경 메시지를 자신의 상황과 관련시킬 수 있는 지적 능력이 필요하다.⁶

에드워즈는 하나님이 천지를 창조하신 목적과 식민지에서의 부흥의 출현에 이르기까지 그가 평생토록 직면한 하나님의 은혜와 인간 행동의 밀접한 관계에 대해 다양한 지적을 하면서 성화의 필연성을 강조하였다. 에드워즈는 인간의 지적 능력들을 성경에 토대를 두고 고찰하였다. 특히, 인간의 지적 능력들의 표지와 관련해서 에드워즈는 목회적 난제들을 깊이 숙고하면서 성화의 근본적인 관점을 제고해 주었다.⁷

에드워즈는 주체성을 가지고 이끄시는 성령의 역할과 이끌림을 당하는 인간의 다양한 반응과 행동의 표지에서 성화의 원인자를 찾아냈다. 그는 하나님이 영혼을 만드실 때 두 가지 기능을 할 수 있도록 하셨다고 지적한다.

첫째, 생각하고 지각할 수 있는 기능, 곧 사물을 분별하고 이해하고 판

---

3   존 프레임,『열린 신학 논쟁』, 홍성국 역 (서울: 개혁주의신학사, 2015), 80.
4   존 프레임,『성경론』, 김진운 역 (서울: 개혁주의신학사, 2014), 445.
5   프레임,『성경론』, 469.
6   프레임,『성경론』, 522.
7   이상현 편,『조나단 에드워즈의 신학』, 107.

단할 수 있는 기능으로써 이것을 지성(understanding)이라고 부른다.[8]

둘째, 영혼은 중립적이거나 무정한 관찰자가 아니라 자기가 알게 된 것을 좋아하거나 싫어하고 기뻐하거나 꺼리는 기능이다. 이것을 성향(inclination)이라고 한다. 이 두 가지 기능을 통틀어 마음(heart)이라고 말한다.[9]

예수님은 "선(善)한 사람은 마음에 쌓은 선(善)에서 선(善)을 내고 악(惡)한 자는 그 쌓은 악(惡)에서 악(惡)을 내나니 이는 마음에 가득한 것을 입으로 말함이니라"(눅 6:45)라고 하셨다. 선(善)한 것과 악(惡)한 것이 동시에 한 마음에 존재(存在)한다는 것이다. 선(善)한 것과 악(惡)한 것이 한 마음으로부터 나온다고 선포하시는 예수님의 지적으로부터 성화의 필연성이 요구된다.

에드워즈가 다루고 있는 성화론은 마음을 드러내는 존재의 본질을 다루고 있다. 그는 하나님이 인간 존재의 물질적인 부분(몸)과 비물질적인 부분(영혼)이 구분이 안 될 정도로 온전한 연합을 이루도록 만드셨기 때문에 영혼이 영향을 받는데도 몸이 아무 영향을 받지 않는 것은 전혀 불가능하다고 강조한다.[10] 그런데도 인간의 본질이 자신의 지적 능력을 통해 하나님이 기뻐하시는 영원한 것과 선(善)한 것을 이해하지 못하고 있다고 지적하면서 에드워즈는 아래와 같이 설명하고 있다.

> 사람들이 일시적인 것들은 이해하면서도 영적이고 영원한 것들을 이해하지 못하는 이유는 영적이고 영원한 이익에 속하는 것들이 본질상 더 모호하고 난해하기 때문이 아니다. 예를 들어, 우리 자신의 이익과 크게 관련

---

[8] 스톰즈, 『우리 세대를 위한 조나단 에드워즈 신앙 감정론』, 51.
[9] 스톰즈, 『우리 세대를 위한 조나단 에드워즈 신앙 감정론』, 52.
[10] 스톰즈, 『우리 세대를 위한 조나단 에드워즈 신앙 감정론』, 52.

된 일에 있어서 장기간과 단기간의 차이, 장래를 대비할 필요성, 적절한 기회를 활용하는 것의 중요성, 그리고 좋은 보장과 확실한 토대를 갖는 것의 중요성 등은 종교적인 문제에서도 여타 문제에서도 마찬가지로 자명하다 … 그리고 하나님의 말씀에서 영원한 일들의 이치가 아주 분명하게, 그리고 다양하고 풍부하게 우리 앞에 제시된다. 하나님의 말씀은 사람의 우리 생각을 밝히고 이해하는 데 아주 쉽도록 사람의 능력에 적용되어 있다. 반면 우리는 일시적 이익과 관련된 일들에 있어서 우리를 가르치고 지도해 줄 그런 탁월하고 완전한 규정은 전혀 갖고 있지 않고, 그에 비할 것도 갖고 있지 않다. [11]

체리(Cherry)는 에드워즈의 「구원하는 믿음」이라고 하는 논문에서 "의롭다 하는 믿음은 본질적으로 판단의 행위 외에 성향이나 의지의 행위도 포함하고 있는가?"

이런 질문에 대한 논문을 쓰지 않았다고 지적한다. 그런데도 그의 저술들 가운데 이 부분은 계속 주목을 받고 있다고 설명한다.[12] 예컨대 에드워즈는 "선행(善行)하는 성향이 의지를 붙잡고 있으며 또 성향이 제거되지 않는다면 그 성향은 의지를 묶어 버리기 때문에 의지는 성향을 따르지 않고는 활동이 전적으로 불가능해진다"라고 논지한다.[13]

특히, 그는 도덕적 불능은 의지의 부족에서 오는 것이 아니고 성향의 반대나 부족에서 온다고 하면서 의지와 성향을 분리하고 있다. 그는 인간의 의지가 인간 성향의 본성에 의존하고 있음을 아래와 같이 설명하고 있다.

---

[11] 조나단 에드워즈, 「원죄론」, 김찬영 역 (서울: 부흥과개혁사, 2016), 218-219.
[12] 체리, 「조나단 에드워즈의 신학」, 47.
[13] 에드워즈, 「자유 의지」, 208.

자연적 필연과 도덕적 필연에 대하여 앞서 말한 것이 자연적 불능(inability)과 도덕적 불능의 의미를 설명하는 데 도움이 될 것이다. 우리가 무언가를 하고 싶어 하는 의지가 있어도 할 수 없을 때, 우리는 한 가지 일을 하기에 선천적(naturally)으로 불능하다고 말한다. 왜냐하면, 가장 일반적으로 본성이라고 불리는 것이 그 일을 허용하지 않기 때문이다. 혹은 지성의 능력이나 육신의 체질에, 아니면 외적 목표들 속에 의지와는 무관하나 방해하는 결함이나 장애가 있기 때문이다. 도덕적 불능은 그런 것 중 어느 하나로도 이루어져 있지 않으나, 도리어 성향의 부족 혹은 상반된 성향의 힘 때문에 나타난다. 또는 의지의 활동을 유도하고 자극하는 마음속의 충분한 동기가 부족하든지, 아니면 반대에 대한 동기가 더 우세해 보이기 때문이다. 이런 두 가지 내용은 하나로 요약될 수 있다. 한마디로 말해 도덕적 불능은 성향의 반내나 부족에 있다. 즉, 농기의 결함이나 상반된 동기가 더 우세하기 때문에 그 같은 일을 하고 싶어 하거나 그 일 하기를 선택하는 것이 불가능하다. 또한 그 사람이 성향의 부족 혹은 반대 성향이 더 우세하기 때문에 그런 선택을 하기에 불능하다.[14]

다시 말해서 선(善)한 성향의 부족이나 반대 성향의 우세함 때문에 도덕적 불능이 나타난다고 지적하는 것이다. 에드워즈는 기독교인들이 믿음을 내적 신앙의 한계로 격하시키거나 도덕적 일탈 행위를 보여주고 있는 현상을 "성향의 본질"에 기초하여 보고 있다.

이 관점에서 하나님의 "효과적 은혜"의 교리는 다음과 같은 질문을 갖는다. "그리스도인의 성향의 본질을 어떻게 다루시는가?"

그러므로 이 문제에 대해 에드워즈는 자신의 성화론에서 "진정성과 지

---

14 에드워즈, 『자유 의지』, 119-120.

속성, 그리고 결과론적 표지들"을 중요하게 다루고 있다.

에드워즈는 말한다.

> 대부분의 사람들이 어릴 때부터 이와는 아주 다르게 행동하는 강한 경향을 나타내고, 죽을 때가 되어서야 분별 있는 태도를 보인다는 것은 의심이나 논란의 여지가 없는 사실 아닌가?[15]

달리 말해서 그는 대부분의 사람들이 어린 시절과 젊은 시절에는 이러한 육체적 욕구가 강하다고 강조하고 있다. 성경은 하나님의 복음 아래 사는 백성도 "사람이 각기 자기의 소견에 옳은 대로 행하였더라"(삿 21:25)라고 지적한다. 이러한 결과는 육체의 욕구가 강하기 때문에 자신의 일시적 이익에는 용의주도하면서 영원한 내세의 복락과 관련된 일들에서는 이성 없는 자들처럼 행한다고 지적하는 것은 매우 설득력이 있다.

그 결과로 에드워즈는 이러한 행동을 보면서 레위기의 말씀을 인용하여 지적한다. "공중(空中)의 학(鶴)은 그 정한 시기를 알고 산비둘기와 제비와 두루미는 그들이 올 때를 지키거늘 내 백성은 여호와의 규례를 알지 못하도다"(레 8:7).[16] 에드워즈의 아래와 같은 논지는 인간의 본질에 대한 하나님의 은혜의 역할이 어떠하다는 것을 더욱 실감할 수 있다.

> 인간 본성이 그 자체의 경향대로 움직이게끔 초자연적인 저지가 거의 없이 인간 본성 자체에만 내맡겨 둔 경우에 어떤 결과가 일어났는지가 조사되어야 한다. 아브라함의 혈통인 하나님의 옛 백성을 우상 숭배로부터 건

---

15 에드워즈, 『원죄론』, 213-215.
16 에드워즈, 『원죄론』, 218.

져내고 보존한 수단들은 기적적이었고, 순전히 (하나님의) 은혜였다. 이런 수단들에도 불구하고 하나님의 옛 백성들은 이방의 생각과 방식에 다시 빠져들기 일쑤였다. 그리고 우상 숭배에 빠졌을 때 하나님의 은혜로운 개입 없이는 회복된 적이 없었다. 복음 시대 이래로 많은 이방 민족들을 우상 숭배에서 건져 낸 수단들도 매우 놀랍고 기적적인 무한한 은혜에 전적으로 기인한다.[17]

에드워즈는 복음 아래 살아가는 사람들이 하나님의 무한한 은혜에 전적으로 의존하고 있음을 강조함으로써 인간 본성의 전적인 부패를 강하게 지적하고 있다. 에드워즈는 하나님의 은혜로운 개입이 성도의 마음속에 "인격적으로, 본질적으로 거한다"고 분명하게 주장했다. 에드워즈의 성화론에서 결과론적 표지에서 다루게 될 은혜를 아래와 같이 제시하여 설명하고 있다.

효과적 은혜 가운데서 우리는 단순히 수동적이 아니다. 하나님이 어떤 일을 하시고 우리가 나머지를 하는 것이 아니다. 하나님이 모든 것을 하시고 우리도 모든 것을 한다. 하나님이 모든 것을 만들어 내시고 인간이 모든 것을 행한다. 하나님이 유일하게 적합한 창시자이고 우리는 유일하게 적합한 행위자이다. 이런 면에서 우리는 전적으로 수동적이고 전적으로 능동적이다.
성경은 같은 일에 대해서 하나님과 우리를 동시에 언급한다. 하나님에 대해서는 회심케 하신다고 말하고 사람에 대해서는 회심한다고 말한다. 하나님은 새로운 마음을 만드시고, 우리는 마음을 새롭게 하라고 명령을 받

---

17 에드워즈, 『원죄론』, 207.

는다. 하나님은 마음에 할례를 주시고, 우리는 마음에 할례를 받으라고 명령을 받는다. 단지 우리가 결과를 위해서 수단을 써야 하기 때문이 아니라, 결과 그 자체가 우리의 행동이고 우리의 의무이다. 이러한 일들은 다음의 본문과 잘 어울린다. "하나님이 너희 안에 소원을 두고 행하게 하신다"(빌 2:13).[18]

이처럼 에드워즈가 보고 있는 성화론은 성령이 이끄시는 주체적 은혜를 "효과적 은혜"라고 하는 "피할 수 없는 이끄심"을 배경으로 하고 있다. 그러므로 에드워즈는 성령의 이끄심에 대한 성향적 존재의 본질에 초점을 맞추고 있다. 그는 성령이 인간의 본성을 이끌고 감으로써 표지되는 본성의 의존을 "효과적 은혜"의 결과라고 말한다. 에드워즈는 성화의 과정에서 진행되는 모든 표지를 효과적 은혜의 교리 개념에서 보고 있기 때문에 어떤 상황에서 어떤 행동이 표현되어야 하는 당위성을 강조한다.

에드워즈는 그리스도인들의 일탈 행위가 돌출되는 것은 성향적 존재의 본질이 이미 타락과 함께 자신의 습관이나 가치관, 생각의 틀, 그리고 자존심이 사회 문화와 풍습 등 많은 외부적 요소들과 교제를 넘어 친밀감을 가지고 있기 때문이라고 지적하였다. 그뿐만 아니라 에드워즈는 그러한 것으로부터 자신을 가장 유쾌하게 하는 동기를 항상 받고 있기 때문에 지속적으로 비(非)그리스도인과 같은 행동을 하게 된다고 말한다. 그러나 성령이 타락한 인간 성향의 본질에 주는 조명을 막을 수는 없다. 왜냐하면, 성령의 조명은 매우 효과적 은혜이기 때문이다.

에드워즈는 이런 현상들을 지켜보면서 인간의 행동이 존재의 본성인 "성향성"에 기초하고 그 결과에 당위성을 표지로써 표현하고 있다. 이 때

---

[18] Edwards, *Works of Jonathan Edwards: Writing on the Trinity, Grace, and Faith*, vol. 21, 251.

문에 그는 회심과 중생을 성화의 출발점으로 지적한다. 그는 성화의 진정성, 영적 인지와 평가 그리고 동기의 실존적 존재에 대한 표지, 더 나아가 진정성을 내포한 지속적이며 결과론적 표지들을 필연적으로 보고 있다. 이러한 필연적 개념들이 성령의 주체적 이끄심에 기초해서 인간의 본성이 반응하는 표지들을 가지고 그의 성화론에 신학적 개념으로 도출시켰다. 본 장에서는 성령의 이끄심에 기초해서 인간의 본성인 "성향성"이 반응하는 표지들을 가지고 논지한 에드워즈의 성화론을 고찰하고자 한다.

1. 성화의 출발점으로서의 회심과 중생

초기 개혁주의 전통은 회심이 아니라 중생 또는 새로운 출생에 초점을 두었는데, 이것을 하나님의 유효적 소명(effectual calling)의 범주 아래서 믿음을 다루었다.[19] 에드워즈 역시 이러한 전통적인 신학적 관점에 초점을 두었지만 하나님의 은혜와 인간 행동의 밀접한 관계를 명확히 설명할 수 있는 본질을 찾기 위해 자신의 신학적 개념을 발전시키려고 온 힘을 다했다.

실제로 에드워즈가 회심에 대한 강한 관심을 갖게 된 것은 1734년 노쓰엠톤 지역 주변에서 일어났던 코네티컷의 부흥(영적 대각성) 운동에서 회심하는 성도의 모습을 목격하면서 시작된다. 그는 이 시기에 성도들에게 일어난 회심과 회심 이후의 삶과 정신에 나타난 다양한 표징들을 보면서 회심에 대한 증거들을 자세히 기록하여 후일 『놀라운 회심 이야기』라는 제목으로 출판하였다. 에드워즈는 회심에 대한 근본적인 관심을 아래와 같

---

19   맥더모트, 『조나단 에드워즈 신학』, 497.

이 서술하고 있다.

> 사람들은 주로 처음 회심하였을 때 그리고 회심 직후에 성경의 많은 본문이 머리에 떠오르게 되었다. 그 말씀들은 자신들의 상황에 너무나 적합한 것이었다. 그리하여 종종 하나님이나 그리스도께서 실제로 하시는 말씀처럼 능력으로 와 닿았다 ⋯ 성령의 즉각적인 영향으로 성경의 본문들이 머리에 떠오르게 된다는 것은 당연한 일이라고 생각한다. 내가 그렇게 생각하게 된 것은 기억력을 동원하지 않고 순간적인 계시의 방법을 쓴 것이 아니다. 그런데도 성경 구절들이 생각 속에 꽉 차게 되고 기억하도록 자극을 주는 것을 보면, 어떤 즉각적이며 놀랄 만한 힘을 행사하였다는 것을 부인할 수가 없었다 ⋯ 그러나 많은 사람에게 있어서는 그보다 더한 무엇이 있는 것 같다.[20]

에드워즈는 회심 직후에 사람들에게 많은 성경의 말씀이 실제로 그리스도가 말씀하는 것처럼 떠오른다고 했다. 자기 생각 속에 성경의 말씀이 꽉 차게 되는 현상에 대해 성령의 영향이며 무엇이 있는 것 같다고 하면서 강한 관심을 제기했다.

또한, 에드워즈는 회심한 후의 표징들 가운데서 변화와 함께 구원의 방법, 성경 읽기 그리고 기도와 묵상, 성찬식에 참여하는 사람들의 외적인 표지들을 접하게 되었다.[21] 이에 관한 에드워즈의 아래의 기록은 회심 이후의 있었던 일을 어떻게 인식하고 있는지 이해하는 데 도움이 된다.

---

[20] 에드워즈, 『놀라운 회심 이야기』, 82-83.
[21] 에드워즈, 『놀라운 회심 이야기』, 50-51.

회심한 이후에 사람들은 자신에게 새로운 것으로 여겨지는 신앙의 일들에 대해서 자주 언급한다. 즉, 설교가 전혀 새로우며, 설교를 과거에 한 번도 들어보지 못했던 사람들처럼 여긴다. 성경은 하나의 새로운 책이 되며, 성경에서 새롭게 깨닫는 장들과 시편들과 역사서들을 만난다. 그 이유는 새로운 빛 가운데서 보기 때문이다. 70세가 더 되는 어느 한 노부인의 놀랄 만한 실례가 있다. 그녀는 자기 생애의 대부분을 솔로몬 스토다드(Solomon Stoddard)가 능력 있게 목회하는 동안 함께 지냈던 분이다. 죄인들을 위해서 고난 겪으시는 그리스도에 관한 대목이 있는 신약성경을 읽으면서 그것이 너무나 생생하고 대단히 놀랍고 새로워서 놀라 실색하게 되었다 ⋯ 그러나 불행하게도 지금까지는 그것이 전혀 실제적인 것으로 느껴지지 않았다. 그제야 그녀는 그것이 얼마나 놀라운 일이었는지를 마음 판에 새기게 되었다 ⋯ 그녀는 분명히 남에게 폐를 끼치지 않고 부끄러움 없는 훌륭한 삶을 살아왔지만, 지극히 선하신 하나님과 구주께 감사할 줄 모르고 죄를 짓는 데에 인생의 시간을 허비한 것을 뉘우쳤다.[22]

에드워즈는 사람들의 회심의 고백은 물론이며 삶의 변화를 이끄는 회심에 대해 새로운 시각으로 보기 시작했다.

아래의 에드워즈 기록은 그가 회심에 대한 적극적 연구를 하게 된 동기를 서술하고 있다.

지금까지 살펴본 대로 종종 사람들은 구원에 이르는 최초의 확신을 어떻게 얻었는가 하면 강단으로부터 들은 것을 가지고 이성을 잘 이용함으로써 얻었다. 그리고 때로는 그들이 스스로 묵상하면서 이성을 이용해서 확

---

22 에드워즈, 『놀라운 회심 이야기』, 88-89.

신을 얻었다.

그와 같은 주장들을 수없이 들었던 것과 똑같은 것이다. 그렇지만 그 주장들이 미치는 영향력과 그 결과로 주어지는 확신은 모두 새로운 것이다. 그 영향력과 확신은 새롭고 전에 경험해 보지 못했던 능력과 함께 온다. 전에도 그들을 그렇게 들었고 또한 그렇게 되기를 원했다. 그런데 이제는 그들이 실제로 그렇게 되는 것을 목격하고 있다. 이제 거룩한 일들이 그들에게 대단히 분명한 것으로 다가오는 것을 보고서 과거에는 왜 볼 수 없었는지 의아해한다.[23]

에드워즈는 대각성 후에 이어지는 사람들의 변화된 행위를 보면서 회심이 삶의 변화에 어떤 기여를 하고 있음을 감지했다. 에드워즈는 회심이 단지 죄를 인식하고 구원에 대한 확신을 표지하는 것으로 만족했다. 그러나 에드워즈는 삶의 실제적 변화가 이어지는 모습을 목격하면서 회심과 동시에 이어지는 삶의 변화는 그에게 새로운 회심의 원인자를 생각하게 하는 동기를 받았다고 볼 수 있다. 그는 전에도 있었지만, 영적 부흥을 통해 나타난 이러한 표지들이 전에 경험해 보지 못한 새로운 것임을 확신했다. 그는 초창기 사람들을 흔들어 놓았던 두 가지의 표지를 지적한다.

첫 번째의 표지는 "보통 사람들은 자신의 죄악 된 행위들을 즉각 그만두었다"라고 하는 것이다.

두 번째의 표지는 "사람들이 구원의 방법, 성경 읽기, 기도, 묵상, 교회 성찬식, 그리고 비공식 집회에 완전히 몰두하게 하였고, 그들의 부르짖음은 우리가 어찌 구원받을 수 있겠습니까?"

---

[23] 에드워즈, 『놀라운 회심 이야기』, 86.

이러한 고백이었다.[24] 에드워즈는 이 상황을 통해 회심이 다양한 삶의 변화에 영향을 줄 뿐만 아니라 회심에 의존한 삶의 변화가 있음을 확인한 것이다.

에드워즈는 아래와 같이 회심에 대한 신학적 개념을 확장하고 있다.

> 회심 시에 이루어지는 것은 다른 것이 아니라 하나님의 성령을 주시는 것이다. 하나님의 성령은 영혼 속에 내주하면서 생명과 행동의 원리가 되신다. 이것은 새로운 본성이요 신적인 본성이다. 영혼의 본성이 변화되고 신적인 빛을 받아들인다. 이제 신적인 것들은 탁월하고 아름답고 영광스럽게 보인다. 영혼이 변화되기 전에는 그렇게 보이지 않았다. 참으로 하나님의 성령의 첫 행위 혹은 이러한 신적인 성향(temper)이 발휘되는 첫 행위는, 영적인 시식 안에서 혹은 성신의 감각(sense of mind) 안에서 일어나는 것으로서, 신적인 것들에 대한 관념 속에 있는 영광과 탁월함과 같은 것들에 대한 지각이다. 참으로 영혼의 의향은 정신의 감각 안에서 즉각적으로 발휘된다. 왜냐하면, 그것은 관념이 정신 속의 단순한 존재일 뿐만 아니라 신적인 것들의 탁월함, 영광 및 기쁨에 대한 정신의 감각이기도 하기 때문이다.[25]

이처럼 에드워즈는 성령이 회심 때 표지되는 행동의 원리이며, 회심은 성령의 역사와 섭리 속에서만 진행되고 있음을 강조한다. 에드워즈가 성령이 회심 때 나타나는 행동의 원리라고 논지하는 것은 회심에 대한 자신의 신학적 인식을 성화론에 깊이 관여시키고 있다는 증거이다. 아래의 내

---

24 에드워즈, 『놀라운 회심 이야기』, 50-51.
25 Edwards, *The "Miscellanies," in The works of Jonathan Edwards*, vol. 13 (New Heaven, CT: Yale University Press, 1957-2008), 462-463.

용을 통해 에드워즈가 인식하고 있는 회심과 중생의 상호 관계성을 이해할 수 있다.

> 관련된 성경 구절을 서로 비교해 보면, 중생 또는 거듭남은 성경이 참된 회개와 돌이킴에서 초래되는 것을 말하는 마음 상태의 변화와 같은 변화를 의미한다는 것이 충분히 분명하게 드러난다. 나는 회개(repentance)와 회심(conversion)을 함께 본다. 왜냐하면, 성경에서 그들(두 단어: 회개와 회심)[26]을 함께 보기 때문이다. 사도행전 3:19은 명백히 그리고 많은 면에서 같은 것을 의미한다. 회개라고 하는 말은 마음의 변화를 의미한다. 그리고 회심이라고 하는 단어도 되로부터 하나님께로 변화되거나 돌아서는 것을 의미한다. 그리고 이것은 중생(regeneration)이라고 하는 것이 의미하는 것과 같은 변화이다(중생은 특별히 마음의 수동적인 면에서 본 변화를 가르치는 용어이다).[27]

에드워즈는 회개를 회심과 같은 것으로 보면서 사도행전 3:19를 인용하여 중생의 의미를 도출시킨다. 이를테면 에드워즈는 중생과 회심에서 나타나는 변화의 표지가 같음에도 불구하고 중생을 신적(神的) 생명을 수동적으로 받는 것으로 보고, 회심은 죄(罪)에서 그리스도 안에서의 새로운 삶을 향한 능동적인 돌이킴으로 보았다.[28]

그러나 에드워즈는 회심과 중생의 의미는 같지만 분리한다. 그는 중생이 점진적으로 이루어지는 것이 아니라 즉시 이루어진다고 확언하면서 회심은 중생의 결과라고 말한다.[29] 체리는 중생에 대한 신학적 인식에 관해

---

26 괄호 안의 지적은 연구자가 첨가한 것임.
27 Edwards, *Original Sin* (Zeeland: Yale, 2009), 191-192.
28 맥더모트, 『조나단 에드워즈 신학』, 497.
29 Jonathan Edwards, *Works of Jonathan Edwards*, vol. 4 (New York: Jonathan Leavitt and John F. Trow, 1843-1844), 316.

에드워즈가 언급한 것을 요약하여 아래와 같이 소개하고 있다.

> 어떤 면에서 신생은 태아가 자궁 속에서 성장하듯이 점진적이다. 그러나 태아의 시작과 같이 그것의 실제적인 시작은 즉각적이다. 신생 시에 영혼 속에는 분명히 큰 변화가 생긴다. 그 자연적인 탄생 때와 마찬가지로 이성적 영혼이 처음으로 주입될 때, 태아는 즉시 살아있는 피조물이요 인간이 된다. 이전에는 결코 생명이 없었다 … 인간의 능력이 아무리 점진적으로 개선됐다 할지라도, 믿음에 있어서 새 생명은 인간의 능력 밖에서 주어진다.[30]

에드워즈는 하나님의 놀라운 역사의 결과로 누군가가 그의 주변에서 어떤 회심의 사례들을 설명하면서 언제 중생하게 되었는지 말하는 것은 가능하다는 사실을 부인하지 않았다. 그러나 에드워즈는 성령의 역사는 불가사의하기 때문에 사람이 은혜를 받은 시간이 항상 분명한 것은 아니라고 말한다.

왜냐하면, 그것은 종교적 자만심을 낳게 되고 하나님을 신뢰하지 않고 오히려 자기 자신을 신뢰하게 만들기 때문이다.[31] 이를 통해 에드워즈는 중생을 회개와 함께 다루면서 성화의 출발점으로 보고 있다.

사실 17세기 말 에드워즈가 좋아하는 페트루스 판 마스트리흐트(Petrus Van Mastricht, 1630-1706)[32]는 "예레미야와 침례 요한의 예를 인용하여 이들은 어머니 뱃속에서 중생했지만 분별할 나이에 이르러서야 회개하고 믿었다"라고 설명하고 있다. 그는 영적인 생명이 최초의 행동이나 원리 안에서

---

30 체리, 『조나단 에드워즈의 신학』, 111.
31 체리, 『조나단 에드워즈의 신학』, 110.
32 맥더모트, 『조나단 에드워즈 신학』, 288.

부여되는 중생은 회심과 다르다고 하면서 중생과 회심을 구분했다.³³ 에드워즈 역시 마스트리흐트를 따라 때때로 중생과 회심 사이에 간격이 있을 수 있다는 이 개념을 발전시켰다.³⁴

에드워즈가 볼 때 중생은 즉각적이고 순간적으로 일어나지만 그는 종종 회심을 중생에 뒤이어 일어나는 사건으로 생각했다. 그는 예수님의 제자들이 그리스도를 만나기 전에 이미 그리스도를 따를 성향이 있는 선한 사람들이었으며 삭개오나 가나안 여인에게서도 똑같은 점이 있다고 지적한다.³⁵ 그 결과 에드워즈는 회심을 그리스도인의 삶 전체에서 하나님을 향하여 지속해서 변해가는 중생의 표지라고 하면서 아래와 같이 설명하고 있다.

> 회심은 죄에 대하여 죽고 의에 대하여 사는 것인데, 그리스도인들이 사는 동안 그렇게 하고 있으며 삶의 매 단계에서 그 전체 작업은 죽은 자들이 하나님의 아들과 살아 있는 자들의 음성을 듣는 것을 이루어진다 … 회심은 옛 사람을 벗고 새 사람을 입는 것인데, 그리스도인은 사는 동안 그렇게 하고 있다 … 회심은 육체를 그 정욕과 탐심과 함께 십자가에 못 박는 것이다. 이것도 그리스도인이 사는 동안 계속하는 일이다. 그런데 그리스도인이 죄와 더불어 모든 싸움 동안, 말하자면 경건한 사람 안에도 중생되어야 할 아직 중생 되지 못한 부분이 여전히 존재한다 … 그러므로 성화의 전 부분에서 그리스도인들은 진실한 성도가 된 후에도 여전히 자신이 보지 못하는 것에 대해 한탄할지 모른다 … 회심은 죄에서 하나님께 돌아서는 것이다. 그러나 성화의 작용은 그 전 과정에서 죄로부터 하나님께로

---

33 맥더모트, 『조나단 에드워즈 신학』, 497.
34 맥더모트, 『조나단 에드워즈 신학』, 498.
35 맥더모트, 『조나단 에드워즈 신학』, 498.

돌아서는 것이다.³⁶

인간은 처음으로 중생한 후에도 여전히 중생 될 필요가 있는 다시 말해서 중생하지 못한 부분이 있다. 에드워즈는 자신이 생각하기에 회심에 대한 성경의 주된 비유가 "빛의 광채"였기 때문에 그가 회심의 과정을 설명하기 위한 "틀"로써 "플라톤, 사도 요한 그리고 성 어거스틴의 이념의 조명" 전통을 사용하는 것은 놀랍지 않다.³⁷ 이것은 어거스틴(Augustinus)의 표현으로 "마음은 외부에서 오는 빛으로 계몽될 필요가 있으며, 그래서 마음은 진리에 참여할 수가 있다. 왜냐하면, 마음 자체는 진리의 특성이 아니기 때문이다"라는 생각이다.³⁸ 실제로 에드워즈는 자신이 경험한 변화의 과정에 대하여 아래와 같이 기록하고 있다.

> 나는 늘 꾸준히 자신을 반성했으며, 삶 속에서 무언가를 추구하는 것보다 어떻게 거룩하게 살아야 하는 지와 관련하여 적합한 방법과 수단들을 훨씬 열심히 진지하게 연구하고 궁리했었다.³⁹

그러나 그는 자신의 힘을 대단히 크게 의존한 탓에 나중에 이런 노력이 자신에게 커다란 해를 끼치는 것으로 작용했다⁴⁰고 고백한다. 에드워즈는 자신의 고백에서 "이러한 관점에서 볼 때, 회심을 일으키는 결정적인 요소는 하나님이 인간의 마음에 주시는 조명이다"라고 지적하는 것을 보

36　Edwards, "The Subject of a First Work of Grace May Need a New Conversion," *Work of Jonathan Edwards* (Wheaton, IL: Crossway, 1998), 79-81.
37　맥더모트, 『조나단 에드워즈 신학』, 491.
38　맥더모트, 『조나단 에드워즈 신학』, 492.
39　Edwards, *Works of Jonathan Edwards: Letters and personal Writings*. vol. 16, 795.
40　맥더모트, 『조나단 에드워즈 신학』, 803.

면 회심은 마음이 "영적인 선"에 대해 갖는 관념이며, 또한 하나님이 이런 변화를 일으키시는 것이다. [41] 에드워즈는 이를 통해 회심은 중생 이후에 일어날 수 있을 뿐 아니라 그리스도인의 생애 전체에 걸쳐서 하나님의 적극적인 능력이 나타나는 과정이라고 지적한다. [42]

그러므로 성령 자신께서 각 신자의 본성인 "성향성"에 거룩한 동기를 부여하시고 활력을 주시면서 회심의 표지가 나타난다고 볼 수 있다. 그렇지만 에드워즈는 성령과 영혼 사이의 연합은 존재하지만 동질성은 없다고 말한다. 다시 말해서 성도는 성령에 참여하지만 흡수되지 않는다. [43]

성도는 자신이 얻은 경험과 세상의 지식을 통해 형성한 생각의 틀 가운데 조명된 성령의 빛에 의해 새로운 거룩한 원리에 기초해서 하나님을 향하게 된다. 약술하면, 인간은 피조물로서의 자아를 상실하지 않았지만 그런 경향 가운데서 성령이 주시는 영원한 것에 대한 인식을 새로이 얻는다. 왜냐하면, 에드워즈는 자신의 성화론에서 "영적이고 내적인 것은 은혜의 가시적 수단과 믿음의 외적인 성향을 대치하는 것이 아니라 보완하는 것"이라는 신앙적 개념을 가지고 있기 때문이다. [44]

그러므로 에드워즈는 회심이 구원받는 믿음을 가진 사람에게 나타나는 표지임을 논지하고, 성령이 회심을 그의 내적 체험 속에 머물지 않게 하시고 실제로 나타나게 하신다고 강조한다. 이것에 기초하여 에드워즈는 복음적인 회심을 자연적인 회개로부터 구별하고 있다. [45] 이에 대해 에드워즈는 일반 은혜와 특별 은혜의 차이점을 아래와 같이 설명하고 있다.

---

[41] 맥더모트, 『조나단 에드워즈 신학』, 492.
[42] 맥더모트, 『조나단 에드워즈 신학』, 498-499.
[43] Peter van Mastricht, *A Treatise on Regeneration, Extracted*, trans. from the Theologia Theoretico-Practica (New York: Harper Torchbooks, 1963), 154.
[44] Mastricht, *A Treatise on Regeneration, Extracted*, 155.
[45] 체리, 『조나단 에드워즈의 신학』, 123.

자연적 인간이 하나님의 성령으로부터 얻은 죄의 깨달음은 오직 성령이, 자연적 양심이 그 직무를 더욱 완전하게 수행할 수 있도록 도와줄 때만 이루어진다. 바로 그 점에서 일반 은혜와 특별 은혜가 구별된다. 일반 은혜는 단지 자연적 원리를 돕는 것이다. 그러나 특별 은혜는 초자연적 원리를 주입하고 자극한다. 만약 이러한 말들이 너무 추상적이라면, 일반 은혜는 단지 영혼의 능력들이 자연적으로 할 수 있는 것을 더욱 완전하게 수행하도록 도와줄 뿐이다. 그러나 특별 은혜는 자연적으로 할 수 없는 것을 수행하도록 만들어 준다.[46]

에드워즈는 회심이 전적인 성령의 주관적 인도를 통하여 나타날 수 있는 특별 은혜의 결과라고 강조한다. 이러한 특별 은혜는 사도 바울에게도 나타난다. 사도 바울은 자신도 하나님으로부터 은혜와 사도의 직분을 받은 사도 중에 한 사람으로 내세웠지만(롬 1:15) 자신은 사도 중의 가장 작은 자(고전 15:9)라고 고백한다.

그러나 후일(後日) 바울은 디모데후서 1:18을 통해 자신이 죄인 중에 괴수 죄인임을 고백한다. 에드워즈 자신도 자신의 모습을 회개하며 자신의 내부가 얼마나 부패하여 있는가를 인식하면서 회개는 중생 후에도 평생 진행되어야 할 구원의 완성을 위한 여정임을 아래와 같이 고백한다.

> 나에게 문득문득 떠오르는 생각은 만일 하나님이 나에 대한 죄를 기록하여야 한다면 틀림없이 내가 온 인류 중에서 가장 악한 자로 나타날 것이며 지옥에서 단연코 가장 깊은 자리에 들어갈 것이라는 점이다.[47]

---

[46] Harvey G. Townsend, ed., *Edwards' Miscellanies in the Philosophy of Jonathan Edwards from his Private Notebooks*, no. 626 (Eugene, Oregon: University of Oregon Press, 1955), 111.

[47] Edwards, The *Works of Jonathan Edwards: Letters and personal Writings*, vol. 16, 802.

에드워즈에게서 중생과 회심은 성령이 내주하시면서 일어나는 일이며 성령께서 내주하면서 영혼의 기능과 연합하여 생명과 행동의 원리로 도출되는 것이다. 영혼 속에 있는 은혜는 영혼 속에서 행동하시면서 자신의 거룩한 본성을 전달하시는 성령이다.[48] 에드워즈는 회심의 표징들 가운데서 변화와 함께 사람들의 외적인 표지들은 사람도 천사도 가져다 줄 수 없는 것이며 전능하신 자의 능력의 사역이다. 그런 일들은 너무나 분명하고 합리적이기에 누구나 눈으로 목격할 수 있는 것이다.[49]

특히, 에드워즈는 회심을 평생의 과정으로 말한다는 점에서 중세 중기와 중세 말기 신학자들과 가깝지만, 성화를 하나님과의 협동 내지 협력으로 보는 이들의 개념과는 입장을 달리한다. 협력으로 보는 입장은 하나님이 자신의 역할을 하시고 인간도 자신의 역할을 한다는 것이다.[50] 그러나 에드워즈는 "하나님이 전부 하시고 우리도 전부 한다"고 주장함으로써 알미니우스의 신인(神人) 협력설을 강하게 반대했다.

이러한 에드워즈의 진술들에 의하면 회심 추구에 대한 에드워즈의 논리가 모순되고 있음을 순간적으로 지각될 수도 있다. 다시 말해서 하나님도 최선을 다하고 인간도 최선을 다한다고 하는 논리는 회심 추구에 있어서 양립할 수 없는 논리이다.[51] 그러나 이러한 에드워즈의 주장은 그의 성향적 존재론의 관점에서 볼 때 이해될 수 있는 논리이다. 중생한 인간은 성령의 주입을 통하여 성령이 최선을 다하지만 인간의 본성은 받은 성령을 의지하여 그 성향성 때문에 자신도 최선을 다하는 존재가 되어 간다는 것이다.

---

[48] Edwards, The Works of Jonathan Edwards: Ethical Writings, vol. 8, 332.
[49] 에드워즈, 『놀라운 회심 이야기』, 87.
[50] 맥더모트, 『조나단 에드워즈 신학』, 499.
[51] 이진락, "조나단 에드워즈의 '신앙적 정서'에 관한 연구," 141.

에드워즈의 성화론에서 회심의 표지는 인간을 성향적 존재론의 관점에서 볼 때 인식될 수 있는 논지라고 볼 수 있다.

에드워즈는 믿음은 하나님의 선물이며(엡 2:8), 그것은 하나님이 말씀과 성령을 통해서 주실 때만 가능하다는 사실을 전제하고 있다.[52] 즉, 하나님의 소명에서 성령은 믿음과 회개를 일으키기 위해 말씀을 사용하신다. 실제로 후대(後代) 개혁주의 사상가들도 중생과 회심을 구분하기 시작하였다. 에드워즈 역시 1740년에 행한 "회심과 같은 것이 있습니다"라는 설교에서 회심에 관해 성경적 강조를 아래와 같이 설명하고 있다.

> 회심 또는 신생 교리는 기독교의 가장 위대하고 기본적인 교리 가운데 하나이다 … 만일 우리가 하나님의 존재를 부인하지만 않는다면, 우리가 회심이 있다는 것을 부인할 수 없음을 이성은 많이 가르쳐 준다 … 성경은 회심의 교리를 많이 가르친다. 만일 우리가 회심을 부인하면 사실상 우리는 성경을 부인하는 것이다. 성경이 회심의 필요성과 우리의 마음이 죄에서 하나님께로 돌아서야 하는 것을 가르치는 것을 부인하면 성경 전체를 부인하는 거나 마찬가지이다. 만일 우리가 성경이 회심에 대해 가르치는 것을 부인하면, 성경의 나머지는 우리에게 전혀 의미가 없게 된다.[53]

에드워즈는 성화론에서 회심이 가지고 있는 의미를 '인간의 신생'(regeneration)과 같은 의미로 성경에서 그 중요성을 다루고 있음을 강조한다. 그는 회심의 필요성과 우리 마음이 죄에서 하나님께로 돌아서는 필연성을

---

52 체리, 『조나단 에드워즈의 신학』, 108.
53 Wilson H. Kimnach, Kenneth P. Minkema, and Dogulas A. Sweeny, eds. "The Reality of Conversion" in *The Sermon of Jonathan Edwards, A Reader* (New Heaven: Yale University Press, 1999), 83.

같은 맥락에서 보고 있다.

　에드워즈가 보고 있는 회심의 영적인 원리는 아담의 타락을 통해서 모든 사람이 초자연적인 원리를 상실했고, 하나님으로부터 멀어지는 결과가 되었다는 사실에서 시작된다. 그러므로 중생에 대한 하나님의 주권과 인간의 회심 추구 노력은 양립할 수 없다. 에드워즈는 인간의 본성의 성향은 구원의 역사에 관한 한 하나님의 주체에 관여할 수 없다고 강조한다.

　그러나 에드워즈는 회심의 시작 과정에서 회심에는 중생이 가지고 있는 같은 의미가 존재하고 있음에 초점을 둔다. 그는 성령에 의한 새로운 삶과 같은 부분은 성향성이 있는 인간 본성의 관점에서 보아야 할 부분이 존재한다고 인식하고 있다. 성경은 여호와 하나님이 하나님의 백성에게 그를 사랑하며 마음을 다하고 성품을 다하여 하나님을 섬기고(신 6:5; 10:12)라고 요청한다.

　그뿐만 아니라 이에 대한 믿음을 가져야 함(히 11:6)을 요청하고 있다. 하나님이 실천을 명(命)하시는 이유는 인간이 성향의 존재임을 염두에 두고 있다는 것이다. 이를 통해 하나님이 회심을 이끄시며, 이를 통해 성향적 특징을 가진 인간 역시 최선을 다해 회심의 지경에 갈 수 있도록 스스로 노력하게 된다는 것이다.

　에드워즈는 성령의 인도함 없이는 이러한 인간의 최선의 노력도 일어나지 않는다고 강조했다. 그가 빌립보서 말씀을 인용하여 "하나님이 너희 안에 소원을 두고 행하게 하신다"(빌 2:13) [54]라고 지적한 것은 인간이 성화에 있어서 최선을 다한다고 할지라도 성령이 인간에게 성화를 요구하고 주도하신다는 것이다. 더 나아가 이러한 성령의 요구와 주도는 하나님이

---

[54] Edwards, *The Works of Jonathan Edwards: Writing on the Trinity, Grace, and Faith*, vol. 21, 251.

인간에게 주신 본질이 성향의 존재임을 성령이 묵시적으로 인정하고 있음을 인지할 수 있는 자연스러운 개념이다.

결과적으로 에드워즈가 회심과 중생에 대한 표지를 성화의 출발점으로 보고 있는 이유는 타락 전 인간의 본성이 선(善)하고 사랑스러운 것들을 좋아하고, 부적절하고 혐오스러운 것들은 싫어하는 경향을 갖도록 창조되었음에 틀림없다고 하는 데서 시작된다. 에드워즈가 하나님이 인간의 중생에 대해 주체를 하시고 인간에 대한 본성이 "성향성"이라고 보는 관점은 구원받은 인간(수동성)은 하나님의 이끄심에 은혜를 인지하게 된다.

그리고 본질이 성향성인 인간의 본성은 주관성을 가지고 중생의 표지를 위한 회심의 표지를 드러낸다. 이러한 부분들을 통해 에드워즈는 중생과 회심의 표지를 성화론의 출발점에 위치시키고 있다고 볼 수 있다.

2. 『신앙적 애정』을 통하여 나타나는 성화의 진정성 표지

인간의 정신은 마음대로 움직일 수 있는 것은 아니다. 우리의 정신은 어디선가 한 번 일어났던 문제와 항상 직면하고 있으며 이 모든 문제는 자연적인 요소는 물론 공동생활의 논리와 불가분의 관계에 있다.[55] 그러므로 인간의 정신은 자연적인 요소에 의해 규정되며 공동체의 필연성에 의해 제한당한다.

왜냐하면, 개인보다 공동체가 우선하기 때문이다. 인간은 사회 밖에서 존재할 수 없기 때문에 인간이 이룩한 문화에서 비(非)사회적인 삶의 형

---

55 아들러, 『인간 이해』, 33.

태는 하나도 없다.56 그러므로 공동체와의 관계 속에서 그리스도인들의 삶을 움직이는 정신은 마음대로 움직일 수 있는 것이 아니다. 특히, 인간은 다른 외부 세계와 접촉하는 동시에 크든 작든 감정이 이입된다. 이 감정 이입 능력은 인간에게 특히 발달하여 다른 사람과 대화하는 순간 바로 시작된다. 다른 사람과 감정을 함께 나누지 못하면 그 사람을 이해할 수 없다.57

그리스도인들도 여기에서 예외일 수는 없다. 에드워즈가 성화의 표지에서 진정성을 매우 중요하게 다루고 있는 이유는 진정으로 구원받지 않은 사람들도 믿음에 대해 굉장히 흥분된 감정을 보일 수 있기 때문이다.58 영적 애정과 육신적 감정이 인간의 한 마음에 있기 때문에 육신적 감정 이입과 그에 대한 표지는 신앙적 애정과 구별이 요구된다고 볼 수 있다. 그러나 성화의 표지를 통해 성화의 진정성을 판단하는 것은 쉬운 일은 아니다. 그런데도 성화의 과정에서 그리스도인을 나타내는 표지의 진정성이 요청되는 것은 필연적이다. 성화의 진정성에 대한 표지의 뿌리를 에드워즈는 "성향성"이라고 하는 존재의 본질에서 찾고자 했다. 신앙적 애정의 진정성에 대한 에드워즈의 초점은 타락 전에 하나님이 인간에게 주신 성향적 존재의 본성에 있다.

왜냐하면, 인간의 본성이 타락 이전과 타락 이후에 나타난 동일점과 차이점을 통해서 신앙적 애정의 본성을 밝혀낼 수가 있다고 생각했기 때문이다. 인간에게 특히 발달되어 있는 감정 이입이 어디에서 나오는 것인가를 연구한 에드워즈는 타락 이전과 타락 이후에도 존재하고 있는 인간의 "성향성"에서 자연적 애정의 본질이 기초하고 있음을 아래와 같이 설명

56　아들러, 『인간 이해』, 35.
57　아들러, 『인간 이해』, 65.
58　조나단 에드워즈, 『영적 감정을 분별하라』, 김창영 역 (서울: 생명의말씀사, 2013), 71.

하고 있다.

> 인간의 본성은 선(善)하고 사랑스러운 것들을 좋아하고, 부적절하고 혐오스러운 것들은 중립적이어야 할 것이다. 그러나 만약 인간의 본성이 조금이라도 경향들이 있게 창조되었다면, 이 경향들은 옳거나 그르거나 둘 중 하나여야 하고, 사물의 본성에 일치하거나 일치하지 않거나 둘 중 하나여야 할 것이다 … 양자 사이에는 어떤 중간도 있을 수 없다.[59]

에드워즈는 사랑스러운 것이나 혐오스러운 것에 대한 반응이 인간의 본성에서 나타남을 지적하면서 애정 이입의 표지를 통해 인간 애정의 존재를 논지한다. 인간의 본성에서 "성향성"을 표지하는 주된 도구 중에서 에드워즈가 설명하는 "사랑스럽다" 또는 "혐오스럽다"라는 활동성은 모든 사람이 가지고 있는 존재의 본질임을 알 수 있다. 에드워즈는 모든 창조된 모든 사람의 본성에는 신앙인과 비(非)신앙인 모두에게 이러한 "감정"이 존재하고 있음을 아래와 같이 논지하고 있다.

> 애정(affection)은 참된 영성의 핵심일 뿐 아니라 거의 모든 행위의 원천이다. 사람의 모든 행위나 추구는 사랑, 미움, 소망, 두려움 등에 영향을 받는다. 우리가 이 세상에 있는 모든 사랑, 소망, 두려움, 분노, 질투, 갈망, 다시 말해 영혼의 모든 애정을 없애 버린다면, 세상은 더 움직이지 않고 쥐 죽은 듯이 고요해질 것이다. 탐심이나 욕심이나 야망이나 육욕이나 혹은 어떤 세상의 경험이든지 행위를 일으키는 자연적 애정(일반 감정을 포함)이 없다면, 사람들은 그저 아무 반응 없이, 누구와 어떤 관계도 맺지 않고

---

[59] 에드워즈, 『원죄론』, 314.

살 것이다.

수많은 사람이 하나님의 말씀을 듣고도 왜 그렇게 무덤덤한 반응을 보이는지 잠시 생각해 보자 … 자신이 들은 것에 대해 어떤 감화도 받지 못했기 때문이다. 마음에 감화를 받지 못하는 한, 아무리 신앙적인 것들을 보고 듣고 읽는다 해도 행실이나 마음에 의미 있는 변화가 일어날 수 없다. 기독교의 위대한 진리에 감화된 사람만이 하나님을 사랑하고, 하나님을 추구하고 기도로 하나님께 나아가고, 겸손과 회개로 낮아질 수 있다. 요컨대 애정은 모든 실질적이고 영적인 노력과 시도를 가능하게 하는 원천이요 근원이다.[60]

에드워즈는 인간의 성향성에 잠재된 감정이 본성의 한 부분이며 이 감정은 인간의 타락 이전과 타락 이후에도 존재하고 있음을 논증하고 있다. 그는 타락 이후 이러한 감정이 하나님의 말씀에 무감각한 원인에 대한 이유를 찾아낸다. 그는 인간의 타락 이후에 "기독교의 위대한 진리에 감화된 사람"이라고 하는 표지를 구원론과 연결하면서 구원받은 인간의 "성향성"에서 그 뿌리를 찾고 있다.

에드워즈는 "얻어진 경험"(The Experience that count)에서 영적 감정이라고 하는 표현을 신앙적(religious)이라고 하는 언어가 주는 이미지를 첨가하여 감정(emotion)이라는 단어를 사용하고 있다. 이 신앙적 감정(religious emotion)이라고 하는 표현은 신앙적 애정(affection)의 표현과 동일한 의미로 내용을 구성하고 있다. 에드워즈가 인식하고 있는 신앙적 감정 또는 애정을 자연적 감정과 구별하여 사용하고 있지만 신앙적 애정의 요소에도 자연적

---

[60] 스톰즈, 『우리 세대를 위한 조나단 에드워즈 신앙 감정론』, 58-59. 괄호 안은 연구자가 첨가한 것임.

감정이 존재하고 있음을 알 수 있다.

　에드워즈는 애정은 영혼의 성향과 의지의 매우 생생하고도 강렬한 행동이라고 설명한다. 아래의 성경의 표현은 신앙적 애정의 존재와 유형을 이해하는데 도움이 된다.

> 성경을 자세히 살펴보면, 참된 영성은 다양한 감정들과 이루어진다는 사실을 확인할 수 있다. 예를 들어, 소망(렘 17:7; 시 31:24; 33:18; 146:11; 롬 8:24; 살전5:8; 히 6:19; 벧전 1:3)과 미움(잠 8:13; 시 97:10; 101:2-3; 119:104; 139:21)뿐 아니라, 하나님의 말씀에 떠는 경건한 두려움도 있다. 하나님과 거룩함을 향한 목마름과 굶주림으로 표현한 거룩한 열망을 성경에서 자주 볼 수 있다(시: 37:4; 97:12; 33:1; 149:2; 마 5:12; 빌 3:1; 4:4; 살전 5:16) … 열심(딛 2:14; 계 3:15-19)도 있다.[61]

　이처럼 에드워즈는 신앙적 애정과 자연적 감정에 대한 예리한 구별을 통해 그 본성이 신앙적인가 아니면 육신적인가에 대한 분별을 강조한다. 그는 모든 감정을 거부하는 것도 아니고, 모든 감정을 인정하는 것도 아니다. 다만 성경에서 말하는 영적 애정과 비(非)성경적인 영적 감정을 구별해야 한다고 지적한다.[62] 그는 인간의 감정은 영적인 것이 아닌 다른 것들에 더 열정적으로 반응한다고 말한다. 사람들의 희망은 쾌락과 명예와 인간관계를 위해서 더 열정적으로 변하고 그들의 사랑은 더 뜨거워지고 격렬해진다.

　왜 사람들은 영적인 것에 무감각해져서 아무런 감동도 받지 못하는가?

---

[61] 스톰즈, 『우리 세대를 위한 조나단 에드워즈 신앙 감정론』, 59.
[62] 에드워즈, 『영적 감정을 분별하라』, 60.

에드워즈의 신앙적 논증에는 영적 애정과 함께 자연적 감정도 공존하고 있음을 지적하면서 "기독교의 위대한 진리에 감화된 사람"만이 가질 수 있는 신앙적 애정의 존재를 부각시키고 있다. 그러나 그는 육신적 감정에 대한 부분들을 구별하여 사용한 신앙적 애정에서도 육신적 감정의 본질이 함의되어 있음을 인식하게 한다. 왜냐하면, 예수님이 누가복음 6:45에서 선(善)한 것과 악(惡)한 것이 동시에 한 마음에 존재한다는 것을 지적하였기 때문이다.

또한, 성경은 "의인은 없나니 하나도 없으며"(롬 3:10), 옛 사람과 새 사람이 같은 인격 안에 공존하고 있으며 또한 은혜가 부패와 함께 거하고 있다는 것을 에베소서 4:22-24에서 지적하고 있다. 다시 말해서 에드워즈는 영적 감정이 강하고 격렬하다고 해서 진정으로 영적인 사람이 되는 것은 아니라고 말한다. 왜냐하면, 진정으로 구원받지 않은 사람들도 믿음에 대해 굉장히 흥분된 감정을 보일 수 있기 때문이다. [63] 에드워즈는 아래의 설명에서 이를 논증하고 있다.

출애굽기 15:1-21에서 이스라엘 백성은 하나님의 자비로우심을 보고 크게 감동하여 하나님을 찬양했다. 그러나 그들은 곧 하나님의 은혜를 잊어버렸다. 시내산에서 십계명을 받았을 때도 마찬가지였다. 이스라엘 백성은 또다시 크게 감동되어 거룩한 열심에 휩싸여 "여호와께서 명령하신 대로 우리가 다 행하리이다"(출 19:28)라고 일제히 응답했다. 하지만 그 후에 그들은 금송아지를 만들었고 그것을 숭배하였다. [64]

63　에드워즈, 『영적 감정을 분별하라』, 71.
64　에드워즈, 『영적 감정을 분별하라』, 71.

에드워즈는 영적 감정과 육신적 감정이 인간의 한마음에 있기 때문에 표지될 때에 구별이 요구된다고 지적한다. 그러나 근본적인 출발은 성향적 본성의 감정이 하나님의 은혜를 통해 구원받은 믿음을 소유하고 있지 않은 한 아무리 신앙적인 것들을 보고 듣고 읽는다고 해도 행실이나 마음에 의미 있는 변화가 일어날 수 없다고 논지한다. 더 나아가 에드워즈는 "신앙적 애정은 모든 실질적이고 영적인 노력과 시도를 가능하게 하는 원천이요 근원이다"[65]라고 강조한다.

특히, 그는 성경에서 "사랑이라는 거룩한 애정만큼 자주 언급된 것도 없을 것이며, 영혼의 이런 성향과 경향이 지각 있고 역동적으로 역사하게 될 때 비로소 영적 애정이 된다는 사실을 우리는 잘 생각해 보아야 한다"[66]라고 강조한다. 에드워즈는 사랑이 가지고 있는 거룩한 애정의 모습을 예수 그리스도로부터 표지되고 있음을 아래와 같이 설명하고 있다.

> 가장 탁월한 모범은 '사랑 넘치는 온유한 마음의 사람'이요 거룩한 애정을 통해 표출된 탁월한 덕을 가진 예수님 자신이다. 그분은 하나님과 사람을 향한 열렬하고 강력하고 생명력 있는 사랑을 보여주신 분으로, 이제까지 있었던 가장 위대한 모범이다. 예수님은 큰 소리로 우셨고, 마음이 찢어지는 비탄을 맛보셨고, 다른 이들의 죄악에 분노하셨다(눅 13:34; 19:41-42). 그분의 열심은 구약성경에서 이미 예언되었다(요 2:27). 그분은 간절한 열망(눅 25:15)과 연민과 동정(마 15:32; 눅 7:13)을 가진 분이 분명하다.[67]

위 내용을 보면 에드워즈는 타락한 "감정의 성향성"을 거룩한 "영혼의

---

[65] 스톰즈, 『우리 세대를 위한 조나단 에드워즈 신앙 감정론』, 59.
[66] 스톰즈, 『우리 세대를 위한 조나단 에드워즈 신앙 감정론』, 59.
[67] 스톰즈, 『우리 세대를 위한 조나단 에드워즈 신앙 감정론』, 62.

성향성"과 구별한다. 죄 없으신 예수 그리스도는 우리와 똑같이 시험을 받지만(히 4:15), 거룩한 애정을 통해 표출된 탁월한 덕(德)을 가진 분임을 강조한다. 예수님에게도 존재하고 있는 성향성은 감정의 표출을 통해 인간의 타락과 타락된 본성을 구별하게 한다.

히브리서 기자는 "우리에게 있는 대제사장은 우리의 연약함을 동정하지 못하실 이가 아니요 모든 일에 우리와 똑같이 시험을 받으신 이로되"라는 선포로 예수 그리스도의 인간됨을 설명하면서 "죄는 없으시니라"를 강조한다. 에드워즈는 타락한 감정의 "성향성"을 거룩한 영혼의 "성향성"과 구별한다. 더 나아가 에드워즈는 구원받은 영혼의 존재와 함께 영혼이 가지고 있는 성향의 본질을 강조하기 위해 천국과 연결하여 아래와 같이 설명하고 있다.

> 지금 천국에 있는 성도들이 아직 물리적인 몸을 가지지 못했다는 사실은 몸을 통한 감각과 표현과 모양이 애정의 핵심이 아니고 '애정을 담아내는 것'에 불과하다는 사실을 알 수 있다. 정신으로 먼저 지각한 사랑과 기쁨은 몸으로 표출된다. 정신의 지각은 몸의 움직임보다 선행하고 몸에 의존하지 않는다. 그러므로 영혼은 몸이 없이도 이런 감정을 지각할 수 있다. 몸 안에서든 몸 밖에서든 사랑과 기쁨을 누리는 곳은 어디나 정신의 지각이 있다. 이런 내적인 지각, 혹은 영적인 감각이나 느낌과 같은 영혼의 몸짓을 애정이라고 한다.[68]

에드워즈가 위에서 언급한 여러 정황을 보건대, 신앙적 애정은 잠재태로 존재하고 있는 성향적 존재가 실질태로 변형해 가는 과정에서 나타나

---

[68] 스톰즈, 『우리 세대를 위한 조나단 에드워즈 신앙 감정론』, 63.

는 필연적 표지이다. 즉, 애정은 성향성을 표지하는 기본적 틀이며 동시에 방향성을 들어내 주는 원인 이기도 하다.[69] 달리 말하면 애정은 본질적 존재인 영혼이 소유하고 있는 표징이며(영혼의 존재를 나타내는 표징), 또한 항상 마음이 알고 깨달은 것의 결과요, 산물임을 알 수 있다. 역으로 말한다면, 애정은 성향성의 존재를 추론하게 하는 원인자이기도 하다.

왜냐하면, 영혼의 성향과 의지가 역동적이고 생기 있게 역사할 때 우리 몸은 동물적인 느낌에서든 감정적인 변화를 통해서든 영향을 받을 수밖에 없다.[70] 에드워즈는 하나님의 이끄심의 효과적 은혜와 맞물려 있는 존재의 성향성에 있는 신앙적 애정은 성화를 이루기 위해 노력과 애씀을 표출하는 근원임을 밝히고 있다.

에드워즈는 신앙 애정론을 설명하기 위해 비슷한 개념인 격정(passion)의 특징을 부각하면서 감정을 설명한다. 즉, 격정이란 잘 통제되지 않을 만큼 사람을 압도하는 성향(inclination)이지만, 감정이란 우리에게 영향을 줄 수 있는 성격의 생각(idea)이나 이해(understanding)로 인해 촉발되는 사람이 다른 사람이나 대상에 대해 보이는 "능동적인(active) 반응-"이다.[71]

에드워즈는 능동적인 반응에 관해서 사람이 어떤 대상에 대해 "단순히 개념적인 이해"를 갖는 것도 있지만 어떤 측면에서 그 대상에게로 "기우는"(inclined) 것과의 차이가 있음을 매우 강조했다. 그렇게 함으로써 우리는 그 대상에 대해 아무런 개인적 기호를 내포하지 않는 가치 중립적인 개념적 지식을 얻을 수는 있다. 그러나 "기운다"(이 말은 균형이 맞지 않는 양팔저울의 이미지에서 비롯된 말이다)는 것은 받아들일지 거부할지, 좋아할지 싫

---

[69] 스톰즈, 『우리 세대를 위한 조나단 에드워즈 신앙 감정론』, 52.
[70] 스톰즈, 『우리 세대를 위한 조나단 에드워즈 신앙 감정론』, 53.
[71] Edwards, The works of Jonathan Edwards: Religious Affection, vol. 2 (New Heaven, CT: Yale University Press, 1957-2008), 98.

어할지에 대한 일종의 선택이다.[72] 이러한 선택의 양상을 보여주는 것이 감정(애정)이 가지고 있는 특징이다.

에드워즈는 이러한 감정(애정)의 개념에 관해 아래와 같이 설명하고 있다.[73]

> 실제로 회중의 애정(감정)을 억제하거나 억누르기까지 하면서 예배를 인도하는 사람들이 있다. 사람들은 종종 마음에 있는 열심과 사랑과 갈망과 기쁨이 겉으로 드러나는 것을 두려워한다. 찬양할 때조차도 진리를 표현하고 단어들을 단순히 나열하는 것으로 만족한다.
> 하지만 찬양을 통해서 하나님께서 의도하신 바가 그런 것이라면, 왜 산문으로 된 성경의 진리를 그대로 따라 읽게 하지 않으시고 곡조 있는 노래를 하게 하셨을까?
> 단순히 음악의 심미적인 가치 때문인가?
> 그렇게 해야 우리를 더 즐겁게 할 수 있기 때문인가?
> 아니다. 그럴 경우 오늘날 교회들이 하나님보다 사람에게 더 초점을 맞추는 것처럼, 예배가 사람을 위한 것이 되고 말 것이다. 우리가 노래하는 이유는 하나님께서 우리의 지성을 만드셨을 뿐 아니라 우리의 마음과 영혼과 몸이 음악을 통해 하나님을 향한 거룩한 애정(감정)을 드높이고, 더 온전하고 역동적으로 거룩한 애정(감정)을 표현할 수 있도록 지어졌기 때문이다.[74]

그뿐만 아니라 에드워즈는 하나님의 말씀을 설교라는 언어 수단을 통해

---

72 Edwards, *The Works of Jonathan Edwards: Religious Affection*, vol. 2, 96-97.
73 에드워즈가 여기에서 사용한 감정은 육체적 애정과 같은 의미로 사용하였다.
74 스톰즈, 『우리 세대를 위한 조나단 에드워즈 신앙 감정론』, 66.

회중에 전달할 때에 듣는 회중의 신앙적 애정에 대해서 아래와 같이 설명하고 있다.

> 하나님이 말씀을 설교를 통해 우리 영혼을 다루실 때도 마찬가지다. 성경에 대한 연구서나 주석들이 우리에게 "하나님의 말씀에 대한 교리적이고 합리적인 깨달음을 주지만, 사람의 마음과 감정에 미치는 영향에 비추어 보면 결코 설교와 견줄 것이 아니다." 죄인들에게 단순히 지식을 "제공해 주기" 위해서만이 아니라, 그들을 "감화"하기 위해 하나님께서는 특별히 설교라는 역동적인 방편을 통해 성경 말씀을 적용하도록 정하셨다.
> 그러므로 우리가 공 예배를 조직하고 하나님을 찬양하고 성도들을 각성케 할 방법을 생각할 때, 그것은 반드시 성도들의 신앙 애정을 북돋을 만한 것이어야 한다. 이런 목적에 부합한 책과 설교와 교회 치리와 기도와 찬양 가운데 드리는 예배라야 합당하다. 이와 같은 방편은 참여하는 이들의 마음을 깊이 감화시킨다.[75]

달리 말하면 에드워즈는 "애정(거룩한 감정) 없이는 참된 신앙도 있을 수 없으며 마음에 거룩한 감정(애정)을 불러일으킬 수 없는 지식, 깨달음, 삶으로 드러나지 않는 마음의 원리나 습관, 그리고 삶의 실천에서 비롯되지 않는 외적인 열매는 무엇이든 진정한 것이 아니다"라고 할 정도로 진정한 영성은 애정으로 이루어진다고 강조한다.[76] 이러한 에드워즈의 신앙 애정에 대해 존 스미스(John Smith)는 "애정(거룩한 감정)은 격정과는 달리 이해가 수반되는 더욱 왕성하고 지각할 수 있는 성향의 발현(發現)"이라고 지적한

---

[75] 스톰즈, 『우리 세대를 위한 조나단 에드워즈 신앙 감정론』, 66-67.
[76] 스톰즈, 『우리 세대를 위한 조나단 에드워즈 신앙 감정론』, 67-68.

다.[77] 그는 에드워즈가 인식하고 있는 신앙 애정에 대한 개념을 아래와 같이 설명하고 있다.

> 에드워즈 자신이 자주 말한 바대로 애정은 "성향과 의지의 작용"이라고 말하면서 성향과 의지의 관계를 규정하고 그 과정에서 성향이 가진 양면을 제시하고자 한다. 에드워즈가 보기에는 의지는 복잡한 현상이라는 점을 기억해야 한다. 의지는 일차적으로 선택과 판단을 뜻하며 이차적인 의미에서만 명백한 행위를 뜻한다 … . 에드워즈의 요점을 간결하게 표현하자면 다음과 같다. "의지는 행동을 표현하는 성향이고 "애정"은 마음속에서 표현되는 성향이다. 에드워즈가 그런 구별을 한 이유는 자아를 각각의 정신 기능으로 나누는 관점과 달리 자아의 통일성을 보전하기 위해서였다. 예를 들어 의지가 의지를 갖는 것이 아니라 사람의 전인격이 의지를 갖는다."[78]

다시 말해서 지성과 의향은 영혼에서 나오는 본질적 존재의 기능 즉, 산물이다. 역으로 지성과 의향이 가지고 있는 그 어떤 품질은 성향의 기능이며 성향은 존재의 본질이다. 그러므로 애정(거룩한 감정)은 존재(사물들 자체)가 가지고 있는 성향의 기능임을 알 수 있다.

에드워즈는 영혼의 의향과 의지의 활기차고 생생한 활동을 애정이라고 부른다.[79] 그는 인간이 가지고 있는 인격에서 그 본질(성향)은 항상 존재하며 동시에 그 역할(성향의 역할)은 마음에서 애정이라고 하는 기능을 통하여 감당하고 있다고 보는 것이다. 에드워즈는 이에 대한 설명을 아래와 같

---

77 이상현 편, 『조나단 에드워즈의 신학』, 207-208.
78 이상현 편, 『조나단 에드워즈의 신학』, 208.
79 Edwards, The *Works of Jonathan Edwards*s: *Religious Affection*, vol. 2, 101.

이 설명하고 있다.

> 인간의 본질이 그러하기 때문에 인간은 사랑이나 미움, 갈망, 희망, 두려움 같은 애정들의 영향을 받지 않으면 매우 수동적인 존재가 되어 버린다. 우리는 이런 감정이 삶의 모든 문제에서 사람을 움직이게 하며, 사람이 추구하는 일에 관여하도록 하는 근원이라고 본다. 모든 사랑과 증오, 모든 희망과 두려움, 모든 분노, 열정, 갈망 등을 제거해 보라. 그러면 세상은 정지해 버리고 죽은 것 같이 될 것이다. 인류 가운데 어떤 활동도 또는 어떤 진지한 추구도 없을 것이다. 애정은 탐욕스러운 사람에게 관여한다. 또한 애정은 향락을 즐기는 사람도 자극한다 … 그래서 신앙 문제에 있어서 이들의 '행동의 원천'(Spring of their action)은 매우 종교적인 애정이다. 애정이 없이 교리적 지식과 사변만 있는 사람은 결코 신앙생활을 진지하게 영위할 수가 없다.[80]

이처럼 에드워즈는 애정(느낌과 감각)이 경험적 지식보다 한 인간의 실존(마음)과 더 밀접한 관련을 맺고 있다고 주장한다.[81] 여기에서 우리는 마음의 감각은 존재의 본질이 사용하는 한 부분이라고 여겨진다. 본질은 발휘되는 성향성의 특징을 통하여 마음의 감각을 발산한다. 그래서 마음의 감각(애정)은 그 자체로 열매를 맺으며 그 가운데서도 성령의 내재를 통하여 그리스도와 말씀의 진리와 실재에 대한 확신을 샘솟게 하는 성령의 내재(內在)를 확신한다. 그러한 확신은 에드워즈에게 있어서 구원을 얻는 믿음

---

[80] Edwards, *The Works of Jonathan Edwards: Religious Affection*, vol. 2, 101. 에드워즈는 여기에서 애정의 개념을 육체적 애정과 거룩한 애정으로 때에 따라 구분하여 사용하고 있음을 알 수 있다.
[81] 이상현 편, 『조나단 에드워즈의 신학』, 220.

과 같은 것이다.⁸² 그것은 거짓된 애정 및 마음 상태와 구별할 수 있는 징표 내지 표지가 있다고 설명한다.

그는 고린도전서 2:14의 내용과 같이 성도들에게만 이해가 가능한 영적인 이해와 깨달음을 구원에 이르는 믿음을 소유한 마음의 애정(신앙적 애정) 가운데서 제시하려고 하고 있다.⁸³ 특히, 에드워즈가 인식하고 있는 신앙적 애정에 대한 신학적 개념은 마음의 감각이라는 인식을 통해 하나로 통일되고 있음을 아래의 『신앙 감정론(신앙 애정론)』을 통하여 알 수 있다.

> 그러므로 앞에서 말한 내용을 근거로 우리는 영적인 이해란 무엇인가에 관해 필연적으로 다음과 같은 결론에 이르게 된다. 영적인 이해란 곧 마음의 감각, 최상의 아름다움과 감미로움 또는 신적인 실재의 도덕적 완전함에 대한 감각, 더불어 그러한 감각에 의존하고 거기서 흘러나오는 신앙적인 일들에 대한 모든 분별과 지식이다 … 영적인 이해란 대체로 그러한 영적인 아름다움에 대한 마음의 감각이다.⁸⁴

에드워즈는 마음의 감각이 영적 이해를 통해 표현되며 이에 대한 가장 중요한 표지는 "거룩한 실천"이라고 강조한다. 이 실천은 지각이나 감각이 아니라 행동의 영역에 있다. 거룩한 실천의 경향성(성향성)을 만드는 유일한 신앙적 애정은 종합적인 "마음의 새로운 감각"이다.⁸⁵ 꿀의 맛이 꿀의 지적인 맛의 개념과 다른 것처럼 이것은 다른 모든 감각과는 다른 맛이다.⁸⁶ 마이클 맥클리몬드(Michael J. McClymond)와 제럴드 맥더모트(Gerald R.

---

82 이상현 편, 『조나단 에드워즈의 신학』, 220.
83 이상현 편, 『조나단 에드워즈의 신학』, 222.
84 Edwards, *The Works of Jonathan Edwards: Religious Affection*, vol. 2, 272.
85 맥더모트, 『조나단 에드워즈 신학』, 408.
86 맥더모트, 『조나단 에드워즈 신학』, 409.

McDermott)는 자신들의 저서인 『조나단 에드워즈의 신학』에서 아래와 같이 논지하고 있다.

> 중생을 경험한 사람은 이 하나의 체험이 인간의 모든 경험의 의미를 밝혀주고 모든 생활에 빛을 비춘다는 것을 깨닫는다. 이처럼 에드워즈의 신앙 애정론에서 도출된 "새로운 감각"은 은혜의 불연속성과 인간 본성의 연속성을 융합한, 청교도와 계몽주의 사상의 창조적인 종합이다. 더 나아가 "새로운 감각"은 에드워즈가 18세기 종교(영적) 대각성 가운데 은혜로운 경험과 자연적인 경험 사이를 판단하는 기초가 되었다.[87]

그러나 에드워즈는 애정의 중요성과 참된 애정을 분별해야 한다는 주장을 입증하는 과정에서 많은 어려움에 부딪혔다. 왜냐하면, 당시에 영적 대각성의 시대적 환경 속에서 많은 사람이 신앙적인 열성 그 자체로 정당화되며 참과 거짓을 구별한 표지를 필요로 하지 않는다고 믿는 경향이 있었기 때문이다.[88]

사실 에드워즈는 신앙적 열성이 있음에도 불구하고 『신앙 감정론(애정론)』에서 은혜를 매우 적게 받은 성도들이나 세속적인 일에 깊이 물든 성도들을 염두에 두고 말했지만 우리 역시 보통 성도들에게까지 범위를 더 확대해서 적용할 수 있다고 생각한다. 그러나 일반적으로 성도들이 죄의 영향으로 인해서 영적 감각이 완전히 건강하게 작동되지 않는다는 사실이 중요하다.[89]

에드워즈는 참된 신앙과 거짓된 신앙을 구별할 수 있는 확실한 표지 12

---

[87] 맥더모트, 『조나단 에드워즈 신학』, 410.
[88] 이상현 편, 『조나단 에드워즈의 신학』, 224.
[89] 이진락, "조나단 에드워즈의 '신앙적 정서'에 관한 연구," 108.

가지를 제시했다. 12가지 표지들은 신앙적 애정 자체의 표현이다. 그가 제시한 신앙 애정론의 12가지의 구분에서 마지막 12번째 표지인 실천을 통해 가시적으로 표현될 수 있기 때문에 그가 고찰하고 있는 신앙 애정론의 표지론이 "의"가 있게 된다고 할 수 있다.[90]

왜냐하면, 에드워즈가 설명하고 있는 신앙적 애정의 표현은 감정의 원천 혹은 토대로서 성령의 내주를 통한 새로운 감각 및 영적인 지식을 언급하고 있기 때문이다.[91] 그러므로 에드워즈는 『신앙 애정론』에서 지적한 11가지의 신앙적 애정의 표지는 구원받은 사람들에게 성화의 진정성을 나타내는 중요한 개념이며, 동시에 12번째의 실천을 통하여 그 개념을 더욱 확고히 하고 있다고 볼 수 있다.

특히, 에드워즈가 강조한 신앙적 애정의 표지는 성령 임재의 실재를 드러내는 것으로 보고 있다.[92] 비록 실천이라는 표지를 통해서 완벽하게 구별을 해내는 것은 불가능한 일이지만 공적인 영역에서 시험한다면 상당한 정도로 건전하게 구별할 수 있다고 에드워즈는 믿었다.[93] 에드워즈는 『신앙 애정론』에서 진심으로 그리스도를 구세주로 영접할 수 있는 깨달음에 대하여 아래와 같이 설명하고 있다.

> 자신의 죄와 비참, 허무함과 무기력함, 그리고 마땅히 받아야 할 영원한 심판에 대한 깨달음이 없다면 그 죄인은 그리스도를 진심으로 구세주로 영접할 수 없다는 것과 그렇기 때문에 그러한 깨달음은 그의 영혼에 일어난 일 속에 반드시 어느 정도 내포되어 있어야 한다는 것은 성경의 원리로

---

[90] 이진락, "조나단 에드워즈의 '신앙적 정서'에 관한 연구," 143.
[91] 이진락, "조나단 에드워즈의 '신앙적 정서'에 관한 연구," 142.
[92] 이진락, "조나단 에드워즈의 '신앙적 정서'에 관한 연구," 144.
[93] 이진락, "조나단 에드워즈의 '신앙적 정서'에 관한 연구," 145.

분명하게 증명할 수 있다. 하지만 증명할 수 없는 것도 있다. 연속적이지만 제각기(단계에 따라) 분리된 성령의 사역들이 진실로 회심한 모든 사람에게 분명하고 확실한 것이라고 할지라도, 그리스도를 믿는 신앙 행위 속에 함축되거나 전제된 모든 것이 영혼 속에서 분명하고 뚜렷하게 일어난다는 주장은 필연성을 증명할 수 없다.[94]

더 나아가 에드워즈는 행위가 아무리 신앙의 증거가 되는 표지라 할지라도 인간에게 숨겨져 있는 목적이 행위 속에도 숨겨져 있음을 『신앙 애정론』에서 아래와 같이 말하고 있다.

> 신앙고백의 진정성에 대한 증거로서 경건한 삶이 필요하다는 것은 분명한 사실이지만, 그렇다고 해서 "그것이 무엇이든 산에 겉으로 드러나 보이는 것이 은혜를 받은 것에 대한 확실한 증거가 될 수 없다." 입으로 신앙을 고백하는 동시에 삶으로 신앙을 나타내는 사람을 성도로 여기는 것이 맞지만, "겉으로 드러나는 어떤 것도 그 영혼의 상태를 절대적으로 정확히 가늠하기에는 충분하지 않다. 우리가 그 사람의 마음을 볼 수가 없을뿐더러 그의 모든 행실을 아는 것이 아니기 때문이다. 많은 부분이 은밀하게 가려져 있고, 사람들의 눈에 드러나지 않는다." 또한 이런 외적인 행실들이 다른 원리나 목적이 아닌 하나님을 향한 사랑에서 비롯된 것인지, 그렇다면 어느 정도나 그런 것인지 우리는 전혀 알 수 없기 때문이다.[95]

이처럼 에드워즈는 신앙고백의 진정성에 대한 증거로서 경건한 삶과 행

---

[94] Edwards, *The Works of Jonathan Edwards: Religious Affection*, vol. 2, 160-161.
[95] 스톰즈, 『우리 세대를 위한 조나단 에드워즈 신앙 감정론』, 196.

위가 필요하다는 것은 분명한 사실이지만, 그렇게 기대하는 대로 성화되어 가고 있지 않은 많은 모습을 보면서 고민한 흔적들이 있다. 또한 자기 자신의 삶을 되돌아보면서도 그는 같은 질문을 던지고 있다. 조지 M. 마즈던(George M. Marsden)은 에드워즈의 1723년 9월의 일기에서 발견한 에드워즈의 기록을 아래와 같이 소개하고 있다.

> 나이 든 사람들이 좀처럼 새로운 발견을 하지 못하는 것은 그들이 오랫동안 사용하던 사고방식을 벗어나지 못하기 때문이라는 사실을 깨달았다. 그러므로 만일 내가 오래 살 수 있다면, 나는 모든 새로운 발견의 근거들을 편견 없이 들어보고 그것들이 합리적이라면 내가 얼마나 오랫동안 다른 방식으로 사고해 왔든지 간에 그것들을 받아들이기로 했다.[96]

이러한 그의 기록을 통하여 사람은 자신 안에 오랫동안 삶의 방향을 결정해 오던 생각의 틀을 바꾸기가 쉽지 않다는 것을 알게 한다. 왜냐하면, 인간의 감정(육신적 애정)은 평생을 통하여 육신의 정욕과 안목의 정욕과 이생의 자랑(요일 2:16)을 통해 세상의 문화와 끊임없는 교제를 하면서 가치관을 만들었다. 그뿐만 아니라 자신을 가장 유쾌하게 하고 좋아하는 것에 동기를 받으면서 나름의 습관을 쌓아가며 확신을 가지고 자기 생각의 틀을 형성해 왔기 때문이다.

그러나 신앙적 애정은 성령이 이끄는 새로운 것에 지성이 관심을 끌게 만들 수 있는 동기를 부여한다. 왜냐하면, 에드워즈는 우리의 이런 감정(육신적 애정)이 삶의 모든 문제에서 사람을 움직이게 하며 사람이 추구하는 일

---

[96] 마즈던, 『조나단 에드워즈 평전』, 129.

에 관여하도록 하는 근원이라고 보기 때문이다.[97] 모든 감정(육신적 애정)은 동기를 일으키는 성향의 표지이기 때문이다.

인간은 누구나 다 숨은 목적을 가지고 있다. 구원에 이르는 믿음을 소유했다고 하더라도 오늘날과 같이 현대 문화의 영향을 받고 사는 그리스도인들도 어느 한쪽을 택하든지 감정적(육신적 애정) 기욺 현상 가운데 숨은 목적이 있다. 더 나아가 인간은 이미 자신 안에 사용하던 인식의 틀 안에서 조정되어 큰 군중 가운데서 자기가 무명의 인물과 미지의 사람으로 있는 것을 좋아하거나 대수롭지 않게 여긴다.[98]

에드워즈는 이러한 감정(육신적 애정)의 기욺 현상도 성향의 부패에서 오는 결과임을 논증하고 있다. 이를테면 자신의 인식의 틀 안에서 하나님이 주신 거룩한 애정을 인식하는 것만으로 만족하게 여기고 사는 그리스도인들이 많다. 그 민족이 그들 자신만이 가시고 있는 숨은 목적이다. 이에 대하여 에드워즈는 아래와 같이 지적하고 있다.

> 거룩한 애정을 가진 사람이 거룩한 삶을 살 수밖에 없는 이유는, 하나님을 아는 지식이 유용하거나 혹은 이 지식을 통해 얻게 될 좋은 결과를 기대해서가 아니라, 하나님 그분의 탁월함이 좋아서 오직 그분만을 추구하기 때문이다. 하나님으로 인해 얻게 될 이득 때문에 하나님을 추구하는 사람은, 이득이 사라지거나 손에 쥘 수 없게 되었을 때 하나님을 향한 열망도 식을 수밖에 없다. 하나님을 추구하는 것이 아무리 고통스럽고 힘들어도 은혜로운 애정을 가진 사람이 끝까지 하나님을 찾을 수 있는 이유가 바로 여기 있다. 경건을 추구하는 것이 힘들고 손해를 보는 것으로 드러날 때, 중

---

[97] Edwards, *The Works of Jonathan Edwards: Religious Affection*, vol. 2, 101.
[98] 데이비드 웰스, 『용기있는 기독교』, 홍병룡 역 (서울: 부흥과개혁사, 2008), 74.

생하지 못한 사람은 자신의 이득을 위해 경건을 버린다. 그러나 그저 하나님이 좋아서 사랑하는 사람은 하나님 본성의 탁월함과 아름다움에 완전히 매료되어서 어떤 시련이나 손실이 와도 끝까지 사랑한다.[99]

그러므로 에드워즈가 믿음의 본질을 강조할 수 있는 성화론은 "행위의 표지"를 강조하고 있는 "진정한 애정의 열 두 번째 표지"에서 어느 정도 구현할 수 있다고 여겨진다. 그는 열매로 나무를 아는 것은 우리가 사람을 판별하는 방식일 뿐 아니라 다른 사람들이 "우리 자신의 신앙고백의 진정성을 판단하는 길이기도 하다"(마 5:16)라고 말한다.[100] 그는 믿음의 사람들이 언어를 사용하여 표현하고 있는 믿음의 정체성을 아래와 같이 표현하고 있다.

> 믿는다는 말이나, 회심했다는 말이나, 어떻게 믿음을 갖게 되었고, 어떻게 그 믿음이 역사했는지, 어떤 믿음의 체험을 가졌는지, 믿음을 통해 새롭게 발견한 바가 무엇인지를 말하는 것은 하나같이 말을 통해 믿음을 나타내는 것이다. 이것은 단지 말로 자신의 믿음 있음을 보여주는 것뿐이다. 이것은 사도가 말한 행실과 행함으로 믿음을 나타내는 것에는 전혀 미치지 못한다.[101]

에드워즈는 자신의 믿음을 행함으로 나타내지 못하고 말로만 표현하는 표지도 믿음을 통해 나타내는 것이라고 설명한다. 그러나 그는 믿음의 진정한 표지는 한 단계 더 하나님과의 관계 속에서 표현된다고 하면서 믿음

---

[99] 스톰즈, 『우리 세대를 위한 조나단 에드워즈 신앙 감정론』, 185.
[100] 스톰즈, 『우리 세대를 위한 조나단 에드워즈 신앙 감정론』, 192.
[101] 스톰즈, 『우리 세대를 위한 조나단 에드워즈 신앙 감정론』, 192.

의 상태를 아래와 같이 설명하고 있다.

> 어떤 사람이 다른 사람을 향한 자신의 사랑과 변치 않는 우정을 고백한다면, 단지 입으로 말하는 것만으로는 그것이 진심인지 알 수 없다고 이성은 말한다. 그러나 그 사람이 항상 성실하게 자기 친구를 돕기 위해 애쓰고 힘쓸 뿐 아니라 그를 위해 자기 생명까지도 기꺼이 내어놓는다면, 그의 말은 훨씬 더 큰 무게로 다가갈 것이다 … 간증과 위대한 이야기와 열정적인 설교는 경건과 사랑의 삶이 따라올 때 비로소 의미가 있다.[102]

그뿐만 아니라 에드워즈는 "그렇다고 해서 그리스도인이 입으로 하는 신앙고백이 중요하지 않다거나 불필요하다는 의미는 아니다"라고 강조한다. 그는 경건의 삶이 필요하냐고 말할 때는 이미 "그리스도인의 신앙고백을 전제한 것이다. 말로 하는 신앙고백이 그 자체로 신앙의 주된 증거가 될 수 없고 독특함을 갖는 것은 아니지만, 신앙고백은 필요한 것이다"라고 설명한다.[103] 에드워즈는 믿음의 실천이 가지고 있는 개념을 진정성이라고 하는 이해와 연결하면서 "진정한 신앙 애정의 열두 번째 표지"에서 영적인 감각과 관련된 실천에 관해 아래와 같이 묘사하고 있다.

> 더 명확한 이해를 위해 나는 은혜의 활동에는 두 종류가 있음을 살펴볼 것이다.
> 첫째, 사람들이 내재적인 행동이라고 부르는 것들이 있다. 그것은 영혼 안에 남아있는 은혜의 역사인데, 외적으로 행해지는 것이나 혹은 행동으로

---

[102] 스톰즈, 『우리 세대를 위한 조나단 에드워즈 신앙 감정론』, 192-193.
[103] 스톰즈, 『우리 세대를 위한 조나단 에드워즈 신앙 감정론』, 194.

전해지는 것과 직접적인 관련이 없으며, 거기에서 시작되고 끝이 난다 ···.
둘째, 다른 은혜의 활동들이 있는데, 그것은 더 엄격히 실천적 혹은 효과적인 활동이라고 불리는데, 왜냐하면, 그것들이 직접 무언가를 행해지게 만들기 때문이다 ··· 이러한 은혜의 활동들은 실천적이며 선한 역사를 만들어 내는데, 그것들은 생산적인 본성을 지니기 때문일 뿐만 아니라, (왜냐하면, 참된 은혜의 모든 역사가 그러하다) 행동들을 만들어 내기 때문이다. 이것은 의지의 활동 안에 있는 은혜의 역사이고 영혼의 실천이다.[104]

에드워즈는 이러한 실천적인 행위의 표지들이 신앙적 애정 그 자체임을 마지막으로 결론 지으면서 아래와 같이 강조하고 있다.

결과적으로 신앙의 진정성을 가늠하는 모든 표지 가운데 가장 효과적이고 탁월한 증거로 사람의 행실을 꼽는 이유는 무엇인가? 모든 결정의 순간마다 실제로 택하는 행동이야말로 마음이 좋아하는 것이 무엇인지를 가리킨다. 다시 말해 사람의 행위는 그의 마음이 좋아하는 것이 무엇인지를 가늠하는 잣대다. 사람의 마음을 가늠해 볼 수 있는 가장 좋은 시금석은 그가 하나님과 세상 사이에서 선택하는 그 순간이다. 하나님을 택하는 것을 그가 고백한 것들이 그 마음에 있다는 증거다. "경건은 하나님의 뜻을 행하는 마음에 있다."[105]

물론, 참 신앙과 거짓 신앙을 완벽하게 구별하는 것은 오직 하나님께만 속한 일이다. 에드워즈 자신도 이 문제를 인식하고 참된 신앙과 거짓 신앙

---

[104] Edwards, *The Works of Jonathan Edwards: Religious Affection*, vol. 2, 422-423.
[105] 스톰즈, 『우리 세대를 위한 조나단 에드워즈 신앙 감정론』, 196.

을 어느 정도까지는 구별할 수 있지만 완벽하게 구별할 수는 없으며, "누가 경건한지 아닌지를 결정할 수 없다"고 결론 내렸다. "주님만이 이런 것들을 아신다"라고 설명한다.[106] 그럼에도 에드워즈는 그가 모든 지식에 대한 통합된 설명을 발전시킬 수 있다고 믿었다.

그러나 그것은 경험이나 이성만으로는 발견될 수 없었다. 물론 하나님은 모든 피조물 세계와 모든 생명체 속에서 말씀하셨다. 달리 말하면 사람이 온 우주를 열 수 있는 열쇠를 찾을 수 있는 유일한 곳은 성경이었다. 모든 지식은 그곳에서 시작해야 한다. 에드워즈에게 성경은 정보의 원천이 아니라 도전적인 삶의 전망을 갖도록 해 주는 필수적인 안내서였다.

여호와를 경외하는 것이 지식의 근본이었다(잠 1:7).[107]

결과적으로 성경의 이 언급은 지식이 성장하는 것처럼 구원하는 믿음을 소유한 인간도 성화의 과정이 필연적임을 지적한다.

에드워즈가 언급한 신앙 애정론에서 표현된 거룩한 애정을 통해 인간의 신앙적 애정이 "어떻게 표지되는가?"

이에 따라 성화의 진정성을 어느 정도 가늠할 수 있다고 본다. 에드워즈는 신앙적 애정의 표지를 "성향성"이라고 하는 인간 본성과 연계하여 구원받은 믿음을 소유한 그리스도인들이 성화의 과정에서 표지하는 중요한 요소로 부각하고 있다.

---

[106] 맥더모트, 『조나단 에드워즈 신학』, 497.
[107] 마즈던, 『조나단 에드워즈 평전』, 130.

3. 영적 인지와 동기

인간의 지식과 정신 발달 과정을 보면 외부로부터 받은 인상과 자극은 감각 기관을 통해 두뇌에 전달되어 그중 일부만이 남는다. 그 흔적이 상상의 세계와 기억의 세계를 형성한다. 인지는 사진을 찍는 것과는 다르기 때문에 본 것이라고 다 인지하는 것은 아니다. 왜냐하면, 인지한 내용에는 그 사람의 개인적 특성이 항상 내재하여 있기 때문이다. 같은 그림을 본 두 사람에게 인지한 내용에 관해 물어보면 각각 다른 대답을 한다.[108]

이러한 현상을 보면서 인지한 것은 정신 속에 그 흔적을 남긴다. 이것은 기억이다. 그러므로 인지와 평가 속에는 기억이라는 기능이 항상 존재하고 있다. 그 때문에 어떤 것은 기억하면서 어떤 것은 왜 잊어버리는가 하는 질문은 매우 중요하다. 물론 인간이 나이가 들어서 기억력의 기능이 약해지는 것을 예외 하고서라도 인간은 "인지와 평가"를 통하여 자신이 의도하는 목표에 적응하려는 노력의 일환을 자연스럽게 발산하고 있다.[109]

인간의 자아 의식에 대한 발달을 평생의 과정을 통해 달성되는 심리적 과업으로 보고 구체적 생활에서의 과제를 제시한 에릭 에릭슨(Erik H. Erikson, 1902-1994)은 특히 출생 후 시작되는 정신 발달을 정체성을 확립해 가는 과정으로 해석하고 있다.[110] 영적 신앙에서도 이것은 마찬가지다. 에드워즈도 베드로전서 1:13을 인용하여 "항상 어린아이 같은 상태로 머물러 있는 기독교인이 되어서는 곤란하다. 기독교 신앙에 관한 우리의 지식은 날마다 성장해야 한다"라고 했다.[111] 특히, 에드워즈는 인지와 평가가 영적

---

[108] 아들러, 『인간 이해』, 53.
[109] 아들러, 『인간 이해』, 54
[110] 박아청, 『에릭슨의 인간 이해』. 25.
[111] Edward Hickman, ed. *The Works of Jonathan Edwards: Christian Knowledge*, vol. 2 (Edinburgh: Banner of Truth Trust, 1995), 157.

인 부분에서는 영적 애정을 경험하기 전에 존재해야 한다고 하면서 아래와 같이 설명하고 있다.

> 많은 사람이 영적 애정은 일전한 순서에 따라 일어나야 한다는 것을 인정하지 않는다. 그들은 죄에 대한 자각, 하나님의 심판에 대한 두려움, 그리고 영적 무력함 같은 것들이 회심을 경험하기 전에 꼭 있어야 한다고 생각하지 않는다. 이것은 인간의 논리일 뿐이라고 일축한다 … 그러나 하나님께서 죄인들을 구원하시기 전에 그들에게 구원에 대한 필요성을 느끼게 해 주신다는 것은 분명 합리적인 생각이다.[112]

에드워즈는 그리스도인들이 하나님의 은혜를 깨달은 후에 찾아오는 회심을 통해 인지와 회심의 관계를 강조한다. 그는 인간이 지성을 가진 피조물이기 때문에 하나님은 인간을 그런 방법으로 대하신다고 강조한다. 결과적으로 에드워즈는 하나님이 죄인들을 구원에 이르게 하신 후 그들의 구원을 깨닫도록 이끌고 가신다고 설명한다.[113]

영적 인지의 부분에서 불확실한 표지를 기준으로 삼지 않고 실존적 존재를 드러내는 확실한 표지들을 기준으로 삼아야 한다고 강조한다. 이를 통해 에드워즈의 성화론에는 영적 인지와 평가, 그리고 동기의 실존적 존재들이 밀접하게 연결됨을 보여주고 있다.[114]

에드워즈는 인간에게 다른 피조물과 구분하는 중요한 요소가 존재한다고 지적한다. "인간을 짐승과 구분하는 가장 중요한 기능"은 이해의 기능이라고 말하면서 인간은 이 기능의 향상을 주된 과업으로 삼아야 한다고

---

[112] Edwards, *The Experience that Counts* (London: Grace Publication Trust, 2016), 52.
[113] Edwards, *The Experience that Counts*, 53.
[114] 이진락, "조나단 에드워즈의 '신앙적 정서'에 관한 연구," 110.

강조한다.[115]

또한, "이해의 기능을 결코 부차적인 것으로 무시해서는 안 된다"라고 했다. 왜냐하면, 믿음은 하나님의 선물이며(엡 2:8), 이것은 하나님의 은혜를 통한 마음의 인식이다. 더 나아가 의지적, 애정적으로 하나님의 진리를 "사랑하는 지식"이기 때문이다.[116]

에드워즈는 하나님의 은혜가 행실(行實)의 원리이기 때문에 하나님의 은혜가 원리라면 원리와 행동은 관계되어 있으며 특히 은혜는 행실을 유발하는 원리라고 하는 개념에서 볼 때 은혜는 행실의 동기로 볼 수 있다.

리차드 니버(Richard Niebuhr)와 폴 틸리히(Paul Tillich)는 신앙은 보편적인 인간의 관심이기 때문에 인간은 인간의 삶을 가치 있게 하는 것이 무엇인가에 관해 관심을 갖게 된다고 말한다. 인간은 자신이 사랑하는 것을 사랑하고, 자신에게 가치를 부여해 주는 것에 가치를 부여하며, 자신의 존재를 지탱하는 힘을 소유한 것을 존중하며, 그것에 경의를 표하고 싶어 한다.[117] 그러나 에드워즈는 이러한 보편적인 인간적 관심을 성향성이라고 하는 인간 자신의 본성에 대한 관점에서 아래와 같이 분석하고 있다.

> 모든 지성적인 존재들은 자신의 행복을 바라고 추구하려는 성향이 있습니다. 그래서 부단히 노력합니다. 사람이 죄를 회개하고 거룩해진다고 해서 그 변화가 자기 행복에 대한 사랑을 하찮게 생각하게 만들지는 않습니다. 오히려 자신을 사랑하고 그 사랑의 영향을 받는 변화를 가져옵니다. 그 변화의 과정은 자기 사랑을 목적으로 유도되고 있습니다 … 만일 자기의 행복을 사랑하는 것이 거룩하여 짐에 따라 감소한다면, 성화는 행복 자체를

---

115 Hickman, ed. *The Works of Jonathan Edwards: Christian Knowledge*, 158.
116 체리, 『조나단 에드워즈의 신학』, 50.
117 제임스 파울러, 『신앙의 발달 단계』, 사미자 역 (서울: 한국장로교회출판사, 2010), 29.

감소시키는 것이 될 것입니다. 어떤 사람이든지 행복을 사랑하는 것이 적을수록, 행복을 위해 하는 수고도 적을 것입니다. 그럴수록 행복은 감소하는 결과를 초래할 것입니다.

… 그는 전에 가지고 있던 자기 사랑을 소유하고 있습니다. 의심할 여지없이 성도들이 자신의 행복을 사랑하는 사랑은 악인들이 자신을 사랑하는 것과 같은 분량입니다. 그러므로 만일 우리가 자신과 자신의 행복에 대한 사랑을 절대적으로 생각한다면, 자신을 지나치게 사랑한다는 개념은 애초부터 생각할 수 없습니다. 왜냐하면, 자기를 사랑하는 것이 모든 경우에 같기 때문입니다. 그러나 저는 다음과 같은 논리를 말씀드리겠습니다.

즉, 과도한 사랑은 "부패한 자기 사랑"에서 나옵니다. 그것은 두 가지 요소가 있습니다. "상대적으로 너무 지나치게 되는" 경우요, 그 다음은 그것이 "자신에게만 국한되는" 경우입니다.[118]

에드워즈는 앞에서 언급한 니버와 틸리히의 보편적 사랑의 가치관을 부패한 자기 사랑과 관계시킨다. 그는 이러한 보편적 사랑은 인간 존재의 본질인 부패한 성향에 의해 나타난다고 논지한다. 에드워즈는 과도한 사랑이 "부패한 자기 사랑"에서 나오는 것으로써 그것은 "자신에게만 국한되는 것"이라고 지적한다.

이러한 보편적인 사랑에 대한 에드워즈의 인식은 구원하는 믿음을 소유한 성도들에게 나타나는 영혼의 거룩한 실천과 그 열매를 다르게 보고 있기 때문이다. 그는 영혼의 거룩한 실천은 은혜의 역사를 통해서만 표지되는 거룩한 행동을 의미한다고 강조한다.[119] 즉, 에드워즈가 설명하고 있는

---

[118] Edwards, *Charity and Its Fruits* (Austin: Alacrity Press, 2015), 78.
[119] Edwards, *Works of Jonathan Edwards: Religious Affection*, vol. 2, 422.

열매와 실천은 은혜의 표지가 아니라 그 은혜 자체이다. 그러므로 실천의 원인은 영혼이 거룩하게 되는 원인자를 가지고 있으며, 그것은 하나님의 은혜이며 성령의 이끄심에서 출발한다고 말할 수 있다. 이 시점에서 에드워즈는 거룩한 이끄심을 인지할 수 있는 거룩한 지식은 "인식을 통해 은혜가 되고 은혜를 통해 인식한다"는 것을 아래와 같이 설명하고 있다.

> 마음속에 있는 모든 참된 은혜와 함께 주어지는 신령한 지식과 총명도 거룩한 실천으로의 성향을 지닙니다. 하나님과 하나님께 속한 것들을 아는 참지식은 실천적인 성격을 띱니다.
> 하나님께 속한 것들에 대하여 바른 지식을 가져 구원에 이르는 자는 성결의 탁월성과 성결케 되는 방식을 압니다. 왜냐하면, 그는 하나님의 아름다움과 탁월성을 알기 때문입니다. 그 아름다움과 탁월성은 그분의 거룩하심에 있기 때문입니다.[120]

에드워즈는 영적 인지와 평가에는 하나님 자신의 거룩한 실천으로서의 성향이 있기 때문에 하나님의 거룩함을 아는 인지와 평가가 거룩한 실천의 원인자라고 말한다. 그는 하나님의 탁월성과 거룩하심은 하나님만이 가지고 있는 것이기 때문에 구원받은 사람이 하나님의 거룩함에 대한 자율적 인식론은 하나님이 이끈 영역 안에서 이해하려고 한다. 이에 대해 에드워즈는 영적인 지식의 소유와 무소유에 대해 아래와 같이 비교하면서 구체적으로 설명하고 있다.

> 바로는 자기가 어째서 하나님께 복종해야 하는지 이 이유를 알지 못하였고

---

[120] Edwards, *Charity and Its Fruits*, 108.

하나님이 누구신지 알지 못하였다. 그래서 그는 "여호와가 누구 관대 내가 그 말을 듣고 이스라엘을 보내겠느냐?"(출 5:2)

이는 악인들이 불의를 행하며 자신을 그처럼 악하게 방임하는 이유가 됩니다. 시편 기자의 말처럼 그들은 영적인 지식이 하나도 없습니다.

죄악을 행하는 자는 다 무지하냐 그들이 떡 먹듯이 내 백성을 먹으면서 여호와를 부르지 아니하는도다(시 14:4).

하나님께서 이스라엘 백성에게 자신을 아는 참된 지식을 묘사할 때에 하나님을 아는 지식의 참 열매로 거룩한 삶을 맺게 될 것이라고 말씀하셨습니다.

그는 가난한 자와 궁핍한 자를 변호하고 형통하였나니 이것이 나를 앎이 아니냐 여호와의 말씀이니라(렘 22:16)….

영적인 지식과 이해는 그것을 지닌 사람의 마음을 탁월하게 합니다.

말을 아끼는 자는 지식이 있고 성품이 냉철한 자는 명철하니라(잠 17:27).

탁월한 마음은 그에 상응하는 행실을 낳습니다.[121]

---

[121] Edwards, *Charity and Its Fruits*, 108.

이처럼 에드워즈는 성경을 인용하여 하나님의 이끄심에 대한 영적 인지(認知)를 다양하게 소개하고 있다. 그는 은혜를 정의하자면 "거룩한 행실의 원리"라고 말한다. 생명의 원리 자체가 삶 속의 행실의 원리라고 강조하면서 원리가 강력할수록 작용과 실제를 유발하는 데 있어서 더욱더 효과적이며, 보편적으로 마음속에 역사하는 모든 참된 은혜는 생활 속에서 참된 실천을 낳게 한다.[122] 결과적으로 에드워즈는 하나님의 은혜가 영적 인지의 원인이며 거룩한 행동의 동기까지 유발하는 원리임을 강조하고 있다.

에베소서 2:1-4에서도 볼 수 있듯이 하나님의 인간에 대한 구원은 전적으로 부패하였을 때이며 인간의 자연적 인식으로는 하나님을 전혀 알 수도 없었던 때에 허물로 이미 죽은 우리를 하나님의 은혜로 구원하셨다고 선포하고 있다. 이를테면 구원에 이르는 믿음을 소유하고 있는 인간 존재의 본질이 하나님의 은혜를 느끼며 평가하고, 동기를 창출한다. 에드워즈는 존재의 본질이 인식과 평가, 그리고 동기가 발생함에 대해 아래와 같이 설명하고 있다.

> 본질의 순서상, 구원하는 믿음의 본질에 속하는 것은 사람이 구원의 상태에 있는 것보다 앞섭니다. 왜냐하면, 그를 구원의 상태에 있게 하는 것이 바로 구원하는 믿음이기 때문입니다. 그러므로 자신이 구원의 상태에 있다고 믿는 것은 그러한 상태에 있기 위해서 본질적이고 필연적이 일이 아닙니다. 그것은 모순입니다. 본질의 순서상, 그가 좋은 상태에 있다고 믿는 것이 그가 실제로 좋은 상태에 있는 것보다 앞선다고 생각한다면 그것

---

[122] Edwards, *Charity and Its Fruits*, 108.

은 모순입니다.[123]

칼빈도 종교적 신앙을 일종의 지식으로 표현했다. 그러나 인간은 깊은 존재에까지 이르는 지식으로 묘사했다. 그리고 믿음은 하나님의 계시, 하나님의 말씀에 관한 지식이라고 강조하면서, 하나님의 말씀은 머리를 스쳐 지나갈 때가 아니라 마음속 깊이 뿌리를 내릴 때 믿음으로 받아들여진다고 지적하고 있다.[124] 결국, 그러한 마음속에 인식은 이미 하나님의 은혜를 통한 구원의 빛이 들어온 후에 알 수 있는 마음의 인식이다.

체리(Cherry)는 에드워즈가 17세기 뉴잉글랜드의 신학자였던 토마스 쉐퍼(Thomas Schaeffer)의 저술들을 주의 깊게 읽었다고 하면서 쉐퍼도 "지성 강조를 제안했다"라고 설명한다. 그러나 쉐퍼는 복음이 먼저 마음에 그리스도를 계시하고 그 다음에 그를 의지하라고 하듯이, 복음과 병행하는 믿음도 "먼저 그리스도를 보고 그 다음에 기쁜 마음으로 그리스도를 영접하며 그 다음에 전 영혼이 그리스도에게 나아가기 때문이다"라고 주장한다. 그러나 그의 이러한 주장은 의지를 지성에 종속시키고 있다고 볼 수 있다.[125]

인간의 행동에 여러 가지 구별되는 능력들로 분리되었기 때문에 믿음의 행위의 본질은 인간이라는 주체의 통일성보다는 구별되는 작용들로 설명하려는 유혹을 받는다. 그는 믿음이 생길 때 의지가 어떤 일을 하고 지성이 또 다른 기능을 수행한다고 설명한다.

그러면 자연히 "어떤 기능이 맨 먼저 작용하는가?"

이런 의문이 생긴다. 이를 통하여 믿음의 행위의 본질은 인간이라는 주

---

[123] Edwards, *Works of Jonathan Edwards: Religious Affection*, vol. 2, 504-505
[124] 체리, 『조나단 에드워즈의 신학』, 48.
[125] 체리, 『조나단 에드워즈의 신학』, 48.

체의 통일성보다는 구별되는 작용들로 설명하는 유혹을 받는다.[126] 그러나 에드워즈는 끊임없이 "믿음"이란 "이해력의 활동"일 뿐만 아니라 "성향과 선택과 애정의 몰입"이며 전(全) 영혼이 "하나님과 일치하는 것"이라고 말한다.[127] 구원받은 인간의 본성인 마음의 인식은 이성적인 능력을 거룩하게 만든다.

그리고 마음의 인식으로 진리와 거룩한 실재에 대해 이해함으로써 보다 덜 애정적으로 그리고 보다 사색적으로, 타당하게 그것을 점검할 수 있게 된다.[128] 에드워즈는 이에 대하여 아래와 같이 설명하고 있다.

> 지성적인 피조물에게 지식은 즐겁고 유쾌한 것이 아닐 수 없다. 무엇보다도 하나님의 일들을 아는 지식이 특별히 그러하다. 그 이유는 그것 안에 가장 탁월한 진리와 가장 아름답고 사랑스러운 것들이 담겨있기 때문이다 … 하나님의 일들에 관한 지식을 더 많이 가질수록 우리의 의무를 더 잘 이해할 수 있다. 지식이 있어야만 특수한 상황에 부딪혔을 때 어떻게 할 것인지를 알 수 있으며, 마귀의 유혹에 더 잘 대처할 채비를 갖출 수 있다.[129]

여기에서 에드워즈는 하나님의 일들을 아는 지식 자체를 하나님의 피조물로 지적한다. 그는 이러한 지적을 통하여 인간의 본질은 하나님의 지식을 아는 특별한 존재임을 강조한다. 영적 인지는 신앙인으로서 의무를 더 잘 이해할 수 있으며 특수한 상황을 만났을 때 대처할 수 있는 지식을 소유하고 있다고 강조한다. 그는 이러한 하나님의 피조물인 인간의 본성은

---

[126] 체리, 『조나단 에드워즈의 신학』, 49.
[127] 체리, 『조나단 에드워즈의 신학』, 50.
[128] 체리, 『조나단 에드워즈의 신학』, 56.
[129] Hickman Edwards, ed. Jonathan Edwards, *Christian Knowledge* (Edinburgh: Banner of Truth Trust, 1995), 157.

지식을 가질 수 있는 정신의 수동성을 설명한다.

인간의 본질이 가질 수 있는 인지 능력과 하나님이 주신 탁월한 진리를 구별하고 있다. 에드워즈는 이러한 개념을 통해 노쓰엠톤 교인들에게 "실제적인 지식"뿐만 아니라 "사변적인 지식"도 증가시키라고 권고했다. 이러한 지식과 함께 마음의 인식은 명확하게 눈으로 볼 수 있는 행동에 이르는 의지의 자극제요 결정 요소라고 말할 수 있을 것이다.[130] 에드워즈는 영적 인지에 대한 개념을 믿음의 영적 지식과 "맛을 보는" 감각 사이의 유사성으로부터 끌어내어 이해하기를 좋아했다. 그는 마음의 인식을 "거룩한 맛보기" 또는 "마음의 기질"로 표현한다. 그것은 탁월하고 거룩한 것을 영적으로 맛보는 것이다.[131]

맛의 비유는 믿음의 지식이 단순한 추론과는 달리 동일하게 그리고 조화롭게 두 가지 기본적인 인간의 능력에 기조하고 있다는 사실을 분명하게 강조한다. "정신은 사색(思索)하고 주시할 뿐만 아니라 맛보고 느낄 수 있는 바탕"이라는 개념을 통해서 믿음은 이해력과 애정의 작용이 밀접하게 결합한 표지라고 하는 에드워즈의 주장을 뒷받침해 주고 있다.[132]

이러한 영적인 "맛을 본다"는 신학 사상은 그의 독서 배경이 성경을 포함해서 칼빈과 17세기 청교도들 그리고 캠브리지의 플라톤 학파가 가지고 있는 사상에서 나온 것이며 특히 로크의 색채를 띠고 있다. 특히, 로크는 선험적(先驗的) 개념 이론을 거부하며, 모든 지식의 원재료는 경험에서 비롯되어진다고 주장했다. 다시 말하면, "내적 인식의 대상이나 우리들 자신에 의해서 인식된 정신의 내적 작용에 대한 관찰은 이해력에 생각의 재료를 공급해 준다"라고 설명한다.

---

[130] 체리, 『조나단 에드워즈의 신학』, 57.
[131] 체리, 『조나단 에드워즈의 신학』, 58.
[132] 체리, 『조나단 에드워즈의 신학』, 59.

그가 주장하는 근본적인 개념의 두 가지 경험의 원천은 "감각"과 "반영"이다. 특히, 그것은 개별적 경험의 원천이며 언어를 통해서 재생산될 수 없다.¹³³ 로크는 아래와 같이 설명하고 있다.

> 달리 생각하는 사람이 있다면, 그에게 파인애플의 맛을 전달해 줄 수 있는 단어는 어떤 것이 있는지, 그리고 그가 그 과일의 맛에 대한 진정한 개념을 얻게 해 줄 수 있는지 시험에 보라.¹³⁴

에드워즈는 이러한 로크 적 개념을 자신의 인식론에 도입하였다. 에드워즈는 이해력에 대한 생각의 재료를 맛의 감각을 통하여 다른 사람이 대신해서 달콤한 꿀맛을 인식할 수 없다고 지적한다. 에드워즈는 꿀의 맛을 다른 사람에게 전달해 줄 수도 없듯이, 믿음의 지식도 다른 사람에게 도달할 수 없고 다른 사람에게 나누어 줄 수도 없다고 설명한다.¹³⁵ 그는 이러한 개념을 바탕으로 1734년에 "신적이며 거룩한 빛"(A Divine and Supernatural) 이라는 설교를 통해 이 개념을 아래와 같이 설명하고 있다.

> 따라서 하나님께서 거룩하고 은혜로운 분이시다는 견해를 지닌 것과 그 거룩함과 은혜의 사랑과 아름다움의 감각을 지니는 것과는 차이가 있다. 꿀이 달콤하다는 이성적인 판단을 지니는 것과 그것의 달콤함의 감각을 지니는 것과는 차이가 있다. 우리는 지식적으로 알고 있지만, 꿀이 지니는 것과는 차이가 있다. 우리는 지식적으로는 알고 있어도, 꿀이 어떻게 달고 어떻게 달콤한지를 모를 수 있다. 그러나 우리는 그의 마음에 꿀맛의 달콤

---

133 체리, 『조나단 에드워즈의 신학』, 54.
134 체리, 『조나단 에드워즈의 신학』, 55.
135 체리, 『조나단 에드워즈의 신학』, 58.

함을 지니지 못하는 한, 꿀맛을 알 수 없는 것이다.[136]

언어로써 재생산될 수 없는 맛의 개념에는 에드워즈가 도입한 인식론의 새로운 방향이다. 맛의 개념을 전달해 줄 수 있는 언어 개념이 실상 존재한다고 할지라도 그 맛의 개념을 이미 경험을 통해 맛을 알고 있는 사람만이 이해될 수 있는 언어이다.[137] 맥클리몬드와 맥더모트가 에드워즈의 인식론에 대한 신학적 개념을 설명한 것처럼 에드워즈는 이 언어적 이해를 통해 이미 맛의 개념을 알고 있는 인식론을 가지고 영적 인지의 존재를 강조하면서 부각하고 있다.

그렇게 함으로써 그는 실제로 참된 감각은 인식의 존재를 나타낸다고 설명하고 있다. 즉, "꿀의 달콤함에 대한 묘사"를 가장 잘 이해했다고 말할 수 있는 것은 오랫동안 그것에 대해 들어서가 아니라 그것을 맛보았기 때문이다. 실제로 꿀맛을 볼 때 강렬한 지식이나 생생한 이해가 가능하다. 달콤한 생기에 대해 들을 수는 있지만 이런 지식은 향수 냄새를 맡는 것에 비하면 훨씬 열등하다. 또는 어떤 사람이 아름답다는 소문을 믿을 수는 있지만 오로지 외모를 볼 때 그 사람의 아름다움에 대한 참된 감각을 가질 수 있다.[138]

여기에서 에드워즈는 이러한 개념적인 이해를 통하여 하나님에 대한 비(非)회심자의 감각을 비교했다. 신적이며 초자연적인 빛에서 온 새로운 "마음의 감각"만이 인간을 변화시키는 유일한 지식이다. 자연인은 "신학에서 상당한 지식을 가질 수"는 있지만, 이 지식이 자연인에게 영향을 미치지는 않는다.

---

[136] Edwards, *Works of Jonathan Edwards: Sermons and Discourses*, 1723-1729, vol. 17, 414.
[137] 체리, 『조나단 에드워즈의 신학』, 58.
[138] 맥더모트, 『조나단 에드워즈 신학』, 489.

자연인은 하나님의 은혜를 전혀 인식하지 못하는 똑같은 기질과 성향으로 삶을 지속한다.[139] 에드워즈는 마음의 감각을 통한 인식의 중요성과 동기(충동)에 대해 아래와 같이 말하고 있다.

> 마음은 인간의 모든 삶과 행위를 지배한다. 어떤 일을 하고자 하는 모든 충동이 마음에서 비롯한다. 인간이 세속적인 모든 활동에 종사하여 그 일을 수행하게 만드는 것도 마음이다. 특히, 인간은 마음이 원하는 것에 고무되어 열정과 열의를 가지고 그 일을 수행한다. 오늘날 세상은 매우 분주하고 활동적이다. 인간의 마음은 모든 활동의 원천이다.[140]

에드워즈는 마음에 관한 이러한 이해를 통해 영적 인지의 존재를 설명하면서 존재의 기질, 그리고 성향을 아래와 같이 설명하고 있다.

> 마음에는 두 가지 성향이 있다. 우리 영혼은 두 가지 성향에 이끌려 눈에 보이는 것을 굳게 붙잡거나 구하기도 하고, 반대로 그것을 피하고 거부하기도 한다. 사랑, 소원, 희망, 기쁨 감사, 만족 등이 전자에 속하고 증오, 두려움, 분노, 비탄 등과 같은 것이 후자에 속한다.[141]

특히, 그는 묵상을 통하여 자기 인식을 하게 되고 그 인식을 통하여 "나에게 문득문득 떠오르는 생각은 만일 하나님이 나에 대한 죄를 기록하셔야 한다면 틀림없이 내가 온 인류 중에서 가장 악(惡)한 자로 나타날 것이

---

[139] 맥더모트, 『조나단 에드워즈 신학』, 489-490.
[140] Edwards, *The Religious Affections*, 29.
[141] Edwards, *The Religious Affections*, 27.

며 지옥에서 단연코 가장 깊은 자리에 들어갈 것이라는 점이다."[142]라고 하면서 구원받은 믿음에서 인간은 자기 인식의 표지가 진정성이 있음을 드러낸다. 이렇게 그는 "마음의 인식은 본질상 애정의 무의식 상태가 아니라 판단의 행위이다"라고 강조한다.[143] 체리는 에드워즈가 가지고 있는 마음의 인식과 믿음과의 관계를 아래와 같이 설명하고 있다.

> 에드워즈는 믿음의 빛을, 이해력과 의지를 끌어내는 정신적 실체의 원천, 또는 정신적 실체 그 자체로 설명하고 있다. 여기서는 단순한 개념, 즉 하나님이 정신 속에 가져다주신 빛이 인간을 계몽시켜서 그가 '마음의 인식,' 즉 이해력과 '의지 또는 성향'이 협동하고 상호 침투하는 일종의 지식을 갖게 되었다는 사실에, 주목하는 것으로 충분할 것이다. 그러므로 이러한 마음의 인식은 새로운 능력이 아니며, 인간의 다른 능력들에 조사연석으로 추가된 인간의 새로운 능력도 아니다. 인간, 즉 믿음에서 떠난 인간에게도 "본래" 주어지는 능력들은 믿음(자연적이며 본능적인 믿음)의 지식 안에서 작용한다.[144]

에드워즈는 이러한 믿음의 인식들이 자연인에게도 영적인 일들을 연구할 때에 지성만 사용하는 것이 아니라 의지의 동의를 행사하고 강한 애정을 느끼고 있음을 논지하고 있다. 다시 말해, 자연인의 신앙이 신앙의 신비에 대한 탁월한 지식을 가지는 것뿐만 아니라 생생한 신앙 체험을 하는 것도 가능하다.

---

[142] Sereno E. Dwight, ed. *Works of Jonathan Edwards: personal Narrative*, 10 vols. (New York: S. Converse, 1829-1830), 2:325.
[143] 체리, 『조나단 에드워즈의 신학』, 60.
[144] 체리, 『조나단 에드워즈의 신학』, 56.

자연인의 본성적 양심은 참된 영적 감각이 아니지만, 그 영적 감각이 하는 것과 같은 일을 매우 비슷하게 수행한다. 이처럼 성도와 자연인 사이에는 놀라운 유사성이 있다. 그러나 거기에는 매우 거대한 차이가 있다는 것도 분명한 사실이다.[145] 에드워즈는 자신의 영적 여행을 설명하면서 자신의 성화를 위한 영적 훈련의 동기가 궁극적으로 무엇인가를 아래와 같이 설명하고 있다.

> 내가 바라는 천국은 거룩함의 천국, 곧 하나님과 함께 거하고 하나님의 사랑과 예수님과의 거룩한 교제 가운데 영원을 보내는 것이다. 내 마음은 천국에 대한 바라봄, 천국에서 이루어질 이런 바라봄의 향유 그리고 완전한 거룩함과 겸손과 사랑 가운데 천국에 사는 일에 대단히 끌린다.[146]

에드워즈에게 있어서 "영적 인지"(靈的認知)는 예수님과 거룩한 교제를 진행하는 출발점이다. 거룩함과 겸손 그리고 사랑에 대한 표징이 예수님과 교제 가운데 나타나는 표지이면, 이것은 효과적 은혜를 통해 인간 본질의 성향성은 천국이라는 가시적 목표에 대한 영적 인지와 맞물리면서 이를 실천하기 위한 평가와 함께 동기가 돌출된다고 여겨진다. 에드워즈는 노쓰엠톤의 놀라운 회심 이야기에 대한 보고에서 교인들이 수없이 들어서 이미 알고 있던 설교의 내용을 새로운 감각을 통해서 완전히 새롭게 알게 되었다고 말했다.[147] 이 새로운 영적 감각을 통해서 얻게 되는 영적인 일들에 대한 지식이 바로 영적인 인식을 통한 영적인 지식이다. 자연인에게는

---

[145] Miklos Veto, "Spiritual Knowledge According to Jonathan Edwards," trans. By McClymond, Michael J., *Calvin Theological Journal 31* (April, 1996) 164.
[146] Edwards, *Works of Jonathan Edwards: Letters and personal Writings*, vol. 16, 795.
[147] Edwards, *Works of Jonathan Edwards: The Great Awakening*, vol. 4, 180.

이러한 영적인 인식과 지식이 없다.[148]

그러므로 성경은 하나님의 성령과 분리되면 죽은 문자이다. 성경을 통해 얻는 영적인 지식의 산출은 참된 영적 인식을 하는 사람들 안에서 성경 말씀과 성령의 상호 작용에서부터 시작된다. 에드워즈는 인간의 인식 작용은 지성(understanding)과 의향(inclination)에 의존하며 평가와 동기에 의하여 존재를 드러낸다.

그러나 지성과 의향 역시 성령의 조명 없이는 하나님을 알 수 있는 기능이 없으며, 회개에 대한 인식과 행위도 있을 수가 없다는 것이 에드워즈의 결론이다. 인간 존재의 본질은 인지하고 평가하며 동기에 대한 반응으로 성화의 진정성을 보이는 성령의 조명을 통해 표지되는 필연적 존재라고 볼 수 있다.

그는 성향적 존재론의 관점에서 모든 인간이 보고, 듣고, 기억하고, 상상하는 기능을 통해 인식과 평가, 동기를 유발한다고 강조한다. 이것은 하나님이 창조 시에 주신 존재의 본질이라는 것이 에드워즈가 가지고 있는 신학적 개념이다. 에드워즈는 성령의 이끄심을 받은 그리스도인들에게는 성화의 과정이 필연적이다.

또한, 하나님은 하나님의 백성들에게 믿음의 지혜를 주셨다. 이 지혜는 애정 이입을 통해 신앙적 애정으로 표지되며, 배움을 더 확장하도록 한다. 영적인 인식과 평가, 그리고 동기는 "신앙적 애정"이라고 하는 도구를 통해 표지되며, 이 표지는 그의 성화론에서 중요한 개념으로 자리 잡고 있다.

---

[148] 이진락, 『신앙과 감정: 조나단 에드워즈의 신앙적 감정 연구』(서울: CLC, 2010), 211.

4. 진정성을 내포한 지속적 표지

에드워즈의 성화론은 하나님의 은혜에 기초한 인간의 본질에서 출발한다. 인간의 성화는 성령의 내주하심에 기초하기 때문에 그분의 이끄심이 진정성을 가지고 있으며 지속성과 결과론적 표지가 도출되는 것은 필연적이다. 에드워즈는 하나님께서 죄인들을 구원하시기 전에 그들에게 지속해서 구원에 대한 필요성을 느끼게 해 주신다는 것은 분명 합리적인 생각이라고 말한다.

우리는 지성을 가진 피조물이기 때문에 하나님은 인간을 그런 방법으로 대하신다. 하나님은 죄인들을 죄에서 해방하기 전에 인간 스스로는 구원을 얻을 수 없다는 것을 지속해서 깨닫도록 하신다고 성경은 가르친다.[149] 에드워즈가 진정성을 내포한 변화를 통하여 나타나는 표지들이 지속성이 있어야 함을 강조하는 이유는 아래와 같다.

> 위선자들은 잠깐 강력한 불꽃으로 타오르는 것처럼 보이지만 그 움직임이 지속성이 없고 불규칙한 유성과 같다. 그 불꽃은 금방 사라져 버린다(그래서 그들은 유리하는 별들이라고 불린다. 유 13장). 그런 유성들은 오랜 시간을 사이에 두고 어쩌다 한 번씩 나타난다. 그러나 참된 성도들은 항성(fixed stars)과 같다. 그 별들은 뜨고 지며 종종 구름에 가리기도 하지만 지속해서 궤도 안에 있으며 계속하여 빛을 발한다.[150]

에드워즈는 성화에 관한 한 위선자들의 표지가 지속성이 없다고 지적하

---

[149] Edwards, *The Experience that Counts*, 52-53.
[150] Edwards, *Works of Jonathan Edwards: Religious Affection*. vol 2, 374.

는 반면에 참된 성도들은 오랜 시간을 두고 지속적 변화가 있으며 종종 구름에 가리기도 하지만 참된 신앙은 고난 가운데 진정성을 드러내고 있음을 강조하고 있다. 그는 일시적인 순간이 아니고 지속해서 실천해 가는 신앙적 삶은 빛이라고 하는 언어를 사용하여 진정성에 기초한 지속성이 존재하고 있음을 말하고 있다.

에드워즈가 보기에 은혜는 인간의 상태나 소유에 의한 연속성이 없으며, 성도는 옛 사람이면서 동시에 새 사람이기 때문에 신앙적 자아에 어떤 지속성이 있느냐 하는 문제가 제기된다. 에드워즈는 믿음의 사람은 자신의 체험이나 육체와 정신의 상태를 자기 설정적 요소로 제시할 수 없다고 지적한다.[151] 왜냐하면, 완비된 인간적 상태가 하나님의 은혜와 믿음의 기적을 유지해 주지 못 하기 때문이다.

특히, 에드워즈는 어서스틴(Augustine)의 "견인"(perseverance)의 교리와 "정체성"의 철학적 이론으로 이 개념에 관해서 설명했다. 비록 성도들이 끊임없이 죄와 은혜 사이에서 전쟁을 치르고 있을지라도 하나님은 은혜가 그 마음속에서 지배 원리가 될 뿐만 아니라 그와 같은 상태로 계속될 것을 아신다. 즉, 성도들은 그들 자신의 힘이나 선이 아니라 오직 하나님의 권능에 의해서 믿음을 유지한다.[152]

이에 대하여 에드워즈는 아래와 같이 설명하고 있다.

> 사람들은 모든 은혜의 역사를 위해 하나님의 능력에 의존한다. 즉, 은혜를 마음속에 주실 때도, 죄와 부패를 제어하고, 거룩한 원리를 증가시키며, 선한 일에 열매를 맺고, 마침내 완전에 도달하여 영혼이 완전히 그리스도

---

[151] 체리, 『조나단 에드워즈의 신학』, 147.
[152] 체리, 『조나단 에드워즈의 신학』, 148.

의 영광스러운 형상을 닮으며, 마음이 기쁨과 행복으로 충만하게 되며 또한 그처럼 완벽하고 복된 영혼이 살기에 적합한 완전한 상태로 몸이 부활하는 것 등의 모든 것을 하나님의 능력에 의존한다. 이러한 것들은 가장 영광스러운 하나님의 능력 결과이며, 피조물과 관련된 하나님의 연속적인 행동 속에서 나타나는 것들이다.[153]

그러므로 은혜를 받은 사람이 내재적 은혜에 의해서 보존되는 것과 은혜를 통한 믿음에 의해서 행위로 표지되는 것 사이의 차이점이 존재한다. 이미 받은 은혜에 기초해서 그 자신의 내적인 변화를 인지하면서 그것을 구원받은 사람으로 인식하는 것과 오직 하나님의 새롭게 하시는 능력에 의해서 삶의 표지로 나타나는 것 사이의 차이점이다.

그것은 아담과 맺은 "행위의 언약"과 그리스도와 맺은 "은혜의 언약" 사이의 차이이다.[154] 인간 본성의 성향적 존재는 행위의 언약과 그리스도와 맺은 은혜의 언약 사이에서 다른 모습으로 반응한다. 즉, 아담은 하나님으로부터 주어진 거룩한 은사에 기초해서 그 자신의 힘과 공로로 유지하라는 명령을 받았지만, 믿음의 사람은 자신의 믿음을 유지해 줄 중보자를 가지고 있다. 그리스도인은 오직 하나님의 권능으로 믿음을 유지한다.[155]

그리스도인들의 진정성 있는 믿음은 하나님의 이끄심이 지속적이기 때문에 행위의 지속적인 결과는 필연적이라고 볼 수 있다. 바울은 고린도전서 15:58에서 "항상 주(主)의 일에 힘쓰는 자들이 되라"고 요구하며, 갈

---

153 Jonathan Edwards, *Works of Jonathan Edwards: Sermons and Discourses*, 1723-1729. vol. 17 (New Haven: Yale University Press, 1957), 154.
154 Edwards, *Works of Jonathan Edwards: Sermons and Discourses*, 1723-1729. vol. 17, 148.
155 Edwards, *Works of Jonathan Edwards: Sermons and Discourses*, 1723-1729. vol. 17, 149.

라디아서 6:9-10에서 "낙심하지 말고 포기하지 말지니"라고 강조한다.

이것은 지속적인 신앙의 행위를 요구하면서 동시에 능동적 행위를 함의하고 있다. 또한 능동적으로 행함이 있다고 해도 성경은 "성령으로부터 영생을 거두게 되며"(갈 6:8), "너희 수고가 주(主) 안에서 헛되지 않은 줄 앎이라"(고전 15:58)고 하신 말씀은 하나님의 이끄심을 주체임을 강조하고 있다.

그러므로 에드워즈가 성화의 과정에서 성령에 의해서 이끌어지는 회심, 사랑, 겸손, 그리고 균형성의 지속적 결과론적 표지들을 중요하게 다루고 있다고 볼 수 있다.

1) 지속적 회심의 표지

에드워즈는 진정성을 내포한 그리스도인의 성화는 지속적 회심의 표지를 나타낸다고 한다. 회심의 주체는 하나님이시며, 중생한 인간이 회심을 통하여 표현되며, 하나님의 은혜를 인지하게 함으로써 나타나는 표지라고 하는 것이다.

그뿐만 아니라 에드워즈는 회심이 하나님의 은혜에 대한 인지를 통하여 나타나지만 인지 자체가 성화는 아니라고 말하고 있다.[156] 에드워즈는 회심 역시 성화의 과정에서 나타나는 "하나님의 이끄심"이 있어야 가능하다고 하면서 "하나님의 이끄심"에 대하여 아래와 같이 묘사하고 있다.

> 회심에서 일어나는 가장 중요한 변화는 - 이것은 모든 것의 시작이요 기초다 - 마음의 기질과 성향과 영의 변화이다. 왜냐하면, 회심에서 일어나는

---

[156] Edwards, The "Miscellanies" in The *Works of Jonathan Edwards*, vol. 13, 462.

것은 하나님의 성령을 수여하는 것 외에 다른 것이 아니기 때문이다. 성령은 영혼 속에 내주하시면서 생명과 행동의 원리가 되신다. 이것은 새로운 본성이요, 신적인 본성이다. 영혼의 본질이 변화됨으로 신적인 빛을 받아드린다.[157]

에드워즈는 그리스도인들의 회심(悔心)이 마음의 기질과 성향과 영(靈)의 변화이며, 이 변화는 하나님의 성령(聖靈)이 수여되는 표지라고 강조한다. 하나님의 성령이 본성에 수여되어 생명과 행동의 원리가 되기 때문에 진정성은 자연스러운 것이다. 진정성은 영혼의 본질에서 표지되는 것이다.

그가 변화의 모습을 영혼의 본질에서 찾는 이유는 인간의 본성은 성향적 존재이며 모든 은혜의 역사를 위해 존재의 본질이 하나님의 능력에 의존하기 때문에 회심이 자신의 힘과 노력을 통해 스스로 회심에 이르는 것이 아님을 밝히고 있다. 그러면 지속적인 회심은 그의 성화론에서 무엇을 의미하는지는 중요한 문제다. 단순히 회심을 여러 번 해야 하는지 또는 지속해서 회심해야 하는 것은 어떠한 의미인지 알아야 한다. 에드워즈가 "놀라운 부흥과 회심 이야기"를 통하여 회심의 체험을 한 사람들이 회심 체험을 한 경험을 아래와 같이 표현했다. 먼저 이를 이해할 필요가 있다.

우리 마을에 남녀노소를 막론하고 영원한 나라의 큰일에 대해 무관심하게 남아 있는 사람은 단 한 사람도 없었다. 가장 부질없고 해이한 사람들과 생명력 넘치고 체험적인 신앙에 관해 항상 비판적이고 하찮게 생각하고 말하던 사람들도 이제는 거의 모두가 대각성(Great Awakening)을 하게 되었다. 그리고 회심(conversion)의 역사는 가장 경이로운 방식으로 진행되었

---

[157] Edwards, The "Miscellanies" in The *Works of Jonathan Edwards*, vol. 13, 462.

고 더욱더 진행되었다, 수개월 동안 날마다 죄인들이 어둠 속에서 광명으로 옮겨지고 무시무시한 구덩이 속에서 구출되고 진흙탕 수렁에서 올라와 반석 위에 앉아 입으로 하나님께 새로운 찬양의 노래를 부르는 분명한 실례들이 나타났다.[158]

이와 같은 회심 체험의 직후에 나타난 변화들은 수개월 동안 하나님을 향한 정신적이고 신앙적인 애정 변화의 현상들에 대한 것이다. 그러므로 수개월이 지난 후에 영적 대각성을 통한 회심은 자신과 공동체와의 관계 속에서 어떤 변화가 시작되었으며 또한 어느 정도 시간이 지난 후에 그 변화가 어떻게 지속하였는가에 대한 것은 매우 중요한 질문이다.

에드워즈는 사람들이 회심할 당시와 회심한 직후에 있었던 체험의 정도와 특이한 방식에는 많은 차이가 있음을 발견하고 있다. 즉, 예수 그리스도에 대한 은혜, 신뢰와 확신, 구원의 방식에 대한 찬동, 신실하시고 진실하신 하나님에 대한 확신 등 다양한 활동들이 나타난다.[159] 에드워즈는 회심을 관찰하며 회심 직후의 영적 상태의 모습을 아래와 같이 설명하고 있다.

사람들은 회심한 이후에도 자신의 상태 때문에 괴로워했던 의심들과 두려움들의 근원을 자신의 마음속에 아직도 남아 있는 많은 타락한 모습을 발견했기 때문이라고 생각한다. 먼저 그들의 영혼은 완전히 살아 움직이는 것 같다. 그들의 마음은 안정되어 있다. 그리고 그들의 열정들은 넘쳐흐른다. 그들은 세상을 완전히 초월하여 사는 것 같다. 신앙생활에 있어서 거

---

[158] 에드워즈, 『놀라운 회심 이야기』, 34-35.
[159] 에드워즈, 『놀라운 회심 이야기』, 95.

의 어려움을 당하지 않는 것 같다. 그리고 그들은 늘 이렇게 될 것이라고 믿고 있다. 비록 그들이 과거에 지은 죄악 된 행위들 때문에 자신의 사악함을 깨닫고 진정으로 낮아졌으나, 그렇다고 해서 아직도 마음속에 어떤 타락이 남아 있는지 충분하게 인식하고 있는 것은 아니다.[160]

에드워즈가 지적하고 있는 것처럼 회심 후 사람들은 세상을 완전히 초월하여 사는 것 같다고 기록했다. 열정도 넘치고 신앙생활에서 거의 어려움을 당하지 않는 것 같다는 기록해 놓았다. 그런데도 에드워즈는 사람들이 자신의 마음속에 아직도 어떤 타락이 남아 있는지 충분하게 인식하고 있는 것은 아니라고 강조한다. 어느 정도 시간이 지나면서 그는 회심한 사람들이 자신 안에서 발견하는 또 다른 타락된 본성의 모습을 보면서 겪게 되는 정신적 인식과 깨달음을 통해 회심의 결과가 주는 표지들을 아래와 같이 설명하고 있다.

그들은 우울하고 죽은 것 같은 심령을 느끼기 시작하고 공 예배와 다른 사적 예배 시간에조차 엉뚱한 생각이 왔다 갔다 하며 갈등을 안고 있을 때, 그렇게 되어도 속수무책일 때 스스로 깜짝 놀란다. 아직도 열정을 회복할 수 있는 가장 강력한 동기가 있음에도 불구하고, 자기 자신들의 열정을 상실한 모습을 발견했을 때 그리고 아직도 자신들 속에서 일어나고 있는 세상의 기질들(교만, 시기, 복수심) 그리고 내재해 있는 죄로 말미암아 일어나는 다른 작용들과 같이 다른 사람들에게 상처를 준 어떤 못된 마음을 느낄 때 그들의 마음은 실망하여 거의 낙담한다. 그리고는 자신들이 외식주의자들이었음을 따름이라고 생각한다."[161]

---

[160] 에드워즈, 『놀라운 회심 이야기』, 98.
[161] 에드워즈, 『놀라운 회심 이야기』, 99.

에드워즈는 회심 이후에 나타나는 혼란스러운 일에 대하여 사람들이 일단 한 번 회심하고 난 이후에는 그런 갈등들을 겪고 싶어 하지 않는다고 지적한다.[162] 에드워즈는 회심의 사건 후에 일어난 사건들을 성경적 관점에서 진지하게 묵상하며 부정적 결과를 맺은 사건을 경험하면서 그 가운데서도 변해가는 사람들의 모습도 함께 보며, 아래와 같은 언급하고 있다.

> 우리라고 해서 그렇게 썩 순수하다고는 말할 수 없으나, 우리도 순수하지 못하다는 것을 깨닫고 겸손하게 되고 부끄러워할 수 있는 요인을 충분히 가지고 있다. 우리는 더군다나 대단한 신앙의 사람들이 아니므로, 우리의 불완전한 모습들을 지켜본 사람들은 몇 가지 문제점들을 지적하고 우리 자신과 신앙을 책망할 기회를 잡게 될 것이다. 아무튼 이곳 사람들 거의 모두가 회심과 성화의 위대하고 놀라운 역사에 참여했다.[163]

에드워즈의 이러한 고백을 통하여 성령을 통한 진정한 회심은 지속적이고 결과론적인 표지가 있다는 것이다. 에드워즈는 죄를 깨닫게 하는 것은 성령의 조명이며, 성령의 이끄심을 통하여 죄를 인식할 때 마다 "회심이 지속적으로 나타난다"라고 강조한다. "우리가 하나님의 자녀로 입양되었다"라고 하는 것은 "그리스도인"으로서 살아갈 수 있도록 초대되었다는 것이다.

우리는 그리스도인으로 산다고 하면서도 여전히 본성이 가지고 있었던 육체의 요구를 좋아하면서 따르는 삶을 살고 있다는 것이다. 그리고 이러한 사실에 대해 인식이 없는 탓에, 정욕으로 하나님을 예배하고 교만으로

---

162 에드워즈, 『놀라운 회심 이야기』, 100.
163 에드워즈, 『놀라운 회심 이야기』, 43.

사역을 수행하고 죄가 마음속에서 지배적인 영향력을 행사하도록 내버려 두는 사람이 많기 때문이다.[164]

에드워즈가 강조하는 것은 우리 안에 있는 죄에 대한 인식은 "모든 죄"에 대한 인식이 아니기 때문에 은혜를 받을 때마다 회심하며, 동시에 성화의 길에 지속해서 참여하는 표지가 있어야 한다는 것이다. 에드워즈는 회심의 대상을 사람들로부터 자신으로 바꾼다. 자신이 미숙할 때 성숙하기 위해 자신의 결심문을 만들어서 실천하고, 그 과정을 통해 삶의 행위들을 진지하게 묵상하면서 그 길을 실행에 옮기려고 노력하였던 시간을 되돌아본다.

에드워즈는 결심문을 작성하면서 "나는 늘 지속해서 자신을 반성했으며, 생활 속에서 무언가를 추구하는 것보다 어떻게 거룩하게 살아야 하는지와 관련하여 적당한 방법과 수단을 훨씬 더 진지하게 연구하고 깊이 생각했다"[165]라고 고백한다. 에드워즈는 지속적 회심을 통해서 그리스도인의 회심이 하나님의 절대 주권에서 오는 것임을 점점 더 깊이 깨닫게 됨을 아래와 같이 설명하고 있다.

> 나는 처음 회심한 이후 2-3년 동안 더 지속적인 기쁨과 즐거움 속에서 생활했기 때문에, 몇 가지 측면에서는 지금의 자신보다 훨씬 나은 그리스도인이었다는 생각이 든다. 그렇지만 근년에 와서 나는 하나님의 절대 주권에 대해 더 온전하고 지속적인 깨달음을 얻었고 그 주권을 크게 즐거워한다. 또한, 나는 복음에 계시된 대로 중보자이신 예수님의 영광에 대한 깨달음도 더 많이 얻었다.[166]

---

[164] 카일 스트로벨, 『영적 성숙의 길』, 윤석인 역 (서울: 부흥과개혁사, 2014), 129.
[165] Edwards, *Works of Jonathan Edwards: Letters and personal Writings*. vol. 16, 795.
[166] Edwards, *Works of Jonathan Edwards: Letters and personal Writings*. vol. 16, 802.

에드워즈는 회심을 통해 자신이 그리스도인이라는 것을 알고 있지만, 하나님의 절대 주권을 온전하고 지속적인 깨달음을 통해 그 주권을 즐거워한다고 했다. 그리고 이 인식은 시간이 갈수록 더 크게 즐거워하게 되었다고 하였다. 그러나 하나님의 은혜와 능력을 알면 알게 될수록 자신에 대한 의가 더욱더 혐오스러움도 알게 된다고 아래와 같이 기록하고 있다.

> 최근에 나는 내가 하나님의 은혜와 능력에 완전하고도 크게 의존한다는 사실에 대하여 과거에 그랬던 것보다 훨씬 간절히 느낀다. 또한 나는 나 자신의 의가 혐오스러움을 더 많이 경험했다. 내 마음속에서 발생하는 무슨 위안이나 기쁨에 대한 생각, 나 자신의 다정함, 혹은 나의 무슨 선행이나 경험, 혹은 마음이나 생활의 무슨 선함에 대한 어떤 고찰이나 반성도 나에게는 역겹고 혐오스럽다. 그렇지만 나는 오만하고 자신을 의롭게 여기는 마음 때문에 크게 괴로워하는데, 이런 괴로움은 내가 예전에 그랬던 것보다 훨씬 두드러진다.[167]

에드워즈는 자신의 주위에 있었던 사람들의 회심과 자신의 회심 과정을 되돌아보면서 진정한 회개는 하나님의 은혜와 능력에 의존되어 있을 때만이 가능함을 밝히고 있다. 그는 과거에 있었던 자신의 회개는 성화(聖化) 되어 가기 위해 하나님께 의존하는 것보다는 자신의 방법으로 성숙을 이루기 위해 자신이 의지로 만들려는 열정이었음을 아래와 같이 기록하고 있다.

> 나는 어떻게 하면 더 거룩하게 되고 더 거룩하게 살 수 있을까, 더 하나님

---

[167] Edwards, *Works of Jonathan Edwards: Letters and personal Writings*. vol. 16, 803.

의 자녀와 그리스도의 제자가 될 수 있을까 계속 질문했으며, 그러한 것들이 나의 낮과 밤 동안의 계속된 싸움이었다. 나는 계속 나 자신을 점검하면서 내가 삶 속에서 무언가를 추구했을 때 보다 더 내가 어떻게 거룩하게 살 수 있을까 큰 열심과 진지함으로 그 가능한 길과 방법을 연구하고 고민하였다. 그러나 내 힘에 너무 많이 의존하였기 때문에 나중에는 그것이 나에게 큰 해가 되었음이 드러났다.[168]

에드워즈는 이러한 노력이 회개의 진정한 본질이 아니었음을 인지하게 된다. 더 거룩하게 살기 위한 자신의 열심과 고민이 필요한 과정이었지만, 이러한 "노력과 열심"은 하나님의 이끄심을 가벼이 여기게 되면서 오히려 자신의 힘에 너무 많이 의존하게 했음을 고백한다. 그리고 스스로의 회개와 반성에 대한 관점은 후일(後日) 대각성에서 보여준 회개의 사건들을 경험하고 지켜보면서 『신앙 애정론』에서 회심을 아래와 같이 설명하고 있다.

> 모든 은혜로운 정서는 영적인 이해에서 나오는데, 영혼은 그와 관련하여 거룩한 것들의 탁월함과 영광을 지난다 … 따라서 영혼은 회심할 때에 그런 정서들과 함께한다. 성경의 회심에 관한 묘사는 본성의 변화를 강하게 암시하고 알려준다 … 따라서 만약 자신들이 회심의 역사를 경험했다고 생각하는 사람들 안에 어떤 크고 현저한 변화가 없다면, 그들이 정서적으로 영향을 받았을지라도 그들의 모든 상상과 겉으로 행하는 태도들은 헛된 것이다. 회심은 (만약 우리가 성경을 의뢰한다면) 사람을 죄로부터 하나님께로

---

[168] Edwards, *Works of Jonathan Edwards: Letters and personal Writings*. vol. 16, 795.

돌이키게 하는 크고 보편적인 사람의 변화이다.[169]

에드워즈에게 있어서 회심은 영혼이 거룩한 것을 이해하면서 이에 의지해서 삶의 변화가 생기며, 동시에 거룩한 삶을 실천해 가는 과정이라고 말하고 있다. 진정한 회심은 성숙한 그리스도인의 삶을 만들어 가는 과정이며, 이 성화의 과정은 지속적인 회심을 바탕으로 일어나고 있는 표지이다. 에드워즈가 성화의 과정에서 나타나는 지속적 회심의 강조는 청교도들이 실천하였던 실천적 경건의 전통에서 이어진 것이라고 여겨진다. 왜냐하면, 그는 초기의 목회 사역에서 기록한 『신학 묵상집』에서 회심 이전의 예비적인 역사에서 항상 아주 예외적인 경우를 제외하고서는 예비적인 역사와 같은 것이 존재한다고 말하면서 아래와 같이 설명하고 있다.[170]

> 은혜와 은혜의 활동은 하나님의 자유롭고 가장 임의적인 행동과 하나님의 영에 의해 전적으로 주어지지만, 그런데도 그분의 일반적인 방법은 회심에 대해 많은 관심을 지니고, 상당한 시간 동안 그것을 추구하거나 계속하는 사람들에게 은혜가 주어진다는 사실을 나는 정립할 수 있었다 … 따라서 하나님의 일반적인 방식에는 예비적인 죄에 대한 확신이 있다. 그것은 회심에 앞서서 있게 되는 죄의 위험에 대한 확신이다.[171]

여기에서 그는 "회심에 대하여 많은 관심을 가지고 많은 시간 동안 추구하고, 지속하는 사람에게 하나님의 은혜의 이끄심이 나타난다"고 설명

---

[169] Edwards, *Religious Affection*, vol. 2, 340-341.
[170] Edwards, *Works of Jonathan Edwards*, The "Miscellanies" Entry Nos. a-z, aa-zz, 1-500, vol.13, 173.
[171] Edwards, *Works of Jonathan Edwards*, The "Miscellanies" Entry Nos. a-z, aa-zz, 1-500, vol.13, 282-283.

하고 있다. 이는 하나님의 은혜가 예비적인 죄에 대한 확신 가운데 죄에 대한 위험을 통해서 회심 추구를 지속해서 이끌고 있다는 것이다. 그러므로 자신의 회심 추구가 실제 회심의 상황과 어떠한 관계가 있는가를 짐작할 수 있다.

에드워즈는 회심 추구가 하나님이 주시는 은혜의 동기로부터 나타나며, 그 동기에 내용은 죄에 대한 대가(代價)를 인식하게 하시는 성령 하나님의 은혜에 속한 문제라고 말한다. 특히, 에드워즈에게 있어서 성화의 과정은 즉각적으로 혹은 저절로 이루어지는 것이 아니었다.[172] 에드워즈는 성도들이 탐욕과 타락의 경향성에 대해 계속 관심을 기울여야 함을 아래와 같이 강조하고 있다.

> 우리는 많은 관심을 기울여야 하는데 왜냐하면, 우리는 어떤 죄들을 짓는 길을 걷기 쉽기 때문이다. 인간의 마음은 본성적으로 죄를 짓기 쉽다 … 비록 죄가 그들 안에서 죽었더라도 성도들에게는 죄를 짓는 경향이 매우 많이 남아있고, 죄와 죽음의 몸이 남아있고, 탐욕과 타락의 경향성의 모든 방식이 남아있다. 우리는 몹시 나쁜 길과 다른 길로 가기 쉽다. 사람은 계속 엄격하게 깨어 있지 않고서는 그러한 죄악 된 길로 가기 쉽다. 그래서 어떤 죄 된 길로 걸어가는 것 외에는 다른 것을 기대할 수 없다.[173]

에드워즈는 타락의 경향성이 성도들에게도 남아있음을 주지하면서, 동시에 회심을 통해 거룩함을 증대시키려는 자연스러운 갈망도 존재하고 있음을 다음과 같이 설명하고 있다.

---

[172] William C. Spohn, "Spirituality and Its Discontents: Practices in Jonathan Edwards' Charity and Its Fruit," *Journal of Religious Ethics*, vol. 31, no. 2 (Summer, 2003): 253.
[173] Edwards, *Works of Jonathan Edwards*: Sermons, Series II, 1733. vol. 48, 23-24.

몸을 위하여 열이 필수적이듯 성도에게는 거룩함을 향한 불타는 내적인 갈망이 있는데, 이것은 새로운 피조물에게는 자연스러운 것이다. 살아있는 신체에 호흡이 있듯이 거룩한 본성에는 자연스러운 거룩함을 증대시키기 위해 하나님의 영을 향한 거룩한 호흡과 욕구(갈망)가 있다. 그리고 거룩 또는 성화는 하나님의 어떤 사랑과 은혜의 나타남도 있지만 이보다 더욱 그것의 직접적인 대상이다. 이것은 영적인 식욕의 대상이 고기이며 음료이다.[174]

에드워즈는 성화를 새롭게 하는 과정으로 이해하면서 어떤 사람이 그 마음속에 참된 은혜를 마음에 지녔다 하더라도 여전히 회심해야 할 필요가 있다고 본다. 즉, 경건한 자들 가운데 일어나는 은혜의 첫 번째 역사인 회심을 경험한 이후에도 지속적인 성화의 역사가 필요하다는 것이다.[175] 에드워즈는 "첫 번째 은혜를 받은 사람들은 새로운 회심이 필요하다"(The Subjects of a First Work of Grace May Need a New Conversion)라고 하는 설교에서 성화를 아래와 같이 설명하고 있다.

그것은 모두 성화의 역사인데, 그것은 처음 은혜의 주입에서 시작하여 죽을 때까지 끝나지 않는다. 그것이 시작되고 역사하는 것은 성경에 나온 것처럼 "성화"라는 단어에 포함되어 있다. 때때로 성도들은 고린도전서 1:2의 "그리스도 안에서 거룩하여지고 성도라고 불리는 자들에게"처럼 그들의 유효한 부르심 가운데 이미 거룩해진 것으로 말해진다. 그리고 때때로 그들은 성도로서 시작한 지 오랜 후에도 아직 거룩하게 되어야 할 존재

---

[174] Edwards, *Religious Affection*, vol. 2, 382-383.
[175] Edwards, *Works of Jonathan Edwards: Sermons and Discourses*, 1739-1742, vol. 22, 84-185.

로 남아있다. 따라서 그리스도는 요한복음 7:17의 "당신의 진리로 그들을 거룩하게 하소서. 당신의 말씀은 진리이니이다"라는 기도는 참된 것이다. 영혼 가운데 은혜의 첫 시작부터 죽을 때까지 하나님의 모든 역사는 하나의 새롭게 되는 역사로서 보일 수 있다. 그 새롭게 됨을 통해 영혼은 인류의 배신으로 타락한 죄의 상태에서 그리고 영혼의 처음 거룩한 상태로 회복되는 것이다.[176]

이 설교에서 에드워즈는 "자신이 회심했다고 하는 소망을 가지자 마자 신앙이 점점 나태해 믿음의 삶에 마음을 적게 쓰고 더욱 태만하게 하는 사람"이다. "때때로 그들은 성도로서 시작한 지 오랜 후에도 아직 거룩하게 되어야 할 존재로 남아있기"에 회심은 은혜를 받을 때마다 자기 자신을 되돌아보는 귀한 기회로서 진정성을 가지고 지속적인 표징으로 나타나야 한다고 강조한다. 회심의 지속적 표지는 성향적 존재론의 관점에서 본 에드워즈의 강조점이다.

2) 지속적 사랑의 표지

에드워즈가 사랑의 지속적 표징을 그의 성화론에서 중요하게 다루고 있는 이유는 사랑을 인간의 "행위"로 생각하느냐 아니면 거룩한 "원리"로 생각하느냐에 관해 구별하여 논증하기 때문이다. 사랑을 행동의 원리로서 인간의 마음속에 내주하시는 하나님의 사랑으로 이해할 때 믿음은 사랑에서 비롯된다. 반면에 인간이 거룩한 원리에 근거해서 행동할 때 사랑이 믿

---

[176] Edwards, *Works of Jonathan Edwards: Sermons and Discourses*, 1739-1742, vol. 22, 90.

음에서 기인하여지거나 아니면 믿음 가운데서 발휘된다.[177]

　에드워즈의 구별은 성령에 대한 그의 견해에 기초하고 있다. 믿음의 기초요, 원천이 되는 사랑은 인간 능력의 발휘도 아니고 인간의 사역도 아니며 다만 성령 그 자체일 뿐이다. 그는 로마서 5:5의 "우리에게 주신 성령으로 말미암아 하나님의 사랑이 우리 마음에 부은 바 됨이니"에 대해 아래와 같이 설명하고 있다.

"하나님의 사랑이 우리 마음에 부은 바 됨이니"로 보면, 바울은 하나님에 대한 우리의 사랑뿐만 아니라 우리를 향한 하나님의 사랑에 대한 의식도 포함하기를 바라는 것으로 보인다. 왜냐하면, "하나님에 대한"(to) 사랑이 아니라 "하나님의 사랑"(of) 이라는 말은, 우리 마음속에 부어지고 거기시 빌산되는 어떤 것에 석용될 때, 우리가 통상적으로 이해하는 것보다 더 포괄적인 의미를 가진 말이다. 이 말은 성령이 인침과 보증과 미래의 영광으로 그리스도인에게 주어지고, 그리하여 그리스도인의 영혼 속에서 하나님과 우리 사이의 상호 사랑에 대한 내적 영혼의 황홀한 의식을 자극할 때 그의 영혼 속에 존재하는 거룩하고 달콤한 감각 전체를 포함하는 말이다 … 즉, 바울은 우리가 우리 마음속에서 느끼는 하나님의 사랑과 하나님 안에서 누리는 즐거움을 언급하고 있고, 그것으로 우리는 특별히 우리의 마음속에서 성령의 보증을 느낄 수 있는데, 그것이 가능한 것은 성령의 본질이 사랑과 즐거움에 있기 때문이다.[178]

　에드워즈는 진정으로 하나님을 사랑하는 가장 깊은 동기는 지극히 사랑

---

[177] 체리, 『조나단 에드워즈의 신학』, 83.
[178] 조나단 에드워즈, 『로마서 주석』, 김귀탁 역 (서울: 복있는사람, 2014), 147-148.

스러우신 하나님의 본질에 있다고 강조한다. 인간 스스로가 거룩한 원리를 택하고 그 원리에 의지하여 사랑한다면 인간이 택한 거룩한 원리는 변질되기 쉽다. 에드워즈는 하나님께 얻을 수 있는 유익함 때문에 하나님을 사랑하는 사람들은 잘못된 동기로 사랑을 시작한 것이라고 말한다.[179] 그는 히브리서 13:1과 고린도전서 13:13에서 언급하고 있는 사랑에 대한 관점은 그 원리가 하나라고 하면서 아래와 같이 설명하고 있다.

> 사랑의 형식이나 대상은 다양할 수 있습니다. 또한 그 사람이 하나님을 향한 것일 수도 있고 사람을 향한 것일 수도 있습니다. 그러나 그 사랑의 대상이 어떠하든 참된 그리스도인의 사랑 실천은 마음에 있는 한 원리에 기초한 것입니다. 그리스도인의 마음에 있는 거룩한 사랑과 믿지 않는 이들의 사랑은 뭔가 다릅니다 … 참된 그리스도인의 사랑은 그 점에서 차이가 납니다. 그리스도인의 사랑이 어떤 대상을 향하든지 사랑을 뿜어내는 원리는 하나입니다.
> **첫째**, 그리스도인의 사랑은 다 마음을 감동하시는 "한 성령님"으로부터 나옵니다 … 하나님의 성령님은 사랑의 영이십니다. 성령께서 영혼에 들어오실 때 사랑도 함께 들어옵니다 … 성령님의 성품이 사랑입니다.
> **둘째**, 하나님을 사랑하든지 사람을 사랑하든지 그리스도인의 참 사랑은 "같은 성령의 역사로 말미암아" 시행됩니다. 하나님을 사랑하도록 하시는 성령님의 역사와 사람을 사랑하게 하시는 역사는 분리되지 않습니다.
> **셋째**, 참된 그리스도인의 사랑으로 하나님과 사람을 사랑하게 될 때도 그 "동기는 여전히 동일"합니다 … 곧 성도들이 가진바, 하나님께 대한 거룩한 경외심 때문에 참다운 사랑을 받습니다. 하나님을 사랑하는 것이 사람

---

[179] Edwards., *The Experience That Counts*, 81.

을 사랑하는 은혜의 원천입니다. 사람들이 사랑을 받는 것은 그들이 가진 하나님의 영적인 형상과 하나님께 대한 관계, 곧 하나님의 피조물이요 자녀이기 때문입니다.[180]

에드워즈가 이처럼 사랑의 본질을 설명하고 있는 것은 성도들이 성화의 과정에서 표시되어야 할 사랑의 본질을 설명하기 위해서이다. "구원하는 믿음"을 소유한 성도들에게서 통합적으로 나타나는 것이 사랑이라고 지적하는 것은 사랑이 성령의 요구이며, 더 나아가 그 대상인 인간의 본질에 반응이 요구되기 때문이다.

하나님은 그리스도 안에서 계시되 그의 모든 거룩함과 탁월성 가운데서 사랑의 반응을 요구하신다.[181] 그는 하나님을 사랑하는 표지와 이웃을 사랑히는 표지는 같은 성령의 감동을 통해 나오는 표지임을 지적하고 있다. 이것은 하나님 사랑의 근원과 사람 사랑의 근원이 "같은 성령"임에도 불구하고 그리스도인들에게 다르게 나타나는 원인을 찾기 위한 논증이다. 하나님의 사랑이 그리스도인들에게서 하나님과 이웃에게 같은 반응을 요구한다고 하는 것에 관해 에드워즈가 성경 전체에 기초해서 아래와 같이 설명하고 있다.

때때로 율법은 십계명을 의미한다. 십계명에는 인간의 의무 정수와 보편적이고 영속적인 의무로 요구되는 모든 것이 포함되어 있다. 그러나 우리가 율법을 십계명을 가르치는 것으로 보거나 기록된 하나님의 말씀 전체

---

[180] 조나단 에드워즈, 『고린도전서 13장 사랑』, 서문 강 역 (서울: 청교도신앙사, 2012), 14-16.
[181] Edwards, *Journal Yale Collection: Edwards' Miscellanies* (Yale Beinecke Rare Book and Manuscript Library), 23.

를 가리키는 것으로 보거나 기록된 하나님의 말씀 전체를 가리키는 것으로 보거나 간에, 성경은 율법에 요구되는 것의 결정체는 사랑이라고 가르친다 … 우리가 율법을 기록된 하나님의 말씀 전체라는 매우 폭넓은 의미로 취한다고 해도, 성경은 여전히 우리에게 마태복음 22:40에서처럼 율법에 요구되는 것의 결정체는 사랑이라고 가르친다. 거기서 그리스도는 온 마음을 다해 하나님을 사랑하고, 이웃을 내 몸과 같이 사랑하라는 두 가지 계명을 온 율법과 선지자의 강령으로 가르치신다. 말하자면 기록된 하나님의 말씀 전체의 강령이 사랑이라는 것이다. 그때 율법과 선지자로 불린 것은 현존하는 기록된 하나님의 말씀 전체였기 때문이다.[182]

에드워즈는 율법에서 요구되는 결정체를 사랑으로 강조하면서, 사랑의 반응을 보일 수 있는 출발을 "온 마음"으로 표지하고 있는 그리스도의 강조를 확고히 한다. 에드워즈는 율법에 기록된 십계명에 대한 관점을 인간의 본성인 성향적 관점에서 발휘되어야 할 정신의 반응에 초점을 맞추고 있음을 볼 수 있다.

왜냐하면, 에드워즈가 주장하는 사랑에 대한 표지를 내적인 감동의 표지로 제한하고 있는 그리스도인들을 보기 때문이다. 이미 앞에서도 언급했지만, 에드워즈는 이러한 그리스도인들의 모습을 보면서 인간의 성향적 존재의 본성이 사랑의 표지에 영향을 주고 있음을 아래와 같이 설명하고 있다.

모든 지성적인 존재는 자신의 행복을 바라고 추구하려는 성향이 있습니다. 그래서 부단히 노력합니다. 사람이 죄를 회개하고 거룩해진다고 해서 그

---

[182] 에드워즈, 『로마서 주석』, 419-420

변화가 자기 행복에 대한 사랑을 하찮게 생각하게 만들지는 않습니다. 오히려 자신을 사랑하고 그 사랑의 영향을 받는 변화를 가져옵니다 … 그는 전에 가지고 있던 자기 사랑을 소유하고 있습니다. 의심할 여지 없이 성도들이 자신의 행복을 사랑하는 사랑은 악인들이 자신을 사랑하는 것과 같은 분량입니다. 그러므로 만일 우리가 자신과 자신의 행복에 대한 사랑을 절대적으로 생각한다면, 자신을 지나치게 사랑한다는 개념은 애초부터 생각할 수 없습니다. 왜냐하면, 자기를 사랑하는 것이 모든 경우에 같기 때문입니다. 그러나 저는 다음과 같은 논리를 말씀드리겠습니다.
(즉) 둘째로 과도한 사랑은 "부패한 자기 사랑"에서 나옵니다. 그것은 두 가지 요소가 있습니다. "상대적으로 너무 지나치게 되는" 경우요, 그다음은 그것이 "자신에게만 국한되는" 경우입니다.[183]

에드워즈는 그리스도인들에게서 하나님 사랑과 사람 사랑이 그 크기 면에서 다르게 표지되는 것은 인간 본질의 성향성이 자기를 지나치게 사랑하는 것에서부터 그 원인을 찾고 있다. 이를테면, 가장 강한 동기 혹은 사람이 좋아하는 것이 무엇인지를 선택하도록 결정하는 제1원인자가 존재하며, 동시에 하나님의 주권적 결정이라고 해서 "사람이 자기 의지와 상반되는 것을 필연적으로 혹은 힘으로 강압적으로" 하게 만들지 않는다. 하나님은 단지 그들 자신의 정신에 있는 가장 강한 동기를 따라서 바라는 대로 자유롭게 선택하며 행하도록 결정하신다는 것이다.[184]
에드워즈의 논지는 그가 가지고 있는 유신론적 양립주의의 개념 속에서 이해될 수 있는 신학 사상이다. 그럼에도 에드워즈는 하나님의 "불가항력

---

[183] 에드워즈, 『고린도전서 13장 사랑』, 200-201.
[184] 에드워즈, 『자유 의지』, 40-41.

적 은혜," "효과적 은혜"의 교리를 강조한다.[185] 그는 "효과적 은혜"의 교리가 구원받은 믿음을 소유한 사람들에게 성화를 향한 성향의 본질이 있음에도 불구하고 다르게 나타나는 지속적 사랑의 표지에 대해 아래와 같이 설명하고 있다.

> 하나님이 모든 사건을, 그리고 다른 사람들 가운데서 도덕 행위자들의 의욕을 결정적으로 결정적 섭리로서 결정하신다. 그 사건들은 어김없이 하나님의 섭리와 연결되어 있다. 왜냐하면, 하나님이 모든 사건에 영향을 끼치시고, 그의 섭리에 의해서 그 사건들이 반드시 발생한다는 것이 결정된다면, 하나님께서는 틀림없이 일들을 아시고 계획적으로 지시하고 결정하시기 때문이다. 하나님께서는 목적 없이 혹은 목적을 벗어나, 모른 채 무언가를 우발적으로 하시지 않고, 결정하는 것도 그렇게 결정하지 않으신다. 하나님이 늘 하시는 것처럼 행하시고 지시하는 데 어떤 선행 계획(design)이 있다면, 이것은 목적 혹은 작정(decree)과 같다.
> … 어떤 면에서는 만물이 영원 전부터 완전하고 동일하게 존재한다. 그 때문에 다음과 같은 결론이 나올 것이다. 즉, 하나님의 계획이나 목적은 새롭게 형성된 것이 아니며, 어떤 새로운 견해나 출현 위에 기초한 것이 아닌 영원한 것들이다.[186]

성향적 존재론의 관점과 맞물려 있는 유신론적 양립주의에서 하나님이 주신 "믿음 그 자체의 은혜" 때문이 아니라 인간이 믿음 안에서 구원적 대상과 결합하여 있기 때문에 은혜의 효과는 의지에 임할 때 "효과적 은혜"

---

[185] 에드워즈, 『자유 의지』, 45.
[186] 에드워즈, 『자유 의지』, 656-657.

가 표지된다. 그뿐 아니라, 결정적 선행 요인은 인간의 구원에 대해서 주도권을 쥐고 있는 하나님이다. 즉, 믿음 안에 있는 인간은 "전적으로 하나님의 작품"이다.[187] 에드워즈는 "전적으로 하나님의 작품"이라고 하는 "사랑을 초점으로 한 원리"가 성화에 적용되어야 한다는 주장을 아래와 같이 소개하고 있다.

> 어떤 사람들은 주 예수 그리스도를 구세주로 받아들이는 특별한 행동을 하지 전에는 아무도 구원의 상태에 이룰 수 없으며 또한 믿음이 역사하기 전에는 한순간도 성화될 수 없다고 주장한다. 그러나 그러한 주장은, 그들이 묘사하듯이, 사실상 그리스도의 영접을 설명할 수 없다. 모든 경우에 있어서 행동이 있기 전에 원리가 있어야만 한다. 이러한 새로운 피조물에 뒤이은 행동이 있기 이전에 먼저 죄인의 마음속에서 그러한 변화가 있어야만 한다. 즉, 성결이 발휘되기 전에 먼저 성결의 원리가 있어야 한다. 원인이 결과에 선행하듯이 본질상 믿음의 행동이 있기 전에 어떤 개조가 있어야 할 뿐만 아니라, 만약 그리스도를 구세주로 영접하는 것이 성공적인 행동이 되려면, 정신의 생각과 행동은 어떤 식으로든 다른 행동이 뒤따르도록 해야 한다. 먼저 정신 속에 예수 그리스도의 개념, 즉 그에 대한 적합하고도 진실로 사랑하는 개념이 있어야만 한다. 그것은 그 영혼이 성화 되기 전에는 결코 이루어질 수 없다.[188]

에드워즈는 그리스도인의 모든 사랑의 행동은 성령이 활동하는 증거이며 그 표지라고 하면서 로마서 5:5 "우리에게 주신 성령으로 말미암아 하

---

187 에드워즈, 『고린도전서 13장 사랑』, 173-174.
188 Edwards, *Journal Yale Collection: Edwards' Miscellanies*. no. 77, 체리, 『조나단 에드워즈의 신학』, 86에서 재인용.

나님의 사랑이 우리 마음에 부은 바 됨이니"에 대한 주석을 통해 아래와 같이 설명하고 있다.

> 영혼 속에 발산되는 신적이고 달콤하며 거룩하고 강력한 애정이 있다. "소망이 우리를 부끄럽게 하니 아니함은"(롬 5:5)에 대하여 성경의 언어로 말하면 우리의 소망은 우리를 낙심으로 이끌지 않는다. 그 이유는 "우리에게 주신 성령으로 말미암아 하나님의 사랑이 우리 마음에 부은바" 되기 때문이다. 이 말씀에서 바울의 주장은 바로 이것이다. 하나님의 영광에 대한 우리의 소망은 단순히 절망적인 근심을 일으키는 소망이 아니라 우리가 달콤하게 맛보고 있으며, 우리는 우리 마음속에 주어지는 성령의 보증으로 우리가 소망했던 것을 이미 어느 정도 얻었다(롬 8:23; 고후 1:20-22; 5:5-6; 엡 1:13-14; 4:30). 우리는 이 소망을 우리 안에 "부어지는" 거룩하고 달콤한 하나님의 사랑 안에서 느끼고, 이 소망은 성령의 호흡이자 성령의 적절하고 자연스러운 역사다. 그러므로 우리는 환난 중에도 즐거워할 수 있다.[189]

하나님의 사랑이 우리 마음에 "부은 바 됨이니"로 보면 바울은 하나님에 대한 우리의 사랑뿐만 아니라 우리에 대한 하나님의 사랑에 대한 의식도 포함하기를 바라는 것으로 보인다. 왜냐하면, '하나님에 대한' (to) 사랑이 아니라 '하나님의'(of) 사랑으로 말하고 있기 때문이다.[190]

바울이 사용하는 '하나님의 사랑'이라는 말은 성령이 인침과 보증과 미래의 영광으로 그리스도인에게 주어지며, 그리스도인의 영혼 속에서 하나님

---

[189] 에드워즈, 『로마서 주석』, 147.
[190] 에드워즈, 『로마서 주석』, 147.

과 우리 사이의 상호 사랑에 대한 내적 영혼을 자극할 때 그의 영혼 속에 존재하는 거룩하고 달콤한 감각 전체를 포함하는 말이다.[191]

하나님은 성도의 마음속에 내재하시면서 자신의 사랑으로 교제하시며 그 사랑은 피조물의 하나님에 대한 사랑을 통해서 다시 하나님에게 반사된다. 그러나 이 두 가지 인간의 행동은 인간이 성령 안에서 거룩한 충만함에 참여할 때 하나님의 그의 성령을 전달해 주시는 것에 근거하고 있다.[192]

에드워즈에게 있어서 사랑은 믿음이 생길 수 있는 원리요, 습관이요, 기초이다. 이 사랑은 인간의 능력과 밀접한 관련을 맺으신 하나님 자신이다. 성화(聖化)는 인간이 가지고 있는 믿음의 행동에 선행한다. 왜냐하면, 그런 행동의 가능성은 인간 안에 사랑으로 거하시는 성령의 선물이기 때문이다. 그러므로 에드워즈는 이러한 성령의 인도하심이 구원에 이르는 믿음을 소유한 성도에게 원리로 적용되며, 특히 날마다 지속적인 변화의 과정으로 이끌어 가시는 성령의 인도함을 따라가는 노력의 표지가 있어야 함을 아래와 같이 강조하고 있다.

우리는 날마다 더욱더 거룩하게 변화되어야 한다. 그래야만 하늘나라에 더욱더 가까이 다가가며, 좀 더 신령한 사람이 되고자 노력해야 한다 … 우리는 하나님의 사랑 안에서 계속 성장하기 위해 애써야 한다. 갈수록 하나님과의 교제가 깊어지고, 더욱 복종할 수 있도록 노력해야 한다. 그래야만 우리 마음이 더욱더 뜨겁게 타올라 온전히 불꽃으로 피어오를 수 있고, 천

---

[191] 에드워즈, 『로마서 주석』, 147-148.
[192] 체리, 『조나단 에드워즈의 신학』, 85.

사들이 하늘에서 하나님을 섬기듯이 우리도 땅에서 그분의 뜻을 행할 수 있으며, 충만한 위로와 영적 기쁨 가운데 하나님과 예수 그리스도와 더불어 친밀한 교제를 나눌 수 있다.[193]

에드워즈는 성령이 사랑 안에서의 "계속 성장"이라는 문구를 사용하고 있다. 사랑 안에서의 어떤 행동은 결국 사랑의 행위를 말한다. 성도 안에서 발산하시는 내적 표지의 존재는 행위를 통한 외적 표지가 나타나야 하며, 성도는 성령의 조명을 의지하면서도 날마다 지속적인 사랑의 표지를 위하여 "노력하고 애써야 함"을 알 수 있다.

그런데도 사랑을 받은 대상의 본질(구원받은 자신)이 진정한 사랑의 원리(성령)에서 비롯된 본질과 결합할 때, 믿음의 사람이 사랑이 출현된 본질을 생각하지 않고 자기 자신만 주목하게 되면 자신의 힘에 대한 거룩한 절망을 잃어버리게 된다. 자신의 선한 상태를 신뢰할 때 그는 믿음의 닻을 잃어버린다.[194]

에드워즈는 이기심으로 전락하는 자기(自己) 사랑과 신적(神的)인 사랑의 원리에 따라 존재하는 자기(自己) 사랑의 차이를 구체적인 신학 용어로 "타락이 인간 영혼에 가져온 폐회는 대체로 인간이 더 고귀하고 더 포괄적인 원리들을 상실하고 전적(全的)으로 자기 사랑의 지배 아래 놓이게 되었다는 점에 있다"[195]라고 표현한다. 에드워즈는 타락 이전의 영혼과 타락 이후의 영혼의 차이를 확장과 수축이라는 관점에서 보면서 아래와 같이 설명하고 있다.

---

[193] Edward Hickman, ed. *The Works of Jonathan Edwards*: The Christian Pilgrim, vol.2 (Edinburgh: Banner of Truth Trust, 1995), 244.
[194] 체리, 『조나단 에드워즈의 신학』, 145.
[195] Edwards, *Works of Jonathan Edwards*: Ethical Writings. vol. 8. 252.

인간이 신적인 사랑의 지배를 받았을 때 인간의 영혼은 "모든 동료 피조물을 포용할 정도로 확대되었고 피조물의 한계에 제약받지 않고 저 무한한 선의 바닷속에서 자신을 널리 확산"시켰다. 그러나 죄를 지은 이후에는 "그 고귀한 원리들이 즉시 상실되었고 인간 영혼의 모든 탁월한 위대함이 사라졌으며 그 뒤부터 인간은 타인을 배척할 만큼 자기 안에만 속박되고 폐쇄되어 하나의 작은 점으로 수축하였다."[196]

그러므로 구원에 이르는 믿음을 받은 그리스도인은 성화 과정에서 제약받지 않는 성령의 사랑과 (고전 13장)과 함께 자기중심적인 사랑의 이중적 구조 속에 있음을 인식하게 된다. 이런 이중적(二重的) 구조에 대한 그리스도인의 "노력과 애씀"의 개념이 성화에서 적용되는 것은 매우 당연한 귀결(歸結)이다. 폴 래미(Paul Ramey)는 에드워즈가 1738년에 전한 시리즈 설교인 "사랑과 열매"를 에드워즈의 "기독교 윤리를 가장 중요하게 다룬 것"이라고 말했는데, 이 설교에서 에드워즈는 사랑을 "한 사람이 다른 사람을 귀중하게 여기는 성향이나 애정"이라고 정의했다.[197]

결과적으로 한 사람이 다른 사람을 귀중하게 여기는 성향이나 애정은 사랑을 실천하려고 하는 노력과 애씀이다. 이러한 노력과 애씀의 근본적 이해는 에드워즈가 인간 존재의 본질에 관하여 가지고 있는 성향의 존재론에 근거해서 이해될 수 있는 귀중한 원리이다.

---

[196] Edwards, *Works of Jonathan Edwards: Ethical Writings*. vol. 8, 253.
[197] 맥더모트, 『조나단 에드워즈 신학』, 681-682.

3) 지속적 겸손의 표지

믿음의 자세는 그 본질상 사랑뿐만 아니라 그것과 결합한 신뢰와 겸손에 의해서 특징 지어진다. 신앙적 실존 안에 내포된 긴장 때문에 신뢰와 겸손은 믿음의 동반자들이다. 믿음의 사람은 그의 마음속에 남아 있는 죄 사이의 긴장 가운데서 살고 있기 때문에 자칫 교만해지기 쉽다.[198]

마태복음 11:29에서 예수님은 "나는 마음이 온유하고 겸손하니 나의 멍에를 메고 내게 배우라고 하셨다." 에드워즈도 성화의 과정에서 하나님에 대한 의존과 겸손의 필요성을 강조했다. 왜냐하면, 겸손은 완비된 소유물이 아니며 인간이 하나님과 관계를 맺을 때 겸손해지기 때문이다.[199] 에드워즈의 첫 출판물은 "인간의 의존에서 영광을 받으시는 하나님"이다. 그는 겸손을 사람에게 부여한 의무로 생각하기보다 하나님 앞에서 애원하는 자세로 두기를 원하는 마음이었으며, 그것은 섬뜩하거나 비참한 경험이 아니라 하나님을 기뻐하는 측면이다.[200]

그는 겸손이 "하나님 앞에서 우리가 무가치하며 비열한 존재임을 알고 갖게 되는 그에 합당한 생각과 마음의 습관"이라고 정의하고 있다.[201] 그는 인간이 하나님과 관계를 맺을 때 겸손은 가장 먼저 표지되며, 그것은 "하나님과 비교할 때 우리가 작다는 것을 의식하는 것입니다"라고 강조한다.

에드워즈는 "우리는 작고 말로 할 수 없이 미미하며, 심지어 벌레와 먼지 같은 존재라는 의식입니다"라고 강조한다.[202] 그는 다른 사람과의 관

---

[198] 체리, 『조나단 에드워즈의 신학』, 142-143.
[199] 체리, 『조나단 에드워즈의 신학』, 147.
[200] 체리, 『조나단 에드워즈의 신학』, 109.
[201] 에드워즈, 『고린도전서 13장 사랑』, 163.
[202] 에드워즈, 『고린도전서 13장 사랑』, 165.

계에서 "우리들이 동료에 비해 작다는 의식이 겸손한 정신에 요구됩니다. 즉, 가장 높으신 그분에 대하여 바르게 알지 못하는 사람은 무엇이든 바로 알지를 못하는 것입니다"라고 한다.[203] 무엇보다도 신앙적 겸손은 상대방에게 겸손한 자연적 겸손을 말하는 것이 아니고, 하나님 앞에 자신이 늘 부족하고 부채 의식을 가지고 있으면서 하나님을 의지하고 살 수밖에 없다는 것을 깨닫고 그에 맞는 행위를 말한다.

에드워즈는 겸손이 "자신의 견해를 정당화시키는 일을 삼가게" 하는 성향이 있다고 지적한다.[204] 그래서 에드워즈는 참된 본질은 본질적으로 사랑을 포함하고 있다고 하면서 아래와 같이 설명하고 있다.

> 참된 겸손은 하나님 앞에서 자신과 하나님의 사랑을 비교할 때에 자신이 얼마나 미미한 존재인가를 알게 되는 데서 나옵니다. 이것이 하늘에 있는 천사들이나 땅에 있는 성도들이 겸손한 이유입니다. 겸손이란 하나님의 사랑이 얼마나 큰지 아는 것이기에, 하나님께 속한 사람은 겸손을 함축한다는 결론을 내릴 수 있습니다. 그 사랑은 하나님을 향한 사랑의 마음이기 때문입니다. 하나님을 향한 사랑에서 사람을 향한 그리스도인의 사랑이 일어납니다. 거기서 필연적인 결론이 나옵니다. 곧 사도가 말하는 사랑은 하나님과 사람을 향한 사랑 모두를 내포한다는 말입니다. 그 사랑은 본질적으로 겸손을 포함합니다.[205]

에드워즈는 본질적으로 사랑은 겸손을 포함한다고 강조한다. 왜냐하면, 그리스도인들이 가지고 있는 겸손의 출발점은 자신과 하나님의 사랑을 비

---

[203] 에드워즈, 『고린도전서 13장 사랑』, 167.
[204] 에드워즈, 『고린도전서 13장 사랑』, 178.
[205] 에드워즈, 『고린도전서 13장 사랑』, 183.

교함에서 비롯되기 때문이다. 특히, 에드워즈가 그의 성화론에서 겸손에 대한 지속적인 표지를 요청하는 것은 인간의 본성에서 참된 겸손을 찾고 있기 때문이다. 그는 자신을 전적으로 하나님께 복종시키는 것은 겸손한 자의 성향이라고 강조한다.[206]

에드워즈가 보고 있는 존재론의 "본성"은 성향성을 가지고 있기 때문에 자신이 좋아하는 것을 택하고 기울어짐의 표징이 자연스러운 것이다. 그렇기 때문에 에드워즈는 "겸손한 의식에 상응하는 행실로 기울어지는 성향 없이 참된 겸손이란 없습니다"라고 강조한다.[207]

이러한 이유로 에드워즈는 참된 겸손을 증명하고 인간 안에 있는 거짓된 겸손을 찾아내기 위해 자신을 점검할 것을 요청한다. 그리고 겸손의 본질이 무엇인가 확인하고, 자신에게 있는 겸손이 일종의 피상적인 겸손인지 또는 성령의 역사인지 가늠해 보아야 한다고 지적하면서 아래와 같이 모조적인 겸손에 관해 설명하고 있다.

> 복음의 시금석들을 지켜낸다고 해서 겸손이 함축하는 모든 것을 나타내는 것이 아닙니다. 실상을 속에 감추고 겉으로 겸손한 척하는 모조적인 겸손이 있습니다. 어떤 이들은 애정에 들뜬 겸손을 옷 입습니다. 어떤 사람들은 천성적으로 낮은 마음의 바탕을 지니고 있습니다. 남자다운 기질이 없는 사람들이 있습니다. 어떤 사람들은 우울하고 내성적입니다. 어떤 사람들은 양심의 가책을 받고는 침체하여 있기도 합니다. 그들은 심령이 상하여 고통을 당합니다. 어떤 사람들은 곤란을 당하였을 때 자세를 낮추는 것 같이 보입니다. 일반적인 진리의 조명을 받고 마음이 녹는 사람들도 있습

---

[206] 에드워즈, 『고린도전서 13장 사랑』, 173.
[207] 에드워즈, 『고린도전서 13장 사랑』, 171.

니다. 사단의 기만으로 인하여 겸손한 체 가장하는 사람들이 있습니다. 이 모든 것들은 참된 겸손으로 착각할 수 있습니다.[208]

에드워즈는 교만이 겸손으로 가장할 수 있다는 사실을 잘 알고 있었다. 즉, 인간은 자신의 비천함에 대해서도 교만한 생각을 가지고 마음속으로 자신이 겸손하다는 것을 스스로 인정하는 모조적 겸손을 지적하고 있다. 이처럼 에드워즈가 가장된 겸손에 대해 지적하고 강조하는 것은 진정한 겸손은 하나님의 주권과 주체적 능력에 기초하고 있기 때문이다.

에드워즈는 자기 자신의 삶을 되돌아보고 자신의 영적 성숙이 육체적 만족을 위해 시도하는 경우가 종종 있음을 깨달았다. 이런 육체적 만족을 위하는 형성 과정에서는 영적 성장을 통제하는 실제 권한이 에드워즈 자신에게 있었음을 깨달았다. 얼핏은 그가 짊있을 때 너 큰 것처럼 보였으나 거기에는 자신의 정욕이 가득 채워져 있음을 고백하였다.[209] 이 사실에 비추어볼 때 에드워즈가 성화를 중요하게 다루면서 겸손을 중요하게 강조하는 이유는 성화 자체도 하나님의 주체로 인하여 이루어지지만 성화의 표징으로 나타나는 겸손은 더욱 하나님의 주체를 부각하는 중요한 요소이기 때문이다.

에드워즈가 하나님의 주체를 부각하는 요소가 겸손이라고 표현한 것은 그가 율법적인 겸손과 복음적인 겸손을 구별하고 있기 때문이다. 그는 율법적인 겸손은 거듭나지 않고서도 은혜로운 애정(신앙적 애정) 없이도 경험할 수 있지만, 복음적인 겸손은 참된 성도들에게만 있는 것이라고 설명한다.[210] 복음적인 겸손은 하나님의 주체를 깨달을 때 나타나는 겸손이

---

[208] 에드워즈, 『고린도전서 13장 사랑』, 190.
[209] 스트로벨, 『영적 성숙의 길』, 136-137.
[210] Edwards, *The Religious Affections* (Mineola: Dover Publications, Inc, 2013), 237.

다. 그는 율법적인 겸손과 복음적인 겸손의 차이점을 아래와 같이 요약하고 있다.

> 율법적인 겸손을 통해 사람들은 자신들이 연약하며, 위대하고 두려우신 하나님 앞에서 아무것도 아니라는 것을 알게 된다. 그리고 자신들은 무능하며 결코 자신을 도울 수 없다는 것을 알게 된다. 이것은 마치 악인들이 최후의 심판 날에 자신들의 그런 모습을 발견하게 되는 것과 같다.
> 하지만 이들에게는 자신들을 낮추고 하나님만을 높이고자 하는 성향이 없다. 이런 성향은 하나님의 거룩하심의 아름다움을 발견함으로써 심령을 굴복시키고 심령의 성향을 변화시킬 때 생기는 복음적인 겸손을 통해서만 주어진다 … 율법적인 겸손은 영적인 지식이 없기 때문에 의지는 굴복되지 않으며 성향도 변화되지 않는다. 이것은 오직 복음적인 겸손으로만 가능하다. [211]

이 견해에 따르면 에드워즈는 그리스도인들이 가지고 있어야 할 복음적인 겸손은 하나님의 거룩하심과 아름다움을 발견함으로써 심령이 굴복하며, 더 나아가 심령의 성향이 변화를 통해 표지된다는 것을 강조하고 있다. 율법적 겸손은 최후의 심판이 두려워서 나타나는 자연적인 겸손이지만, 하나님의 주체에 굴복하지 않는다고 지적한다. 그러나 복음적 겸손은 하나님의 은혜에 기초해서 자발적으로 굴복하며 즐겁게 기뻐하며 겸손하게 된다.

에드워즈는 사람들이 율법적으로 겸비하게 되면서도 전혀 겸손하지 않을 수 있다고 밝히고 있다. 자신이 마땅히 저주받아야 한다는 것을 철저하

---

[211] Edwards, *The Religious Affections*, 238.

게 깨닫고 자신들의 절망적인 상태를 온전히 안다 해도 자신들의 마음의 교만함을 조금도 죽이지 못하는 것이 율법적 겸손이라는 것을 강조한다.[212] 그러나 그리스도인들은 옛 사람과 새 사람이 같은 인격 속에 공존하며 은혜와 부패가 함께 거하고 있다는 것을 안다.

에드워즈가 강조하는 복음적 겸손은 자신의 신앙적 실존 안에 내포된 은혜와 부패로 인한 긴장 때문에 하나님의 사랑과 결합한 겸손에 의하여 도출된다. 겸손의 본질은 자신이 엄청나게 죄로 가득 차 있지만 은혜의 경륜 아래에 있는 피조물임을 아는 겸손 그 자체를 말한다. 그것은 자신을 높이려는 성향을 죽이고 자기 자신의 영광을 자발적으로 부인한다.[213] 결과적으로 겸손은 하나님의 주체적 부르심에 대한 반응이며 하나님의 능력만을 구하는 연약함과 의존의 자세이다. 에드워즈는 그리스도인들이 스스로 겸손의 본질을 알 수 있는 방법을 아래와 같이 설명하고 있다.

> 얼마나 겸손한지는 자신이 얼마나 낮아졌는지와 자신이 왜 낮아져야 하는지를 알 때 판단할 수 있다. 하지만 진정 탁월하게 겸손한 사람은 자신이 낮아져야 하는 이유를 알기 때문에 자신의 겸손이 위대하다고 생각지 않는다. 자신이 반드시 낮아져야 할 이유가 그에게는 엄청나게 많은데 실제로 그의 마음이 낮아진 상태는 그것에 턱없이 못 미치기 때문에, 자신이 겸손하지 않고 교만하다고 생각한다.[214]

에드워즈는 그리스도인들 자신이 탁월하게 겸손해야 하는 원인을 자신이 알고 있어야 하지만, 자신이 죄를 인식한다고 하는 것보다는 실제로 자

---

[212] Edwards, *The Religious Affections*, 239.
[213] Edwards, *The Religious Affections*, 238-239.
[214] Edwards, *The Religious Affections*, 260.

신의 죄가 많기 때문에 죄를 깨닫는다고 설명한다.[215] 이것은 사람들이 "그리스도인으로" 살아가지만 육체의 욕구를 따라 살고 있다는 인식이 없는 탓에 죄가 많음에도 불구하고 인간의 주체는 위장된 겸손을 사용하고 있다는 것이다. 실제로 타락한 인간의 본질은 인간의 주체를 쉽게 하나님께 내어 주지 못한다고 지적한다.

에드워즈는 위선자들에게 있는 자기 자신의 겸손을 높이 평가하는 이러한 겸손은 그 사람의 본질인 성향에서 비롯된 위장된 겸손임을 쉽게 알 수 있다고 말한다. 구약 시대의 거짓 선지자들이 그랬고(사 57:5), 위선적인 유대인들이 그러했으며(사 57:5), 예수님은 위선적인 바리새인들(마 6:16)이 그렇다고 말씀하셨음을 강조한다.[216]

에드워즈는 자신의 겸손을 높이 평가하는 성향에서까지 위장된 겸손을 만들어 가면서 자신의 주체를 포기하지 못하는 타락한 성향을 강조하고 있다. 이러한 자신의 주체를 강조하는 인간의 타락은 겸손이라고 하는 틀을 사용하여 영적 교만이 존재함을 아래와 같이 설명하고 있다.

> 영적인 교만이 가득한 사람은 자신의 신앙 체험만이 아주 특별하고 희한한 것인 양 이야기한다. 물론 하나님의 긍휼에 대한 우리의 체험이 놀랍지 않다거나 영광스러운 것이 아니라는 말은 아니다. 하지만 자신의 체험이 다른 사람들의 체험에 비해 더 대단하고, 성도들의 실상 적인 체험보다 더 특별하다고 여기며 주목받고 높임 받기를 기대하는 사람이 있다면 이미 그 마음에 영적 교만이 역사하고 있다. 참된 겸손이 없는 사람은 자신이 늘어놓는 말을 자랑이나 교만이라고 생각하지 않는다. 물론 그런 체험이 하나

---

[215] Edwards, *The Religious Affections*, 260.
[216] Edwards, *The Religious Affections*, 262.

님의 은혜와 긍휼에서 비롯된 것은 사실이다. 하나님께서 그들을 위해 하신 일이기 때문이다. 하지만 이런 태도는 누가복음 18장에 나오는 바리새인의 태도와 정확히 일치한다.[217]

에드워즈는 신앙생활에서 경험하는 체험이 자칫 영적 교만으로 표지되는 경우가 있음을 지적하면서 이러한 영적 교만은 참된 겸손이 없는 사람들의 표지라고 강조한다. 그는 영적 교만의 또 다른 표지는 자신의 겸손을 대단하게 생각하면서 거짓된 신앙 애정은 그 사람에게 자신이 가진 겸손을 대단한 것인 양 착각하게 만든다고 지적한다. 그뿐만 아니라 그 애정이 높이 올려지고 강렬한 것일수록 더욱더 그렇다고 지적한다.[218]

이처럼 인간의 주체는 겸손이라는 탈을 쓰고 그리스도인의 성화에 다양하게 표지가 되고 있음을 알 수 있다. 그 때문에 에드워즈가 성화론에서 강조하고 있는 진정한 겸손은 하나님의 주체에 기초하여 인간의 본성에서 겸손의 본질을 정의하고 있음을 알 수 있다. 성도에게는 옛 사람과 새 사람 사이의 긴장이 있다. 그러므로 은혜와 성도 안에 남아 있는 죄 사이의 긴장은 무덤 이편에 있는 성도들의 특징이다.[219] 자신과 자신의 힘에 대한 거룩한 절망은 오히려 그리스도 안에서 진정한 겸손을 보고 배울 수 있는 소망의 근거이다. 에드워즈는 이 소망을 예수 그리스도로부터 겸손의 본질을 볼 수 있다고 하면서 아래와 같이 설명하고 있다.

그러므로 모든 피조물 중에 가장 뛰어나고 영화로우나 온유하고 겸손한 마음을 지닌 인간 그리스도 예수는 겸손에 있어서 모든 피조물보다 뛰어

---

[217] Storms, *Sign of the Spirit: An Interpretation of Jonathan Edwards' Religious Affections*, (Wheaton: Crossway Books, 2007), 110-111.
[218] Storms, *Sign of the Spirit: An Interpretation of Jonathan Edwards' Religious Affections*, 114-115.
[219] 체리, 『조나단 에드워즈의 신학』, 143.

나시다. 왜냐하면, 이분은 비록 다른 어떤 피조물보다 뛰어 남에도 불구하고 신성이나 신성과의 무한한 거리에 견주어 자신이 상대적으로 미천함을 더 크게 느끼시기 때문이다. 겸손은 예수님이 지닌 탁월성 중에서 하나의 탁월성인데, 이는 예수님이 하나님인 동시에 사람이시기 때문이다. 그러므로 겸손은 사람으로서 그리스도 예수 안에 있다.[220]

에드워즈는 사람으로서 그리스도 예수 안에 있는 겸손을 볼 수 있다고 했다. 그에 의하면 예수님의 겸손은 성령을 통하여 구원받은 성도에게도 존재한다. 성령과 자기 자신의 관계에서 지식의 상호 의존을 통해 반응하는 겸손은 예수님을 본받음에 달려있다. 인간은 성향이라고 하는 본질이 있기 때문에 성화의 과정 속에는 그리스도의 형상을 따라가려고 하는 총체적 모습이 존재한다.

그 가운데서 그분의 겸손을 배우고 따라가려고 하는 노력의 발산이 나타나는 것은 자연스러운 것이다. 이 노력은 다음 장에서도 언급하겠지만, 노력과 애씀은 균형을 유지하려는 필연적 과정에서 나타나는 자연적 결과로서 성화의 한 표지라고 여겨진다.

겸손은 완비된 소유물이 아니다. 그것은 사람이 노력하여 가질 수 있는 것이 아니다. 그것은 관계이다. 인간이 하나님과 관계를 맺을 때 그는 겸손해진다.[221] 만약에 피조물이 하나님의 위대하심뿐만 아니라 사랑에 관해서도 하나님에게서 멀리 떨어져 있다는 사실을 느끼지 못한다면 겸손은 존재하지 않는다.[222]

그러므로 에드워즈는 다른 어떤 미덕들보다 겸손은 신적인 사랑에 있어

---

[220] Jonathan Edwards, *Works of Jonathan Edwards: Ethical Writings* (Charity and Its Fruit), vol. 8, 234.
[221] 체리, 『조나단 에드워즈의 신학』, 143.
[222] 체리, 『조나단 에드워즈의 신학』, 147.

필수적이며, 동시에 위장된 겸손은 당연히 신적(神的)인 것이 아닌 인간적(人間的)이라고 지적한다. 그는 겸손을 존재론적 크기와 도덕적 미덕(美德) 모두에 있어서 우리의 상대적인 비천함이나 작음에 대한 지각이라고 정의했다.[223] 그러한 논지는 구원에 이르는 믿음을 가지고 있는 성도들 자신이 하나님과 이웃과의 관계를 통하여 표출되는 행위로서 사랑을 포함한 겸손이며, 성화에 필요한 다른 행위의 모습에도 겸손이 기저(基底)로 존재하고 있기 때문이다.

그러므로 믿음의 사람은 그가 믿음의 사람이라는 사실이 아니라 오직 하나님의 권능과 은혜의 제도에 의해서 순간마다 믿음의 사람으로 행동하며 존재한다. 믿음의 근원과 연속성은 하나님의 직접적인 권능의 결과이다.[224] 겸손 역시 진정성 있는 지속성이 하나님의 권능에 의해 표지되는 필연성이며, 에드워즈의 성화론에서 중요한 요소 중의 한 개념으로 그 자리를 채워간다.

4) 지속적 균형성의 표지

에드워즈의 성화론에서 중요한 핵심은 믿음과 행위이다. 성화의 과정은 내적 실천과 외적 실천 사이의 구별을 요구하지만 믿음에 있어서 이 둘은 하나이다. 육체와 영혼이 하나의 통합체이듯이 외적인 것과 내적인 것은 행위 가운데서 통합된다.[225] 에드워즈는 육체와 영혼이 통합된 행동을 하고 있다는 것을 아래와 같이 설명하고 있다.

---

[223] 맥더모트, 『조나단 에드워즈 신학』, 684.
[224] 체리, 『조나단 에드워즈의 신학』, 150.
[225] 체리, 『조나단 에드워즈의 신학』, 217-218.

어떤 사람이 자기의 의지가 명령한 행동은 예배를 드리러 가는 것이었지만 자기의 발길이 그를 선술집이나 매춘 굴로 데려갔다고 변명하거나, 또는 의지가 명령한 행동은 불쌍한 거지에게 자기 손에 들려 있는 돈을 주라는 것이었으나 바로 그 순간 손을 뒤로 빼면서 움켜잡았다고 변명하는 것은 어리석은 일이다.[226]

이처럼 에드워즈는 내적 실천과 외적 실천 사이를 구분하지만 실제로는 하나임을 밝히고 있다. 다시 말해서 내적인 정신은 외적 행동과 통합되어 있다는 것이다. 그 때문에 그리스도인들에게서 내적인 변화와 이끄심을 주관하시는 성령이 내재하심에 대한 존재의 본질은 행위를 통해 존재의 존재를 확인한다. 실천이 믿음의 자리를 빼앗을 수 없다. 그러나 믿음과 실천은 결코 분리할 수 없다. 왜냐하면, 믿음은 그 표현과 환경을 위해서 실천에 의존하고 있기 때문이다.[227] 더 나아가 에드워즈는 실천에 의존하여 존재를 표지하는 믿음은 새로운 본성이라고 아래와 같이 말하고 있다.

새로운 본성은 하나님에게서 오므로 그 중심인 하나님께 집중한다. 그리고 그 중심에 집중하는 일은 바로 그 중심에 완전히 도달하기까지 은밀하거나 정적이지 않으므로, 성도들 안에 있는 새로운 본성도 하나님께 완전히 연합되고 순종하여 그 어떤 분리나 소외나 증오도 남지 않을 때까지 그렇게 하기를 멈추지 않는다. 성도들 안에 있는 거룩한 본성은 그것이 발원하는 샘에 집중하며, 영혼이 그 샘에 완전히 도달하여 모두가 그 샘에서 생수를 들이켜기까지 결단코 멈추지 않을 것이다.[228]

---

[226] Edwards, *Works of Jonathan Edwards: Religious Affection*. vol 2, 426.
[227] 체리, 『조나단 에드워즈의 신학』, 235.
[228] Edwards, *Works of Jonathan Edwards: Sermons and Discourses*, 1734-1738. vol 19, 692.

에드워즈는 새로운 본성은 성령으로서 성령이 주권을 행하시되 우리의 영혼이 그 샘에 완전히 도달할 때까지 지속해서 행하신다고 강조한다. 에드워즈는 "성령의 주권"은 거룩함과 공의에 대한 강조로 이어지면서도 효과적 은혜로 자리 잡고 있지만, 다른 한편으로는 의도된 복종을 통한 교만이나 무관심으로 이어지는 모순된 경향을 보이기도 한다는 것이다. 그래서 그는 자기 자신의 힘을 대단히 크게 의존한 탓에 나중에 이런 노력이 자신에게 커다란 해를 끼치는 것으로 작용했다고 기록한다.[229]

그러나 에드워즈는 성화론에서 성령의 주권을 인정하면서 동시에 성령의 주권과 맞물려 있는 인간 본성의 성향성이 성령의 인도하심에 대해 어떤 반응으로 표시되는가?

이런 질문에 답해야 한다. 에드워즈는 노력과 애씀이 자칫 변화의 주체를 자기 자신에 기초해서 이루려는 자기만족의 관점에서 비판했다.

그러나 그는 성령 하나님의 주체를 인식한 후에는 노력과 애씀의 표징이 하나님의 이끄심에 의존한다는 사실을 알게 되었다. 이를 통해 에드워즈의 성화론에서 하나님도 최선을 다하시고 우리도 최선을 다한다고 하는 주권 개념의 이중적 구조는 균형성의 표지를 요청하게 된다. 이러한 균형성의 법칙은 바로 "은혜의 원리"(효과적 은혜)에서 설명된다. 에드워즈는 은혜의 원리와 실천의 관계를 아래와 같이 묘사하고 있다.

> 은혜의 원리와 실천의 관계는 은혜의 원리 자체에 집중하여 숙고하면, 모든 기독교 은혜의 실천적 성향이 드러날 것입니다.
> **첫째**, 모든 참된 그리스도인의 은혜가 실천을 유도하기 마련인 이유를 알아봅시다. 은혜가 직접 역사하여 사로잡는 기능이 바로 의지의 기능입니

---

[229] Edwards, *Works of Jonathan Edwards: Letters and personal Writings*. vol. 16, 795.

다. 그 의지가 사람의 모든 행실과 실천을 명령합니다. 은혜가 즉각적으로 자리 잡은 영역이 의지와 성향이라는 말입니다. 이점이 모든 참된 은혜는 실제를 유발함을 보여줍니다 … 그러므로 참된 은혜의 원리가 이러한 기능 위에 놓여 있다면, 그 기능은 필연적으로 실제를 나아가고 싶어 합니다. 마치 샘에서 나오는 물이 넘쳐 물줄기를 형성하여 흘러가듯이 말입니다.

둘째, 은혜를 정의하자면 거룩한 행실의 원리입니다. 그것은 은혜를 정의한 말입니다 … 원리와 행동은 서로를 존중합니다. "생명의 원리" 자체가 삶 속의 "행실의 원리"입니다. 그러므로 "이해의 원리"는 이해의 행동을 유도하는 원리를 뜻하고, "죄의 원리"는 죄의 행동을 유발하는 원리를 말합니다. 같은 방식으로 "은혜의 원리"라고 할 때는 "은혜의 행실과 은혜로운 행동"을 유발하는 원리라는 의미입니다.[230]

그러므로 은혜의 원리가 성령의 임재와 역할 속에서 나타나는 것이라면 행실은 성향적 존재의 본질이 은혜에 맞물려서 행위의 삶을 살려고 하는 성향임을 말한다. 이 성향 속에서 균형의 원리가 존재한다. 에드워즈는 이에 대하여 아래와 같이 설명하고 있다.

구원 얻는 믿음 안에 있는 의지의 행동은 거룩한 실천을 유도하는 경향이 있습니다. 그는 자기 의지의 행동으로 진실로 그리스도를 영접합니다 … 진지하고 기꺼운 마음으로 모든 죄의 길에서 돌아서기를 원하지 않으면, 그리스도를 죄에서 구원하는 구주로 영접하지 못합니다 … 그리스도를 살아 있는 믿음으로 영접하는 사람은 그리스도와 친밀한 관계를 맺고, 자기를 다스리고 주관하시는 주와 왕으로 모십니다 … 그리스도를 선택하고 왕

---

[230] 에드워즈, 『고린도전서 13장 사랑』, 276-277.

으로 모시고 가까이 섬기는 것은 그리스도의 법에 대한 복종이요, 그리스도의 권위와 명령에 대한 복종입니다. 그렇게 하는 사람은 실천적으로 거룩한 삶을 영위합니다.[231]

즉, 구원 얻는 믿음이 내재할 때에 그 이끄심이 나타나며 동시에 실천적으로 거룩한 삶을 영위하기 위한 본질의 실천은 그 이끄심에 의해 균형을 맞추기 위해 반응하는 성향의 존재라고 하는 것이다. 하나님의 최선이 성화의 주권이며, 인간의 최선은 하나님의 주권에 균형을 맞추기 위해 하나님의 이끄심을 의지해서 노력과 애씀을 통한 주권 표지의 반응을 보인다는 것이다.

에드워즈의 이러한 균형의 개념은 그의 목회에 나타나 있다. 노쓰엠톤에서 목회 사임을 하는 과정에서 드러난다. 마스던은 에드워즈가 주의 성찬을 "언약을 갱신하고 확인하는" 가장 본질적인 표지요 인침으로 보았다고 강조한다.

예를 들면, 에드워즈는 성찬이 "적어도 신부가 결혼식에서 신랑이 주는 반지를 끼는 것이 그를 신랑으로 맞아들인다는 고백과 인침을 의미하는 것과 같다"라고 말했다. 그런 서약을 가볍게 여기고 그것을 되풀이해서 파기하는 것은 무서운 죄가 되는 것이며 의심할 나위 없이 고린도전서 11장은 이런 태도를 "자기의 죄를 먹고 마시는 것"임을 강조하였다.[232]

에드워즈가 원했던 것으로 외조부인 스토다드는 자신들이 중생하지 않았다고 인정하는 자를 교인으로 받아들였지만, 에드워즈는 중생에 대해 양심의 가책이 있다 하더라도 아마도 중생했을 것이라고 믿을 것을 요구

---

[231] 에드워즈, 『고린도전서 13장 사랑』, 281.
[232] 마즈던, 『조나단 에드워즈 평전』, 514.

했다는 데에 있다. 그리고 그 믿음을 통하여 요구되는 성령의 주체적인 이끄심에 성도는 성향성을 가지고 균형을 맞추려는 노력과 애씀의 표지가 필연적이라고 하는 것이다.

에드워즈는 이 세상에서 경건한 사람들 안에 거룩함보다 죄가 더 크고, 요구된 거룩함에 미치지 못하는 것이 정말 참일지라도 죄가 경건한 사람들의 마음과 실천의 주된 지배자라는 결론은 도출되지 않는다고 하면서 아래와 같이 두 가지 이유를 제시하고 있다.

> **첫째**, 하나님을 다른 것보다 더 사랑하면서도, 하나님에 대한 사랑이 마땅히 있어야 하는 만큼 많이는 없을 수 있다. 다시 말해서 경건한 사람들은 하나님을 세상보다 더 사랑하고, 그래서 하나님에 대한 사랑이 우세하지만, 하나님을 마땅히 사랑해야 하는 만큼의 절반도 사랑하지 않을 수 있다. 이것을 모순으로 치부할 필요는 없다 … 만약 어떤 사람에게 하나님에 대한 사랑이 다른 것들에 대한 사랑보다 우세하다면, 그 사람에게는 덕이 죄악 된 애정이나 죄의 적극적 원리(죄로 하여금 적극적 권세와 영향력을 갖게 하는)보다 우세할 것이다. 왜냐하면, 죄악 된 애정이란 근본적으로 하나님 이외의 다른 것들에 대한 부적절한 사랑에 있기 때문이다. 따라서 덕이 죄악 된 애정이나 죄의 적극적 원리보다 우세할 때, 덕이 지배적인 영향을 미칠 것이다.
>
> **둘째**, 선한 사람의 마음에서 하나님에 대한 사랑의 우세는, 참사랑의 정도로부터 보다는 사랑받는 대상의 성격과 참 사랑의 원리의 성격으로부터 말미암는다. 이 사랑의 대상은 최고로 사랑스러운 분, 존중받아 마땅한 가치에 있어 다른 모든 것보다 무한히 높으신 분이시다 … 그리고 비록 이 감각과 지식이 아직 불완전하고, 따라서 이 감각과 지식에서 비롯된 사랑

도 불완전하다 할지라도, 하나님의 탁월하심을 보고 깨닫는 것이 얼마라도 존재한다면, 이로 말미암아 사람의 마음은 하나님을 다른 무엇보다 존중하게 될 것임이 틀림없다(역주: 존중하게 될 마음이 생겨날 것이다: it must cause the heart to respect God above all).[233]

에드워즈는 외적 실천이 부족하여도 하나님을 존중하게 될 마음이 생겨날 것이라고 강조하면서 노력과 애씀의 표지가 있을 것을 아래와 같이 설명하고 있다.

> 거룩한 원리가 경건한 사람의 마음을 계속 지배하는 또 다른 이유는 은혜 언약의 성격과 은혜 언약의 약속 때문이다. 참된 기독교적 거룩함은 은혜 언약에 의존해 있고, 이 은혜 언약은 거룩함의 원리가 굴복낭하지 않도록 하나님의 힘과 도움이 거룩함의 원리를 거스르는 대적에 맞서 거룩함의 원리 편에 서서 돕도록 보증한다. 의인은 믿음으로 말미암아 산다. 그리스도인 안에 있는 거룩함, 또는 그리스도인의 영적 삶은 믿음으로 말미암아 믿음의 조성자요 완성자인 분과 관계를 맺고, 이런 신적인 원천에서 힘과 능력을 얻어 유지되고, 바로 이런 방식으로 승리한다 … 자신의 능력이 약한 데서 온전하여 진다고 하면서, 착한 일을 시작한 바로 자신이 그리스도의 날까지 이루실 것이라고 약속하신 분을 믿는 믿음이다.[234]

에드워즈는 "인간의 공로가 선하다는 것은 오직 그리스도의 중보를

---

[233] 에드워즈, 『원죄론』, 205-206.
[234] 에드워즈, 『원죄론』, 206.

통해서이다. 그의 중보에 의해서 그들의 선한 행위가 하나님의 받으실 만하게 되고, 또 그에게 찬양과 영광을 돌릴 수 있다"라고 강조한다.[235] 따라서 거룩한 실천의 행위들은 그 속에 믿음의 본질을 소유할 정도만큼 구원과 관계가 있다. 실천하는 크리스천이 계속 그리스도를 영접하고 그의 의로 덮일 때만 그러하다.[236] 그 때문에 에드워즈는 구원 얻는 믿음은 영혼의 두 기능 즉, 내적인 믿음의 표지인 '진리에 대한 믿음'(belief of the truth)과 외적 실천의 표지인 '그에 상응하는 마음의 성향'(an answerable disposition of heart)의 두 부분을 다 포함하고 있다.[237]

에드워즈의 성화론에는 성령의 주관과 이를 따라가면서 야기(惹起)되고 함께 부응하려는 성향의 존재는 균형성을 유지하기 위해 드러나는 것이 "노력과 애씀"이 존재한다. 그러므로 지속적 균형성의 표지는 그의 성향적 존재에 관한 이해를 통하여 얻어지는 개념이다.

에드워즈는 하나님이 사람을 움직이도록 결정하실 때 "결과가 틀림없이 뒤따른다"라고 지적한다. 그는 예레미야애가 5:21의 "우리를 주께로 돌이키소서 그리하시면 우리가 주께로 돌아가겠사오니"를 인용하면서 하나님은 자신의 백성들에게 법령을 주실 뿐 아니라 그들의 마음이 이 법령에 끌리도록 하신다고 지적한다.[238]

물론, 하나님은 인간에게 하나님의 주권적 결정이라고 해서 "사람에게 자기 의지와 상반되는 것을 필연적으로 혹은 힘으로 강압적으로 하게 만들지 않고, 오히려 그들 자신의 정신에 있는 가장 강한 동기를 따라서

---

[235] 체리, 『조나단 에드워즈의 신학』, 232.
[236] Edwards, *Works of Jonathan Edwards: The Great Awakening*. vol 4, 107.
[237] Edwards, *Works of Jonathan Edwards: Writing on the Trinity, Grace, and Faith*. vol. 21, 692.
[238] Edwards, *Works of Jonathan Edwards: Writing on the Trinity, Grace, and Faith*. vol. 21, 240.

바라는 대로 자유롭게 선택하면 행하도록 결정하신다.[239] 이러한 상황에서 하나님이 주시는 은혜는 "효과적 은혜"이기에 구원받는 믿음을 가진 인간의 본성은 "노력과 애씀"이라는 표지를 통해 지속적인 균형을 유지하려고 하는 것은 매우 자연스러운 것이다.

에드워즈의 성향적 존재론의 관점에서 보는 균형론은 성화론의 구조론 속에 있는 중요한 관계론의 핵심이다. 균형의 시작은 하나님의 은혜의 결과인 중생과 회개 그리고 사랑과 겸손에 대한 인지에서 출발한다. 그리고 그러한 인식은 성향적 존재의 본질에 동기를 부여하고, 다시 행위로 옮길 수 있는 체제를 가지고 있다고 본다. 이 과정에서 인식이라는 행위를 통하여 "인식된 것"은 자아의 처분 가능성 속에 빠지게 된다.[240] 그것은 알려진 것으로 오직 이러한 체계 안에서만 존재한다. 인식의 목표는 이러한 체계를 완성하는 것이다. 이 일이 성공하면 자아(自我)는 이 세상의 주인이 된다.[241]

또한, 하나님의 은혜는 구원에 이르는 믿음을 받은 자들에게 갈등을 만들어 내기도 한다. 결과적으로 하나님의 은혜가 주체이고 그것을 인식할 때 그 사람은 구원에 이르는 믿음을 가지고 하나님이 주신 은혜의 저항성으로 균형을 맞추어 가는 반응으로 노력과 애씀을 할 수 있기 때문이다.

---

239 에드워즈, 『자유 의지』, 40-41.
240 본회퍼, 『존재와 행위』, 111.
241 본회퍼, 『존재와 행위』, 111.

5. 잠정적 결론

성향적 존재론의 관점에서 보고 있는 에드워즈의 성화론에는 자신이 살아간 시대에서 얻어진 전통적 칼빈주의, 청교도 유산, 알미니우스주의 와 같은 다양한 신앙과 계몽시대에 출현한 인간의 정신과 연합가운데서 발현(發現)된 신학 사상이다. 그의 성화론의 기조는 하나님 은혜의 주체와 인간의 성향적 본질과의 사이에서 볼 수 있는 표지와 이해 개념을 종합한 것이다.

에드워즈는 하나님이 인간에게 주신 은혜를 통하여 인간에게 강제로 실천하게 하지 않지만, 하나님이 사람의 의지를 움직이게 할 때 확실하게 효과가 있다면 이 사람은 수동적이지 않다고 주장한다. 즉, "하나님이 모든 것을 하시고 인간도 모든 것을 한다"고 하는 하나님과 인간의 능동적 주체와 행위의 이중적 구조를 강조하고 있다. 이것은 인간의 성향적 존재의 본질이 성령과의 연합으로 인해 형성되는 신학 사상이다.

에드워즈는 구원을 이루는 믿음은 다양한 면에서 설명되어야 한다고 말한다. 그 가운데서 회개, 신앙적 애정, 사랑, 겸손, 그리고 균형성을 주요한 요소로 지목하고 있다. 특히, 그는 너무 육신적 애정이나 지성적인 인식에 치우쳐 있거나, 혹은 선행주의에 치우쳐 몰입하게 되면 신앙생활 에도 비(非)성경적인 모습이 나타난다고 하면서 균형성을 요구한다.

그러나 에드워즈가 말하고 있는 성화론의 요소들은 인간 존재의 본질 을 성향적 본성의 관점에서 원인자를 찾고 있다. 그는 그리스도인들의 성 화에 대한 모든 표지가 진정성뿐만 아니라 지속성도 요구하는 이유는 성 령의 이끄심과 맞물려 있는 인간 존재의 반응에서 그 원인자를 찾고 있기 때문이다. 그 때문에 에드워즈는 지속적이며 진정성의 표지는 물론 균형성의 표지 조차도 존재 본질의 구조적 문제에서 이해해야 할 개념이다.

에드워즈의 성화론에서 성화를 이끌고 가는 주체의 이중적 구조는 믿음과 행위의 부분에 대한 것이다. 믿음에 대하여 생각해 볼 때 실천은 구원을 위해 그리스도를 신뢰한다는 사실의 가장 좋은 증거이다.[242] 물론, 이 문제는 기독교 사상의 오랜 주제였던 믿음과 행위에 대한 초점이었으며 사도 야고보와 바울이 조화를 이룰 수 있는 주제이기도 하다. 에드워즈가 지적하고 있는 믿음을 통한 성화의 표지에서 "믿음은 본질상 실천이거나 활동이기 때문에" 실천도 어떤 식으로든 구원이나 칭의 그 자체와 연관되어 있다.[243]

하나님의 조명으로 인간은 은혜를 받는다. 은혜는 값없이 받는 하나님의 선물이다(엡 2:8). 인간은 성향의 존재이기에 받은 은혜를 가지고 주관적인 표지를 나타낸다. 이 시점에서 성화는 주체하시는 하나님의 은혜와 수동적인 인간이 받은 하나님의 은혜를 어떻게 발산하는가에 관계되어 있다.

에드워즈는 로마서 12:3을 인용하여 모든 사람이 받은 은혜로 말미암아 누린 믿음의 분량 곧 영적 은사에 따라 생각하는 것은 온전함의 척도로 삼는다고 말하고 있다. 균형은 받은 은혜만큼 믿음의 행실을 보일 수 있는 데서부터 가름된다. 즉, 받은 은혜만큼 받은 행실이 온전해짐을 통하여 행실이 표지되면서 균형을 이루어야 한다.[244]

결국, 성향적 존재론의 관점에서 볼 때 하나님이 최선을 다하시고 인간도 최선을 다한다고 하는 논지는 균형성과 연계되며, 균형성을 유지하기 위한 "노력과 애씀"은 행위를 강조하는 에드워즈의 성화론에서 강조하

---

[242] Edwards, *Works of Jonathan Edwards: Religious Affection*. vol. 2, 446.
[243] 체리, 『조나단 에드워즈의 신학』, 229.
[244] 에드워즈, 『로마서 주석』, 403.

는 중요한 표지이다. 하나님이 최선을 다하고 우리도 최선을 다한다고 하는 에드워즈의 논지는 존재의 성향이 가지고 있는 본질이 성화론에서 이중적 주체의 균형을 만들기 위한 표징이다. 그 표징은 그리스도의 형상을 닮기 위해(고후 4:19) 성화의 과정에서 나타나는 "노력과 애씀"이다. 모든 요소에서 항상 필수 불가결한 요소가 존재하듯이 "노력과 애씀" 자체에도 하나님의 이끄심이 존재한다. 이러한 이중적 주체의 관한 개념은 에드워즈의 성화론을 성향적 존재론의 관점에서 인식할 때에 이해될 수 있다.

에드워즈는 자신의 성화론에서 제시한 "너희 안에 하나님이 자기의 기쁘신 뜻을 위해 너희 안에 소원을 주시고 또한 그 소원을 행하게 하시나니"(빌 2: 12-13)의 말씀을 인용한다. 결론적으로, 그는 효과적 은혜의 교리 가운데서 성령의 이끄심이라고 하는 성령의 주체에 기초해서 성화의 진정성과 지속성의 표지는 인간의 본성인 성향적 존재론의 관점에서 인식해야 한다는 것이다.

왜냐하면, 에드워즈는 인간의 존재가 정태적 존재가 아니고 모든 변화에 대해 "노력과 애씀"이라는 실천을 보일 수 있는 성향성을 가진 잠재태이며 또한 동태적 존재로 보고 있기 때문이다. 에드워즈는 하나님의 은혜와 인간 행동의 밀접한 관계를 명확히 설명할 수 있는 본질을 찾기 위해 노력했다. 그리스도인의 성화 과정에서 에드워즈가 도출시킨 이중적 주체 구조는 자신이 평생을 통해 하나님과 인간관계의 다양한 행위의 표지에 대해 의문을 가지고 연구하여 얻은 결산이라고 볼 수 있다.

제5장

성향적 존재론의 관점에서 본 조나단 에드워즈의 성화론의 원리

형이상학 즉, 존재론은 우주의 가장 기본적이고 광범위한 특징들을 연구한다. 그것은 존재 자체를 이해하는 것과 존재 내의 주된 구분을 이해하는 것과 관련된다. 그것은 세상의 일반적 관점을 추구하며, 성경 또한 창조주로서 하나님 그리고 그분의 창조로서 세상이라는 일반적 관점을 제시한다.[1]

성경은 전형적인 형이상학적 전문 용어를 그렇게 자주 사용하지는 않는다.[2] 그러나 갈라디아서 4:8에서 바울은 교회에 "본질상(by nature) 하나님이 아닌 자들에게 종노릇 하였더니"라고 하면서 우리의 경배 대상은 구별된 본질을 가져야만 한다고 지적한다. 특별히 그리스도인은 존재론의 본질에 대해 요한일서 1:1-3의 말씀에 유의할 필요가 있다.[3]

---

[1] 존 M. 프레임, 『신론』, 김재성 역 (서울: 개혁주의신학사, 2014), 321.
[2] 프레임, 『신론』, 323.
[3] 프레임, 『신론』, 323.

> 태초부터 있는 생명의 말씀에 관하여는 우리가 들은 바요 눈으로 본 바요 자세히 보고 우리의 손으로 만진 바라 이 생명이 나타내신 바 된 지라 이 영원한 생명을 우리가 보았고 증언하여 너희에게 전하노니 이는 아버지와 함께 계시다가 우리에게 나타내신 바 된 이시니라 우리가 보고 들은 바를 너희에게도 전함은 너희로 우리와 사귐이 있게 하려 함이니 우리의 사귐은 아버지와 그의 아들 예수 그리스도와 더불어 누림이라(요일 1:1-3).

사도 요한은 인간은 하나님의 형상이며, 예수님은 죄성이 없으신 가장 완벽한 사람이기 때문에 요한 자신이 알고 있는 예수 그리스도의 존재와 그에 관한 지식에 대해 위와 같이 표현한 생생하고 감성적인 언어에 유의할 필요가 있다.[4] 위의 인용된 성경을 보면 기독교 형이상학을 위한 주된 동기는 예배적이며 실제적이다.[5] 예배의 대상이 실제적이라고 하는 것은 존재중의 존재인 하나님을 향한 믿음과 인식의 표현이다.

에드워즈 역시 하나님을 "존재들 가운데 존재"라고 말했다. 형이상학적으로 엄밀하고 타당하게 하나님은 존재하시며 그 외에는 없다고 선언하면서 "하나님과 실제 존재는 같다"라고 말한다.[6]

이상현은 에드워즈가 가지고 있는 성향적 존재론은 창조주에게 철저하게 의존하고 있으며, 그것은 능동적인 경향이 아름다운 관계들에 대한 하나의 법칙이며, 그것을 향한 지향성이며, 행위의 목적이 행위 자체 곧 아름답게 관계하는 행위 자체라고 논증한다.[7] 그러나 이상현의 논증처럼 에드워즈의 성향적 존재론을 지나치게 행위 자체에 치중된 논증을 강조하게

---

[4] 프레임, 『성경론』, 452.
[5] 프레임, 『신론』, 323-324.
[6] Edwards, *The Work of Jonathan Edwards: Scientific and Philosophical Writings*, vol. 6, 238, 345, 363.
[7] 이상현, 『조나단 에드워즈의 철학적 신학』, 158.

되면, 에드워즈의 성향적 존재론은 자칫 완전한 무(無, nothingness)가 되며 현실태와 연계될 가능성이 충분하다.

에드워즈의 성향적 존재론은 자신이 가지고 있는 존재론에 대한 고찰은 이 부분을 넘지 않았다고 보는 것이 더 유익하다. 왜냐하면, 에드워즈는 존재에 대한 고찰을 시작하면서 인간의 마음은 전적(全的)인 비존재(非存在) 상태, 즉 완전한 무의 상태를 생각할 수 없다고 강조한다. 그는 "정말로 우리는 무(無)를 가지고는 그 밖에 다른 어떤 것도 의미할 수 없고, 그것은 단지 절대적인 모순(矛盾)에 지나지 않는다"라고 강조한다.[8]

에드워즈의 존재론적 논증은 무(無)나 비존재(非存在)를 상상할 수 없다는 점에서 존재의 필연성을 확립하려는 간접적인 증거다. 에드워즈는 논증하기를 존재는 사실상 모든 범주의 최고며 철저하게 다른 어떤 것과 구분되거나 모순될 수 없다고 강조하면서 손재는 필연적인 범주라고 것이 그의 견해이다.[9]

다른 한편으로 인간의 정신을 가지고 인간의 본질성을 이해하는 것은 매우 세심한 주의를 필요로 하는 일이다. 왜냐하면, 모든 사람이 다 같지 않기 때문이다. 특히, 인간을 잘 이해하는 사람은 한 사람의 신체적, 정신적 결함에 주목한다. 모든 인간은 대부분 완전하게 태어나지 않기 때문이다.[10] 일반적으로 정신은 세계에 대해 공격적으로 반응하거나 방어적으로 반응하는 행위들의 복합체이며, 이 복합체는 인간의 생명을 유지하고 발전시키기 위해 필요하다. 그러므로 정신을 고립된 것으로 간주하지 않는 이유는 정신에 의해 활동하는 인간이 자신과 자신, 주변, 그리고 전체와의 관계 속에서 자신의 안전을 도모하고 삶에 필요한 모든 가능성과 힘을 얻

---

[8] Edwards, *The Work of Jonathan Edwards: Scientific and Philosophical Writings*, vol.6202.
[9] 맥더모트, 『조나단 에드워즈 신학』, 157-158.
[10] 아들러, 『인간 이해』, 81.

는 행위들이 돌출되기 때문이다.[11]

에드워즈는 이러한 행위들을 관찰하면서 인간의 정신 존재를 이해하게 되고 정신의 이해 속에서 나타나는 다양하고 복합적인 형태들을 통하여 인간의 본질과 성향적 존재론의 논제를 끌어내고 있다.

17세기에 에드워즈에게 전수된 신학적 존재론의 개념은 아리스토텔레스적인 스콜라주의 세계관이 가지고 있는 존재론과 인식론이다.[12] 형이상학의 존재를 이해하는 개념들은 실체(substance)와 형상(form)의 범주에서 인식되었던 사상이었다.

그러나 계몽주의와 과학의 발달은 이러한 형이상학적 개념의 인식 확대를 요청하게 되었고, 에드워즈는 존재에 대한 개념을 "경향성"(habit), "성향"(disposition), "경향"(tendency), "지향성"(propensity), "원리"(principle), "기질"(temper), "마음의 틀"(frame of mind)과 같은 어휘들을 사용하여 인식하려고 하였다. 습득된 경향인지 본유적 성향인지의 구별이 분명하지는 않으나 에드워즈는 위의 용어들을 같은 의미로 사용하고 있다.[13]

즉, 17, 18세기의 다른 많은 것들과 같이 경향성의 개념 역시 그 당시에 변화와 혼돈의 상태에 놓여 있었다.[14] 이러한 상황에서 에드워즈는 존재론의 실체와 형상을 정적인 개념보다는 동적인 개념으로 인식하면서 경험론과 뉴턴적 과학의 정신을 사용하여 경향성에 대한 옛 관념을 회복하기 원했다.[15]

---

[11] 아들러, 『인간 이해』, 25-26.
[12] Herbert W. Richardson, "The Glory of God in the Theology of Jonathan Edwards," (Ph. D. Diss., Harvard University, 1962) 78-85.
[13] 이상현, 『조나단 에드워즈의 철학적 신학』, 47-48.
[14] 이상현, 『조나단 에드워즈의 철학적 신학』, 49.
[15] 이상현, 『조나단 에드워즈의 철학적 신학』, 50.

그러나 에드워즈는 경향성의 개념에 대해 체계적이고 자세하게 다룬 글을 남기지는 않았다.[16] 체리 역시 에드워즈는 결코 그것에 대한 논문을 쓰지 않았다고 한다. 그런데도 에드워즈의 저술 가운데서 계속해서 이 부분이 주목을 받고 있다.[17] 왜냐하면, 그는 성화론뿐만 아니라 『자유 의지론』, 『원죄론』, 『칭의론』, 『신앙 애정론』과 같은 주요 저서와 『신학 묵상론』, 『신앙 결심문』 등 많은 그의 기록까지 인간의 마음 또는 정신과 표지 문제를 다루면서 존재의 본질에 기초한 본성의 "성향성"을 연계하고 있기 때문이다.

특히, 이상현은 에드워즈신학에서 나타나는 성향 개념은 매우 독창성이 있는 신관(神觀)과 인간론을 제시하고 있다고 주장한다. 즉, 경향성이란 한 특정한 부류에 포함된 모든 사선을 지배하는 일반적인 법칙이며 과거나 현재의 실체(substance)로 관찰된 사건들 내에 포함된 획일성 그 이상의 것이다.[18] 에드워즈는 실재(reality)를 실체(substance)와 형상(form)의 개념으로 이해하고 있는 전통적인 서구의 형이상학을 성향에 기초하여 성향성이나 경향성들과 같은 하나의 동적인 개념으로 해석하였다. 즉, 실체와 형상의 개념을 능동적이며 존재론적인 원리로서의 성향으로 대체하였다.[19]

어떤 의미에서는 아리스토텔레스와 토마스로 되돌아가고 있는 것 같지만, 존재에 대한 개념을 정적인 개념이 아니고 동적인 개념으로써 능동적이며 실체적인 경향으로 간주하였다.[20]

---

16 이상현, 『조나단 에드워즈의 철학적 신학』, 71.
17 체리, 『조나단 에드워즈의 신학』, 47.
18 이상현, 『조나단 에드워즈의 철학적 신학』, 78.
19 George A. Tattrie, "Jonathan Edwards' Understanding of the Natural World and Man's Relation to it," (Ph.D. Diss., McGill University, 1973), 4.
20 이상현, 『조나단 에드워즈의 철학적 신학』, 49.

실제로 로크(Locke)와 데이비드 흄(David Hume), 그리고 뉴톤(Newton)과 케임브리지의 플라톤주의자들의 사상 안에서는 경향성이라는 관념이 종종 일관성 없는 여러 가지 방향으로 나타나고 있었다. 그런데도 그들의 논의는 경향성 개념의 새로운 철학적 기능을 제시하고 있다. 이것은 에드워즈에게 실재에 대한 새로운 전망을 형성하는 일과 경향성의 옛 관념을 재개념화하는 데에 비옥한 토양을 제공하였음은 분명하다.[21]

로크는 마음 안에 있는 관념들 사이의 우연적이며 "비자연적인 것"과 잘못된 관계들에 대해 논의하면서 잘못의 원천을 이성으로 지적하지 않았고, 오히려 완전히 다른 원리인 경향성에 호소하였다. 더 나아가 데이비드 흄은 로크의 이러한 원리를 확장하여 인식론에 있어 경향성의 역할에 대한 새로운 가능성을 분명하게 제시하는 것을 진일보시켰다.[22] 즉, 로크의 "사고의 자리 잡은 경향성"에 대해 말하였고, 흄은 감각 개념들이 "마음" 안에서 관계되는 방법에 영향을 주는 것으로서 마음의 "지향성"에 대해 언급하였다. 그러나 로크와 흄의 경향성의 인식적 역할은 하나의 제시 정도로 그쳤다.[23]

반면에 에드워즈는 마음에 대해 "사고의 자리 잡은 경향성"이나 마음과의 연계 속에서 방법에 영향을 주는 "지향성"을 넘어서서 인간의 본질을 이해하려고 시도했다. 그는 인간의 본질에는 성향성이 있다는 것을 구체적으로 밝히면서 아래와 같이 설명하고 있다.

> 신적인 은혜의 개입 없이, 그 자체로 또는 그 자체의 본성에서 고려될 때 인간 마음의 성향으로 보이는 것이 인간 마음의 고유한 또는 타고난 본성

---

21 이상현, 『조나단 에드워즈의 철학적 신학』, 61.
22 이상현, 『조나단 에드워즈의 철학적 신학』, 62-63.
23 이상현, 『조나단 에드워즈의 철학적 신학』, 63.

의 실제 성향으로 여겨져야 한다는 것이다. 따라서 인간 본성의 상태와 마음의 성향은 그 자체로 볼 때 극히 악한 결과로 기우는 경향을 갖는데, 하나님의 값없는 자비와 동정이 그런 결과가 초래되지 않도록 개입하지 않으셨다면 틀림없이 악한 결과로 끝나고 말았을 것이기 때문에, 인간 본성의 상태와 마음의 성향은 사악하고 악랄한 것으로 여겨져야 한다.

지극히 높으신 하나님의 순전한 은혜와 동정이 악으로 기우는 이런 경향에 개입해 맞섬으로써 이런 애석한 결과가 일어나지 않도록 한 것인데도 만약에 악한 경향 자체가 없다고 주장한다면, 이는 매우 기이한 주장이 아닐 수 없다. 특히, 인간의 본성 안에 사람이 도덕적 악에 대해서 보편적이고 틀림없는 경향을 지니게 하는 뭔가가 있다면, 그 뭔가는 악한 경향 또는 성향으로 여겨져야 할 것이다.[24]

에드워즈는 신적인 개입이 없어도 인간 마음의 고유한 또는 타고난 본성의 실상을 보게 되면 성향으로 보이는 것이 존재한다는 것이다. 달리 말하면, 에드워즈가 가지고 있는 존재의 본질은 성향성의 개념을 기본으로 하고 있다. 에드워즈는 "하나님의 순전한 은혜와 동정이 악(惡)으로 기우는 이런 경향에 개입"함으로써 존재의 본질이 하나님의 은혜의 계시를 통해 신앙을 하나님의 개입으로 연계시키고 있다.

이처럼 에드워즈는 사람의 정신 기능을 성향성을 본성으로 하는 성향적 존재론에 기초를 두고 싶어 하였다. 그는 자신의 구원론과 자유 의지론, 원죄론과 칭의론, 그리고 신학 묵상 일기까지 성향의 변화를 추적하여 분석하고 기초를 세워나가고 있다.

물론, 존재론의 개념 속에서 도출(導出)되는 하나님의 존재는 하나님

---

[24] 에드워즈, 『원죄론』, 160.

의 계시를 통해 인간이 하나님을 대상적으로 사고하고 인식하면서 시작된다. 결국 계시는 인간 자아에 의해 인간 자신 속으로 끌려 들어가기 때문이다.[25]

그러므로 계시를 통해 인식되는 하나님의 존재는 어떤 방식으로든 명백하게 인식되어야 하며 그리스도 안에 나타난 하나님의 존재는 어떤 방식으로든 인식되었다.[26] 그러한 면에서 성향적 존재론의 관점에서 본 에드워즈의 성화론은 성향적 존재론에 대한 성경 신학적 원리에 기초해서 성령이 주관하는 객관적 원리와 인간의 반응을 관계론 속에서 비상하게 관찰한 주관적 원리가 존재하며 이 원리를 밝히는 것이 본 장의 목적이다.

1. 성향적 존재론의 성경 신학적 원리

1) 성향적 존재론의 신학적 연구

본회퍼(Bonhoeffer)는 인간이 가지고 있는 하나님의 존재는 인간의 인식 안에서 계시된 의식 즉, 자신이 하나님을 인식한 것이 아니라고 논증한다. 그는 인간에게 계시된 것은 이해의 주체가 성령이신 하나님이기 때문에 하나님의 존재는 결국 인간 자신의 의식 속에서 발견될 수 없으며, 오직 "신앙의 행위" 속에서만 존재한다고 지적한다. "하나님의 존재는 결코 의식의 객체가 될 수 없다."라는 것의 그의 견해이다.[27]

이상현도 같은 맥락 속에서 에드워즈의 성향적 존재론에 대해 논지하면

---

[25] 본회퍼, 『존재와 행위』, 107.
[26] 본회퍼, 『존재와 행위』, 107
[27] 본회퍼, 『존재와 행위』, 107.

서 하나님 자신의 성향적인 본질에 따라 저항을 야기하는 하나님의 행위가 모든 유한한 성향적인 본질들의 실행을 위해 필요하다고 논증함을 강조한다. 그는 창조된 존재의 역동적인 본성은 궁극적으로는 하나님 자신의 행위에 기초한다고 말한다. 궁극적으로 세계는 하나님의 행동이다. 이상현은 창조된 성향은 자신의 힘으로만 이행으로 작동되는 것이 아님을 강조한다.[28]

자니스 나이트(Janice Knight)도 에드워즈 자신이 인식하고 있는 성향의 존재론은 우리가 하나님에 대해 생각하는 방식에 따라 나타난 하나님의 본성의 측면일 뿐이라고 지적한다. 그분의 능력, 모든 것을 아시는 그분의 지혜, 영원부터 영원까지 이르는 그분의 영원하심, 그분의 무소부재하심, 그분의 놀랍고 두려운 위엄 등으로 이루어진 하나님의 자연적 완전하심도 본질적으로 가장 으뜸기는 신적 속성으로 인식되어선 안 된다.[29]

이것은 단지 전지전능하신 하나님에 대해 인간의 제한된 인식에 의해 나타나는 하나님 존재의 여러 측면이다. 그러나 하나님의 형상대로 창조된 인간 존재의 표징 속에서 우리는 하나님의 본질을 유추한다. 나이트(Knight)는 에드워즈가 가지고 있는 신학적 개념을 정리하면서 그의 견해를 인용하여 아래와 같이 설명하고 있다.

> 삼위일체론에 대한 관념을 인식하면서 개념이 나타난다. 성부의 행복은 자기 자신에 대한 지각과 기쁨, "자기 본질을 보고 무한히 사랑하며 기뻐하는 일"에 있다고 말한다. 이 논지에 사용된 동사의 시제들은 "하나님이 계속해서 영원히 자신에 대한 가장 완전한 개념을 내포하고 있다"는 하나

---

28 이상현, 『조나단 에드워즈의 철학적 신학』, 159.
29 이상현 편, 『조나단 에드워즈의 신학』, 373.

님의 지각은 능동적 성격이 있음을 강조한다 … 에드워즈가 밝힌 것처럼 그 지각은 또 다른 대상을 필요로 한다 … 성부는 사고와 그 사고 속에서 자신의 형상을 발산하는 행위 속에서 성부를 낳는다. 한 하나님은 둘이 된다. 여기에서 하나님과 하나님의 관념이 존재하며 이 두 실체로부터 둘 사이의 인력(attractive force)에서 발생한 제3의 실체가 흘러나온다. "그러므로 성령은 어떤 형언할 수 없고 상상할 수 없는 방식을 발산(proceed)하며 신적인 본질이 전적으로 성부와 성자로부터 계속해서 변함없이 발산되어 나오며, 신적인 본질은 무한히 강하고 거룩하며 순전한 사랑과 기쁨 속에서 그렇게 전적으로 쏟아져 흘러나옴으로써 성부와 성자 모두로부터 발산되어져 나온다.[30]

나이트는 에드워즈가 "하나님에게는 성향이 존재하며 하나님의 속성과 완전하심과 신적(神的) 선(善)하심은 이 성향으로 인해 실행되는 것"이라는 신학적 개념을 가지고 있다고 논증한다.[31] 에드워즈는 신적(神的)인 본질이 성부와 성자로부터 무한히 강렬하게 표지되며 이 부분을 제3의 실체인 성령으로 묘사하고 있다. 더 나아가 그는 하나님에 의해 창조된 모든 존재를 통해 하나님의 성향은 충만하게 표현된다고 하는 것을 아래와 같이 논증하고 있다.

하나님께서 피조물들에 존재하게 하셨던 그 발산하려는 성향은 일반적 의미에서 전달 적인 성향 혹은 그 자체를 흘러 넘쳐나게 하고 보급하시려는

---

[30] Edwards, *The Works of Jonathan Edwards: Writing on the Trinity, Grace, and Faith*, vol. 21, 114.
[31] Edwards, The *Works of Jonathan Edwards: The "Miscellanies"* 1153-1360. vol. 23 (New Heaven and London: Yale University Press, 2004), 1280.

심정의 충만 가운데 있는 성향이었다. 원기와 생명을 보급하려는 나무의 뿌리와 그루터기 가운데 있는 성향은 틀림없이 그 싹, 잎사귀들 그리고 이것들이 존재한 다음의 열매들에 이르기까지 그것들의 전달 이유다. 그러나 그것의 원기와 생명을 그 열매로 전달하려는 성향은 정당하게 일반적인 의미에서 그 원기와 생명을 보급하려는 성향처럼 그 열매들을 산출하게 하는 그렇게 적절한 원인은 아니다. 그러므로 진리에 일치하여 정확하게 말하기 위하여, 우리는 그분 본성의 본래 소유물로서 그분 자신의 무한하신 충만의 발산으로서 하나님 안에 있는 성향은 그분으로 하여금 세상을 창조하시도록 자극했던 것이었으며, 그래서 발산 그 자체가 주님에 의하여 창조의 최종적인 목적으로 정해지게 되었다고 할 수 있다.[32]

이처럼 에드워즈는 하나님의 형상내로 지은 인간 존재의 표징을 통해 하나님에 대한 "성향적 존재"(Dispositional Being)에 관한 논지를 끌어내고 있다. 그는 창조물이 가지고 있는 성향이 창조주(創造主)로부터 온 것을 강조한다. 에드워즈는 하나님을 성향의 존재로 보는 개념을 가지고 하나님이 행하시는 "창조와 구원," "성화에 대한 사역"을 해석한다. 즉, 하나님의 존재에 대한 성향의 개념 속에서 "하나님은 모든 가능한 선(善)과 완전하심, 탁월하심과 아름다움, 행복이 무한정으로 충만하다 … 그것은 소통되어야 하고 흘러가야만 한다"[33]라고 강조하고 있다.

이와 같은 에드워즈의 성향적 존재론에 대한 개념에 대해 이상현은 "하나님에 대해 존재의 재개념화를 강조하는 에드워즈의 성향적 존재론은 전체적으로 에드워즈의 철학적 신학의 독창성과 통일성을 해석하는 단서가

---

[32] 조나단 에드워즈, 『조나단 에드워즈가 본 천지 창조의 목적』, 정일오 역 (서울: 솔로몬, 2014), 46.
[33] Edwards, The Works of Jonathan Edwards: Ethical Writings. vol. 8. 432.

된다"고 강조한다.[34] 물론, 이에 대한 성경의 언급은 매우 적극적이며 정확하다. 하나님이 창조한 우주 만물 가운데 활동하는 존재에 대해 성경은 말씀하신다.

> 하나님이 그들에게 복을 주시며 이르시되 생육하고 번성하여 여러 바닷물에 충만하라 새들도 땅에 번성하라 하시니라(창 1: 22).

하나님이 창조물에게 생육과 번성과 충만에 관해 명령하셨다는 것은 창조물에게 생육과 번성, 그리고 번성으로 인한 충만의 성향성을 가지고 있기 때문이라고 볼 수 있다. 하나님에 의해 하나님의 형상대로 창조된 존재는 하나님처럼 본질적으로 성향적이고 역동적이다. 그러므로 성향 또는 사물의 역동성은 소유하는 속성이 아니라 사물의 본질이다. 그러므로 이상현이 에드워즈의 성향적 존재론의 개념을 기초해서 창조된 세계란 하나의 경향성들과 성향들의 조직체라고 한 것은 매우 합당하다.[35]

특히, 인간의 본질이 성향성이라고 한 것은 하나님이 성향성이라는 존재의 한 부분에 대한 표지이다. 그러므로 인간 역시 하나님과 다른 모든 유형의 존재와 같이 경향성과 성향이 있기 때문에 활동적이며 역동적이다.[36] 이를 성향성의 잠재태 또는 가능태에 관한 언급으로 본다면 성경에서 언급된 창세기 1:27-28에 기록은 인간의 성향성을 이해하는 데에 유익하다고 본다.

> 하나님이 자기 형상 곧 하나님의 형상대로 사람을 창조하시되 남자와 여

---

[34] 이상현, 『조나단 에드워즈의 철학적 신학』, 35-36.
[35] 이상현, 『조나단 에드워즈의 철학적 신학』, 37.
[36] 맥더모트, 『조나단 에드워즈 신학』, 674.

자를 창조하시고 하나님이 그들에게 복을 주시며 하나님이 그들에게 이르시되 생육하고 번성하여 땅에 충만하라, 땅을 정복하라, 바다의 물고기와 하늘의 새와 땅에 움직이는 모든 생물을 다스리라 하시니라(창 1:27-28).

인간의 본성이 성향적 존재로서의 가능태를 부각할 수 있는 위의 성경구절은 하나님이 하나님의 형상대로 창조한 인간에게 생육과 번성, 그리고 충만함과 정복의 성향이 이미 주어져 있다는 것을 고려하지 않을 수 없게 만든다. 문제는 전지전능하신 신성의 존재론이 인간의 인식에 우선성에 있는 것이 아니라 인간 본성의 제한된 인식에 있다. 그 때문에 하나님은 자신의 자비로운 배려와 그 배려를 인간이 받아들이기를 바라시는 마음에서 각 신자가 필요로 하는 대로 자신을 계시하신다.[37]

에드워즈가 보기에 사신을 나누어 수려는 하나님의 성향은 인간의 모든 관용어구에 영향을 주었다. 그래서 과학용어조차 신학적인 공명을 일으켰다고 설명하면서 존재와 존재의 소통을 하나님의 영광과 동일시했다. 이러한 개념을 통해 에드워즈에게는 이 내적인 영광의 발산, 표출 내지 소통도 함께 의미했다.[38]

성향적 존재론에 대한 에드워즈의 개념은 앞으로 벌어질 생육하고 번성하여 충만함에 대한 상황에서 출현 될 정복하고 다스릴 상황까지 연계한다는 것은 상호 간의 관계성에 대한 필연성이다. 이에 대해 이상현이 에드워즈의 성향적 존재론에 관해 논증할 때 실질태가 현실태로 되기 위해서는 관계들의 현실화(actuality)를 요청한다고 한 지적은 매우 자연스러운 당연성이다.[39]

---
[37] 이상현 편, 『조나단 에드워즈의 신학』, 373.
[38] 이상현 편, 『조나단 에드워즈의 신학』, 375.
[39] 이상현, 『조나단 에드워즈의 철학적 신학』, 127.

임마누엘 칸트(Immanuel Kant)가 논지했던 것처럼 "현존재"에 대한 이해는 "-와의 연관 속"에 있는 자기 인식의 양식, 곧 인식에 의해 "논박당한 존재"라는 형식을 가지며, 자기 자신을 순수하게 이해하려는 시도는 실패할 수밖에 없다. 왜냐하면, 내가 나를 인식할 때 현존재는 본질상 자기 자신 내에 존재하는 것이 아니라 오히려 "-와의 연관 속"에 있기 때문이다.[40] 이상현은 에드워즈의 성향적 개념과 존재를 아래와 같이 설명하고 있다.

> 그러므로 하나님께서 하나의 현실태를 창조하신다는 것은, 특정한 시간과 공간에서 그에 따라 저항을 일으키게 될 법칙들의 연계를 확립하는 것이다. 법칙들의 연계인 하나의 현실태가 실재적으로 가능한 것들로의 현실태적 양태를 가지게 된다. 실질태가 현실태로 되기 위해서는 관계들의 현실화를 요청한다. 그러므로 에드워즈의 존재에 대한 성향의 개념은 하나의 존재가 관계들 속에서 무엇이라는 것뿐만 아니라 관계들을 통해서만 존재한다는 것을 의미한다.[41]

이러한 실체들의 존재가 관계론에서 표현되기 때문에 성화의 필연성은 성경의 많은 부분에서 언급되고 있음을 알 수 있다. 특히, 에드워즈는 성화가 관계론에서 진행되어야 하는 필연성을 요한일서 4:8을 인용하고 있다. 이것은 삼위일체 하나님의 속성에 근거하여 언급하고 있기 때문에 매우 주요한 논증이라고 볼 수 있다.

---

40 본회퍼, 『존재와 행위』, 38.
41 이상현, 『조나단 에드워즈의 철학적 신학』, 127.

요한일서에서 "하나님은 사랑이시라"(4:8, 16)는 말씀은 하나님 안에 한 분 이상의 위격이 존재한다는 점을 보여준다. 왜냐하면, 이 말씀은 하나님에게 사랑은 본질적이고 필연적임을 보여주기 때문이다. 그리고 이것은 그분의 본성 안에 그것이 존재하고 있기 때문이며, 영원하고 필연적인 대상이 존재함을 뜻한다. 왜냐하면, 모든 사랑은 다른 존재, 즉 사랑받은 존재를 사랑하기 때문이다.[42]

에드워즈는 삼위일체 존재의 본질이 관계 속에서 인간의 성화와 연계시킨다. 왜냐하면, 그의 논증은 사랑이라고 하는 성경의 어휘가 관계적이고 필연적인 현실화를 요구하는 중요한 개념이 되기 때문이다. 에드워즈는 인간의 존재가 하나님의 형상을 따라 지음 받았기 때문에 창조주와 창조물의 교제가 유지되어야 그 논리가 유효하나고 보는 것이다.

이에 대한 에드워즈의 아래와 같은 견해는 매우 중요하다.

하나님은 영원 전부터 자신의 무한한 선하심에 따라 자기 자신을 피조물에 소통하시기로 계획하시고 … 자신이 창조된 세계와 연합하는 것과 스스로 하나의 피조물이 되어 자신이 성육신한 그 피조물 안에서 모든 택함 받은 피조물을 하나로 모으는 것과 자신과 개인적인 연합을 이루는 것, 그리고 이를 통해 그들에게 나타나시고 그들과 교제를 유지하는 것을 선택하셨다.[43]

에드워즈의 이러한 견해는 하나님에 대한 존재의 본질을 성향성이라고

---

[42] Edwards, *The Works of Jonathan Edwards: Writing on the Trinity, Grace, and Faith*, vol. 21, 113-114.
[43] Edwards, The *Works of Jonathan Edwards*: The "Miscellanies," 744. vol.18, 389.

하는 언어를 택하여 표현함으로써 인간의 공동체 관계에서 나타나는 다양한 표지들을 성향적 본성에 기초하여 강조하기 때문이다. 하나님은 당신이 창조된 세계와 연합하고 교제하며 창조된 모든 피조물들과 연합을 이루면서 나타나는 관계론은 매우 당연한 논지라고 볼 수 있다. 그러므로 이러한 관계론의 필연성 때문에 성향성의 본성이 인간의 창조 순간과 타락 이전(以前), 그리고 타락 순간과 타락 이후(以後)에 어떻게 나타나고 있는가에 대한 고찰은 매우 중요한 질문이다. 인간의 타락 이전과 타락 이후 본성에 대한 것은 성향적 존재론과 상호 연관된 질문이며, 이에 대한 해답은 인간이 성화의 과정을 진행하는 필연성의 원인자를 찾을 수 있기 때문이다.

에드워즈는 인간이 창조된 후 타락 이전(以前)의 존재를 아래와 같이 설명하고 있다.

> 창세기 첫 세 장이 전해주는 역사는 우리로 하여금 금지된 열매를 먹은 아담의 죄가 아담이 범한 최초의 죄였다고 생각하게끔 한다. 만약 아담이 존재하는 첫 순간부터 금지된 열매를 먹기까지 늘 완전히 의롭지 않았다면, 즉 의로운 존재로 창조되지 않았다면, 금지된 열매를 먹은 죄는 아담의 최초 범죄일 수가 없었을 것이다 … 그러므로 아담은 창조되자마자 올바른 행위와 규칙 아래 있었다. 즉, 아담은 존재하는 순간부터 올바르게 행해야 했다. 그리고 만약 아담이 존재하는 순간부터 올바르게 행해야 했다면, 아담은 다름 아닌 존재하는 순간부터 올바르게 행하는 경향도 있어야 했을 것이다 … 아담은 첫 순간부터 올바르게 행해야 했고, 금지된 열매 건으로 죄를 범하기까지 올바르게 행했기에, 아담은 존재하는 첫 순간에 올바르게 행하는 마음의 경향 또는 성향을 가졌음이 틀림없다. 이것은 아담이 거

룩한 마음의 성향을 가진 존재로 창조되었다는 것과 매한가지다.[44]

최초의 사람 아담이 성향적 존재라고 하는 개념과 함께 선(善)한 성향이라고 하는 에드워즈의 개념은 인간이 하나님의 계획에 의해 하나님의 형상대로 창조되었다고 하는 개념에 기초하고 있다. 그것은 인간이 마음의 거룩한 성향을 가진 존재로 창조되었다는 것이다. 이 개념은 인간이 타락한 이후(以後) 나타난 인간의 행위로부터 무엇인가를 찾기 위함이다.

본 연구에서 에드워즈가 성화론의 원리에 대한 신학적 기반을 조성한 것은 아담의 타락이 일어난 근본적 원인에 대한 아래의 내용은 에드워즈의 언급이다.

> 아담의 경우와 마찬가지로 아담 후손의 경우에도, 아담의 죄에 대한 선척인 동의와 매한가지인 악한 경향이 마음에 처음 생겨남으로부터 하나님이 악한 경향의 조성자라는 것은 도출되지 않는다. 악한 경향은 하나님의 허용에 의해서 아담의 마음에 최초로 발생 또는 존재하게 되었다. 만약 하나님이 악한 경향이 생겨나는 것에 관해 막기를 기뻐하셨다면, 악한 경향의 발생을 절대적으로 유효하게 막는 그런 성령의 영향을 베푸심으로써 악한 경향이 생겨나는 것을 막을 수 있으셨다. 그러나 실제로 하나님은 성령의 이런 영향을 베풀지 않고 보류하셨음에 명백하다. 이 일이 아무리 신비롭다 할지라도, 어떤 그리스도인도 이 일이 하나님의 거룩함과 의로움에 조금이라도 일치하지 않는다고는 감히 말하지 못할 것이다(아담이 이전에 아무 범죄로 저지르지 않았다 할지라도). 하나님의 지혜로운 규정에 의해서 뿌리와 가지는 하나이고, 이 하나 됨으로 말미암아 뿌리에 있는 변화와 일치하

---

[44] 에드워즈, 『원죄론』, 310-311.

는 변화가 모든 가지에 함께 존재한다. 따라서 아담이 금지된 열매를 먹을 때, 아담 자신의 마음에서 발휘된 경향과 동일한 악한 경향이 후손의 마음에도 존재한다 … 하나님은 악한 경향이 발생하는 데 일절 관여하지 않으셨다는 것 외에 악한 경향이 발생하는 데 일절 관여하지 않으셨다.[45]

에드워즈는 아담의 타락 순간에 있었던 아담의 행위에 대해 하나님의 참여를 거부한다. 그것은 하나님이 성향을 가지고 계시듯 모든 존재의 본질은 성향이나 경향성을 가지고 있었기 때문이다. 특히, 인간은 하나님이 인간에게 준 선한 성향의 존재가 있기 때문에 악(惡)한 경향이 생겨나는 것을 성령을 통해 막지 않으셨음이 분명하다고 강조한다. 에드워즈는 하나님의 형상대로 창조된 인간의 존재를 하나님처럼 본질적으로 역동적으로 보고 있다.

에드워즈가 창조된 모든 존재는 성향 또는 사물의 역동성을 소유하는 속성이 아니라 오히려 사물의 본질이라고 강조한 이유가 여기에 있다.[46] 더욱이 인간은 하나님과 다른 모든 유형의 존재들과 같이 경향성과 성향이 있기 때문에 활동적이며 역동적이다. 그러므로 에드워즈의 하나님이 아담의 타락 순간 관여하지 않으셨다는 표현과 하나님의 섭리는 분명 분별 되어야 한다고 생각한다.

에드워즈가 찾고자 한 것은 아담의 타락 이전(以前)과 타락 이후(以後)에 동일하게 존재하는 인간 존재의 본성인 "성향성"이다. 그것은 인간 존재의 근본이다. 그러나 달라진 것이 있다. 아담이 금지된 열매를 먹을 때, 아담 마음에서 발휘된 성향이 동일하게 존재하되, 그 성향은 악한 마음

---

[45] 에드워즈, 『원죄론』, 519.
[46] 맥더모트, 『조나단 에드워즈 신학』, 672.

으로 아담뿐만 아니라 아담 후손의 마음에 존재한다는 것이다. 이러한 논지는 더더욱 중생한 사람들에게도 해당한다.

사도 바울은 한 마음 안에 선(善)한 것과 악(惡)한 것이 함께 있음을 지적한다(롬 7:21). 구원함을 받지 못한 사람에게는 악한 것만 존재한다. 그러나 구원함을 받은 믿음을 소유한 사람일지라도 선과 함께 악함도 존재한다는 지적이다. 여기에서 성화의 필연성이 도출되며, 성화의 원리 면에서 에드워즈의 관점은 성향적 존재가 선하고 거룩한 성도로 변해가게 하는 것은 성령의 개입과 그분의 주체를 통한 이끄심에 초점을 둔다.

물론, 자연의 관점에서 볼 때 인간은 열등한 존재이다. 위축과 불안감으로 표현된 열등함은 인간의 의식 속에 늘 존재한다. 정신은 늘 열등감 때문에 생기는 괴로운 애정을 극복하기 위해 노력한다.[47]

보상을 추구하는 정신의 메커니즘은 신체의 세계에서도 혈액 순환에 장애가 생기면 심장을 더 강한 힘으로 작동하듯이 자신의 생존 능력을 배가시키는 것을 알 수 있다.

즉, 인간의 정신은 적응과 안전을 도모하는 능력을 갖추고 있음을 보여준다.[48] 자연적인 인간의 성향에 대한 아래의 알프레드 아들러(Alfred Adler)의 언급은 에드워즈의 성향적 존재론을 이해하는 데 도움이 될 것이다.

> 인간의 정신은 실재하는 것을 지각할 뿐 아니라 미래에 일어날 일을 느끼고 추측하는 능력도 갖추고 있다 … 이 능력은 인간에게 특히 발달하여 있는 감정이입과 연결되어 있다. 감정이입의 범위는 아주 넓기 때문에 인간 정신의 모든 부분에서 찾아볼 수 있다. 당장 경험할 수는 없지만 예측된

---

[47] 아들러, 『인간 이해』, 36.
[48] 아들러, 『인간 이해』, 79.

상황에서 생길 수 있는 감정들을 토대로 판단을 내려야 한다. 경험하게 될 상황에 대한 생각, 느낌, 감정을 종합하고 나서야 비로소 입장을 정할 수 있다. 다시 말해 특별한 노력을 기울일 필요가 있는지 아니면 아주 조심스럽게 피해갈 것인지를 결정한다. 감정이입은 누군가와 대화하는 순간 바로 시작된다.[49]

이러한 인간 정신의 출발과 발달 그리고 진행 과정은 에드워즈가 가지고 있는 성향성의 개념에도 여실히 드러난다. 에드워즈는 인간의 본질인 "성향성"이 가지고 있는 존재가 밖으로 표지되는 것은 정신 혹은 마음이며, 행위까지 통합하고 있다고 지적한다. 그는 창조물의 실체적이며 지속하는 성격을 정태적인 것이 아닌 성향적인 것으로서 이해하려 하였다.

에드워즈는 정신의 특징을 통하여 인간 혼(魂)의 본질이 하나님께서 창조한 존재들에게 그 자체의 보전성을 주기 위하여 주신 경향성(성향성)과 법칙이라는 개념을 사용하고 있다는 것이다.[50]

에드워즈는 창조된 인간의 본성은 그대로 존재하고 있음을 아래와 같이 설명하고 있다.

> 인간의 경우는 분명히 다음과 같다. 처음에 하나님이 인간을 창조하셨을 때 인간에게 두 가지 종류의 원리를 심어 주셨다. 먼저보다 열등한 종류의 것이 있었는데, 그것은 자연적이라 부를 수 있을 것이다. 그것은 단지 인간 본성의 원리이다. 즉, 그것은 자연적인 욕망이나 열정 등을 포함한 자기 사랑과 같은 것인데, 인간의 본성에 속한 것이다. 그 가운데서 그 자신

49　아들러, 『인간 이해』, 64-65.
50　이상현, 『조나단 에드워즈의 철학적 신학』. 90.

의 자유와 명예와 쾌락에 대한 사랑이 발휘된다. 그 외에 더욱 우월한 원리가 있었는데, 그것은 거룩한 사랑 안에서 개략적으로 이해된 영적이고 거룩하고 신적이다. 그 속에 하나님의 형상과 인간의 의와 진정한 성결이 존재하고 있다. 비록 인간의 본성이 이러한 원리를 버렸을지라도 인간의 본성은 여전히 인간의 본성이다. 인간이 죄를 짓고 하나님의 언약을 파기하고 저주 아래 떨어졌을 때 이러한 영적인 원리들은 그의 마음에서 떠나 버렸다.[51]

에드워즈는 인간의 본성이 죄를 짓기 전에도 존재하며, 죄를 짓는 순간과 죄를 지은 후에도 그러한 본성의 본질이 유지되고 있다고 보는 것이다. 그는 하나님이 인간을 창조할 때에 자연적인 인간 본성을 주셨는데 그것은 열징이나 욕망을 포함한 자기 사랑이라고 하였다. 그뿐만 아니라 그와는 다른 것이 한 가지 있는데 하나님의 거룩성에 기초한 인간의 성결성이며, 이것은 하나님의 형상을 닮은 영적(靈的)이고 신적(神的)인 요소라고 했다. 그러나 이 부분에서 에드워즈가 강조하고 있는 것은 인간이 죄를 짓고 하나님의 거룩성이 사라졌어도 인간에게 남아 있는 본성은 인간의 성향성이다. 그는 인간의 본성은 여전히 인간의 본성이라고 강조한다. 실제로 에드워즈가 가지고 있는 성향성은 이미 아리스토텔레스가 사용한 경향성(성향성)이며 다만 실체의 존재가 정적이다.

그래서 정적인 주체가 소유자라고 가르쳤지만, 이러한 본성의 원리 속에서 에드워즈는 존재가 끊임없이 움직이고 행동하는 세계를 묘사하기 때

---

[51] Sereno E. Dwight, ed. *Works of President Edwards: "The Great Doctrine of Original Sin Defended,"* vol.10 (New York: S. Converse, 1829-1830), 534-537, 체리, 『조나단 에드워즈의 신학』, 112에서 재인용.

문에 존재의 실체가 행위의 실행자라고 제안했다.[52] 그는 이를 통해 성향성을 존재의 본질이며 본질은 우연적이 아니며 실체적이라고 했다. 에드워즈가 젊은 시절에 알고 있었던 케임브리지의 플라톤주의자들은 사물의 본성 가운데에 내재하고 있는 "성향적 성질"들의 역동적인 원리에 관해 이야기해 왔다.[53]

아리스토텔레스와 스콜라주의의 형이상학은 존재에 대하여 구조를 형상(form)이라는 용어로 생각했다. 형상은 본질적으로 자폐적이고 특정화된 원리를 말한다. 그러나 에드워즈는 존재의 스콜라주의적인 개념 속에서 실체와 형상들 자체에 새로운 의미를 부여하기에 이르렀다.[54] 하나님은 하나님의 형상대로 인간을 창조하셨다(창 1:26-27). 에드워즈는 하나님이 성향적 존재이고 인간도 그의 형상을 따라 지음 받았기 때문에 인간도 마찬가지로 하나님처럼 성향적 존재가 된다고 설명하면서 아래와 같이 묘사하고 있다.

> 인간 본성은 어떤 성향들을 가지고 있는 상태로 창조됐다. 이 성향이란 선호나 선택이란 개념과는 조금 다른 것을 어떤 선한 일을 행하기도 하고 악한 일을 행할 수도 있는 그 무엇이다. 인간의 본성은 특정한 성향 즉 어떤 것들은 선하거나 사랑스러운 것으로 여겨 좋아하고 어떤 것들은 혐오스럽거나 불쾌한 것으로 여겨 싫어하는 성향을 가지고 창조되었음이 분명하다, 그렇지 않다면 인간 본성에 성향이나 의지 같은 것이 있을 리가 없다. 어떤 대상에 대해서도 마음에 들거나 마음에 들지 않는다는 식의 선택이나

---

[52] 맥더모트, 『조나단 에드워즈 신학』, 672.
[53] 이상현, 『조나단 에드워즈의 철학적 신학』, 87.
[54] 이상현, 『조나단 에드워즈의 철학적 신학』, 87-88.

기피, 선호가 전혀 없이 완벽하게 무관심할 것이 분명하다.[55]

에드워즈는 하나님의 창조 사역과 인간의 원죄론과 구원론을 포함한 성화론의 모든 부분에 "성향"이라는 개념을 그 기조로 삼고 있다. 아담의 타락 이후에 모든 인간의 심령은 자연히 부패하고 악한 성향(corrupt and evil disposition)으로 변해 버렸다. 에드워즈는 인간 안의 성향의 변화를 언급하면서 결국 "성향"의 개념을 통해 인간의 선함과 타락, 원죄와 구원, 성화 등을 설명하고 있다.

에드워즈의 성화론은 성경적 개혁주의 구원론의 기본 전제인 "구속은 창조로의 회복"이라는 신학적 전제를 성화의 과정을 통해 입증을 시도하는 신학적 개념이다.[56] 에드워즈는 성령의 은혜와 섭리적 개입에 의해 성화는 이미 타락해 버린 "악(惡)한 성향"에서 "거룩한 성향"으로 그 변화의 초점을 맞추고 있을 뿐만 아니라 이것을 "적극적"이라고 하는 동적인 개념까지 부각시킨다.

에드워즈는 이 성향의 변화를 성령의 역사와 함께 적극적으로 발생해야 한다는 필요성을 강조하며, "성향적 존재론"에 대한 신학적 개념을 자신의 성화론에서 사용하고 있다. 에드워즈에게서 신앙은 하나님의 은혜 개입을 통해 믿는 마음의 "정적인 상태"가 아니라 애정, 의지, 지식 등을 불러일으키는 "동적인 상태"이기 때문에 적극적 성향으로 발전하게 된다고 보는 것은 자연스러운 것이다. 더욱 중요한 것은 이러한 적극적 성향은 "인간 마음의 고유한 타고난 본성의 실제 성향으로 여겨져야 한다"는 것이다.

---

[55] Edwards, *The Works of Jonathan Edwards*: Original Sin. vol. 3. 231.
[56] 조현진, "조나단 에드워즈의 '성향적 구원론' 연구," 137.

2) 성향적 존재론의 성경 해석학적 연구

에드워즈는 모든 존재의 본성을 성향적 존재로 보고 있다. 그는 모든 성향적 존재의 본성들은 목적이 존재한다고 본다. 성향적 존재론이 목적이 있다는 결과론적 표지는 모든 활동하는 존재에 나름의 목적이 존재하고 있음을 통해서 알 수 있다. 이 목적에는 존재 중의 존재인 하나님의 목적에서 출발한다. 그러므로 에드워즈의 성경 해석학은 존재론의 성향성에 기초하고 있다고 볼 수 있다.

에드워즈의 "성향적 존재론"에 대한 관점은 성경 해석의 틀을 형성해 가는 데에 기초를 제공하고 있다. 이러한 성경 해석의 기초는 다름 아닌 목적론이다. 그는 하나님의 계시를 하나님의 목적에서 보고 있기 때문이다. 에드워즈는 비망록과 설교와 논문에서 "우리가 보는 이 우주의 놀라운 구조가 창조될 때 하나님이 목적하시고 계획하신 것"을 묵상하면서 하나님은 "말씀과 행위" 모두로 끊임없이 자신을 계시하신다고 설명한다.

그리고 그리스도인의 기쁨과 의무는 이 신성한 계획을 관찰하고 찬양하는 것이라고 결론지었다.[57] 이에 대해 그의 저서인 『천지 창조의 목적』에서 강조된 논지를 보는 것은 매우 중요하다. 그는 사람들이 하나님의 영광을 자신들이 하는 일들 가운데 가장 높고 최종적인 목적으로 갈망하고 추구해야 한다고 강조하면서 아래와 같이 설명하고 있다.[58]

> 특별히 이는 고린도전서 10:31에서 말한 바와 같다. "그런즉 너희가 먹든지 마시든지 무엇을 하든지 다 하나님께 영광을 위하여 하라." 베드로

---

[57] Janice Knight, "Typology," *The Princeton Companion to Jonathan Edwards*, ed. Sang H. Lee (New Jersey, 2005), 190.
[58] 에드워즈, 『조나단 에드워즈가 본 천지 창조의 목적』, 121

전서 4:11에서는 "만일 누가 말하려면 하나님의 말씀을 하는 것같이 하고 누가 봉사하려면 하나님의 공급하시는 힘으로 하는 것같이 하라 이는 범사에 예수 그리스도로 말미암아 하나님이 영광을 받으시게 하려 함이니 그에게 영광과 권능이 세세에 무궁토록 있느니라 아멘"이라고 말씀하고 있다. 그리고 그리스도께서는 자기 제자들이 기도하는 가운데 그 기도의 패턴과 법칙들로서 다른 모든 것들보다 가장 먼저 하나님의 영광을 바라고 추구해야 할 것이라고 요구하셨다. 성경적 표현으로, 레위기 10:3, 에스겔 28:22과 그 외의 다른 구절들에서도 분명히 나타나는 바와 같이 "당신의 이름이 영광을 받으시기를"과 같다. 우리의 최종적이며 최고의 목적은 우리의 바람들 가운데서와 우리의 지속적인 기도들 가운데서 (하나님께 영광을 드리는 것은) 첫 번째 것이다.[59]

에드워즈는 하나님의 영광을 단순히 하나님의 부차적인 목적이 아니라 가장 고차원적인 목적으로 간주했다고 강조한다.[60] 에드워즈는 성경이 우리로 하여금 그리스도께서 하나님의 영광을 자기의 최고 최종 목적으로 추구하셨다고 생각하도록 인도한다고 말하고 있다.[61] 그런데도 그리스도인들이라 할지라도 하나님의 영광을 자신들의 목적으로 삼으면서도 궁극적으로 자기 자신들을 위하여 행동하면서 하나님의 영광보다는 자기 자신의 것으로 사용할 것이기 때문이다.[62] 왜냐하면, 에드워즈가 가지고 있는 존재 본질의 성향성은 자기 자신의 목적을 가지고 있기 때문이다. 그러므로 성경에 등장하는 사건에는 하나님의 목적과 인간의 목적이 다름에 의

59 　에드워즈, 『조나단 에드워즈가 본 천지 창조의 목적』, 121-122
60 　에드워즈, 『조나단 에드워즈가 본 천지 창조의 목적』, 125.
61 　에드워즈, 『조나단 에드워즈가 본 천지 창조의 목적』, 126.
62 　에드워즈, 『조나단 에드워즈가 본 천지 창조의 목적』, 120-121.

해 발생하고 있다고 보는 것은 매우 당연하다고 볼 수 있다.

이미 연구 목적에서 밝혔듯이 하나님이 인간의 본질을 "성향적 존재"로 주신 표지에는 활동하는 모든 존재는 목적을 가지고 있다는 것이 확실하기 때문이다. [63] 인간은 누구나 다 생각하고 느끼고 소망하며 꿈도 꾼다. 이러한 정신의 활동은 늘 현존하는 목표에 따라 규정되고 지속되며 수정되고 제약을 받는다.[64]

그리고 그 목표는 가변적일 수도 있고 고정적일 수도 있지만, 그와 관계없이 인간의 정신 활동은 늘 현존하는 목표를 지향하고 있다.[65] 이상현은 에드워즈가 가지고 있는 성향적 존재론의 개념에는 목적론의 표지가 당연성이라고 하면서 아래와 같이 에드워즈의 성향적 존재론에 관해 설명하고 있다.

> 성향은 존재론적인 원리일 뿐 아니라 작용의 원리이기도 하므로, 성향의 실행은 존재의 현실태를 가져올 뿐만 아니라 그러한 현실태의 증식을 가져오기도 한다. 동시에, 성향은 또한 목적론적인 원리인에, 그것은 성향이 어떤 종류의 실제적 사건이나 행위를 성취하는 목적을 지향하는 경향성이기 때문이다. 성향이 지향하는 것은 곧 진정한 가능태(a real possibility)이며 이러한 진정한 가능태는 성향이 실천될 때 현실태가 된다. 그리하여 여기에는 참으로 목적론적인 움직임이 있게 되는데 이 움직임은 실질태로부터 충만한 현실태로(from virtuality to full actuality)이행하는 움직임이다 … 에드워즈에게 있어서, 하나님이 자신을 유출하는 것은 목적 지향적인 행위이다.[66]

---

[63] 아들러, 『인간 이해』, 24-25.
[64] 아들러, 『인간 이해』, 26.
[65] 아들러, 『인간 이해』, 26-27.
[66] 이상현, 『조나단 에드워즈의 철학적 신학』, 275-276.

여기에서 에드워즈의 성향적 존재론이 목적 지향적인 행위의 함의가 있음을 필연성으로 보고 있기 때문에 그의 성경 해석은 그 목적을 이루어 가는 성령 하나님의 이끄심과 동시에 그 목적은 현실태의 발현이 과거와 미래의 상관된 목적론으로 취급하고 있음을 알 수 있다. 여기에서 에드워즈의 성경해석론은 두 가지로 구분된다. 하나는 성령 하나님이 실행하시는 방법론이며 이는 영적인 감각을 이끌어 가시는 영적 해석학이다. 다른 하나는 목적론의 결과에 의해 형성되는 모형론적 해석학이다.

첫째, 에드워즈는 성령 하나님이 인간의 영적 감각에 주시는 표지에 집중한다.

에드워즈는 그리스도인들의 영적 생활과 그의 유명한 "마음의 감각" 개념에 대힌 설명에시도 이것을 강조하고 있다. 성경 본문의 "의미"(sense. 즉, 그 의미 "meaning")와 "마음의 감각"(sense)은 서로 연결된다고 말할 수 있다. 스티븐 스타인(Steven Stein)은 에드워즈가 성경을 읽을 때의 "영적 감각"은 "성령이 주신 감각"(sense)이라는 중대한 견해를 말했다.[67] 맥클리몬드와 맥더모트도 에드워즈의 성경 해석학의 근본이 성령에 의한 산물이라고 하는 에드워즈의 언급을 인용하면서 아래와 같이 설명하고 있다.

> 에드워즈가 말하기를 성령의 역사가 없다면 성경 본문은 "죽은 문자"다. 마음의 감각이나 새로운 영적 감각이 하나님에게서 직접 나오듯이, 성경의 의미를 이해하는 것도 마찬가지다. 하나님은 영적 지식으로 마음에 조명하는 사역을 하시며, 하나님과 같이 가르쳐 주실 분이 아무도 없기 때문이다. 에드워즈의 성경의 풍성한 개념은 직접적으로 성령이 가능하게 하

---

[67] 맥더모트, 『조나단 에드워즈 신학』, 234.

는 해석 개념과 연관된다. "자서전"에서 에드워즈는 성경을 "경이로움으로 가득한" 것이라고 말한다. 성경의 의미가 방대하고 정말로 무궁무진하다는 것은 에드워즈의 해석학의 기본이다. 문자적 의미의 기초적인 역할을 포기하지 않으면서, 영적인 의미로 향하는 경향을 보여줬다. 성경의 풍성함, 숨겨진 의미의 풍성함은 문자적 의미를 넘어 범람했다.[68]

에드워즈는 영적 감각은 하나님으로부터 직접 나온다고 강조한다. 또한 하나님은 영적인 지식으로 인간의 마음에 조명하는 표지를 통해 하나님의 존재도 "성향성"임을 함의하고 있다. 에드워즈가 확실하게 언급하지는 않았지만 그의 성향적 존재론을 고찰해 볼 때 이러한 관점은 창세기에서도 유추할 수 있다.

> 하나님이 그들에게 복을 주시며 하나님이 그들에게 이르시되 생육하고 번성하여 땅에 충만하라, 땅을 정복하라, 바다의 물고기와 하늘의 새와 땅에 움직이는 모든 생물을 다스리라 하시니라(창 1:28).

위의(개혁개정) 말씀에서 하나님이 이러한 명령을 할 때는 인간에게 그것을 실행할 수 있을 만한 잠재태뿐만 아니라 가능태가 주어졌기 때문이다. 즉, 하나님은 "생육하고 번성하여 땅에 충만하라 그리고 정복하고 다스리라"라고 하는 명령은 이미 그들에게 부여한 보존성과 성향성을 염두하고 이러한 명령을 하셨을 것이라고 해석하는 것은 매우 자연스럽고 합당하다고 볼 수 있다. 에드워즈는 인간이 선(善)한 성향을 가진 상태로 창조되었

---

[68] 맥더모트, 『조나단 에드워즈 신학』, 234-235.

지만, 타락 이후(以後) 죽음이라는 언어의 사용이 가능하다고 생각한다.[69] 그런데도 그들에게 부여한 보존성과 성향성은 계속하여 간직되었다는 것이 그의 주장이다. 그러한 선한 성향은 로마서 2:14에 대한 아래의 성경 해석에 명료하게 드러나 있다.

> 전에 마음과 육신의 정욕에 대하여 말한 바울이 여기서 말하는 바는 이런 정욕이 사람들에게 자연스러운 것이다. 곧 이런 정욕은 그들의 본성의 참된 경향(성향)이며, 그들의 마음의 자연적 구조다 … 그리고 바울은 다만 우리는 "본질상(본성으로) 진노의 자녀"라고 말하지만, 이 진노는 어떤 것에 대한 진노인 것이 틀림없다. 왜냐하면, 하나님은 죄가 아닌 것에 관하여 우리에게 분노하시지 않기 때문이다. 그러므로 우리의 자연적 경향(성향) 곧 바울이 언급한 모든 징욕, 이 정욕들의 어머니인 육신은 사람의 본성을 의미한다. "본성으로"는 사람이 본성에 맡겨져 있다는 뜻이다. 로마서 2:14에서 "이방인이 본성으로 율법의 일을 행한다"고 말하는데, 이것은 이방인이 자기들 속에 있는 본성의 법칙에 따라 행한다는 뜻이다.[70]

에드워즈는 인간이 창조된 때에 받았던 본성은 성향적 존재였다는 것이다. 인간의 본성은 선하고 사랑스러운 것들을 좋아하고 무언가 부적절하고 혐오스러운 것들은 싫어하는 성향적 개념이 있음을 이 로마서 주석에서도 더욱 분명하게 나타나고 있다. 이러한 성향적 개념의 함의 부분은 하나님이 사람을 창조한 시기에도 나타난다.

창세기 2:16에서 לְכָאֹת: לְכָא(You may eat freely "네가 임의로 먹되")라는 표현

---

[69] 에드워즈, 『원죄론』, 321-322.
[70] 에드워즈, 『로마서 주석』, 63-64.

에는 존재의 성향적 본질이 함의되고 있는 것을 알 수 있으며, 창세기 2:17 에서 "선과 악을 알게 하는 나무의 열매를 먹지 말라"고 한 이유도 이러한 맥락에서 인간이 성향의 존재임을 하나님이 주셨다는 것을 인식하게 하는 구절이다. 그리고 성향적 존재의 본성은 타락 이후(以後)에도 계속하여 존재하며, 인간의 자기 보존성 역시 성향적 존재의 한 특성이다.

    에드워즈의 성향적 존재론에 기초한 성경 해석학적 연구는 그의 『원죄론』에서 인간의 전적 타락을 중심으로 개혁주의 신학을 발전시키고 있다. 에드워즈는 성향적 존재인 하나님에 의해 성향적 존재로 창조된 인간은 본래 성령 하나님의 통치 아래 "선한 성향(good disposition)을 가진 상태로 창조되었으며 이것은 인간의 원의(original righteousness)가 된다고" 지적한다.[71] 이러한 에드워즈의 성경적 해석이 영적 해석학의 산물이라고 볼 수 있다.

    에드워즈는 실재의 본질은 기존의 정적인 "실체" 개념에서 성향(disposition) 혹은 경향성(habit)이라는 동적인 관념 즉, 성향적 존재론(dispositional ontology)으로 재정립하였다.[72] 아담의 타락은 하나님과의 언약을 깨뜨렸고 아담 안에 내주하던 성령 하나님을 떠나게 했다.[73] 인간의 타락 결과는 성령 하나님 중심의 존재가 아니라 인간 내면에 있는 거룩한 성령이 없는 성향의 존재를 드러나게 하는 결과가 되고 말았다.

    인간의 내면은 하나님의 의를 나타내며 살던 성향들이 인간 본질 타락 이후에는 자신의 육신이 원하는 데서부터 성향의 원리에 의한 삶이 나타

---

[71] Jonathan Edwards, The *Works of Jonathan Edwards*: Original Sin, vol. 3 (New Heaven: Yale University Press, 1957-), 223.
[72] Edwards, *The Works of Jonathan Edwards: Religious Affection*. vol. 2, 206-207.
[73] Edwards, *The Works of Jonathan Edwards: Religious Affection*. vol. 2, 382.

남으로써 부패하고 타락한 인생으로 전락하고 말았다. 결국 인간의 심령은 자연히 부패하고 사악한 성향으로 변해 버렸다.[74] 이러한 맥락에서 에드워즈의 성경 해석은 타락 이후에 성령의 주입과 내주를 통해 인간 성향의 변화에 초점이 모이고 있다. 무엇보다도 그는 인간의 성화도 성령의 역사에 의해 인간에게 나타나는 것으로서 성향적인 범주 안에서 해석하였다. 성령은 영혼 속에 내주하면서 생명과 행동의 원리가 되신다.

따라서 믿음 자체도 "성도 안에서 성향을 창조하시는 성령 하나님이 인간에게 은혜로 제공하시는 새롭고 거룩한 성향이다. 그리고 이 믿음은 성도가 그리스도를 우리의 영혼이나 마음으로 전적으로 받아들이거나 연합하는 행동"인 것이다.[75]

에드워즈의 영적 해석학의 성경 해석 원리는 이러한 성향적 존재론의 입장에서 인간의 타락 후에 나타나는 중대한 결과적 표징들을 보면서 설명하고 있다. 그는 인간의 타락 후에 영적 감각에 대한 것이 "성령이 주신" 감각이라는 중대한 견해를 말하고 있다. 영적 감각은 "주해자에게 하나님의 내주하시는 임재의 산물"이다.[76]

에드워즈는 성령의 역사가 없으면 성경 본문은 죽은 문자로 보고 있다.[77] 에드워즈는 문자적 의미의 기초적인 역할을 포기하지 않으면서, 영적인 의미로 향하는 경향을 보여줬다.[78]

에드워즈의 성향적 존재론에서 성경 해석의 가장 혼선을 갖게 하는 것

---

[74] Edwards, *The Works of Jonathan Edwards: Religious Affection*. vol. 2, 107.
[75] 조현진, "조나단 에드워즈의 성향적 구원론 연구." 141.
[76] Nathan O. Hatch and Harry S. Strout, eds., Jonathan Edwards and the American Experience (New York: Oxford University Press, 1988), 123. 맥더모트, 『조나단 에드워즈 신학』, 234에서 재인용.
[77] Edwards, The *Works of Jonathan Edwards*: The "Miscellanies," vol. 13, 340.
[78] 맥더모트, 『조나단 에드워즈 신학』, 235.

은 "하나님이 거룩하게 하는 자"라고 말할 때, 하나님이 사람을 움직이도록 결정하시는 것이며, 또한 "결과가 틀림없이 뒤따른다"라고 하는 것이다. 이것은 성향을 가지고 있는 인간 본성의 가능태와 현실을 이끌어 내는 실질태의 구분이 함께 표현된 성경이라고 볼 수 있다.

> 우리를 주께로 돌이키소서 그리하시면 우리가 주께로 돌아가겠사오니(애 5:2).

여기에서 에드워즈는 하나님이 자신의 백성들에게 법령을 주실 뿐 아니라 그들의 마음이 이 법령에 끌리도록 하신다는 것이다.[79] 마치 하나님이 모든 것을 주관하시면서 인간은 단지 수동적 존재인 것처럼 이해될 수도 있다. 그러나 에드워즈는 이 문제에 대하여 아래와 같이 설명하고 있다.

> 그러나 하나님이 사람의 의지를 움직이실 때 확실하게 효과가 있다면, 이 사람은 수동적이지 않다. 즉, "하나님이 모든 것을 하시고 우리도 모든 것을 한다." 하나님이 우리 행위의 "창시자이자 원천"이시지만, 이런 행위들은 여전히 우리의 행위다. 우리는 단지 "고유한 행위자"(proper actors)일 뿐이다. 하나님이 일부를 하시고 우리가 나머지를 하는 것이 아니다. 인간 행동의 실제는 전체를 포착하기 위해 다른 관점에서 봐야 한다. "우리는 서로 다른 견지에서 볼 때 완전히 수동적이며 완전히 능동적이다."
>
> 한편으로 "하나님은 마음에 할례를 행하신다." 하지만, 다른 한편으로 "우

---

[79] Edwards, *The Works of Jonathan Edwards: Writing on the Trinity, Grace, and Faith*, vol. 21. 240. 맥더모트, 『조나단 에드워즈 신학』, 466에서 재인용.

리에게(우리 마음에) 할례를 행하도록 명령"하신다. 그러므로 하나님이 우리의 의지를 결정하시는 결과가 우리의 행동이며 우리의 의무라고 말하는 것은 모순이 아니다.[80]

에드워즈의 성경 해석은 단순하고 명쾌하기보다는 풍성한 경향이 있다. 하지만, 일부에서는 영적 해석에 반대하는 비난이 있다. 이러한 비난은 그것이 이교도의 그리스인들이 사용한 알레고리적 방법을 차용한 것이라는 점이다.[81] 그러나 토마스 아퀴나스 같은 경우에는 역사적 의미나 문자적 의미에 강조를 두면서 문자적 의미를 우선시하고 문자적 의미에 근거해 더 깊은 의미에 열려 있었기 때문에 성경 해석에 대한 아퀴나스의 견해도 에드워즈의 견해와 비슷함을 볼 수 있다.

그러한 가운데서도 에드워즈는 "알레고리"라는 단어를 경멸적인 것을 간주하지 않았다. 왜냐하면, 그의 표현으로 성경이 "달콤하고, 우수하며, 생명을 주는 말씀"이 되기 위해 하나님이 주시는 조명이 있어야 하기 때문이다.[82]

에드워즈의 성경 해석 기본 원리를 "하나님의 진리에 대한 철저한 지식의 중요성과 유익"(The importance and Advance of a Thorough Knowledge of Divine Truth, 1739)이라는 설교에서 아래와 같이 제시하고 있다.

> 가장 긴 것을 연구하고 가장 위대한 업적을 이룬다 해도 알아야 할 내용을 거의 알지 못한다 … 하나님은 스스로 무한하시고 하나님의 완전하심의 영광에는 끝이 없다 … 그러므로 당신이 읽을 때 당신이 읽을 것을 관찰하라,

---

80 맥더모트, 『조나단 에드워즈 신학』, 467.
81 맥더모트, 『조나단 에드워즈 신학』, 241.
82 맥더모트, 『조나단 에드워즈 신학』, 241-242.

어떻게 대상이 들어오는지 관찰하라. 대화의 흐름에 주목하고 상 성경과 다른 성경을 비교하라 … 그리고 성경의 의미를 찾을 수단을 써라 … 성경 지식을 쌓는 데 도움이 되는 다른 책들을 얻어 부지런히 활용하라.[83]

둘째, 에드워즈의 성향적 존재론에 기초한 성경해석은 맥클리몬드와 맥더모트가 『조나단 에드워즈 신학』에서 언급한 것처럼 아래와 같이 에드워즈의 성경 해석 원리를 설명하고 있다.

에드워즈의 성경 해석학에서 전체는 부분에 대해 인식론적인 우선성을 가진다. 이런 이유에서 영적인 의미는 매우 중요하다. 성경의 영적 해석으로 말미암아 해석가는 조각들을 일관된 전체로 한데 묶을 수 있다. 영적 의미가 없다면 구약의 사건들은 무작위로 불 연속적인 사건들처럼 보일 수 있다. 그리고 서로 관계가 없고 심지어 신약과도 연결되지 않는 것처럼 보일 수도 있다. 종종 지적하듯이 성경에 대한 근대 역사 비평의 해석이 가진 위험은 독자가 본문에 접근하면서 성경을 분리하고 파편화하는 경향이 있다는 것이다. 한스 프라이(Hans Frei)는 근대 이전 기독교의 성경 해석을 "이야기를 에워싸는 이야기"(story-encompassing story)로 말한다. 즉, 전체 우주를 그 자체로 흡수시키는 이야기 전개다. 에드워즈는 성경에 대한 이런 접근을 보여주고 영적 주해로 말미암아 에드워즈는 그가 세상을 바라보는 일에 있어서 성경 이야기 전개에 중심적인 지위를 부여한다.[84]

여기에서 우리가 알 수 있는 것은 영속성과 영적인 성경적 해석은 이야

---

[83] Edwards, *The Works of Jonathan Edwards: Sermons and Discourses*, vol. 22. 83-102. 맥더모트, 『조나단 에드워즈 신학』, 235에서 재인용.
[84] 맥더모트, 『조나단 에드워즈 신학』, 236.

기 전개를 통해 해석의 모형론을 도출시킨다. 에드워즈는 이러한 영적인 도출에 대한 비난을 당연시하면서 이러한 영적인 해석에 몰두하는 것이 "세상이 시작될 때부터 상징으로써 미래의 일들을 나타내고 드러내는 것이 하나님의 방법이며 이 상징은 다름 아닌 미래에 드러나게 될 일은 모형"이라는 일반적인 원리를[85] 제시했다. 다른 한편으로 에드워즈는 널리 인정되고 있는 모형론은 엉뚱한 추측을 야기할 위험이 있다고 강조한다. 그것은 거의 모두를 알레고리로 바꾸고 참된 역사가 되지 못하게 하기 때문이다.

그러나 한편으로 모든 모형을 비난하는 자들로 인한 위험도 있다. 에드워즈는 두 극단적인 입장 사이에 중도를 요구하면서 다음과 같이 모형론의 오류 가능성보다는 구약에 포함된 모형들이 풍부하고 풍성하다는 점을 강조한디.[86]

에드워즈는 세상이 시작될 때부터 상징으로써 미래의 일들을 나타내고 드러내는 것이 하나님의 방법이며, 이 상징은 다름 아닌 "미래에 일어나게 될 일의 모형"이라는 일반적인 원리를 제시했다.[87] 그는 성경해석의 틀로 모형론을 사용하였으며 이 모형론은 하나님의 의사 전달을 해석하는 열쇠였다. 그는 제대로 이해하기만 하면 모형론은 창조된 세계와 성경 속에 있는 하나님의 의도를 해명할 수 있다고 주장했다.[88]

에드워즈는 모형론적 전통의 선배들처럼 전체 체계를 위한 원형적인 기준은 성경에서 발견되어야 한다고 믿으면서 성경 역시 자연과 역사와 비

---

[85] 맥더모트, 『조나단 에드워즈 신학』, 237.
[86] 맥더모트, 『조나단 에드워즈 신학』, 237.
[87] Edwards, *The Works of Jonathan Edwards: Typological Writings*, vol. 11, 192. 맥더모트, 『조나단 에드워즈 신학』236-237에서 재인용.
[88] Knight, "Typology," *The Princeton Companion to Jonathan Edwards*, ed. Sang H. Lee 353.

교하여 평가되어야 할 다른 모든 모형의 해석학적 기준이라고 논지하고 있다.[89]

그러나 에드워즈는 보수적인 모형론적 해석의 원칙에는 반대하지만, 하나님 계시의 정합성에 대한 자신의 인식에 걸맞게 자연 속에서의 모형의 반복은 그 원래의 예표적 기능에 어긋나지 않는다고 주장했다. 이는 그것이 오직 한 번밖에 없는 그리스도의 부활 모형이 아니라는 증거는 전혀 아니다. 왜냐하면, 모형은 자주 반복되지만, 원형은 오직 한 번밖에 없는 것이 합당하기 때문이다.[90]

에드워즈는 성경을 존재론적 모형론으로 해석하면서 "세상이 창조되지 않았다면, 이러한 속성들은 한 번도 발현되지 않았을 것이다"라고 주장한다.[91]

에드워즈는 모형론으로 보고 있는 성경 해석의 바탕에는 하나님의 속성이 존재하며, 그 속성을 하나님의 성향성으로 보고 있다. 모형론 속에서 발현되고 있는 "자신의 무한히 충만한 선을 외부로 즉, 자기 밖으로 영광스럽고 풍성하게 발산"하시려는 하나님의 "성향"이 내재한 원래의 주된 목적이 바탕에 깔려 있다. 신성(神性)의 본질은 하나님 영광의 광채가 빛나게 하고 하나님의 선하심이 흘러나오게 하는 하나님의 자연적 성향이다.[92]

자니스 나이트(Janice Knight)는 이러한 역동적 신개념에 대한 중심적 위치를 인식한 학자를 이상현으로 보고 있다. 그러나 이상현은 에드워즈의 이러한 신개념은 하나님의 다양한 본질에 대해 함축된 것이라고 설명한다.

---

[89] 맥더모트, 『조나단 에드워즈 신학』, 176.
[90] Knight, "Typology," *The Princeton Companion to Jonathan Edwards*, 199.
[91] Knight, "Typology," *The Princeton Companion to Jonathan Edwards*, 201.
[92] Knight, "Typology," *The Princeton Companion to Jonathan Edwards*, 202.

그는 이러한 성경 해석의 모형론에서 나타난 하나님의 의지와 이성(성향성에 대한 대표적 특징)이 하나님의 무한한 존재의 일부이긴 하지만, 그것은 우리가 하나님에 대해 생각하는 방식에 따라 나타난 하나님의 본성의 측면일 뿐이라고 강조한다.

오히려 이러한 것들은 하나님의 거룩하심을 사랑하거나 하나님의 능력을 두려워하는 신자(信者) 각각의 성향에 비례하여 나타나는 하나님 존재의 여러 측면이다. 문제는 신성의 존재론적 우선성에 있는 것이 아니라 인간 본성의 제한된 인식에 있다.[93]

그러므로 에드워즈의 성향적 존재론에 대한 본질을 성경 해석의 방법에 대한 한 모형론으로 인식한다면, 이진락이 "하나님이 모든 것을 다 하시고 인간도 모든 것을 다 한다는 에드워즈의 표현은 모순되고 역설적이며 이 두 가지 측면을 동시에 주상함에 대하여 매우 목회적이고 실천적인 주장"[94]이라고 해석한 것은 또 다른 관점에서 표현된 것이라고 여겨진다.

이와 같이 에드워즈의 성경해석에 대한 모형론적 접근은 그의 사상에서 다른 모든 것에 비해 성경이 가장 중요했기 때문에 "신구약의 조화"를 가장 먼저 완성하기를 원했을지도 모른다. 매일의 삶과 사역에서 성경연구는 에드워즈에게 최우선 순위였다. 에드워즈는 "천지창조의 목적," "원죄론"의 삼 분의 일 이상은 성경에 대한 주석으로 이루어졌다.[95] 신구약의 주석으로 기록한 "신구약의 조화"에서 탁월한 성경에 대한 견해를 볼 수 있는데, 이 부분들은 그가 외부의 공격으로부터 성경에 대한 전통적인 견해를 방어하는 일에 얼마나 민감했는지를 보여준다.[96] 계몽 운동의 많은

---

[93] Knight, "Typology," *The Princeton Companion to Jonathan Edwards*, 201.
[94] 이신락, "조나단 에드워즈의 '신앙적 정서'에 관한 연구," 141-142.
[95] 마즈던, 『조나단 에드워즈평전』, 685.
[96] 마즈던, 『조나단 에드워즈평전』, 686-687.

세속적인 차원은 역사와 인간의 본성에 대한 성경의 설명들을 제거해 버리려 했다.

이런 때에 에드워즈가 성경 비평가들에 대한 답변을 준비하기 위해 엄청난 시간을 투자한 것은 놀라운 일이 아니었다.[97] 에드워즈는 자유주의 사상가 대다수가 "이성"이라는 단어를 모호하게 사용함으로써 자신을 속이고 있다고 지적하면서 이것은 "마치 사물을 보는 데에는 우리의 눈이 필수적인 수단이기 때문에 가장 좋은 현미경이나 망원경을 통해 보는 신비스러움은 믿지 못하겠다"고 주장하는 것과 똑같다고 지적한다.[98] 에드워즈가 언급한 성경 해석의 모형론적 견해를 아래의 글에서 이해할 수 있다.

> 아담으로부터 그리스도에 이르기까지 성경에 기록된 거의 모든 것들이 복음의 모형이다. 사람들은 모형적인 사람들이며, 그들의 행동은 모형적인 행동이며, 도시들은 모형적인 도시들이다. 유대 나라와 다른 나라는 모형적인 나라다. 땅은 모형적인 땅이며, 그들을 향한 하나님의 섭리는 모형이 되는 섭리며, 그들의 집은 모형적인 집이며, 재판관도 모형적인 재판관이며, 옷은 모형적인 옷이며, 진실로 세상은 모형적이 세상이다."[99]

에드워즈는 구약의 예배(모형)를 신약의 성취(원형)로 해석하는 모형론의 옛 기독교 전통을 광범위하게 사용했다. 그는 "자연의 체계" 전체를 그리스도의 영광과 그의 구속을 선언하며 "지성적인 피조물들에 말씀하시

---

[97] 마즈던, 『조나단 에드워즈평전』, 687.
[98] 마즈던, 『조나단 에드워즈평전』, 688.
[99] Edwards, The *Works of Jonathan Edwards*: The "Miscellanies," vol. 13, 435. 맥더모트, 『조나단 에드워즈 신학』, 237에서 재인용.

는 하나님의 음성"으로 보는 전통적인 방법을 확장했다.[100]

모형은 풍성한 상상력의 산물이 아니라 자연 세계와 성경 본문에서 모형을 찾을 때 해석가의 창의력이 아니라 창조주의 창의력이 세상을 모형을 채워가고 있다는 것이다.[101] 에드워즈의 이러한 모형론을 창조주의 창의력으로 표현하는 성경 해석 방법은 하나님이 성향적 존재의 삼위일체임을 보여주면서 또한 그의 창조물이며 구원받은 백성들에게 부여한 보존성과 성향적 존재의 지속적 표징을 나타내는 한 부분이기도 하다.

모형론에 성향의 의미가 있다는 표현은 역사적 사건을 현재와 미래의 사건으로 만들어 가시는 하나님의 목적이 성향의 특징을 도출하시는 표징이다. 이를 묵시적으로 믿음 가운데 받아갈 수 있는 구원받은 인간의 성향적 특성이 함께 연합한다는 의미이기도 하다. 존재론에서 성향의 특징 가운데시 가장 대표적인 것이 바로 목석을 가지고 있는 인간의 정신이기 때문이다.

17세기가 되어서 알레고리와 모형은 분명하게 분리되었다. 알레고리는 헬라적이며 추상적인 문장을 다루었다. 반면에 모형은 유대적이며 역사적 존재에 관심을 가졌다. 알레고리에서 물리적 세계는 인간의 마음으로 발견한 영적 우주의 상징이지만, 모형은 하나님의 구체적인 기능을 수행하도록 제정하신 역사적으로 참된 상징이다.[102]

에드워즈의 성경 해석은 모형론인 동시에 알레고리가 가지고 있는 플라톤적이며 추상적인 문장의 특징이 있다. 하나님이 구체적인 기능을 수행하

---

[100] Edwards, The *Works of Jonathan Edwards*: The "Miscellanies," 1153-1360, vol. 23, 맥더모트, 『조나단 에드워즈 신학』, 164에서 재인용.
[101] Edwards, The *Works of Jonathan Edwards*: The "Miscellanies," vol. 13, 435. 맥더모트, 『조나단 에드워즈 신학』, 237에서 재인용.
[102] 맥더모트, 『조나단 에드워즈 신학』, 167.

도록 제정하신 역사적으로 참된 상징임을 지적하면서 알레고리를 모형론 안에 자유롭게 통합시킨다. 그러나 에드워즈는 알레고리와 모형론을 "구속의 역사적 사건에 종속시킬 때만 그렇다" 함을 강조하며 알레고리를 지나치게 확대하는 위험에 대해 경고했다.[103]

하나의 예로 에드워즈는 바울이 갈라디아서 4:21-23에서 아브라함의 두 아들을 두 언약에 대한 "알레고리"라고 언급하면서, 갈라디아서 문단은 "일반적으로 구약의 역사가 영적인 것들의 모형이 되도록 의도한 것"이라는 중대한 확증이라고 지적한다.[104] 이러한 에드워즈의 성경적 해석은 하나님이 초월적 존재이지만 모형론 자체가 가지고 있는 성향성을 내포하고 있음을 간접적으로 시사하고 있다.

에드워즈는 모형론과 알레고리적인 해석을 통하여 하나님을 성향적 존재로서 표현하지만, 이러한 그의 해석은 구속의 역사적 사건에만 종속시키고자 하는 그의 의도된 논지는 구원받은 인간이 창조주를 이해할 수 있는 한 부분임을 도출하고 있다고 여겨진다. 따라서 성화 과정을 성향적 존재론의 관점에서 보게 됨으로써 초월적 존재인 하나님의 존재에 대한 이해까지 확장되어야 할 연계성이 있다면 이것은 인간 자신이 가지고 있는 성향적 존재의 본질을 통해 초월적 존재에 대한 이해를 표현할 수 있는 한 부분으로 제한하는 것이 유익하다고 여겨진다.

에드워즈는 이러한 표현이 피조물의 본질에 있음을 확증하기 위해서 알레고리와 모형론까지도 적절하게 사용함으로써 성향적 존재론을 논지하고 있다. 그러므로 구속의 역사적 사건을 모형론 가운데서 논리적으로 생각할 때, 하나님이 모든 것을 하신다면 하나님이 인간의 중생에 관여하시

---

103 맥더모트, 『조나단 에드워즈 신학』, 165-167.
104 맥더모트, 『조나단 에드워즈 신학』, 169.

고 인간의 구원에 백 퍼센트 은혜 가운데 행하신다. 하나님의 기쁨을 가지고 창조된 인간이 성향적이면, 하나님의 형상을 따라 창조된 인간의 본질을 유추하면서 창조주 하나님이 인간을 성향적 존재로 대하고 있다는 성경 해석은 에드워즈가 모형론이라고 하는 성경 해석의 틀을 확립시키고 있다고 볼 수 있다.

에드워즈는 성경이 인간은 수동적이지만 또한 수동적이지만은 않다는 것을 그의 성경 해석에서 도출시킨다. 그는 성경이 구원받은 사람은 성화 과정에서 회심을 시작으로 "하나님의 이끄심"이라고 하는 하나님 주최의 성화가 시작된다고 강조한다. 구원을 받은 사람들에게 그리스도의 형상을 닮아 가기 위해서 노력하는 행위는 그들도 모든 것을 한다는 개념이 이입되며 이러한 개념의 이입은 인간 본질이 성향적 존재임을 보여주고 있다고 보는 것이다.

그러므로 "인간이 노력해야 하는가?"

또는 "하나님이 모든 것을 다 하시는데 인간도 모든 것을 다한다고 하는 것이 어떤 논리적인 복합 상태를 통하여 양립할 수 있는 것인가?"

이런 질문은 성향적 존재가 가지고 있는 본질의 특성을 이해할 때에 성경에서 인식될 수 있는 논지이다. 에드워즈가 성경 해석을 통해 하나님이 최선을 다하신다고 하는 표현은 인간의 노력을 무시한다는 것이 아니다. 인간이 노력할 수 있도록 성화 과정에 하나님이 최선을 다하고 있으며, 이 최선의 노력은 인간이 최선을 다하여 행할 수 있도록 이끄신다는 것이다. 이에 대해 에드워즈는 아래와 같이 지적하고 있다.

하나님이 어떤 일을 하시고 우리가 나머지를 하는 것이 아니다. 하나님이 모든 것을 하시고 우리도 모든 것을 한다 … 하나님은 마음에 할례를 주시고, 우리는 마음에 할례를 받으라고 명령은 받는다. 단지 우리가 결과를 위해서 수단을 써서 사용해야 하기 때문이 아니라, 결과 그 자체가 우리의 행동이고 우리의 의무이다. 이러한 것들은 다음의 본문과 잘 어울린다.

> 하나님이 너희 안에 소원을 두고 행하게 하신다(빌 2:13).[105]

에드워즈의 성경 해석은 인간의 성향이 하나님의 말씀을 따라서 이행하고 행위로 살아감을 통하여 표현돼야 하는 당연성에 초점을 맞추고 있다. 에드워즈의 그리스도의 형상을 닮기 위한 노력과 애씀에 대한 강조는 성향적 존재론의 본질을 충분히 인식하고 있는 상황에서 나올 수 있는 성경 해석학이다.

에드워즈는 『자서전』에서 성경을 "경이로움으로 가득한" 것이라고 말하면서 이는 성령이 가능하게 하는 해석 개념이다. 성경의 의미가 정말로 무궁무진하다는 것은 에드워즈의 성경 해석학의 기본이다. 문자적 의미의 기초적인 역할을 포기하지 않으면서, 영적인 의미로 향하는 것은 성령 하나님이 주시는 마음의 조명임을 강조한다.[106]

결론적으로 에드워즈가 가지고 있는 성경 해석학은 자신의 성화론을 성향적 존재론의 관점에서 영적 해석학을 기초로 하고 있으며 이를 통해 성경 해석학의 모형론을 도출시켰다고 볼 수 있다.

---

[105] Jonathan Edwards, *The Works of Jonathan Edwards: Writing on the Trinity, Grace, and Faith*, vol. 1, 251.
[106] 맥더모트, 『조나단 에드워즈 신학』, 234-235.

2. 성화론의 객관적 원리

1) 성령의 위치

에드워즈 시대에 성령이 삼위일체 가운데 소홀이 여겨지거나 잘 알려지지 않았다는 것은 분명하다. 대체로 성부와 성자는 성령보다 훨씬 주목받는다.[107] 에드워즈가 살았던 많은 동시대(同時代) 사람이 성령의 신성과 인격성을 긍정했지만 말한 것은 거의 없었다.[108] 그러나 종교적 부흥의 시기에는 성령이 강조되었다. 청교도 학자인 존 오웬(John Owen, 1616-1683)의 『성령론』(Pneumatologia, 1674)은 중생에 있어서 성령의 직접적인 작용, 영적 통찰력을 주시는 성령의 역할, 성령의 자연적 능력 사용을 주장함으로써 에드워즈의 가르침보다 앞섰다.[109]

오웬은 중생에 앞서는 일종의 준비 단계 — 구원과 직접적인 관계가 없고 단지 성령의 일반적인 사역을 통해서 산출된 세 가지 결과인 지적인 조명, 죄의 깨달음, 그리고 삶의 변화로 이루어지는 준비 단계 — 가 있다고 말한다.[110] 그러나 이 준비 단계가 고정된 것으로 보지 않고, 하나님이 말할 수 없을 만큼 많은 다양한 방법으로 사람들을 구원으로 인도하신다고 지적한다.[111]

에드워즈 역시 종교적 부흥의 시기를 통하여 개신교 신학이 성령에 정

---

[107] 맥더모트, 『조나단 에드워즈 신학』, 341.
[108] 맥더모트, 『조나단 에드워즈 신학』, 342.
[109] 맥더모트, 『조나단 에드워즈 신학』, 341
[110] William H. Goold, *John Owen: Works*, vol. 3 (Eddinburgh: Johnstone and Hunter, 1850-53), 230-231. Jonathan Edwards, *The Works of Jonathan Edwards: Religious Affection*. vol. 2 (New Heaven: Yale University Press, 1957-), 148에서 재인용.
[111] William H. Goold, *John Owen: Works*, vol. 3, 360-361. Jonathan Edwards, *The Works of Jonathan Edwards: Religious Affection*, vol. 2, 190에서 재인용.

당한 권리를 부여하지 못했다고 믿었다. 그는 구원 얻은 은혜란 "다름 아닌 성도의 마음속에 내재하며 역사하는 성령 그 자체"라고 명백히 진술했다. [112] 에드워즈는 "성령"(The Holy Spirit)이라고 하는 이름 자체가 하나님의 신적 본질과 그 본질이 사랑에 있음을 강조하면서 "영"(靈, Spirit)이 가지고 있는 의미에 대해 아래와 같이 설명하고 있다.

> 성경에서 "영"이란 단어는 정신(mind)에 대해 사용하며, 영적 실체 또는 정신 자체를 가리키지는 않고 성향(disposition), 경향성(inclination) 또는 정신의 기질(temper)을 의미한다 ··· 그러므로 나는 하나님의 영(The Spirit of God)이란 단어를 읽을 때 그것은 영이면 정신의 성향, 기질 또는 애정(affection)으로 이해되어야 한다고 생각한다. 만약 우리가 어떤 사람의 온유한 영 또는 친절한 영, 경건하고 거룩한 영에 대해 읽거나 듣게 되면, 그것은 같은 뜻으로 하나님의 본질로 인식해야 한다고 생각한다. 그래서 나는 선한 영과 하나님의 성령을 알게 되면, 그것은 마찬가지로 하나님의 기질로 이해해야 한다고 생각한다. 이제 하나님은 무한한 이기 때문에 하나님의 본질 또는 성향의 총합은 사랑이다. 내가 전에 관찰한 것처럼 이 부분에는 습성(habit)과 행위(act) 간에 차이가 없다. 이것은 우리가 행위에 참여하도록 하는 신적인 성향 또는 본성이다 (벧후 1:4). 우리가 하나님께 참여하는 것 또는 하나님과 교제하는 것 또는 성령에 참여하는 것에 있다.[113]

에드워즈는 성향, 경향성이라고 하는 단어를 사용하여 하나님의 존재에

---

[112] Sang H. Lee, "Grace and Justification by Faith Alone," *The Princeton Companion to Jonathan Edwards*, ed. Sang H. Lee (New Jersey, Princeton University press, 2005), 130.
[113] Edwards, *The Works of Jonathan Edwards: Writing on the Trinity, Grace, and Faith*. vol. 21, 122.

대한 본질을 인식하고 있다. 이러한 인식은 그가 하나님의 영에 대한 존재론적 개념을 구체화시키면서 하나님과의 교제 또는 성령에 참여한다는 의미를 강조한다. 에드워즈는 성령에 대한 인식과 존재를 신앙의 행위에 초점을 두면서 행위가 존재를 표지하고 있음을 강조하는 그의 신학적 개념이라고 볼 수 있다.

에베소서 "만일 우리가 성령으로 살면 또한 성령으로 행할지니"(엡 4:25)에서 언급된 사도 바울의 강조된 말씀과 동일한 관점이라고 볼 수 있다. 에드워즈는 성령의 행위를 강조하면서 그분의 존재를 표지하는 개념을 아래와 같이 설명하고 있다.

> 창조된 영들을 거룩하게 하는 것은 성령이며 그가 그들에게 신의 사랑을 준다. 성경은 우리에게 모든 기룩힘과 진실된 은혜와 미덕이 보편적 근원과 원리가 되는 사랑으로 녹을 수 있다고 가르친다 … 그럼으로써 하나님의 영 또는 사랑은 그 자신을 교통한다. 그것은 피조물이 하나님의 영 또는 사랑에 참여하는 자가 되어 그럴 능력이 있는 한에는 같은 사랑으로, 우리의 마음에 와서 내주하며 생동적 원리로 행동하며, 우리는 성령의 살아있는 성전이 된다. 그리고 인간이 중생하고 성화될 때에 하나님은 그들에게 성령을 부어 주시고 그들은 아버지와 아들과 더불어 그들의 좋은 것, 예를 들어, 사랑, 기쁨 아름다움 등에 참여하는 친교 또는 그와 같은 것을 갖는다.[114]

에드워즈는 위의 언급을 통해서 "창조된 영(靈)과 성령(聖靈)"을 구별한다. 그리고 "사랑"이라고 하는 행위를 가지고 성령의 위치를 "내주하심"

---

[114] Edwards, *The Works of Jonathan Edwards: Writing on the Trinity, Grace, and Faith*: vol. 21, 123-124.

으로 표현되고 있는 의미에 관심을 갖는다. 에드워즈에게는 "성령의 내주하심"은 성령의 존재를 드러내는 필연성뿐만 아니라 영혼의 존재론을 표지하는 "마음"의 상징적 의미에 초점을 둔다. 그리고 이 "마음"에 성령이 위치하고 있음을 말하고 있다.

고린도전서 3:16 "너희는 너희가 하나님의 성전인 것과 하나님의 성령이 너희 안에 계시는 것을 알지 못하느냐"은 성령의 내주에 대한 필연성을 부각함으로써 성화에 대한 성령의 위치를 강조하고 있다.

에드워즈는 성령의 "내주하심"이 "마음"에 위치함으로써 중생과 성화의 과정 중에 있는 회심을 같은 의미로 볼 수 있는 개념이다. 이에 대하여 에드워즈의 회개의 표지가 성령의 "내주하심"에 대한 견해를 아래에서 설명하고 있다.

> 회심 시에 이루어지는 것은 다른 것이 아니라 하나님의 성령을 주시는 것이다. 하나님의 성령은 영혼 속에 내주하면서 생명과 행동의 원리가 되신다. 이것은 새로운 본성이요 신적인 본성이다. 영혼의 본성이 변화되고 신적인 빛을 받아들인다. 이제 신적인 것들이 탁월하고 아름답고 영광스럽게 보인다. 영혼이 변화되기 전에는 그렇게 보이지 않았다.[115]

에드워즈의 견해처럼, 성령은 내주하면서 생명과 행동의 원리가 될 뿐만 아니라 이러한 원리는 회심 시에 나타난다고 강조한다. 에드워즈는 다른 칼빈주의자들과 마찬가지로 인간이 은혜를 얻는 데 기여할 수 있다는 개념을 거부하면서 은혜의 효과가 가시적이고 행위적인 실체로 나타난다는 점을 강하게 강조했다. 더 나아가 에드워즈는 이러한 가시적이고 행위

---

[115] Edwards, *The Works of Jonathan Edwards: Religious Affection*. vol. 2, 204.

적인 실체가 구원과 회개로 드러나는 것은 하나님의 자기 전달(self-communication)과 외적 자기 재현(self-repetition ad extra)의 궁극적 목적이며, 이것은 하나님 자신의 성향적 본질이 발현(發現)된 결과로 인식하였다.[116]

이와 같이 에드워즈는 믿음의 삶에 대한 전체 일이 삼위일체 하나님 모두와 연계되어 있지만, 성화와 직접적인 관련된 위격은 성령으로 보고 있다. 그는 성부와 성자로부터 나오는 사랑이 성령이라고 하면서 성령이 사랑의 원리로 내주한다고 논증한다.

왜냐하면, 하나님의 영의 본성은 신적인 사랑이기 때문이다. 그 때문에 구원을 얻은 믿음을 소유한 마음에 있는 표지는 성령이 내주하고 있다는 표지라고 보는 것이다.[117] 에드워즈의 이러한 인식은 성령의 임재를 통하여 구원과 구원의 결과에 대한 표지가 교제가 나타난다고 하면서 아래와 같이 설명하고 있다.

> 하나님의 영이 성도들의 마음에 씨앗 또는 생명의 샘으로 거주하면서 자기 자신을 발휘하고 교통하신다. 성령의 달콤하고 신적인 본성이 하나님의 아름다움과 그리스도의 기쁨에 그 영혼이 참여하도록 하며, 성도는 성부와 그의 아들 예수 그리스도와 성령의 교제 또는 참여 가운데서, 참된 친교를 갖는다.[118]

에드워즈는 하나님의 영이 성도들의 마음에 거주하면서 참된 친교를 갖게 하는 원인자로 보고 있다. 에드워즈가 설명하고 있는 구원을 위한 하나

---

[116] Lee, "Grace and Justification by Faith Alone," *The Princeton Companion to Jonathan Edwards*, 130.
[117] Edwards, *The Works of Jonathan Edwards*: Trearise on Grace, vol. 21, 191.
[118] Edwards, *The Works of Jonathan Edwards: Religious Affection*, vol. 2, 201.

님의 초자연적인 원리의 주입은 "영혼 속에 있는 은혜는 영혼 속에서 행동하시면서 자신의 거룩한 본성을 전달하시는 성령"[119]이며 이것은 전적으로 인간 안에 위치하고 계시하시는 성령이다. 그러므로 성령의 내주하고 있다고 표현하는 성령의 위치는 성도와 자연인(신자와 불신자)을 구분하는 결정적인 근원이다.[120] 에드워즈의 성화론에서 성령에 위치에 관한 그의 견해는 로마서 8:9을 주석한 그의 신학적 개념 속에서 더욱 확연히 나타난다.

> 성경은 그리스도의 영을 갖고 있지 못한 자는 결코 그리스도의 사람이 아니라고 분명히 말한다. "누구든지 그리스도의 영이 없으면 그리스도의 사람이 아니라"(롬 8:9). 만일 그리스도의 사람이 아니라면, 확실히 그들은 구원받은 상태에 있지 않다. 자연인 곧 회심하지 못해 구원을 받지 못한 자는 은혜로운 모든 행위가 흘러나오는 원리인 하나님의 영 또는 그리스도의 영을 전혀 갖고 있지 않다. 증명되는 것처럼 성경은 그리스도의 영이 있는 자는 그리스도의 사람이라는 것을 함께 천명하기 때문이다.[121]

에드워즈가 성령의 내재함을 강조하여 구원을 받은 사람과 구원을 받지 못한 사람을 구별하는 이유는 그리스도의 사람임을 밝힐 수 있는 성령의 열매를 요구하고 있기 때문이다. 그는 구원을 얻은 믿음을 가진 사람들이 자기들 안에 내주하시는 하나님의 영을 갖고 있기 때문에 신령한 사람으로 불릴 뿐만 아니라 성령이 그들 속에서 일으키시는 자격, 신앙적 애정, 경험

---

[119] Edwards, *The Works of Jonathan Edwards: Ethical Writings*, vol 8, 332.
[120] 이진락, 『신앙과 감정: 조나단 에드워즈의 신앙적 감정 연구』, 155.
[121] 에드워즈, 『로마서 주석』, 242.

들 역시 신령한 일로 불린다고 강조한다.[122]

예수님의 속죄 사역은 과거에 객관적으로 분명하게 발생했다. 성령은 계속해서 오늘날 종종 우리 자신의 주체 안에서 일하신다. 그리스도는 성령 안에 있고 성령은 그리스도 안에 있다. 성령은 우리가 현재 계속해서 하나님과 함께하는 동행을 위해 우리에게 필요한 것을 제공하신다는 것이다.[123] 구원을 받는 믿음을 소유한 그리스도인들이 필요한 것은 구원을 받은 증거가 절대적으로 필요하다. 에드워즈는 로마서 8:14-16에 대해 아래와 같이 설명하고 있다.

> 본문을 종합하면 바울이 말하는 것이 무엇인지 분명히 드러난다. 말하자면 성령이 우리가 하나님의 자녀라는 것을 우리에게 증언하거나 증명하는 것에 대하여 말할 때 바울이 염두에 두고 있는 것은, 성령이 양자의 영 또는 자녀의 영으로서 우리 안에 거하시고, 우리를 인도하고, 우리가 육체의 아버지에게 하는 대로 하나님께 행하도록 우리를 이끄시는 것에 있다는 것이다. 우리가 자녀라는 것, 우리가 자녀의 영 또는 양자의 영을 갖고 있다는 것, 이것이 바울이 말하는 증언 또는 증명이다. 그리고 양자의 영은 사랑의 영 말고 무엇이겠는가?[124]

에드워즈는 성령이 구원받은 하나님의 자녀 안에 거하고 계신다는 것을 바울의 언급을 통해 강조한다. 에드워즈는 구원을 얻은 은혜란 "다름 아닌 성도의 마음속에 내재하며 역사하는 성령 그 자체"라고 논증한 확실하게

---

[122] 에드워즈, 『로마서 주석』, 242.
[123] 존 M. 프레임, 『조직 신학』, 김진운 역 (서울: 부흥과개혁사, 2017), 946.
[124] 에드워즈, 『로마서 주석』, 256.

논증한다.[125] 또한, 에드워즈는 거듭난 신자 안에서의 성령의 직접적인 임재와 역사는 성령의 효과가 중생한 사람의 자발적인 행위라는 사실과 양립 불가능하지 않다고 주장했다.[126]

에드워즈가 보기에 성령의 임재와 활동은 너무나 실제적이어서 성령의 행위는 거듭난 사람 자신의 자발적 행위이기도 한 것이다.[127] 이러한 양립 기능론적 견해는 성령이 거듭난 사람의 자아에 대해 외적인 행위가 아닌 내적인 행위의 새로운 성향 내지 원리로써 역사한다는 에드워즈의 주장을 전제로 한 것이다.[128] 이상현은 에드워즈가 "성령이 거듭난 사람과 연합되어 있다고 말한다"라고 강조한다. 그리스도의 사랑, 즉 그리스도의 영은 실제로 그들 영혼의 여러 기능과 연합되어 있다. 그래서 성령은 영혼의 기능들이 발휘될 때 온전히 살고 행동하며 자신의 본성을 발휘한다.[129] 그러나 이상현은 성령의 임재와 연합의 의미가 가지고 있는 일반적 규칙에 대하여 에드워즈의 견해를 아래와 같이 설명하고 있다.

> 또한, 일반 규칙은 전혀 성령에게 행동하도록 지시하지 못한다. 성령은 오직 삼위일체 안에서 맺어진 구속의 언약으로 인해, 성경이 증거하고 믿은 영혼이 경험하는 바와 같은 성육신하신 제2위격의 성자 하나님에 대한 응답으로 행하신다. 더구나 일반 법칙과 아무런 관련이 없다 ⋯ 그것은 단지

---

[125] Edwards, *The Works of Jonathan Edwards: Writing on the Trinity, Grace, and Faith*, vol. 21, 192.
[126] Lee, "Grace and Justification by Faith Alone," *The Princeton Companion to Jonathan Edwards*, ed. Sang H. Lee, 130.
[127] Lee, "Grace and Justification by Faith Alone," *The Princeton Companion to Jonathan Edwards*, ed. Sang H. Lee, 133.
[128] Lee, "Grace and Justification by Faith Alone," *The Princeton Companion to Jonathan Edwards*, ed. Sang H. Lee, 130
[129] Lee, "Grace and Justification by Faith Alone," *The Princeton Companion to Jonathan Edwards*, 131.

성령이 거듭난 사람 안에서 실제로 어떤 행동을 할 때 자연스러운 행위 원칙에 따라 행해야 함을 결정할 뿐이다. 그러므로 콘라드 체리(Conard Cherry)나 안리 모리모토(Anri Morimoto) 같은 학자들은 에드워즈에게 있어서 성령은 절대로 인간의 소유로 "길들거나" "양도되지" 않는다는 점을 분명히 지적한다.[130]

위의 언급은 성령의 내주가 인간의 소유가 아니라고 하는 중요한 개념이다. 에드워즈는 거듭난 사람과 성령과의 친밀한 연합에 대해 성령의 위치를 가늠하게 해 주는 "성령의 내주하심"은 이러한 틀에서 이해해야 한다고 했다. 이는 성령이 영혼 안에 거하는 미덕의 중간적 원리로 "변화하거나" 그런 원리를 만들어내기 때문이 아니라, 성령 자신의 직접적 행동이 거듭난 성도 안에서 성령의 행동 방식을 지배하는 일반 법칙에 정확히 부합되기 때문이다.[131]

에드워즈는 이에 대해 "만약 하나님이 성령을 그 영혼에서 거두어 가신다면, 방 안에서 촛불이 없어지면 빛이 사라지듯이 은혜의 모든 성향성과 행동은 즉시 저절로 멈추게 된다"[132]라고 강조한다. 성령의 위치에 대한 에드워즈의 입장은 은혜의 주입으로 더욱 확고히 표현하고 있다. 에드워즈는 『신앙적 애정』에서 은혜에 대하여 아래와 같이 설명하고 있다.

은혜는 마음속에 있는 영광의 씨앗이요 영광의 여명이다. 그러므로 은혜

---

[130] Lee, "Grace and Justification by Faith Alone," *The Princeton Companion to Jonathan Edwards*, 135.
[131] Lee, "Grace and Justification by Faith Alone," *The Princeton Companion to Jonathan Edwards*, 136.
[132] Edwards, *The Works of Jonathan Edwards: Writing on the Trinity, Grace, and Faith*, vol. 21, 196.

는 미래에 받을 기업의 보증이다.

영혼 속에 있는 영생의 시작이나 보증이 영적인 생명이 아니라면 무엇이 겠는가?

그것이 은혜가 아니고 무엇이겠는가?

그리스도께서 택한 자들을 위해서 사신 기업(inheritance)은 성령이다.[133]

에드워즈는 은혜와 성령을 같은 의미로 사용하면서 성령과 마음을 연계하여 성령의 위치를 객관적 입장에서 묘사하고 있다. 성화 과정에서의 본질적인 성령의 위치에 관해 설명하면서 성령은 성화론의 출발점이며 성경이 설명하고 있는 성령의 위치를 객관적 입장에서 묘사하고 있다.

특히, 회심과 변화의 과정, 행위의 모든 과정을 통하여 삶의 변화에서 나타나는 표지들에 대하여 은혜라고 부른다고 할지라도 그 은혜 자체인 성령의 내주가 원인이 됨을 강조하면서 성령의 위치를 성화 과정에 출발점의 핵심으로 보고 있다.[134]

에드워즈에게 있어서 은혜는 성령이고 은혜의 주입은 성령의 내주이다. 그러므로 성령의 위치는 중생과 회개, 사랑과 겸손을 인식하게 하는 본질이며 더 나아가 성화 과정에서 균형을 유발하는 주최이고 과정이며, 결과이기도 하다.[135] 에드워즈는 회심의 실례를 회심을 존재의 본질인 성향과 연계하면서 아래와 같이 설명하고 있다.

> 회심에서 일어나는 모든 것의 첫 번째이자 토대가 되는 가장 중요한 변화는 마음의 기질과 성향과 영혼의 변화다 … 다시 회심에서 일어나는 것은

---

[133] Edwards, *The Works of Jonathan Edwards: Religious Affection*, vol. 2, 236.
[134] 이진락, 『신앙과 감정: 조나단 에드워즈의 신앙적 감정 연구』, 160-161.
[135] 이진락, 『신앙과 감정: 조나단 에드워즈의 신앙적 감정 연구』, 162.

성령을 주시는 것뿐이다. 성령이 인간의 영혼에 내주하셔서 영혼에서 삶과 행동의 새로운 원리가 된다.[136]

에드워즈는 회심을 단순한 애정에서 표시되는 것이 아니라 마음의 기질과 본성인 성향에서 표시되는 개념임을 확고히 한다. 그는 로마서 8:11을 인용하여 그리스도를 죽은 자 가운데서 일으키신 분의 영이 "신자들 안에 거한다"는 것을 지적하면서 이러한 성령의 위치는 그들이 죽은 자 가운데서 일으킴을 받는 이유로 제시된다고 말한다. 의심할 것 없이 하나님은 동일한 영으로 그리스도도 살리셨다. 마찬가지로 성령은 우리를 그리스도와 연합시키기 위해 우리 안에서 내주하신다.[137]

에드워즈는 성령의 내주하심이 인간의 회심에 대한 결과이며, 또한, 변화된 삶과 행동의 원리이다. 이는 또한, 지속적인 인식과 동기를 부여하는 성령의 조명을 통해 성령이 성향적 존재인 인간의 본성 안에 내주하고 계신다는 표지이다. 그는 성령의 내주하심이라고 하는 의미가 성향적 존재의 본질과 연계되어 있으며, 그것을 마음이라고 하는 그 본질 안에 위치하고 있음을 구체적으로 지적한다.

에드워즈의 성화론에서 성령은 성향적 존재의 본성 안에 위치하며, 회심과 성화의 과정이 표지가 될 때 성령의 존재와 위치를 확고히 한다. 달리 말하면, 성령의 존재는 신앙 행위에 기초하여 존재를 표지하며, 성령의 존재 표지는 성령이 목표하는 대상인 존재 본질의 변화를 통해 성령의 내주하심의 위치를 더욱 확고히 드러낸다고 볼 수 있다. 이를 통해 에드워즈는 구원얻는 은혜가 곧 성령 자신의 직접적 행동이라고 하는 주장을 그대

---

[136] Edwards, *The Works of Jonathan Edwards: Sermons and Discourses*, 1723-1729, vol. 14, 362.
[137] 에드워즈, 『로마서 주석』, 244-245.

로 유지하면서 동시에 성령이 거듭난 성도 안에서 새로운 행위 원칙의 역할을 한다고 논지한다.[138]

2) 성화론에서 성령의 역할

에드워즈의 성화론에서 성령의 역할은 무엇보다도 성향적 존재론의 측면에서 보기 때문에 매우 무한하고 지속적이다. 그는 요한복음 16:8 "그가 와서 죄에 대하여 의에 대하여 심판에 대하여 세상을 책망하시리라"를 인용하면서 성령은 구원받는 사람들에게 "그리스도를 받아들여야 할 필요성과 그리스도의 의의 충분성과 심판자, 구원자로서의 그리스도의 권능을 세상에 알도록 했다"라고 지적한다.[139]

에드워즈는 이에 대한 인식을 로마서 8:16의 "성령이 친히 우리의 영과 더불어 우리가 하나님의 자녀인 것을 증언하시나니"에서 아래와 같이 설명하고 있다.

> 하나님의 영은 자연스럽게 우리의 마음속에서 우리가 하나님을 자기 아버지로 보도록 이끌고, 따라서 하나님을 위하여 행동하는 하나님에 대해 자녀로서의 사랑의 움직임과 행사를 우리 마음속에 제공한다. 이렇게 하실 때 하나님은 우리에게 우리 아버지로 자신을 드러 내신다. 이때 영혼은 말하자면 스스로 자신을 하나님의 자녀로 느끼기 때문이다. 영혼의 의심 없이 마음속에 하나님과 자녀다운 연합이 있다는 것을 느낀다. 하나님을 향

---

[138] Lee, "Grace and Justification by Faith Alone," *The Princeton Companion to Jonathan Edwards*, 136.
[139] Edwards, 예수님은 누가복음 6:32에서 이것(자기애)에 대해 말씀하신다: *of Jonathan Edwards: Sermons and Discourses*, 1723-1729, vol. 14, 371.

한 영적이고 거룩한 사랑을 강하게 행사하는 자는 동시에 그것이 자신에게서 나오는 것이 아니라는 것도 알고 있다. 성도가 이 사랑을 자신의 마음속에서 매우 강하게 느낄 때 그것이 하나님에게서 나오는 것임을 자체로 증명한다.[140]

에드워즈는 성령의 역할이 인간의 영혼과 연합하여 거룩한 행동을 하게 하는 본질임을 설명하고 있다. 그는 성도가 마음속에서 거룩한 행동을 하고 싶어하는 것을 강하게 느끼고 있다는 자체가 하나님의 영이 어떤 역할을 하고 계신다는 증거가 된다고 설명한다. 에드워즈는 비록 인간의 본질이 "성향성"이지만 인간의 성화 과정에서 성령의 역할은 주권적이라고 했다.

에드워즈가 위에서 언급한 것처럼 우리가 사랑을 강하게 느낄 때 조차도 그 사랑의 주체가 성령임을 강조한다. 에베소서 3:16에서도 "속사람의 능력을 강하게 하시는" 성령의 역할을 강조한다. 그러므로 성령의 역할은 하나님이 주시는 거룩한 일에 모두 주체임을 알 수 있다. 프레임(Frame)도 에드워즈와 같은 개념에서 성화를 이끌고 가는 성령의 역할을 아래와 같이 설명하고 있다.

> 성화는 하나님의 은혜 사역인데, 이로 말미암아 하나님이 거룩하게 하려고 창세 전에 택하신 자들이 때가 되어 강력한 성령의 역사를 통하여 그리스도의 죽음과 부활의 적용을 받게 하신다. 이렇게 함으로써 하나님의 형상을 좇아 전인이 새롭게 되고, 생명에 이르는 회개의 씨와 그 밖의 구원의 다른 은혜들을 그들의 마음속에 두고, 그 은혜들이 고무되고 증가하

---

[140] 에드워즈, 『로마서 주석』, 259.

강화되어 그들이 점점 더 죄에 대해 죽고 새 생명에 대해 살게 한다.[141]

이러한 믿음의 가능성에 대한 이해에 도달하는 것은 에드워즈에게서도 마찬가지이다.

특히 에드워즈는 "그 개념의 원천은 무엇인가? 무엇이 인간의 능력으로 하여금 그런 개념을 받아들일 수 있게 하는가?"

이러한 질문을 통해 이 방법을 구체화한다. 에드워즈는 이러한 질문에 대한 대답으로 믿음의 내적 가능성에서 찾는다. 그는 믿음의 내적 가능성을 성령을 통한 하나님의 역사로 돌리고 있다.[142] 물론 인식과 지식은 곧 인간의 소유이다. 이러한 인식 행위를 통해서 이미 성도 안에 자리 잡고 있는 체계적인 지식과 구원하는 믿음을 가지고 있는 성도들에게 성령의 거룩한 지식은 필연적 긴장을 만든다.[143]

그러나 에드워즈는 이러한 거룩한 긴장조차도 "성령님의 역할을 자체로 증거가 되고 있다"라고 설명한다. 에드워즈는 인간의 생각, 애정, 의지 행동에서 성령을 "생명의 원리"로 제시할 때 하나님이 인간의 자연적인 능력이나 성향을 넘어서지 않고 인간 안에서 그리고 인간을 통해 하나님이 사역하신다고 생각할 수 있는지를 보여주려 했다.[144]

"하나님이 모두 하시고 인간도 모두 한다"라고 하는 에드워즈의 입장은 흔히 알려진 대로 협동이나 협력의 형태가 아니라 주체를 전적으로 하

---

[141] 프레임, 『조직 신학』, 1002.
[142] Cherry, *The Theology of Jonathan Edwards: A Reappraisal* (Indianapolis: Indiana University Press, 1990), 25.
[143] 본회퍼, 『행위와 존재』, 111.
[144] Edwards, *The Works of Jonathan Edwards: Writing on the Trinity, Grace, and Faith*, vol. 21, 43-45. 맥더모트, 『조나단 에드워즈 신학』, 350-351에서 재인용.

나님께 또는 인간 행위자에게 돌린다. 이것은 행위를 보는 시각(視角)에 달려있다.[145]

에드워즈는 인간 행위의 주체는 인간의 존재 본질을 성향의 관점에서 하나님의 은혜의 이끄심에 반응하는 것으로 보고 있는 개념이다. 그러나 근본적으로 에드워즈는 성령의 역할을 주체로 보는 것에 기초하여 인간의 주체를 그 위에 올려놓고 있다.

칼빈은 "하나님은 그의 택하신 자들 안에서 두 가지로 역사하시는데, 안으로는 그의 성령을 통해서, 밖으로는 그의 말씀을 통해서 역사하신다"고 말했다. 믿음의 내적 가능성인 성령은 말씀화된 성령이며, 믿음의 외적 지향점인 말씀도 성령화된 말씀이다. 그러므로 칼빈 역시 성령의 역할은 신앙 행위의 원리로서 존재할 뿐만 아니라 신앙 행위 그 자체로서 "구원 가운데 나타난 하나님의 지혜"라고 지적한다.[146]

에드워즈는 "하나님과 영적인 교제를 하는 성도들은 성령에 의해서 행동한다. 그들 안에서 행동하는 것은 하나님의 성령이다"라고 강조한다.[147] 에드워즈는 오직 진리로 감동을 한다면 가능하다면 최고조로 청중들의 감정을 끌어 올리고자 했다. 이와 같은 애정의 상승은 애정적인 말뿐만 아니라 애정적인 설교 태도에 의해서도 성취된다고 여겼다. 그래서 에드워즈는 아래와 같이 설교에 대해서도 중요성을 강조하고 있다.

> 종교적으로 위대한 사실들에 대해서 지극히 그의 애정적으로 설교하는 방

---

[145] 맥더모트, 『조나단 에드워즈 신학』, 351.
[146] 체리, 『조나단 에드워즈의 신학』, 94.
[147] Edwards, *Works of Jonathan Edwards*: The Wisdom Displayed in Salvation, VII, vol. 4 (New York: Jonathan Leavitt and John F. Trow, 1843-1844), 70. 체리, 『조나단 에드워즈의 신학』, 94에서 재인용.

식 그 자체가 잘못된 인상을 심어주는 일은 없다고 생각한다. 그와는 반대로 단조롭고 지루하고 냉담한 방식으로 설교하는 것도 더욱 진정한 이해력을 가져다주는 경향이 있다."[148]

에드워즈가 설교 자체의 중요성을 위와 같이 설명했다고 해서 그가 애정적인 말이나 감성적인 설교 태도 그 자체가 믿음을 불러일으키는 것이라고 말하는 것은 아니다. 인간의 설교 능력이 아니라 하나님의 은혜에 의해서만 설교는 하나님의 말씀이 될 수 있다. 이것은 성령으로 역사하시는 하나님의 선물이다.[149] 에드워즈가 설명하는 성령의 역할은 기본적으로 설교 사역뿐만 아니라 진정한 믿음을 가지고 참여하는 모든 사역에 간여하심을 아래와 같이 설명하고 있다.

> 하나님의 백성 가운데 역사하시는 성령은 하나님에 대해 고귀한 생각을 하게 하시며, 그분의 영광과 완전하심을 깨닫게 하신다. 또한 성령은 예수 그리스도의 탁월하심을 깨닫고 경배하게 하시며, 그리스도가 선택하신 자들의 우두머리이시며, 사랑스럽고 귀하신 존재임을 알게 하신다. 성령은 우리 마음에 역사하여 이런 일들을 알게 하심으로써 사도들이 증언한 사랑의 마음을 갖게 하신다 … 성령은 이와 같은 영적 깨달음을 통해 사랑의 마음을 갖게 하실 뿐 아니라, 복음에 기록되어 있으며 그리스도 안에 계시된 하나님의 속성들을 즐겁게 묵상하게 하시며, 하나님과 그리스도를 사모할 수 있는 마음을 주신다. 성령은 우리가 성부와 성자의 임재를 느끼게

---

[148] Sereno E. Dwight, ed. *Works of Jonathan Edwards*: Some thoughts on the Revival, vol.10 (New York: S. Converse, 1829-1830), 158. 체리, 『조나단 에드워즈의 신학』, 104-105에서 재인용.

[149] 체리, 『조나단 에드워즈의 신학』, 105.

하고, 그분들과 교제하며 복종하게 하신다. 성령은 하나님을 기쁘시게 하고 영화롭게 하는 삶을 살도록 도와주신다. 성령은 사람들 사이에 존재하는 다툼을 잠잠케 하시고, 평화와 선한 마음을 갖게 하시며, 친절로 서로를 대하고 복음을 전하고 싶은 간절한 욕망을 갖게 하시며, 하나님의 자녀, 즉 그리스도를 따르는 자들과 기쁨의 교제를 나누게 하신다. 사람들 가운데 이런 일들이 일어났다면, 이는 진리의 성령이 그들 가운데 역사하셨다는 분명한 증거다.[150]

에드워즈가 논지하고 있는 성령의 주권적 역할은 구원에 이르는 믿음을 소유한 사람에게 일어나는 모든 일에 관여하고 있다는 설명이다. 주권적 속성은 "함께 일한다"이다. 말씀 안에 있는 하나님의 임재는 그분의 주권적 선택이며 또한 말씀의 권위를 강조한다.[151] 진정한 믿음을 소유한 사람은 성령의 역할에 대해 이끌림을 당하지만, 존재 본질의 성향으로 인한 본성의 반응은 수동적인 성향 속에서 능동적 성향을 발산하게 되는 것이 성향성의 법칙이며 이를 통해 주권적 속성은 함께 일함을 알 수 있다.

에드워즈는 이 안에서 성령의 역할을 보고 있다. 에드워즈의 성령의 역할에 대한 인식에는 "주입이나 조명"으로 설명된다. 주입이나 조명은 동일한 실체의 두 가지 다른 묘사이다. 구별된 역할은 아니지만, 에드워즈는 성령의 역할 또는 역사의 본질을 설명하기 위해 사용된 단어이다. 그는 거룩한 빛 되신 성령이 "그리스도와 함께 구원으로 가까이 접근하는" 믿음과 상관됨을 설명한다.

---

[150] Edwards, "The Distinguishing Marks of a Work of the Spirit of God," The Works of Jonathan Edwards, ed. Edwards Hickman (Edinburgh, Scotland: Banner of Truth Trust, 1955), 2: 268.
[151] 프레임, 『성경론』, 329.

체리는 에드워즈가 1733년에 "거룩한 조명"에 대한 설교의 끝부분에서 성령의 역할을 아래와 같이 언급한 것을 소개하고 있다.

> 이 빛, 오직 이 빛만이 영혼을 구원으로 인도하는 그리스도에게로 가까이 접근할 수 있도록 인도해 줄 것이다. 그것은 마음을 복음에 복종하게 하고 그 안에 계시된 구원 계획에 대한 적의와 반대를 타파한다. 그것은 마음이 그 기쁜 소식을 포용하고 전적으로 집착하며, 그리스도의 계시 안에서 그를 우리의 구세주로 알게 한다. 그것은 영혼이 그것과 일치하고 조화를 이루게 하며, 온전한 신뢰와 존경심으로 그것을 받아들이게 하며, 온전한 성향과 애정으로 그것에 집착하게 한다. 그리고 그것은 영혼이 그 자신을 온전히 그리스도에게 드릴 수 있도록 만들어 준다.[152]

모든 것을 밝히시는 하나님의 성령은 인간이 믿음 안에서 온전히 반응하는 사람으로 행동하는 가능성을 창조한다. 마음의 조명은 결코 의지력을 배제한 채 인간의 지식 능력에만 영향을 주지는 않는다. 온전한 성향과 애정으로 그 진리를 고수하면서 그러한 판단을 하게 된다.[153]

에드워즈는 때때로 영적인 빛을 구원과 행동에 대한 것으로 인간의 미각에 적용하고 있다. 다른 한편으로 에드워즈는 이러한 성령의 역할을 인간의 정신과 연계하여 인간의 본질이 성령 안에서 신비스럽게 흡수된다고 묘사하지 않았다. 성령의 불변성이 구원받은 사람과 구원받지 못한 사람을 구별하기 때문에 하나님과 인간 본질의 구별은 중요한 개념이다.[154] 왜냐하면, 상상력은 인간의 또 다른 능력이 이러한 성령의 역사에 대한 구분을 혼미하

---

[152] Cherry, *The Theology of Jonathan Edwards: A Reappraisal*, 27.
[153] Cherry, *The Theology of Jonathan Edwards: A Reappraisal*, 27.
[154] Cherry, *The Theology of Jonathan Edwards: A Reappraisal*, 27-28.

게 만들 수 있기 때문이다.

실제로 뉴잉글랜드의 부흥 운동이 최고조에 임했을 때 에드워즈는 인간의 상상력이 주변에서 일어나는 사건들의 흥분과 애정(육체적 감정)에 의해서 쉽게 흔들린다는 사실을 인식하였기 때문이다.[155] 에드워즈는 상상에 의한 조명이 잘못 인식될 가능성에 대해 아래와 같이 논증하고 있다.

> 자연적인 사람들은 그들의 상상력에 대해 생생한 인상을 가지고 있을 것이다. 그러나 빛의 천사로 변할 수 있는 마귀가 외적인 아름다움이나 가시적인 영광이나 또 소리나 말이나 다른 어떤 것들에 대한 상상력을 불러일으켰는지 우리는 결정할 수 없다. 그러나 이와 같은 것들은 영적인 빛보다 훨씬 열등한 본성을 지니고 있다.[156]

에드워즈는 성령의 역할을 조명이라고 하는 개념을 통해 설명을 시도하였다. 은혜를 거룩한 습관의 주입으로 묘사할 때에 에드워즈의 해석은 "말씀"에 대한 그의 해석과 관련해서 읽어야만 한다. 그렇지 않으면 그를 신비주의자로 이해하게 될 것이다.[157] 이에 대해 에드워즈는 신비주의자로 변질되는 것을 피하여 하였다. 에드워즈는 영적 감각에 대한 잘못된 개념을 알리기 위해 『얻어진 경험』(The Experience that counts)이라고 하는 저서에서 잘못 인식된 많은 부분을 나름대로 상세히 지적하고 있다. 그 가운데서 다음의 언급은 성령의 역할을 더욱 실감 나는 존재로 보게 된다. 예수님은 누가복음 6:32에서 이것(자기애)에 대해 말씀하신다.

---

[155] Cherry, *The Theology of Jonathan Edwards: A Reappraisal*, 32. 괄호 안은 연구자가 첨가한 것임.
[156] Cherry, *The Theology of Jonathan Edwards: A Reappraisal*, 32-33.
[157] Cherry, *The Theology of Jonathan Edwards: A Reappraisal*, 33.

> 너희가 만일 너희를 사랑하는 자만을 사랑하면 칭찬받을 것이 무엇이냐 죄인들도 사랑하는 자는 사랑 하느니라(눅 6:32).

진정으로 하나님을 사랑하는 가장 깊은 동기는 지극히 사랑스러우신 하나님의 본질에 있다. 이것만이 우리가 믿을 수 있는 동기이다. 어떤 대상을 사랑하게 되는 가장 큰 이유는 그의 탁월함 때문이다. 하나님의 경우도 마찬가지이다.

하나님의 위대하심과 아름다움을 사랑하지 않는다면 우리가 어떻게 하나님을 올바로 사랑할 수 있단 말인가?

하나님께 얻을 수 있는 유익 때문에 하나님을 사랑하는 사람들은 잘못된 동기로 사랑을 시작한 것이다. 그들은 이기적인 관점으로만 하나님을 보는 것이며 모든 선한 것들과 아름다운 것들의 근본인 영원한 하나님 영광의 진가를 올바로 이해하지 못한 것이다. 자연적으로 우러나오는 자기애는 하나님과 그리스도에 대한 많은 애정을 불러일으키지만, 거기에는 신적 본질의 아름다움과 영광에 대한 이해가 없다. 즉, 자기애는 전적으로 하나님에 대한 이해가 없다. 즉, 자기애는 전적으로 하나님에 대한 자연적인 감사만 있게 할 뿐이므로 하나님에 대한 잘못된 이해를 초래한다. 마치 하나님을 심판의 하나님이 아닌 사랑과 자비의 하나님으로만 이해하거나, 각 사람의 가치 때문에 하나님이 그들을 사랑한다고 착각하는 것처럼 말이다. 이런 것들이 바탕이 될 때, 사람들은 참 하나님에 대한 이해나 사랑 없이 자기 상상 속에 하나님을 믿게 된다.[158]

에드워즈는 자기애를 통한 사랑과 성령의 역할을 통한 사랑을 엄격하게

---

[158] Edwards, *The Experience that Counts*, 81-82.

구별한다. 그는 성령의 역할을 자기애의 사랑에 비교하여 더욱 부각하면서 강조한다. 내재하시는 성령의 역할은 신적 본질의 아름다움과 영광에 대하여 이해하게 하며, 성향적 존재의 본성은 진정으로 하나님을 사랑하는 가장 깊은 동기를 부여받는다. 그뿐만 아니라 성령은 지극히 사랑스러우신 하나님의 본질에서 나오는 모든 선한 것과 아름다운 것의 근본인 영원한 하나님 영광의 진가를 발견하게 한다고 설명한다. 에드워즈는 로마서 8:2을 인용하면서 성령의 총체적인 역할을 아래와 같이 강조하고 있다.

> 이전 구절에서 육신과 영으로 불리는 두 가지 사실이 이 구절에서 "생명의 성령의 법"과 "죄와 사망의 법"으로 불리는데, 이것은 분명히 로마서 7:25에서 우리의 마음의 법은 죄의 법으로 부르는 것과 동일한 개념을 말하는 것이다. 바울은 로마서 8장에서 계속 썩어짐과 은혜를 육신과 영이라는 이름으로 부른다(롬 8:4-9, 12-13). 이 두 원리는 마태복음 26:41에서 동일한 이름으로 불린다. "시험에 들지 않게 깨어 기도하라. 마음(spirit)에는 원이로되 육신(flesh)이 약하도다." 여기서도 로마서 7-8장은 갈라디아서 5장과 마찬가지로, 육신과 영이 동일한 사실을 의도하고 있는 것은 추호도 의심의 여지가 없다 (이 부분에서 육신과 영에 대하여 말하는 사실을 비교해 보라). 또 이 두 원리는 갈라디아서 6:8에서도 동일한 말로 언급된다(육체와 성령). 그리고 이것을 갈라디아서 5:18, 로마서 8:6, 13과 비교해 본다면 동일한 의미를 갖고 있다는 사실을 아무도 의심할 수 없을 것이다.[159]

결론적으로 하나님의 영은 구원 얻은 성도들의 영혼 속에서 생명 원리

---

[159] 에드워즈, 『로마서 주석』, 232.

또는 새 생명의 원리로 거하기 때문에 하나님의 영은 생명의 성령(롬 8:2)과 "살리는" 영(靈)(요 6:63)으로 불린다.[160] 성도들의 마음에 내재하시는 성령의 역할은 비록 우리가 양자의 영혼이 되어 구원받았음에도 불구하고 율법이 육신으로 말미암아 연약하여서 육신을 따르지 않고 그 영(靈)을 따라 행하는 우리에게 율법의 요구가 이루어지게 하려 하시는 것이 성령의 역할이라고 볼 수 있다.

에드워즈의 성화론에서 성령의 역할은 성화의 주체이며 주권자이다. 이 개념은 그가 성향적 존재로 보고 있는 인간의 본성이 성령이 주시는 효과적 은혜에 반응하는 믿음의 표지에서 성령의 역할에 대한 객관적인 신학적 개념이라고 볼 수 있다.

3. 성화론의 주관적 원리

아리스토텔레스와 스콜라주의의 형이상학은 구조를 형상(form)이라는 용어를 사용하여 표현했다. 형상이란 본질적으로 자폐적이고 특정화된 원리를 말한다. 그러나 에드워즈의 존재 구조의 모델은 형상이 아니고 이러한 전통적인 형이상학으로부터 이탈한 관계이다. 형상에서 형태로의 이동이다.

에드워즈는 형태를 현실태의 관계에서 생각하고 있다.[161] 이상현은 에드워즈가 자연을 하나의 성향과 법칙, "어떤 경우에 어떤 행동이 일어날 것이다"라고 하는 것을 하나의 법칙이라고 보고 있다고 강조한다. 성향성

---

[160] 에드워즈, 『로마서 주석』, 233.
[161] 이상현, 『조나단 에드워즈의 철학적 신학』, 124.

은 행동이 일어날 것을 지정한다. 에드워즈는 본질의 성향성과 행동을 일반적인 법칙으로 보기 때문에, 실체(substance)는 "관계"라는 특정한 특성을 통해서 본질의 존재를 드러내고 있다고 보는 것이다.[162]

이렇게 에드워즈의 형이상학 구조가 형태론으로 발전됨에 따라 존재는 관계 속에서만 존재하는 법칙이 도출된다. 이 관계성에서 그는 하나의 개별적인 원자를 특정한 시간과 공간의 지점에서 "저항하는 행위"로 정의한다. 그러므로 모든 저항은 다 관계 안에서의 저항들이며 상호 연관된 관념들이다.[163]

이상현은 에드워즈의 성향적 존재론은 원리일 뿐만 아니라 작용의 원리라고 설명한다. 에드워즈는 성향이 어떤 종류의 실제적 사건이나 행위를 성취하는 목적을 지향하는 경향성이기 때문에 여기에는 참으로 목적론적인 움직임이 존재한다고 설명한다.[164]

그러므로 하나님이 인간의 본질을 "성향적 존재"로 주신 표지에는 관계는 행동이 일어날 것을 지정하면서 관계와 행위를 연결하는 원인자가 존재하고 있음이 확실하다. 그 원인자를 목표라고 보는 것이다. 왜냐하면, 활동하는 모든 존재는 목적을 가지고 있다는 것이 확실하기 때문이다.[165]

인간은 누구나 목적을 가지고 있기 때문에 생각하고 느끼고 판단하고 소망하며, 꿈도 꾼다. 이러한 정신의 활동은 늘 현존하는 목표에 따라 규정되고 지속하며, 수정하고 제약을 받는다.[166] 그뿐만 아니라 인간의 정신은 예견의 필연성을 가지고 있기 때문에 실재하는 것을 지각할 뿐 아니라

---

[162] 이상현, 『조나단 에드워즈의 철학적 신학』, 125.
[163] 이상현, 『조나단 에드워즈의 철학적 신학』, 126.
[164] 이상현, 『조나단 에드워즈의 철학적 신학』, 275-276.
[165] 아들러, 『인간 이해』, 26-28.
[166] 아들러, 『인간 이해』, 26.

미래에 일어날 일을 추측하는 능력도 갖추고 있다. 그래서 어떤 문제가 생기면 우리는 어떻게 행동할 것인지를 미리 생각하고 판단한다.[167]

이렇게 미리 생각하고 판단하는 행위 속에는 이미 어떤 목적을 새롭게 수정하거나 설정을 하고 있는 것은 매우 당연하다. 이상현은 에드워즈가 가지고 있는 성향적 존재론의 개념에는 목적론의 표지가 당연성이라고 아래와 같이 설명하고 있다.

> 성향은 존재론적인 원리일 뿐 아니라 작용의 원리이기도 하므로, 성향의 실행은 존재의 현실태를 가져올 뿐만 아니라 그러한 현실태의 증식을 가져오기도 한다. 동시에, 성향은 또한 목적론적인 원리인데, 그것은 성향이 어떤 종류의 실제적 사건이나 행위를 성취하는 목적을 지향하는 경향성이기 때문이다. 성향이 지향하는 것은 곧 진정한 가능태(a real possibility)이며 이러한 진정한 가능태는 성향이 실천될 때 현실태가 된다. 그리하여 여기에는 참으로 목적론적인 움직임이 있게 되는데 이 움직임은 실질태로부터 충만한 현실태로(from virtuality to full actuality)이행하는 움직임이다 … 에드워즈에게 있어서, 하나님이 자신을 유출하는 것은 목적 지향적인 행위이다.[168]

이상현은 에드워즈의 성향적 존재론의 개념은 행동의 원리와 관계가 있다고 강조한다.[169] 그런데 그러한 행동의 원리는 현실태들이 현실적 관계들과 상관없이 실제로 존재할 수 없다고 여기며, 현실태가 무엇이냐 하는 것뿐만 아니라 존재 자체도 관계들에 의해서 결정된다고 논지한다.

---

[167] 아들러, 『인간 이해』, 65.
[168] 이상현, 『조나단 에드워즈의 철학적 신학』, 275-276.
[169] Edwards, *Religious Affection* (New York: Dover Publication, Inc., 2013), 558.

그뿐만 아니라 진정한 가능태는 성향이 실천될 때 현실태가 되면서 목적론적인 움직임이 이입되며 이를 통해 목적 지향적인 행위가 유출된다고 하는 것이 성향적 존재의 특징이다. 물론 리차드 니버와 폴 틸리히의 지적처럼 인간에게 신앙은 보편적인 관심이기 때문에 인간은 인간의 삶을 가치 있게 하는 것이 무엇인가에 관해 관심을 갖게 된다. 인간은 자신이 사랑하는 것을 사랑하고, 자신에게 가치를 부여해 주는 것에 가치를 부여하며, 자신의 존재를 지탱하는 힘을 소유한 것을 존중하며, 그것에 경의를 표하고 싶어 한다.[170] 그러나 에드워즈는 이러한 보편적인 인간적 관심을 성향성이라고 하는 인간 자신의 본성에 대한 관점에서 아래와 같이 분석하고 있다.

모든 지성적인 존재들은 자신의 행복을 바라고 추구하려는 성향이 있습니다. 그래서 부단히 노력합니다. 사람이 죄를 회개하고 거룩해진다고 해서 그 변화가 자기 행복에 대한 사랑을 하찮게 생각하게 만들지는 않습니다. 오히려 자신을 사랑하고 그 사랑의 영향을 받는 변화를 가져옵니다. 그 변화의 과정은 자기 사랑을 목적으로 유도되고 있습니다 … 만일 자기의 행복을 사랑하는 것이 거룩하여 짐에 따라 감소한다면, 성화는 행복 자체를 감소시키는 것이 될 것입니다. 어떤 사람이든지 행복을 사랑하는 것이 적을수록, 행복을 위해 하는 수고도 적을 것입니다. 그럴수록 행복은 감소하는 결과를 초래할 것입니다. … 저는 다음과 같은 논리를 말씀 드리겠습니다. 둘째로 과도한 사랑은 "부패한 자기 사랑"에서 나옵니다. 그것은 두 가지 요소가 있습니다. "상대적으로 너무 지나치게 되는" 경우요, 그 다음

---

[170] 파울러, 『신앙의 발달 단계』, 29.

은 그것이 "자신에게만 국한되는" 경우입니다.[171]

에드워즈는 위에서 니버와 틸리히의 보편적 사랑의 가치관을 부패한 자기사랑과 연계하고 있다. 에드워즈는 그는 이러한 보편적 사랑은 인간 존재의 본질인 부패한 성향에 의해 그 목적도 교육적 목적으로 표지 된다고 강조한다.

그러므로 그리스도인들의 성향적 존재는 하나님이 주신 은혜에 기초해서 자신과 주위, 그리고 전체와의 관계를 기초로 해서 인식된 기초 위에서 목적을 유발하며 행위로 옮겨지고 있음을 알게 한다. 그것은 하나님의 성향성 법칙에 의해 창조된 것이며, 현실태의 창조는 특정한 시간과 공간에서 하나님에 의해 저항을 일으키게 될 법칙들의 연계를 확립하는 것은 물론 동시에 하나님에 의해 계속 유지되는 것이다.[172]

에드워즈가 하나님에 의해 계속 유지되고 있다고 보는 개념은 하나님이 구원얻은 믿음을 소유한 그리스도인들에게 필연적 결과를 도출하는 은혜와 거룩한 행동이나 실천의 원리 속에서 세워진 논지이다.

이것에 대하여 에드워즈는 아래와 같이 견해를 말하고 있다.

> 마음속에 있는 은혜의 경향은 실천을 지향한다. 은혜와 실천의 연결은 매우 자연스럽고 필연적이다. 참된 은혜는 비활동적인 것이 아니다. 이 세상에서 이것보다 더 활동적인 본성을 가진 것은 없다. 왜냐하면, 이것은 생명 그 자체이며 가장 활동적인 종류의 생명이며 더 나아가서 영적이고 신적인 생명이기 때문이다. 이 은혜는 열매 없는 메마른 것이 아니다. 본성상 은혜보

---

[171] Edwards, *Charity and Its Fruits*, 78.
[172] 이상현, 『조나단 에드워즈의 철학적 신학』, 127-128.

다 열매를 맺고자 하는 경향이 더 큰 것은 이 세상에는 결코 없다. 마음속에 있는 경건은 실천과 직접적인 관계가 있다. 그것은 샘이 물줄기와 관계있는 것과 같고, 태양 빛의 본성이 비친 광성들과 관계있는 것과 같고, 생명이 호흡이나 맥박과 관계있는 것과 같고, 경향성이나 행동의 원리가 행동과 관계있는 것과 같다. 왜냐하면, 그것은 은혜의 본질이며 또한 개념이고, 그것이 거룩한 행동이나 실천의 원리이기 때문이다.[173]

에드워즈는 성령 하나님이 인간에게 주신 은혜의 경향이 실천을 지향한다고 논지한다. 경향의 원리가 행동과 관계하고 있기 때문에, 은혜의 경향은 거룩한 행동이나 실천의 원리이다. 이것은 생명 그 자체이기 때문에 마치 호흡을 요구하는 생명처럼 실천을 요구한다고 그는 강조한다. 성화론의 주관적 개념은 하나님이 개입하셔서 주권을 가지고 이끄시며, 그 가운데서 성령의 개입은 필연적이며 그분의 보호와 이끄심 안에서 인간의 주관성이 허락된다. 주권적 속성은 함께 일한다. 하나님이 주체하시며 우리도 최선을 다한다고 하는 에드워즈의 신학적 개념은 성향의 존재론에 기초해서 성령 하나님의 주권적 개념에서 이해되어야 한다. 이것은 성향적 존재론에서 인간의 주관적 행위를 이해할 때 얻을 수 있는 것이다.

성화론의 주관적 개념은 하나님이 주체이고 그분이 최선을 다하지만 우리도 최선을 다한다고 하는 것은 성향적 존재의 관계론에서 나타나는 구조적 개념이다. 하나님이 주시는 은혜를 받는 입장인 인간의 정신은 수동적이다. 그러나 성향적 본성은 은혜의 성향적 반응이 요구되며 현실태가 요구하는 관계 속에서 필연적으로 능동적으로 표지되는 개념이라고 볼 수 있다.

---

[173] Edwards, *Religious Affection*, 558.

에드워즈는 그리스도인에게 거룩한 실천을 요구하는 필연성은 목적을 유발하며 이 목적은 관계론적 인식에 기초해서 각각 그 유형을 달리하게 된다고 보고 있다.

에드워즈는 모든 사물의 관계에는 세 가지의 차원이 있다고 보고 있다.

> **첫째**, 현실태가 그 자체에게 가지는(자기 긍정 또는 자기 보존을 의미하는) 관계와 내적부분들 간의 관계가 있다.
> **둘째**, 다른 현실태와의 관계성이 있다.
> **셋째**, 전체에 대해 또는 전체의 법칙에 대해 가지는 관계성이 있다.[174]

이는 에드워즈의 논지를 바탕으로 중생한 사람이 가지고 있는 지식과 보통 사람들이 가지고 있는 지식을 대조하면서 "이러한 정신적인 바탕이 없이 인간의 이성적 사고는 모든 사물을 그들 자신의 참된 관계 속에서, 다른 사람과의 관계 속에서, 그리고 사물들 전체와 관련하여 볼 수 있는 능력을 결코 가질 수 없다"고 강조한다.[175]

그러므로 에드워즈에게서 주관적 원리는 성향적 존재의 본질이 관계론의 인식에 기초해서 형성되는 목적과 행위이다. 이러한 개념은 자신이 자신을 인식하는 과정에서 성령의 개입과 주체를 인식하여 얻어진 개념이며, 더 나아가 성령의 주체적 이끄심을 통해 인식되는 삼중 관계론이다. 성향적 존재인 인간은 성령의 이끄심에 의해 행위 중의 행위인 사랑의 행위가 적극적 실천으로 진행되는 것은 필연이라고 보는 것이다.

이에 대해 에베소서 4:3은 "성령의 하나 되게 하신 것을 힘써 지키라"

---

[174] 이상현, 『조나단 에드워즈의 철학적 신학』, 129-130.
[175] 이상현, 『조나단 에드워즈의 철학적 신학』, 130.

고 한 명령은 성령이 주체하셔서 형성된 삼중 관계를 함의한다.[176] 그 결과 인간은 성령의 이끄심에 의해서 형성된 관계론적 인식에 기초해서 내면적 목적과 표면적 행위의 주관적 표지를 발산한다고 볼 수 있다.

특히, 그리스도인에게 거룩한 실천을 요구하는 필연성에서 돌출하는 거룩한 욕구는 인간의 목적이며 이 목적은 관계론적 인식에 기초해서 각각 유형의 행위를 다르게 표지 한다.

1) 자신과 자신과의 관계론적 인식에 기초한 목적과 행위

에드워즈는 "나는 갓 그리스도인이 되었을 때 내 마음속에 남아있는 악과 교만과 위선과 기만이 헤아릴 수 없을 정도로 크게 심각하다는 사실에 내가 얼마나 무지했던가를 생각하면 충격에 휩싸인다"[177]라고 고백했다. 에드워즈는 하나님을 알아가고 있는 존재의 본질(자기 자신)을 통하여 자신에 대한 관계를 인식하고 있음을 아래와 같이 고백하고 있다.

> 나는 회심한 이후 2-3년 동안 더 지속적인 기쁨과 즐거움 속에서 생활했기 때문에, 몇 가지 측면에서는 지금의 자신보다 훨씬 나은 그리스도인이었다는 생각이 든다. 그렇지만 근년에 와서 나는 하나님의 절대 주권에 대해 더 온전하고 지속적인 깨달음을 얻었고 그 주권을 크게 즐거워한다. 또한, 나는 복음에 계시가 된 대로 중보자이신 예수님의 영광에 대한 깨달음도 더 많이 얻었다.[178]

---

[176] 심민수, "성경적 교회론 세미나 강의 노트" (Midwestern Baptist Theological Seminary, 2017), 15.

[177] Jonathan Edwards, *Works of Jonathan Edwards: Letters and Personal Writings*, 17 (New Haven: Yale University Press, 1957-) vol. 16., 803.

[178] Edwards, *Works of Jonathan Edwards: Letters and Personal Writings*, 803.

에드워즈는 인간은 자신을 스스로 돌아보고 반성할 수 있는 존재라고 말한다. 그는 하나님께서 다른 피조물에게는 없는 성찰 능력을 우리에게 주신 것도 이와 같은 까닭이며 인간은 자신의 행위와 마음의 생각을 점검하여 그 본질과 속성을 이해할 수 있다는 점에서 이성(理性)이 없는 동물과 분명히 구별된다고 강조한다.[179]

그 때문에 에드워즈는 이런 기쁨과 즐거움의 많은 부분이 거룩성을 가장한 육체적 측면에서 나온 것임을 깨닫게 되었다는 것을 지적하면서 그러한 즐거움은 오직 하나님으로부터 오는 기쁨과 즐거움과 다르다고 지적한다. 그래서 자신이 죄의 길을 행하는지 살필 수 있다고 강조한다.

그 때문에 그가 기록한 자신에 대한 성찰은 세 가지 관계론의 형태에서 가장 기초적이며, 더 나아가 주위와 전체와의 관계를 인식하는 데에 귀중한 자료가 될 수 있다고 본다. 에드워즈는 자신과 자신과의 관계론에 대해 매우 기초적인 인식을 할 수 있는 개념을 아래와 같이 기록하고 있다.

> 최근에 나는 내가 하나님의 은혜와 능력에 완전하고도 크게 의존한다는 사실에 대하여 과거에 그랬던 것보다 훨씬 절실하게 느낀다. 또한 나는 나 자신의 의가 혐오스러움을 더 많이 경험했다. 나는 내 마음속에서 발생하는 무슨 위안이나 기쁨에 대한 생각, 나 자신의 다정함, 혹은 나의 무슨 선행이나 경험, 혹은 마음이나 생활의 무슨 선함에 대한 어떤 고찰이나 반성도 나에게는 역겹고 혐오스럽다. 그렇지만 나는 오만하고 자신을 의롭게 여기는 마음 때문에 크게 괴로워하는데, 이런 괴로움은 내가 예전에 그랬던 것보다 훨씬 두드러진다.[180]

---

[179] 조나단 에드워즈, 『조나단 에드워즈의 점검』, 김재권 역 (서울: 생명의말씀사, 2018), 40.
[180] Edwards, *Works of Jonathan Edwards: Letters and Personal Writings*, 803.

에드워즈는 자신이 자신의 행위를 판단하고 자신의 마음까지도 점검할 수 있는 점에 대해 언급하면서 자신과 자신과의 본질적이며 관계적인 구조를 드러낸다. 그는 자신과 자신과의 관계 속에서 인간 존재의 본질적인 구조를 법칙들과의 연계로써 생각하였다.[181] 사실 인식론은 자아(自我)가 자신을 이해하려는 시도이다. 자아는 자기 자신을 반성하고, 자아와 자아 자신을 서로 분리하며, 다시 이 둘을 서로 관계시킨다. 이것은 초월철학자들의 기본 입장이다.[182]

사고는 그 어떠한 것에 의해서도 절대적인 것을 자기 자신 안으로 끌어들이거나 자신의 자아를 통제하도록 강요받을 수 없다. 그러나 사고는 단지 자유롭게 존재하기 위해서 초월과의 연관성 속에서 - 항상 자신이 그 어떤 것과의 연관 속에 있기 때문에 - 자신의 자아를 통제하지 못하는 것에 만족할 수도 있다. 이때 사고는 자유로운 사고의 행위가 된다.[193] 에드워즈에게서 이러한 자유로운 사고의 행위는 인간 자아의 두 가지 우선적 기능인 이해력(인지)과 성향(의향)이다. 특히, 성향(의향)이란 영혼이 사람들을 지각하고 볼 뿐만 아니라, 보고 관찰하는 사물들에 관해 어떤 성향(의향)을 가지는 것이다. 즉, 성향(의향)에 의해 사람은 "기뻐해지기도 하고 불쾌해지기도 한다."

이런 두 가지의 능력이 기능하는 방향과 형태는 근본적인 성향들 및 본성의 원리에 의해 결정된다.[184] 또한 자유로운 사고의 행위 속에서 에드워즈는 하나님이 고정하신 자연의 법칙에 의해 인간 존재는 이차적인 미(美)를 알고 사랑할 수 있게 된다는 개념을 가지고 있으며, 인간들은 그들 스

---

[181] 이상현, 『조나단 에드워즈의 철학적 신학』, 134.
[182] 본회퍼, 『행위와 존재』, 33.
[183] 본회퍼, 『행위와 존재』, 40.
[184] 이상현, 『조나단 에드워즈의 철학적 신학』, 134-135.

스로와 다른 것들을 하나님의 미(美)와의 관계 속에서만 알 때 진실을 알고 사랑하게 된다고 한다.[185]

그러므로 에드워즈가 가지고 있는 자신과 자신과의 관계 개념은 하나님과의 관계 속에서 도출되는 개념이며, 이러한 하나님과의 관계 속에서 자신이 가치 있다고 생각할 성향(의향)을 가진 것을 가치 있다고 생각할 수 있는 능력에서 시작된다.[186] 이 능력은 자신의 인식 구조를 통하여 구원하는 믿음이 자신에게 있는가를 인식하게 함으로써 하나님과 관계 안에서만 자신과 자신의 관계를 이해할 수 있는 본질의 성향이라고 볼 수 있다.

따라서 그리스도인은 묵상과 회개(고후 7:10), 감사와 기쁨(살전 5:16-18), 평안(요 14: 27) 등 다양한 신앙적 감정의 내적 지각을 통하여 자신과 자신과의 관계적 인식에 기초해서 거룩한 행위를 실천하고자 하는 욕망(목적)이 존재하며 실천(행위)을 통해 구원에 이르는 믿음을 소유한 자신을 인지하게 될 수 있다고 본다.[187]

자아(自我)는 자기 자신을 반성하고, 자아와 자기자신을 서로 분리하며, 그리고 다시 이 둘을 서로 관계시킨다.[188] 그 때문에 에드워즈는 "인간은 자신이 스스로를 돌아보고 반성할 수 있는 존재"라고 논지한다.[189] 그러므로 어떤 사물의 움직임을 묘사하는 법칙들은 그 물체의 본질적인 정의를 만들어낸다.[190] 이러한 물체의 본질적인 인식론은 자아가 자신을 이해하려는 시도이다. 실제로 우리는 눈에 보이는 행동이나 보이지 않는 내면에서

---

[185] 이상현, 『조나단 에드워즈의 철학적 신학』, 135.
[186] 이상현, 『조나단 에드워즈의 철학적 신학』, 135.
[187] 스톰즈, 『우리 세대를 위한 조나단 에드워즈 신앙 감정론』, 58-60.
[188] 본회퍼, 『존재와 행위』, 33.
[189] 에드워즈, 『조나단 에드워즈의 점검』, 41.
[190] Edwards, *The Works of Jonathan Edwards: Scientific and Philosophical Writings*. vol. 6, 391-392.

일어나는 일들을 모두 즉각적으로 인식할 수는 있다.

그러나 모든 면에서 우리 자신을 완전히 알기란 매우 어려운 일이다. 그래서 에드워즈는 우리 행동의 동기와 마음속의 은밀한 일들을 직면하기 위해 노력해야 한다고 강조한다.[191] 그 때문에 에드워즈는 자신에 대한 통찰 속에서 하나님의 간섭을 적극적으로 요청한다. 그는 시편 139:23, 24을 인용하면서 하나님이 자신을 시험하사 자신의 뜻을 살피고 자신에게 무슨 악한 행위가 있나 확인해 달라고 요청하는 다윗의 요청이 자기 스스로 죄를 깨닫게 해 달라는 의미를 담고 있다고 설명한다.[192]

에드워즈는 그리스도인들이 자신과 자신과의 관계를 통해 죄를 깨닫지 못하는 원인을 아래와 같이 설명하고 있다.

> 앞서 나는 인간의 본성에는 죄에 대한 경향이 있고, 죄는 사람 안에 있어서나 사람이 행할 수 있다고 흔히 가정되는 모든 선의 가치와 공로를 무한히 능가함을 보인 바 있다. 이제 나는 더 나아가 이렇게 말한다. 현 상태의 인간 본성에는 어느 때나, 생애 내내, 그리고 죄가 가장 적을 때도 의로움보다 죄가 훨씬 많고, 인간의 마음과 실천이 하나님의 율법과 자연과 이성의 법에 일치하고 따르기보다 불일치하는 그런 통탄할 만한 결과를 초래하는 경향이 있는데, 가치와 경중에 있어서만 아니라 양과 정도에서도 그러하다.[193]

에드워즈는 인간의 본성에는 죄에 대한 경향이 있음을 통해 하나님의 율법을 실천하지 못하는 원인이라고 지적하면서 인간 본성의 존재에 죄의

---

[191] 에드워즈, 『조나단 에드워즈의 점검』, 41.
[192] 에드워즈, 『조나단 에드워즈의 점검』, 14.
[193] 에드워즈, 『원죄론』, 196.

성향이 있음을 부각한다. 에드워즈는 인간은 악한 행위에 강하게 끌리는 성향을 가지고 있지만, 양심의 가책도 느끼고 있음에도 불구하고 정욕에 지배된 인간은 육신 적인 판단에 치우치게 되고 자기 행위를 정당화하려고 나름의 논리를 펼친다고 강조한다.[194] 에드워즈는 죄의 성향이 있는 마음의 성향에 대해 아래와 같이 설명하고 있다.

> 죄는 속이는 성질을 띠고 있으며 죄의 지배를 받으면 마음의 성향과 의지가 속박되어 판단이 흐려지게 됩니다. 정욕에 사로잡히면 생각이 왜곡되어 정욕이 이끄는 대로 끌려갈 수밖에 없습니다. 죄는 인간의 의지와 가치관까지 장악합니다. 마음이 죄에 물들고 의지가 잠식된 사람은 죄가 즐거워 보이고, 생각까지 오염되어 죄를 옳은 것으로 간주하기에 이릅니다. 정욕이 인간을 지배하면 그릇된 행동을 부추기고, 의지를 사로잡은 후에는 세계관까지 뒤틀리기 마련입니다. 사람이 죄의 길을 걸어가게 되면 그 생각은 어두워집니다. 그래서 죄가 넘칠수록 점차 왜곡되어 그릇된 판단을 하게 됩니다.[195]

에드워즈는 죄의 성향을 가지고 있는 본성을 지적하면서 그리스도인들에게는 자신의 본성이 죄에 대한 본성을 알게 하는 능력이 있음을 강조한다. 에드워즈는 고린도후서 13:5을 인용한다.

> **너희는 믿음 안에 있는가 너희 자신을 시험하고 너희 자신을 확증하라. 예수 그리스도께서 너희 안에 계신 줄을 너희가 스스로 알지 못하느냐 그렇**

---

[194] 에드워즈, 『조나단 에드워즈의 점검』, 28.
[195] 에드워즈, 『조나단 에드워즈의 점검』, 27-28.

지 않으면 너희는 버림받은 자니라(고후 13:5).[196]

에드워즈는 그리스도인이라고 자처하는 사람들이 거룩하지 못한 행위를 보이는 것은 자신의 본성 안에 그리스도가 계심에 대한 경각심과 함께 성령과의 관계를 도출시키는 중요한 부분이라고 볼 수 있다. 에드워즈는 그리스도인 자신의 본성은 스스로 본성 자신이 성령에 이끌림을 받고 있는지 혹은 아닌지를 확인해야 한다고 설명한다. 특히, 하나님의 말씀은 자신을 똑바로 직면할 수 있게 하는 거울임을 강조하면서 하나님의 말씀을 읽거나 들으면서 자신의 인격과 행위가 그 말씀에 적합한지 점검할 수 있다고 지적한다.[197]

에드워즈가 강조하는 자신과 자신과의 관계는 성령과의 관계에 기초한 심중 관계에서 인식된 개념이며, 이를 알지 못할 때는 버림받은 사임을 지적하고 있다. 그는 인간 존재의 본질을 성향적 존재로 보기 때문에 성향의 과정에서는 자신과 자신과의 관계를 성령에 내재하심에 기초해서 볼 수 있는 관계로 확장한다.

에드워즈가 자신의 행위를 살펴보면서 자신을 성찰하는 능력이 인간에게 있음을 지적하고 있는 것은 자신과 자신과의 관계들을 인식하는 데 성화론에서 필연적인 인식 개념임을 아래와 같이 설명하고 있다.

> 당신이 거룩하신 예수님의 제자라면 그에 어울리는 삶을 살고 있는지 스스로 돌아봐야 합니다.
> 하나님의 빛을 거스르는 일은 없습니까?

---

[196] 에드워즈, 『조나단 에드워즈의 점검』, 17.
[197] 에드워즈, 『조나단 에드워즈의 점검』, 41-42.

그분의 계명을 잊고 살지는 않았습니까?
온밀히 정욕을 채우는 행동이나 생각들을 일삼지는 않습니까?
이미 알고 있는 죄는 반복해서 짓지는 않습니까?
우리는 하나님께서 의롭게 여기실 수 없는 행동이나 습관이 있는지 점검해야 합니다. 율법적 의무와 원리를 잘못 생각하여 도리어 죄를 짓지는 않는지, 그리스도인에게 어울리지 않는 행동을 하지는 않는지, 그래서 하나님의 진노를 초래하진 않았는지 주의 깊게 살피고 신앙고백에 합당한 삶을 살아야 합니다.[198]

에드워즈는 자신이 자신을 성찰하면서 성화의 과정을 밟고 있는 그리스도인들에게 질문하고 설명한다. 그는 그리스도인 자신이 자신의 삶을 하나님의 빛에 기초해서 확인하고 행동하는 표지를 통해 신앙이 있음(성령의 내재하심)을 고백하는 표지를 요청한다.

> 오직 너희는 스스로 삼가며(신 4:9),
> 명령과 증거와 규례를 삼가 지키며(신 4:15),
> 더욱 네 마음을 지키며(신 6:17; 잠 4:23),
> 스스로 조심하며(눅 21:34; 엡 5:15).[199]

에드워즈는 우리가 신중하고 조심스럽게 하나님의 뜻을 알고 자신의 본성을 지켜봄으로 인해서 변화의 길을 가야 함을 요구하고 있다. 이와 같이 성령의 임재를 통해서 인식할 수 있는 자신과의 관계 인식은 주체가 성령

---

[198] 에드워즈, 『조나단 에드워즈의 점검』, 19.
[199] 에드워즈, 『조나단 에드워즈의 점검』, 20.

하나님이심을 통하여 내부적으로 일어나는 거룩한 요구와 외적인 행위로 표지가 될 때 믿음의 존재를 드러낸다고 볼 수 있다.

에드워즈의 성화론은 관계론에서 성령의 내주하심이 필연적임에도 그리스도인 조차도 죄를 지을 수밖에 없다고 아래와 같이 설명하고 있다.

> 인간은 죄를 지으려는 본능을 타고났습니다. 돌이 무게 때문에 아래로 떨어지려는 성질이 있는 것처럼 우리 영혼도 죄에 빠지려는 자연스러운 성질을 지닙니다. 복음을 받아들인 사람이라고 해도 여전히 죄악의 길로 달려가려는 본성이 남아있을 것입니다. 그리스도를 영접한 순간 죄가 이미 죽었지만, 우리가 이 세상을 떠나기 전까지는 죄와 사망의 몸을 입고 있기 때문에 끝까지 죄의 본성과 싸워야 합니다. 인간은 온갖 종류의 정욕을 지니고 있으며 그릇된 길로 빠지려는 성향이 매우 강력합니다. 이러한 습성 때문에 자기 자신을 항상 엄격하게 살피지 않으면 본능처럼 또다시 죄를 지을 수밖에 없습니다.[200]

에드워즈는 자신의 본질이 성향적 존재이면서 죄의 본성이 개입되어 있다는 것을 인식해야 한다고 강조한다. 이러한 인식은 자신이 자신을 인식하는 과정에서 성령의 개입과 주관을 통한 삼중 관계에서 얻을 수 있는 이해이며, 동시에 성령의 주체적 이끄심을 통해 행위의 적극적 실천이 요구되는 것이다. 행위는 존재의 표징으로 연계되며 이를 기초로 하여 에드워즈는 관계론의 출발이 성령 하나님이 자신과 자신과의 관계를 인식하게 하시는 은혜이다. 에드워즈는 자신과 자신과의 관계에서 성령 하나님이 거룩함에 대한 인식을 갖게 한다고 하면서 아래와 같이 설명하고 있다.

---

[200] 에드워즈, 『조나단 에드워즈의 점검』, 24.

많은 사람이 구원에 이르기 위한 거룩함의 필요성에 대해 충분히 알지 못하고 있다 … 거룩함이란 무엇인가?
거룩함은 마음과 삶을 하나님께 순종시키는 것이다. 사람이 아무리 겉으로의 행동으로 거룩한 척할지라도, 만약 그것이 가장 내면에서, 그리고 그 안의 마음에서 우러나오는 신실한 거룩함으로부터 나오는 것이 아니라면 그것은 아무것도 아니다.[201]

에드워즈가 추구하고 가지고 있었던 거룩함은 성령의 이끄심을 당하고 있는 존재들의 깊은 내면에 존재하는 성령과의 관계에서 출발한다. 이것은 성령의 존재를 표지할 뿐만 아니라 성령이 관계하고 있는 존재의 대상에게 행위의 필연성이 요구되는 것이다. 성령의 주체는 그리스도인에게서 자신과 자신과의 관계에 기초해서 표지가 되는 거룩함의 필요성이다.

특히, 이 필요성은 예배 욕구를 품은 새로워진 그리스도의 형상과 하나님을 즐거워하고 사람들에게 그분을 들어냄으로써 그분을 영화롭게 하고자 하는 욕구로 타의 추종을 불허하는 잠재력이 있다.[202] 에드워즈는 이러한 개념과 인식을 젊은이들이 가지고 있는 육신적인 욕구와 비교하며 아래와 같이 설명하고 있다.

참된 신앙과 덕의 삶은 거룩한 사랑의 삶이며 하나님을 향한 사랑의 삶인데, 그 사랑은 이 세상의 어떤 사랑보다 더 큰 즐거움을 준다. 사랑의 삶은 이 세상에서 가장 달콤한 삶이며, 다른 어떤 사랑도 하나님에 대한 사랑과 같은 즐거움을 줄 수 없다 … 젊은이들은 신앙과 덕의 길을 걸음으로써 욕

---

[201] Edwards, *The Works of Jonathan Edwards: Sermons and Discourses*, 1720-1723. vol. 10, 471-472.
[202] 래리 크랩, 『영혼을 세우는 관계의 공동체』, 김명희 역 (서울: IVP, 2013), 169.

구에 대한 가장 달콤한 만족감을 얻을 것이다. 그것은 세속적이거나 육신적인 욕구가 아니라 더욱 탁월하고 영적이고 거룩한 욕구이며, 거룩한 갈망과 경향이다.[203]

에드워즈는 성령의 주체를 통해 관계적 인식을 가지고 존재와 행위의 표지에서 자신이 자신을 알 수 있는 가장 선명한 표지는 사랑에 기초해서 나타나는 거룩한 욕구이며 그것은 갈망과 경향이라고 했다. 체리는 에드워즈가 "성경은 여러 곳에서 그리스도인의 사랑에 대해 말하고 있다. 마치 그것이 그들 안에 있는 하나님의 성령과 동일한 것이거나 또는 적어도 영혼 속에서 이루어지는 성령의 자연스러운 호흡과 활동인 것처럼 말하고 있다"[204]라고 강조한 것을 소개한다.

에드워즈는 성령의 활동이 관계론의 주체이며 원리로 보고 있으며 자신과 자신과의 관계는 성령이 주신 사랑이라고 하는 거룩한 갈망과 경향의 표지를 표현한다고 강조한다. 그는 성령 하나님의 주체를 통해 삼중 관계에 있는 성도들은 자신의 내부에서 거룩한 갈망과 경향을 통해 자신과 자신의 관계를 표지하는 행위가 나타나면서 성화의 실질적 존재를 성령이 주체하심 가운데 허락하시는 자신의 주관적 성화에서 사랑이 표지가 되어야 함을 요청하고 있다고 볼 수 있다. 에드워즈는 이러한 거룩한 욕구(목적)와 행위를 성화의 원리로 판단하고 있다.

---

[203] Edwards, *The Work of Jonathan Edwards: Sermons and Discourses*, 1734-1738. Youth and the Pleasures of Piety. Vol. 19. 83-85.
[204] A. B. Grosart, ed. *Treatise on Grace, Edwards*의 발표 안 된 글들로부터 발췌된 것들 (Edinburgh: Ballantyne and Co., 1865), 55. 체리, 『조나단 에드워즈의 신학』, 84에서 재인용.

2) 자신과 주위와의 관계론적 인식에 기초한 목적과 행위

오늘날은 인간의 의지가 자유롭지 못하다는 의견이 우세한 것 같다. 왜냐하면, 인간의 의지가 목표에 집착하는 한 자유롭지 못하기 때문이다. 특히, 목표가 사회적 관계나 생물학적인 제약에 의해 규정되면 의지는 더욱 자유롭지 못하다는 것이다. 그러나 누군가가 공동체와의 관계를 부정하거나 그에 맞서 현실을 거부한다면 문제는 달라져 보일 수도 있다.[205]

그런데도 의지가 자유성을 가지고 있는 것처럼 보일지라도 그의 의지는 여전히 자신의 성향적 본질과 연관된 목표에 구속당하고 있다. 비록 어떤 특정한 동기에 의해 행동이 변화된다고 할지라도 자신이 가지고 있는 생각의 틀이나 습관 같은 틀 안에서 제공되는 목표에서 벗어날 수 없다는 뜻이다.

결국, 많은 사람이 자신의 목표를 명확하게 의지하지 못한다고 할지라도 그 사람의 행동으로부터 그가 추구하는 목표를 추론해 낼 수 있다는 것이다.[206] 이러한 저항들(존재들)과 저항들의 성질 및 형태(manner)들은 다른 저항들과 그들의 성격과의 관계 속에서 보지 않으면 우리가 그것들에 관해 생각하는 것도 불가능하다.[207]

에드워즈는 그리스도인들이 가지고 있는 관계 속에서의 인식론은 다르다고 말한다. 에드워즈는 구원받은 그리스도인의 목적과 행위는 주위와의 관계 속에서 도출되고 있다. 에드워즈가 자신과 주위와의 관계를 강조하는 것은 성령의 주체에 대한 인식 때문에 더욱 논리적이다.

에드워즈가 가지고 있는 관계의 인식론은 성령이 주체가 되며, 자신과

---

[205] 아들러, 『인간 이해』, 28.
[206] 아들러, 『인간 이해』, 28-29.
[207] 이상현, 『조나단 에드워즈의 철학적 신학』, 128.

주위와 관계 속에서 성령이 함께 관계하고 있는 삼중 관계론의 인식이다. 성령이 주체하는 과정에서 성령은 표지중의 표지인 사랑을 강조하고 있기 때문이다. 에드워즈는 성화의 과정에서 표현되는 중요한 표지로서 사랑을 강조하고 있다.

사도 바울 역시 고린도전서 13:4-7에서 사랑의 능동적 측면을 강조했다. 사랑은 이웃에게 먼저 나아가서 사귐을 갖고, 그들의 필요와 관심을 파악하여 필요한 순간에 적절한 방법으로 도움을 베푸는 것이다.[208] 이러한 믿음의 행동은 먼저 자신에게 구원에 이르는 믿음이 성령에 주체를 통해 자신에게 존재하고 있는 것을 알게 하는 것이다. 다른 사람과의 저항들(존재들)과 그 관계 속에서 도출되는 성향의 어떤 모습을 통해 구원에 이르는 믿음의 존재를 알 수 있으며, 관계적 존재와의 연계 속에서 사랑이 나다남을 통하여 믿음의 존새를 과시하게 된다.

그중에서도 주위 사람과 관계적 존재와의 연계 속에서 보편적 규범으로 표현되는 것이 사랑과 겸손에 기초하며, 겸손 역시 사랑에 기초하고 있음을 설명한다. 에드워즈는 이 부분에 대하여 로마서 12:16을 인용하여 아래와 같이 설명하고 있다.

> 겸손은 비웃는 행동을 차단하는 경향이 있다. 다른 사람들을 조롱과 경멸로 대하는 것은 사람들에 대한 교만의 최악의 한 실례다, 그러나 겸손한 영의 영향 아래 있는 자들은 이런 행동과는 거리가 멀다. 그들은 자기들 밑에 있는 자들을 멸시하는데 익숙하지 않고, 말하자면 오만하고 거만한 태도로, 마치 그들은 자기들이 가까이할 가치가 없거나 자기들의 어떤 존경을 받을 가치가 없는 자인 것처럼, 그들을 멸시하는 태도가 없다 ⋯ 또

---

[208] T. M. 무어, 『은혜받는 연습 영성 훈련』, 한진환 역 (서울: 생명의말씀사, 2005), 85.

어떤 면에서는 자기들이 그들에 대하여 가진 장점에 차이를 두신 분은 오직 하나님이라는 사실을 깨닫고 아랫사람들을 공손하고 상냥하게 대한다. 로마서 12:16의 높은 데 마음을 두지 말고 도리어 낮은 데 처하며"라는 교훈과 일치된다 … 경험은 잠언 26:12의 "네가 스스로 지혜롭게 여기는 자를 보느냐, 그보다 미련한 자에게 오히려 희망이 있느니라"는 말씀이 진리임을 증명한다 … 바울이 제시하는 이 두 가지 특징 가운데 하나는 "스스로 지혜 있는 체하지 않는(롬 12:16) 것이며, 다른 하나는 "각각 자기보다 남을 낫게 여기는"(빌 2:3) 것이다."²⁰⁹

에드워즈는 다른 사람들과의 관계 속에서 차이를 깨닫는 것은 겸손의 영(靈, 성령 하나님)이 그렇게 하셨다는 사실을 인식하면서 타인과의 관계 속에서 하나님이 실질태의 존재임을 인식하게 한다는 것을 통해 믿음의 존재를 표지한다.

에드워즈는 타인과의 관계 속에서 지속적인 겸손의 표지를 통해 믿음의 내적 존재를 행위로 돌출시키는 표징이며, 사랑 역시 마찬가지로 구원을 얻는 믿음의 본질이 가지고 있는 성향적 존재의 필연적 결과로 보고 있다. 에드워즈는 로마서 13:8을 인용하여 다른 사람에 대한 사랑을 아래와 같이 그리고 있다.

> 때때로 율법은 십계명을 의미한다. 십계명에는 인간 의무의 정수와 보편적이고 영속적인 의무로 요구되는 모든 것이 포함되어 있다. 그러나 우리가 율법을 십계명을 가르치는 것으로 보거나 기록된 하나님의 말씀 전체를 가리키는 것으로 보거나 간에, 성경은 율법에 요구되는 것의 결정체는

---

209 에드워즈, 『로마서 주석』, 410-412.

사랑이라고 가르친다. 따라서 율법이 십계명을 의미할 때 "남을 사랑하는 자는 율법을 다 이룬 것"(롬 13:8)이고, 그리고 다시 한번 10절에서 "사랑은 율법의 완성이니라"라고 말했다. 그러므로 율법이 요구하는 것의 결정체가 사랑이 아니었다면 율법은 사랑 안에서 온전히 이루어질 수 없었을 것이다 … 그리스도는 온 마음을 다해 하나님을 사랑하고, 이웃을 내 몸과 같이 사랑하라는 두 가지 계명을 온 율법과 선지자의 강령으로 가르치신다. 말하자면 기록된 하나님의 말씀 전체의 강령이 사랑이라는 것이다 … 사랑은 율법의 완성"(롬 13:8, 10)이라고 말할 때, 바울이 "하나님의 의"라고 부르는 "의"는 그리스도께서 율법을 성취하고 만족시키신 것에 있다는 것이 이 본문(롬 13:8, 10)에서 분명하다. 이에 대한 충분한 증거가 되는 것은 시내산에서 십계명이 이스라엘 백성에게 행위 언약과 은혜 언약의 계시로 동시에 주어졌다는 것이다.[210]

에드워즈는 자신과 타인과의 관계론적 인식을 통해 나타나는 행위들, 그중에서도 특히 사랑과 겸손이라는 표징을 통하여 구원에 이르는 믿음의 존재를 논지하고 있다. 에드워즈는 "성화되지 못한 사람이 다른 사람들을 사랑하는 것은 자기 자신의 부가물이나 부속물로서 사랑하는 것이지만, 영적인 사람은 하나님께 속하는 사람으로 하나님 안에서, 하나님과 어떻게든 연결하면서 다른 사람들을 사랑한다"고 말한다.[211]

에드워즈는 구원에 이르는 믿음을 받은 사람은 주위와의 관계에서 사랑과 겸손을 드러내며, 이것은 자신이 하나님께 속한 진정한 믿음의 존재를 표지한다고 논지한다. 에드워즈가 강조하는 자신과 주위와의 관계에서 이

---

210 에드워즈, 『로마서 주석』, 419-420.
211 Edwards, *Works of Jonathan Edwards: The "Miscellanies"* 501-832. vol. 18, no, 530. HGT, 240-241. 이상현, 『조나단 에드워즈의 철학적 신학』, 135에서 재인용.

처럼 사랑과 겸손이 매우 중요한 표지로 존재하는 이유가 있다. 이에 대하여 에드워즈는 아래와 같이 설명하고 있다.

> 어떤 사람들은 주 예수 그리스도를 구세주로 받아들이는 특별한 행동을 하기 전에는 아무도 구원의 상태에 이를 수 없으며, 또한 믿음이 역사하기 전에는 한순간도 성화될 수 없다고 주장한다. 그러나 그러한 주장은, 그들이 묘사하듯이, 사실상 그리스도의 영접을 설명할 수 없다. 모든 경우에 있어서 행동이 있기 전에 원리가 있어야만 한다. 이러한 새로운 피조물에 뒤 이은 행동이 있기 이전에 먼저 죄인의 마음속에서 그러한 변화가 있어야만 한다. 즉, 성결이 발휘되기 전에 먼저 성결의 원리가 있어야만 한다. 원인이 결과에 선행하듯이 본질상 믿음의 행동이 있기 전에 어떤 개조가 있어야 할 뿐만 아니라, 만약 그리스도를 구세주로 영접하는 것이 성공적인 행동이 되려면 정신의 생각과 행동은 어떤 식으로든 다른 행동이 뒤따르도록 해야 한다. 먼저 정신 속에 예수 그리스도의 개념, 즉 그에 대한 적합하고도 진실로 사랑하는 개념이 있어야만 한다. 그러나 그것은 그 영혼이 성화되어 지기 전에는 결코 이루어질 수 없다.[212]

에드워즈는 "마음의 개조," "성결의 원리," "믿음 안에서 그리스도를 영접하는 행동"에 선행하는 마음의 관념적 행동은 다른 곳에서 성령의 존재를 묘사할 때 제시했던 것이다. 에드워즈는 진정한 성화는 인간을 절대적으로 완전하게 만들거나 본질상 거룩하게 만들지 않는다고 말한다.

그런데도 에드워즈는 성결을 위한 노력의 시작인 믿음은 성령의 선물이

---

[212] Misc., Yale MSS-Edwards' "Miscellanies" *Journal Yale Collection* (Yale Beinecke Rare Book and Manuscript Library), 77. 체리, 『조나단 에드워즈의 신학』, 86에서 재인용.

라고 강조한다.[213] 자신과 주위와의 관계에서 성령이 이끄시는 관계가 삼중 관계를 의미한다. 그리스도인이 성령이 이끄신다고 하는 것을 인식할 때 성령이 주시는 은혜를 의지해서 인간 자신의 의욕이 표지된다. 그리고 이 의욕은 거룩한 목적으로 나타난다. 그리스도인의 이러한 거룩한 목적과 행동은 "사랑과 행위"를 만들어 간다. 에드워즈는 이것을 성향적 존재론의 관점에서 본 주관적 원리로 보고 있다.

3) 자신과 전체와의 관계론적 인식에 기초한 목적과 행위

우리의 세계관은 다양한 능력들을 작용하여 형성된 것이다. 그런데 이 능력들은 하나의 공통점을 가지고 있다. 여러 능력 중에서 어떤 능력이 선택되며, 어떤 강도로 어떤 영향을 주는가의 문제는 우리의 목표가 무엇이냐에 따라 결정된다. 인간은 자신의 은밀한 목표에 따라 움직인다는 것이다.[214] 이러한 목표를 품고 있는 부분이 마음이다. 마음은 인간의 성정을 지배하는 곳이다. 마음은 인간의 사고와 말과 행위를 지배하는 규범적 역할을 맡고 있다.

사도 바울은 에베소교회의 성도들에게 전한다.

> 전에는 우리도 다 그 가운데서 우리 육체의 욕심을 따라 지내며 육체와 마음의 원하는 것을 하여 다른 이들과 같이 본질상 진노의 자녀였으며 (엡 2:3).

---

[213] 체리, 『조나단 에드워즈의 신학』, 86-87.
[214] 아들러, 『인간 이해』, 53.

> **그로 인한 우리의 마음에서 나오는 것은 악한 생각과 살인과 간음과 음란과 도둑질과 거짓 증언과 비방이다**(마 15:19).

이처럼 마음은 인간 존재의 가장 깊은 곳에 있는 본질의 성향에서 출발하는 표지이다.

에드워즈는 "마음은 인간의 모든 삶과 행위를 지배하며 어떤 일을 하고자 하는 모든 충동이 마음에서 비롯한다"[215]고 언급하고 있다. 그는 인간 또는 지능적인 존재들은 창조된 세계의 의식이며, 자신의 창조자 그리고 통치자의 행동들을 의식한다고 지적한다.[216]

에드워즈는 마음이 관계하고 있는 인간 삶의 영역은 자신과 주위는 물론 전체와의 관계에서 존재의 본질이 저항으로 표현되며 이 영역은 저항되는 존재의 자연적인 발산으로 인한 우주와의 관계적 영역이라고 설명한다.[217] 하나님의 성향은 무한히 복잡하고 광범위한 관계의 체계를 지향하는 경향이 있다. 그래서 중생한 사람에게는 다른 존재들을 알고 사랑하기 위해 그들에게 접근하려는 같은 경향이 있다. 중생한 사람의 존재는 이런 경향에 의해 확장된다. 이것은 하나님이 자신을 더 많은 관계 가운데 펼치심으로써 확대되는 것과 같다.[218]

에드워즈의 성화론에서 자신과 전체와의 관계는 모든 참된 인간의 사랑은 신적인 사랑에 참여하는 것에서부터 시작되며 그 하나님의 사랑은 그리스도께로 흘러가고 그리스도를 통해 그리스도의 모든 지체에 흘러간다"

---

[215] Edwards, *Works of Jonathan Edwards: The Religious Affection*, vol. 2, 29.
[216] 이상현, 『조나단 에드워즈의 철학적 신학』, 142.
[217] Edwards, *Works of Jonathan Edwards: The "Miscellanies"* Entry Nos. a-z, aa-zz, 1-500. vol. 13, 264.
[218] Edwards, *Works of Jonathan Edwards: The "Miscellanies"* Entry Nos. a-z, aa-zz, 1-500. vol. 13, 264.

고 설명한다.[219] 에드워즈는 하나님의 목적은 그분의 본성인 사랑에 의해 진행되고 펼쳐지며, 그것이 하나님이 관계하고 있는 모든 창조물 속에서 하나님의 목적이라고 하면서 이에 대해 아래와 같이 하나님의 사랑을 설명하고 있다.

> 세상을 창조하시고 다스리시는 하나님의 사역은 영원히 하나님의 지식의 산물인 것과 마찬가지로 하나님의 뜻의 산물이라고 생각할 만한 이유가 충분하다. 그리고 만일 하나님 안에서의 의지의 활동이라는 말이 뜻하는 것과 같은 것이 존재한다면, 하나님은 자신의 뜻이 성취되든 그렇지 않든 개의치 않으시는 분이 아니다. 또한 하나님이 무심한 분이 아니라면, 하나님은 자신의 뜻이 성취되는 것에 참으로 만족하고 기뻐하시거나(같은 이야기지만) 그것에서 기쁨을 향유하신다. 만일 하나님이 자신의 목적을 성취하는데 참 기쁨을 누리신다면, 그러한 목적의 성취는 하나님의 행복에 속한다."[220]

에드워즈는 하나님의 사랑이 창조물 전체와의 관계 속에서 나타나는 기쁨에 그 사랑이 존재하고 있다고 언급한다. 그는 구원에 이르는 믿음을 소유한 자는 하나님이 주신 본질의 성향을 따라 전체와의 관계 속에서 사랑이 존재하고 있음을 강조한다. 이 특징은 하나님이 천지 창조 속에서 참 기쁨을 가질 때 드러났듯이 인간 자신과 전체와의 관계에서 사랑으로 나타나는 것은 하나님의 기쁨이 이미 기저음으로 존재한다는 필연적 인식이다.

---

[219] Edwards, *Works of Jonathan Edwards: Ethical Writings*, vol. 8, 373.
[220] Edwards, *Works of Jonathan Edwards: Ethical Writings*, vol. 8, 449.

진정한 믿음의 사람들은 사회 전반에 걸친 관계 속의 저항적 본질이 사랑으로 표현되며, 이 사랑은 성화 과정의 참여를 유발하고 더 나아가 노력과 애씀이라는 행동의 표지를 통하여 믿음의 존재를 도출시키는 자연스러운 도덕적, 윤리적 결론이다. 자신과의 관계를 표지할 때 그리스도인들은 성령을 통한 관계를 유발한다. 이를 통해 그리스도인들은 자신과 전체와의 관계에도 성령이 개입하심을 인지한다. 이러한 성령의 개입을 통해 에드워즈는 인간이 가진 모든 아름다움을 미덕이라 부를 수는 없다고 강조한다. 이에 대해 에드워즈는 아래와 같이 설명하고 있다.

> 참된 미덕은 가장 본질적으로 보편 존재(Being in general)에 대한 호의적 사랑(benevolence)에 있다. 더 정확히 말하면, 참된 미덕은 보편적 존재에 대한 마음의 동의(consent), 성향(propensity), 연합(union)이다. 동의, 성향, 연합 등은 보편적 호의(good will) 속에서 즉시 행사된다.[221]

에드워즈가 자신과 전체적인 관계 속에서 참된 미덕을 지적하는 것은 보편 존재에 대한 사랑을 어떻게 총체적으로 가지고 있는가에 대한 부분이다. 그는 동의, 성향, 연합 등은 보편적 호의 속에서 즉시 행사된다고 지적한다. 그러면서 그는 가장 포괄적인 관점에서 그것의 보편적 성향과 연관된 모든 것과의 관련 속에서 보편 존재에 대한 목적을 찾아낸다. 에드워즈는 마음의 성향과 실천의 보편적 선이 아름다움이라고 한다면 그것은 다름아닌 보편 존재에 대한 동의와 호의라고 말한다.[222]

특히, 이 부분에 대한 에드워즈의 견해는 개별 존재들이 가지고 있는 미

---

[221] 조나단 에드워즈, 『참된 미덕의 본질』, 노병기 역 (서울: 부흥과개혁사, 2015), 23.
[222] 에드워즈, 『참된 미덕의 본질』, 24.

덕이나 아름다움 때문에 감사하는 것이 아니라 오히려 참된 미덕의 존재는 1차적으로 존재 자체이며, 2차적으로 대상 속에 있는 호의 자체라고 강조한다. 왜냐하면, 그는 보편 존재의 선(善)을 향한 성향을 사랑하는 것은 보편 존재의 선(善)을 사랑하는 것과 그 자체를 중히 여기는 것을 모두 포함하고 있기 때문이다.[223]

에드워즈의 강조는 여기에서 끝나는 것이 아니고 더 나아가 보편 존재를 사랑하지 않는 사적(私的)인 사랑은 반드시 보편 존재를 미워하게 된다고 강조한다.[224] 마치 어떤 곡조(曲調) 속에 있는 몇몇 가락이 그 자체만으로는 화음을 낼 수 있지만, 그 곡의 전체 악보를 고려했을 때, 혹은 전체 소리의 흐름을 고려했을 때 불협화음을 이루고 불쾌감을 줄 수도 있다. 그는 이러한 불쾌감도 그 자체로 아름다울 뿐만 아니라 포괄적인 관점에서 아름답다는 것을 지적하고 있다.[225]

에드워즈가 가지고 있는 자신과 전체와의 관계를 기초해서 나타나는 행위는 보편 존재에 대한 성향 가운데서 표현되는 보편적 사랑의 표지이다. 중생하지 못한 자도 시민적 도덕성에 충분한 자연적 선(善)과 도덕적 이해를 갖고 있다고 말한다. 그는 원죄의 영향을 받은 타락한 세상에서 심지어 중생하지 못한 자도 어느 정도 하나님이 베푸신 선(善)을 지닌다고 말한다.

게다가 에드워즈는 자기사랑을 "완전히 악(惡)한" 것으로 간주하지 않는다.[226] 그의 창조 윤리는 하나님이 자기 사랑, 양심, 상대적인 정의를 위한 능력, 감사, 연민, 가족 사랑과 같은 감정과 본능을 지닌 인간을 창조했

---

[223] 에드워즈, 『참된 미덕의 본질』, 34-35.
[224] 에드워즈, 『참된 미덕의 본질』, 47.
[225] 에드워즈, 『참된 미덕의 본질』, 23.
[226] 맥더모트, 『조나단 에드워즈 신학』, 687.

다는 확신에 기초한다.[227] 그런데도 이 보편적 사랑의 표지도 성령을 통한 그리스도의 사랑이 1차적 원인자라는 것을 피할 수 없다. 맥클리몬드와 맥더모트가 에드워즈의 보편적 사랑을 아래와 같이 설명하고 있다.

> 자기 사랑에 관하여 에드워즈는 기독교는 인간성에 대해 파괴적이지 않다고 주장했다. 모든 다른 사람처럼 성도들은 자신의 행복을 사랑한다. 이것이 잘못은 아니다. 자기 사랑은 타락의 결과가 아니라 인간의 보존을 위해 창조 때 심어진 것이다. 자기 사랑은 인간 세계에서 매우 유용하고 필요하다. 사실은 어떤 면에서 악한 사람들은 충분한 자기 사랑이 없고 자기 영혼을 싫어한다. 자기 행복을 위한 것을 사랑하지 못한다. 문제는 악한 사람들에게 있는 자기 사랑의 분량이 아니라, 그들의 자기 사랑이 신적 사랑과 균형을 이루지 못하고 그것에 종속되지 못한다는 사실에 있다. 자기 사랑은 그 사람의 욕망이 전적으로 개인적이거나 사적인 행복에 몰두할 때만 이기심이 된다. 그리고 성의를 통해 다른 사람과 연합하지 못한다. 이것이 에드워즈가 심지어 다른 사람들을 희생시키면서까지 오로지 기쁨만을 추구하고 고통을 피하는 것에 근거한 "전적인" 또는 "단순한" 자기 사랑이라고 부른 것이다. 자기 사랑은 보편적인 체계에 대한 원수이기 때문에 모든 악의 근원이다. 그러나 하나의 원리로서 자기 사랑은 하나님이 섭리적으로 정하신 것이다. "복합적인" 자기 사랑은 다른 사람의 유익 가운데에서 자기의 유익을 구한다. 이런 사랑은 세상에 질서와 조화를 세우기 위해 사적인 사랑, 자연적인 감정, 본능을 사용한다. 그것은 "자녀에 대해 가지는 부모의 "자연스러운 감정"의 주된 원천이다. 그리고 서로를 친밀한 관계로 맺어주는 사랑이다. 자기 사랑은 사람들이 호의에 감사

---

[227] 맥더모트, 『조나단 에드워즈 신학』, 687-688.

하고 자신의 명예를 추구하며 사람들에게 유익을 가져다줄 우정을 사랑하는 "시민적 우정"의 토대다.[228]

에드워즈는 그리스도인에게 자신과 전체와의 관계 속에서 나타나는 행위의 본질에는 1차적으로 하나님 사랑이라고 하는 근본적 성령의 임재를 기초하고 있다. 가정의 사랑과 우정과 같은 사랑도 그에게는 신적(神的) 사랑에 필요한 균형(均衡)과 조화를 맞추고 있음에 유의해 본다면, 에드워즈가 가지고 있는 전체와의 관계는 현대 사회가 지향해야 할 보편적 도덕(道德) 가치의 중심이 될 수 있다.[229] 뿐만 아니라 에드워즈는 자연적 도덕성 개념의 요소로서 양심과 정의를 포함하며, 더 나아가 하나님은 인간을 보전하고 인류를 "위로"할 목적으로 인간의 본성에 다양한 "특별한 자연적 본능"을 심으셨다고 말한다.[230]

이에 대하여 에드워즈가 가지고 있는 인식은 매우 중요하다. 맥클리몬드와 맥더모트가 에드워즈의 개념을 아래와 같이 설명하고 있다.

이 본능은 연민, 자녀에 대한 부모의 애정, 음식과 성에 대한 자연적인 욕구, 이성끼리의 낭만적인 매력, 다양한 종류의 친절, 특히 남성이 여성을 향해 보이는 이성 간의 질투의 열정을 포함한다. 에드워즈가 보기에 이들 대부분은 종종 참된 미덕으로 오래된다. 예를 들어, 깊은 고통 가운데 있는 한 사람을 불쌍히 여기면서도, 참된 미덕이 지향하는바 그의 번영을 바라지 않을 수도 있다. 어떤 사람들은 누군가를 불쌍히 여기면서 싫어하기도 하고, 심지어 그들이 동정했던 사람들이 죽었을 때 행복해할

---

[228] 맥더모트, 『조나단 에드워즈 신학』, 688.
[229] 맥더모트, 『조나단 에드워즈 신학』, 689.
[230] 맥더모트, 『조나단 에드워즈 신학』, 690.

수도 있다. 또 어떤 사람은 극도의 오랜 고통 아래 놓인 동물들을 불쌍히 여기지만, 매일 같이 "수천 마리"가 도살업자들에 의해 도살당하는데도 양심의 가책이 없다. 자녀에 대해 느끼는 부모의 자연적인 사랑은 보편적인 존재와의 마음의 연합이나 일반적이거나 공적인 애정에서가 아니라 자기 사랑에서 나온다. 심지어 로마 제국에서 애국심을 가지고서 많은 사람에 대해 갖는 애정조차도 "보편적 존재와의 마음의 연합과 하나님에 대한 사랑"이 없다면, 참된 미덕이 부족하다. 에드워즈는 지옥에서 연민, 부모의 애정, 또는 심지어 "이성에 대한 애정"도 없을 것이라고 지적했다.[231]

이처럼 에드워즈의 성화론에서 자신과 전체와의 관계에 성령 하나님이 내재하면서 표지 하는 사랑의 개념은 보편적 존재와 보편적 사랑, 그리고 보편적 도덕의 규범까지도 포괄하고 있다. 그는 창조주의 섭리 속에서 운행되는 모든 창조물의 진행 섭리는 하나님이 주제하고 계시다고 하는 성경적 진리 속에서 구원받은 자신은 전체와의 관계 속에서 보편적 목적과 이를 기반으로 하는 행위가 표지된다고 하는 것이다.

에드워즈는 모든 창조물이 하나님의 섭리 속에서 나름의 성향성을 부여받았기 때문에 성향적 본성은 전체와의 관계에서 보편적 목적과 행위가 표지되고 있다고 보는 것이다.

4) 소 결론

에드워즈가 가지고 있는 성화론의 주관적 개념은 인간 행위의 주관자

---

[231] 맥더모트, 『조나단 에드워즈 신학』, 690-691. 에드워즈는 여기에서 'affection'을 육신적 감정과 같은 의미로 사용하고 있다.

를 성향적 존재론의 본성에 두고 있는 관점이다. 에드워즈는 성령 하나님의 이끄심이 인간의 성화에 주관하고 있음을 강조한다. 그러나 그는 하나님이 인간을 창조할 때 성향적인 본질을 본성에 부여하셨다는 것에 기초하여 인간의 정신과 행동에 능동적인 원인자가 있음을 끌어낸다. 에드워즈는 성화의 과정에서 인간의 정신이 단지 수동적이 아니라는 것에 초점을 두고 성령 하나님의 이끄심에 대한 인간의 반응에 비상하게 반응한다.

에드워즈는 그의 성화론에서 성령 하나님의 이끄심에 대한 인간의 반응에는 적극적 행위를 필연적으로 보고 있다. 에드워즈는 구원에 이르는 은혜를 받는 자는 본질적으로 성령의 내재를 통해 빛의 조명을 받고 있기 때문에 성령의 본성을 표지할 수밖에 없는 필연성이 존재한다고 지적한다. 그 때문에 에드워즈는 구원받은 그리스도인이 가지고 있는 신앙 행위에 대해 인간의 정신은 단지 수동적이시만 않으며 동시에 적극적인 반응을 보이는 것이 자연적이라고 강조한다.

에드워즈는 성령의 존재 역시 성향성의 존재이기 때문에 존재 중의 존재인 성령 하나님의 이끄심이 적극적인 사랑으로 인간의 성향을 통해 표지되고 있음을 강조한다. 더 나아가 그는 비록 성령이 주최하여 성화를 이끌고 가지만 주최 자체는 협동을 전제로 하는 내부적 요구로 인해 인간 본성의 참여를 요구한다. 이러한 구조적 형태는 인간을 성화의 길로 이끌고 가는 성령 하나님의 인도하심이 성화의 대상인 인간 본성에 적극적인 참여를 요구한다.

이러한 구조적 형태에서 하나님도 최선을 다하고 구원받은 믿음을 소유한 인간도 최선을 다한다고 하는 이중 주체론은 매우 합당한 것이다.

에드워즈의 성화론에서 보이는 특징은 성향적 존재론의 특성으로 인해 나타나는 관계론이다. 성향성을 가지고 있는 본질의 특성상 그 존재는 관계 속에서만 존재의 현실태를 드러낸다. 그리고 현실태를 드러내기 위한 잠재태도 가능태라고 하는 매우 특별한 존재를 요구한다. 그렇기 때문에 성향적 존재론은 세 가지의 관계론을 필연적으로 요구하게 된다.

첫째, 자신과 자신과의 관계

둘째, 자신과 주위와의 관계

셋째, 자신과 전체와의 관계

이러한 세 가지 유형의 관계 속에서 성향적 존재는 각각 다른 반응을 보이는 것이 에드워즈의 성화의 주관적 원리이다.

에드워즈가 주관적 원리에서 세 부분으로 분리하여 제시한 개념에는 인간의 목적이 다르게 표현되고 있기 때문이다. 왜냐하면, 성향적 존재론의 특성상 모든 정신적인 활동을 하고 있는 창조물은 나름의 의욕을 가지고 있으며 이 의욕은 목적론이라고 하는 개념을 발생하고 있기 때문이다. 특히, 모든 인간의 정신 활동은 목표에 따라 규정된다. 인간은 누구나 다 생각하고 느끼고 소망하며, 꿈도 꾼다. 이러한 정신 활동은 늘 현존하는 목표에 따라 규정되고 지속하며, 또한, 수정되고 제약을 받는다. 그리고 그 목표는 가변적일 수도 있고 고정적일 수도 있지만 그와 관계없이 인간의 정신 활동은 늘 현존하는 목표를 지향하고 있기 때문이다.

에드워즈가 실제로 구원받은 인간이 유독 신앙생활에서는 수동적 형태를 벗어나지 못하고 있으며, 더 나아가 적극적이지 못하다는 것을 지적하고 있는 이유도 성향적 존재론의 본성이 가지고 있는 육체적 목적과 강하게 유대하고 있기 때문이다. 그는 그리스도인들의 신앙 행위가 세상의 조그마한 현실적 이득을 얻으려고 행동하는 적극적 행위보다 비(非)적극적이라는 것을 강조한다.

에드워즈는 이러한 결과에 대해 인간의 본질에서 그 원인을 밝혀가고 있다. 비록 구원을 받았다고 해도 인간에게는 아직도 내면세계에 물질 중심의 정신과 문화, 가치관이 정신의 틀을 만들어 놓고 쉽게 놓지 않는 어둠과 죄를 좋아하는 성향이 존재하고 있기 때문이라고 말한다.

에드워즈는 성향적 존재론이 관계성과 신앙의 행위 안에서만 존재의 표지가 나타난다고 강조한다. 에드워즈의 이러한 관계론적 구조는 인간의 성향적 본성에 기초한 구조이며, 요구된 반응은 적극적이며 주관적 입장으로 갖게 된다고 설명한다.

이를 두고 에드워즈는 하나님도 최선을 다하시고 인간도 최선을 다한다고 하는 성화의 이중적 주관성을 강조한다. 성화의 이중적 주관성은 성향적 존재론이 가지고 있는 특성상 삼중 관계론 속에서 진행된다는 것이 그의 신학적 개념이다. 에드워즈는 관계론에서 나타나는 표지가 모두 성령 하나님이 인간의 본성을 구원하고 사랑하는 1차적 사랑에 기초하며 관계가 진행되고 있다.

에드워즈는 구원받은 그리스도인이 주관적 행위를 강조하지만, 인간 정신의 수동적 개념을 잃어버리면, 주관적 개념은 자신의 육신적인 목적에 몰입하게 된다고 강조한다. 이를 통해 에드워즈는 성화론에서 성령의 이끄심은 모든 관계론의 주체이며 또한 이중적 주체의 개념도 성령의 허락하심과 요구하심으로 보고 있다.

에드워즈가 강조하는 성향적 존재론의 관계성은 성령 하나님의 이끄심 속에서만 이해될 수 있는 개념이다. 그 가운데서 특히 자신과 자신과의 관계를 인식하게 하는 것은 인간의 본체가 성향적 존재임을 인식하게 하는 성령 하나님의 은혜로 보고 있다. 에드워즈는 자신과 자신과의 관계 속에서 믿음의 소지 여부를 점검해야 함을 강조하면서 성경을 인용하여 강조한다.

에드워즈는 이러한 관계론을 통해 이중적 주체론과 목적론, 그리고 믿음의 행위에 대한 필연성의 개념을 자신의 성화론에서 확립시켜 놓았다.

에드워즈는 관계론에서 중요하게 다루고 있는 표지로서 성령 하나님이 내재를 통한 사랑과 겸손의 표지이다. 그는 사랑과 겸손의 표지가 행위로 드러날 때 존재 중의 존재인 성령 하나님의 내재를 확인할 수 있다고 강조한다. 특히, 자신과 전체와의 관계에서 에드워즈는 보편적 존재와 보편적 사랑을 강조한다.

에드워즈는 인간이 가지고 있는 본능적 사랑의 표지도 하나님이 주신 것이라고 설명하면서 그 사랑이 지나치게 강조될 때 본능적 사랑은 사회적으로 악(惡)이 된다고 설명한다. 그러면서 성경은 기독교인이나 비(非)기독교인들이 가지고 있는 자기 중심의 사랑도 매우 가치 있는 것이지만, 그 사랑은 항상 창조주의 신적(神的) 사랑의 조명을 받으며 균형을 받을 때 그 의미가 귀중하게 된다고 지적한다. 그러나 자기 중심적 사랑이 신적 사랑을 인정하지 않고 극적인 상황으로 갈 수 있는 가능성이 항상 열려 있기 때문에 그리스도인들은 이 점에 경각심을 가져야 한다고 말한다.

에드워즈의 성화론에서 주관적 원리는 인간의 성향적 본성에 의해 표지되는 신앙 행위에서 설명되는 그의 신학적 개념이다. 그의 성화론의 개념 안에는 성령의 주체와 인간의 주관, 성령의 효과적 이끄심과 인간의 성향적 본능에 의한 반응, 그리고 인간의 용서받은 원죄와 원죄로 인한 죄의 성향 등 많은 요소가 함께 어우러져 있다.

결론적으로 실천이 믿음의 자리를 빼앗을 수 없다. 그러나 믿음과 실천은 결코 분리할 수도 없다. 왜냐하면, 믿음은 그 표현과 환경을 위해서 실천에 의존하고 있기 때문이다. 그리스도인의 성화 과정에서 에드워즈가 도출시킨 이중적 주체 구조는 성령의 효과적인 이끄심과 인간의 성향적 존재의 관계론에서 표현된 개념이다. 이 두 개념 속에는 성령의 은혜가 이입되어 관계론을 인식하고, 이에 기초하여 그리스도인은 거룩한 목적과 행위가 표지되어야 한다는 필연성이 에드워즈가 가지고 있는 성화론의 주관적 원리이다.

제6장

결론(結論)

　오늘날 그리스도인의 왜곡된 삶의 모습은 구원받은 그리스도인들의 성화를 이끌고 갈 주체적 힘이 무엇인가에 대하여 의문을 가지게 한다. 교회 공동체는 근대화와 소비주의, 대형주의와 성공주의, 그리고 산업화와 인간의 문명 속에서 길을 잃어버렸다.
　성공이라는 개념과 대형주의 속에서 복음을 전파하기 위한 방법론의 개발은 복음의 내용에 영향을 미치고 신앙을 변형시키면서 교회 공동체의 관점에서 이행해야 할 보편적인 그리스도인의 삶의 목적과 내용을 상실하고 있다.
　그리스도인들은 구원의 목적을 위해 성화(聖化)된 삶의 모습으로 살아야 함에도 성화된 삶의 모습은 나타나지 않고, 오히려 많은 성도들이 비(非)그리스도인들처럼 비인격적인 구조를 편하게 느끼고 있다는 것은 사실이다. 이처럼 그리스도인들이 신앙생활의 구체성을 잃게 된 여러 가지 원인 가운데 하나는 신앙을 고백하면서도 현대 문화의 정신을 무의식(無意識)중에 받아들였기 때문인 듯하다.
　실제로 오늘날 이와 같은 현상은 조나단 에드워즈가 살았던 18세기 시대에 형성되었던 환경과 유사하다고 볼 수 있다. 조나단 에드워즈의 성화론은 전통적인 신앙의 유산과 새로운 계몽주의 사상들이 맞물리면서 나타나는 그리스도인들의 삶을 보면서 시작된 연구이다. 에드워즈의 성화론은 성도들의 삶 속에서 이와 같은 다양한 비성경적 표지들에 대한 질문들을 신학적인 관점에서 해답을 찾으려고 애쓴 연구 결과이다.

에드워즈 자신이 겪은 영적 경험의 단계가 "옛 신학자들"의 가르침과는 일치하지 않는다고 한 진술처럼 연구와 자기 점검을 토대로 불일치의 원인을 규명하기로 한 것이 목적이 되었다. 이 목적은 자신을 포함한 인간의 마음을 이해하는 일을 평생에 걸친 과업이 되게 했다.

에드워즈는 하나님이 인간을 창조할 때 선한 성향을 주셨다고 강조한다. 인간의 본성은 선한 성향으로 창조되었기 때문에 하나님은 인간이 타락하는 순간도 새롭게 타락을 방어하는 간섭을 하지 않으셨다고 설명한다. 그뿐만 아니라 에드워즈는 타락 이후(以後) 인간의 죄악 된 삶 속에도 인간의 성향(의향, 욕구)을 거두어 가지 않으셨다고 강조한다. 그리고 예수 그리스도의 죽음과 부활을 통해 우리 안에 내재하시는 성령 하나님의 임재가 있음에도 인간의 본성인 성향성이 그대로 보존되고 있음을 성경 안의 여러 말씀을 인용하여 강조한다. 달리 말하면 타락 이전(以前)에 하나님의 거룩성 또는 그분의 형상을 부여받은 인간에게는 성향이라고 하는 근본적 인간의 본질이 타락 이후(以後)에도 존재하며, 이것은 성령의 내재하심 속에서도 존재한다.

결국, 성향적 존재인 인간의 본성은 인간의 본성이다. 그것은 관계성 안에서 육체적 목적을 가지고 그 존재를 드러낸다. 결과적으로 에드워즈의 성화론은 근본적으로 "성향적 존재론"에 기초하고 있다.

하나님이 인간을 창조할 때에 인간에게 부여하신 두 가지의 특성은 인간의 본성이다. 이 두 가지의 특성을 에드워즈는 이해의 기능과 성향성이라고 설명한다. 에드워즈는 인간이 이해하기 때문에 성향의 기능이 작동하지만, 성향성에는 이해의 기능까지 포함하고 있다고 지적한다. 그러므로 성향적 존재론은 인간 영혼의 존재를 표지하는 것이며 이 표지의 도구를 "마음"으로 보는 것이다. 에드워즈는 이 "마음"의 표지를 통해 인간의 본질을 규명한다. 그것이 성향적 존재론이다.

에드워즈는 인간의 정신은 수동적이지만 하나님도 최선을 다하고 인간도 최선을 다한다고 하는 이중적(二重的) 주체성을 하나님과 인간의 관계를 통해 명료화 했다. 인간의 능동적 행동은 성화되는 과정에서 수동성에 대한 "본질"을 잃어버리면 하나님과의 관계를 소홀하게 여기게 되며, 인간의 자유는 자신을 유쾌하게 하는 육신의 욕망을 위한 도구로 전락함을 강조한다.

그러므로 에드워즈는 『자유 의지』에서 인간의 본성인 성향성은 인간의 자유 의지의 원인자일 뿐만 아니라 인간의 의지는 인간 성향에 전적으로 의존하여 나타나는 표지라고 논증한다.

에드워즈에게 그리스도인의 성화는 "성향적 존재론"을 기초로 하여 나타나는 성화론의 주요 요인들을 이해할 수 있는 기초이다. 에드워즈가 "하나님이 전부 하시고 인간도 전부 한다"라는 논지는 인간의 정신을 분리하여 어떤 기능적인 요소가 있음을 주장하면서 또한 정신을 하나의 총체적 모습으로 보고 있기 때문이다. 그는 인간 정신의 특징은 수동적이며, 어떤 것을 하나님으로부터(외부로부터) 받았을 때는 그 선택에 있어서 어떠한 목적이 생기며, 그 목적을 관망한다면 그 활동을 자극하는 동기가 형성되는 것이 필연적이라고 말한다. 그뿐만 아니라 에드워즈는 정신은 수동적이지만 그런데도 빛을 받아 드리는 것은 적극적인 활동이라고 주장한다.

에드워즈는 이 개념이 하나님은 "자기 섭리 가운데 분명하게 도덕 행위자들의 모든 의욕을 적극적 영향 혹은 허용으로 지시하시기" 때문이라고 하였다. 그는 하나님의 효과적 인 은혜가 필연임을 설명하면서 이를 자신의 성화론에 적극적으로 흡수함으로써 성향적 존재론의 기초 위에 성화론을 확대했다.

에드워즈는 구원을 얻은 믿음이 행위로 진행되고 있는 기초가 요구된다고 했을 때 하나님의 "효과적 은혜"의 교리와 인간의 "성향적 존재론"이 맞물려 있음을 신학적 근거를 통해 제기한다. "성향성 있는 존재"는 행위를 통하여 어떤 표지가 도출되며, 이 도출은 성령의 내재하심을 통해 거룩한 욕구의 표지가 있다고 강조한다. 그는 이 거룩한 욕구를 거룩한 목적으로 보고 있다. 그가 믿음을 행위까지 필수적인 요소로 확장한 것은 "성향적 존재론"의 본질에는 거룩한 욕구의 발생이 필연이라고 보고 있기 때문이다.

그리스도인이 구원얻은 믿음을 자신이 가지고 있다는 사실에 비추어 볼 때, 실천은 그리스도를 신뢰한다는 사실의 가장 좋은 증거이다. 물론, 이 문제는 기독교 사상의 오랜 주제였던 믿음과 행위에 대한 초점이었으며, 사도 야고보와 바울의 조화를 이룰 수 있는 주제이기도 하다.

에드워즈가 지적하고 있는 믿음을 통한 성화의 표지에는 "믿음은 본질상 실천이거나 활동"이기 때문에, 실천도 어떤 식으로든 구원이나 칭의 그 자체와 연관되어 있다고 보고 있다.

에드워즈의 성화론에서 성화를 이끌고 가는 주체의 이중적 구조는 거룩한 목적의 발생으로 믿음의 행위에 대한 부분이다. 성향적 존재론의 관점에서 볼 때 하나님이 최선을 다 하시고 인간도 최선을 다한다고 하는 논지는 균형성과 연계된다. 균형성을 유지하기 위한 "노력과 애씀"은 에드워즈의 성화론에서 행위를 강조하는 중요한 논지이다. 하나님이 최선을 다하고 우리도 최선을 다한다고 하는 에드워즈의 논지는 존재의 성향이 가지고 있는 본질이 성화론에서 이중적 주체의 균형을 인식할 때 이해되는 표징이다. 그 표징은 그리스도의 형상을 닮기 위해(고후 4:19) 성화의 과정에서 나타나는 "노력과 애씀"이다. 모든 요소에서 항상 필수 불가결한 요소가 존재하듯이 "노력과 애씀" 자체에도 하나님의 이끄심이 존재한다.

이러한 이중적 주체에 관한 개념은 에드워즈의 성화론을 성향적 존재론의 관점에서 인식할 때 이해될 수 있다. 이를 이해하기 위해 에드워즈는 자신의 성화론에서 제시한 말씀을 인용한다

> 너희 안에 하나님이 자기의 기쁘신 뜻을 위해 너희 안에 소원을 주시고 또한 그 소원을 행하게 하시나니(빌 2: 12-13).

에드워즈는 인간이 유독 신앙생활에서는 수동적 형태를 벗어나지 못하고 있으며, 더 나아가 적극적이지 못하다는 것을 지적하고 있다. 그는 그리스도인들의 신앙 행위가 세상의 조그마한 현실적 이득을 얻으려고 행동하는 적극적 행위보다 매우 비(非)적극적이라는 것을 강조한다. 그는 이러한 결과에 대해 인간의 본질에서 그 원인을 밝혀가고 있다. 비록 구원을 받았다고 해도 인간에게는 아직도 내면세계에 물질 중심의 정신과 문화, 그리고 가치관이 정신의 틀을 만들어 놓고 쉽게 놓지 않는 어둠과 죄를 좋아하는 성향이 존재하고 있기 때문이라고 말한다.

에드워즈가 가지고 있는 성화론의 주관적 개념은 성향적 존재론의 관점에서 본 인간의 반응에 대한 적극적 행위를 필연적으로 보고 있다. 에드워즈는 구원에 이르는 은혜를 받은 자는 본질적으로 성령의 내재를 통해 빛

의 조명을 받고 있기 때문에, 성령의 본성을 표지 할 수밖에 없는 필연성이 존재한다고 지적한다. 그는 성령의 존재 역시 성향성의 존재이기 때문에 존재 중의 존재인 성령 하나님의 이끄심이 사랑으로 인간의 성향을 통해 표지되고 있음을 강조한다.

그러므로 에드워즈는 성화의 과정에서 적극적인 참여를 유발하기 위해서는 회개를 성화의 출발점으로 보고 있으며 이를 중심으로 하나님의 말씀에 대한 인식과 동기, 겸손과 사랑, 신앙의 균형성을 중요하게 다루고 있다.

비록 성령이 주최하여 성화를 이끌고 가지만 협동을 전제로 하는 주체 자체의 내부적 구조는 인간 본성의 참여를 요구한다. 이러한 구조적 형태는 인간을 성화의 길로 이끌고 가는 성령 하나님의 목적과 인도하심이 성화의 대상인 인간 본성이 육신적 목적을 가지고 있음에도 적극적인 참여를 요구한다. 이 과정에서 성화론이 도출되며 에드워즈의 성화론은 성령의 이끄심 안에서 인식된 관계론적 인식에 기초하여 목적과 행위가 나타난다고 강조한다. 이를 두고 에드워즈는 하나님도 최선을 다하시고 인간도 최선을 다한다고 하는 성화의 이중적 주체성을 만들어 낸다. 성화의 이중적 주체성은 인간의 본성이 성향적 존재임을 인식하게 하는 중요한 개념이다.

오늘날 우리는 세상 속에서 성도와 교회의 정체성, 그리고 기독교의 사회적 위치에 대해 혼돈 상태에서 살아가고 있다. 현대 사회의 그리스도인들은 에드워즈가 살았던 시대보다 더욱 크게 문화와 환경의 지배를 받고 살아간다. 목회적 환경과 시대적 상황은 다르다. 에드워즈 역시 구원받은 그리스도인의 행위가 성령의 은혜가 있음에도 불구하고 적극적 신앙생활의 참여가 나타나지 않는 이유를 다양하게 설명한다.

그러나 에드워즈가 논지 했던 것처럼 하나님의 창조된 인간은 분명히 같은 원인자를 가지고 있다고 생각한다. 에드워즈는 인간의 본성은 인간의 본성이라고 지속적으로 강조한다.

연구자는 이 논문을 통해 에드워즈가 인식하고 연구하여 얻게 된 성향적 존재론의 관점에서 밝힌 성화론의 원인자는 교회와 그리스도인의 본질을 밝히는 중요한 신학적 개념이라고 보았다. 에드워즈가 밝혀 낸 성화론의 원인자는 관계론의 틀 안에서 칭의를 표지하고 증명할 수 있는 중요한 개념이다. 목회자와 성도들이 성화론의 원인자인 인간의 본성이 "성향적 존재임"을 인식할 때, 그리스도인과 교회의 정체성은 물론 기독교의 사회적 위치를 성경적인 성화의 관점에서 회복할 수 있다고 본다.

더 나아가 교회 사역의 방향은 물론 성도들의 성화에 큰 영향을 줄 수 있으며, 성경 신학의 강조점에 기초하여 실천신학의 많은 부분에 큰 변화를 줄 수 있다고 확신한다. 그뿐만 아니라 오늘날 교회에서 행해지는 목회자의 설교와 교육, 선교, 그리스도인의 삶 등을 성령 하나님의 이끄심과 성향적 존재론의 정체성에 기초한 반응을 인식하면서 기초를 세워간다면 그리스도인으로서 신앙의 적극적 행위를 유발할 수 있는 동기를 소유할 수 있다고 볼 수 있다.

더 나아가 이러한 에드워즈의 신학적 성화론의 기초에 목회적 방향을 세워 간다면 교회 공동체는 현대 문화에 휩쓸리기보다는 오히려 새로운 성경적 교회 공동체의 모습을 만들 수 있는 길이 모색될 수 있다고 본다. 그뿐만 아니라 목회자는 이 기초 위에 풍성하고 다양한 설교를 할 수 있으며 현대 문화를 구체적으로 분석하고, 성경적 분석 위에 빛과 소금의 역할을 감당할 수 있는 복음적이며 다양한 목회 방법들이 확보될 수 있다고 본다.

이를 통해 연구자는 조나단 에드워즈가 자신의 시대에 직접 바라보았던 진정한 영적 대각성이 현대 문화 가운데 교회 공동체에 다시 출현되기를 소망한다.

참고 문헌

국내 도서

강웅산. "조나단 에드워즈의 그리스도와의 연합을 통해 본 칭의론." 「목회와 신학」, Vol.-No.186 (2004): 210.

권택조. 『기독교 교육 심리학』. 서울: 대한기독교서회, 2010.

김대진. "조나단 에드워즈의 생애와 사상." 「신학과 사회」, Vol. - No.1 (1998): 125-169.

김상기 외 16인. 『21세기 실천신학 개론』. 서울: 한국복음주의실천신학회편, 2006.

김성기. "조나단 에드워즈의 성화론: 지속적 회심의 과정으로서의 성화." 박사학위 논문, 계명대학교 대학원, 2013.

김영한. "조나단 에드워즈 청교도 신학의 특성"(The Distinctiveness of 조나단 에드워즈 Puritan Theology). 「한국개혁신학」, Vol. 17 No. - (2005): 13-37.

김유준. "조나단 에드워즈의 삼위일체론: 형성 배경에 관한 논쟁을 중심으로." 「교회사학」, Vol. 8, No.1 (2009): 305-335.

_____. "아우구스티누스와 조나단 에드워즈의 삼위일체론 비교 연구." 「한국교회사학회지」, Vol. 37, No. - (2014): 207-239.

_____. "삼위일체 하나님의 속성과 동등성에 관한 에드워즈의 이해"(An Understanding of 조나단 에드워즈 on the Attribution and the Equality of Trinitarian God). 「한국기독교신학논총」, Vol. 80 No.1 (2012): 151-176.

김재성. 『칼빈과 개혁신학의 기초』. 서울: 합동신학대학원출판부, 2003.

김재용. 이신열. "성령론을 통해 살펴본 몰트만과 에드워즈의 사랑 개념"(A Study on the Concepts of Love according to Moltmann and 에드워즈 in Light of Their Pneumatology). 「성경과 고고학」, Vol. 1 No. - 84 (2015): 134-158.

김종한 외 2인. 『재생산하는 교회』. 박성찬 역. 서울: 서로사랑, 2010.

김창호. "조나단 에드워즈의 삼위일체론 (조나단 에드워즈 on the Trinity)."「신학지평」, Vol. 24. - No. (2011): 203-227.

김홍기.『John Wesley의 성화론』. 서울: 한들출판사, 2008.

김홍만. "John Wesley부흥 이해: 조나단 에드워즈와 관련하여."「국제신학」, Vol. 11 No.- (2009): 67-97.

노병기. "조나단 에드워즈의 중생론 -Calvin, Wesley의 신학 사상과 관련하여-제218회 연구모임 주제발표 1."「한국기독교역사연구소소식」, Vol. 62 No.- (2003): 20-32.

류기종.『기독교 영성』. 서울: 은성출판사, 1997.

박완철. "조나단 에드워즈의 설교와 그의 '마음의 감각' 신학"(Integration of Mind and Heart in the Preaching of 조나단 에드워즈).「신학정론」, Vol. 24 No. 1 (2006): 211-245.

박응규. "조나단 에드워즈와 Charles Finney의 회심론 비교연구"(Dialogue on Conversion between 조나단 에드워즈 and Charles Finney).「개혁논총」, Vol. 16 No.- (2010): 285-315.

박충구.『기독교 신앙공동체 윤리학』. 서울: 대한 기독교서회, 2005.

방희덕. "인간의 가치관과 그 본질에 대한 고찰."「신학논단」, Vol. 16 (1983): 421-431.

송인규.『성경 어떻게 적용할 것인가』. 서울: 성서유니온선교회, 2001.

송홍국.『Wesley 신학』, 서울: 대한 기독교서회, 1988.

신문철. 류동희, "조나단 에드워즈의 회심론."「조직신학연구」, Vol. 9 No.- (2007): 39-76.

신성욱. "조나단 에드워즈의 설교에 나타난 로고스와 파토스 연구: '진노하신 하나님의 손 안에 있는 죄인들'을 중심으로."「복음과 실천신학」, Vol. 35 No.- (2015): 138-189.

용환규. "조나단 에드워즈의 실천적 경건의 토대"(A Foundation of Practical Godliness of 조나단 에드워즈).「복음과 실천신학」, Vol. 31 No.- (2014): 74-104.

원종천. "대각성 운동의 역사적 배경"(Historical Background of the Great Awakening).「역사신학논총」, Vol. 20 No.- (2010): 114-147.

이금만.『발달심리와 신앙교육』. 서울: 상담과 치유, 2003.

이상웅. "조나단 에드워즈의 성령론." 박사학위 논문, 총신대학교 대학원, 2008.

_____. "조나단 에드워즈의 영적 분별."「진리와 학문의 세계」, Vol. 24 No.- (2011): 97-138.

_____. "조나단 에드워즈의 삼위일체론 적인 성령론"(조나단 에드워즈 Trinitarian Pneumatology).「한국개혁신학」, Vol. 25 No.- (2009): 292-330.

이성찬. "누가의 성령론적 윤리." 박사학위논문, 장로회신학대학교 대학원, 2010.

이승진. "조나단 에드워즈의 설교 연구 - 하나님의 영광을 추구하는 설교"(A Study on the sermon of 조나단 에드워즈 - Preaching seeking the glory of God). 「복음과 실천신학」, Vol. 10 No.- (2005): 19-46.
이양호. "조나단 에드워즈의 신앙론"(조나단 에드워즈 Concept of Faith). 「신학 논단」, Vol. 39 No.- (2005): 243-267.
이영란. "J. 에드워즈의 윤리설교의 시각에서 바라본 한국교회 윤리설교의 방향." 「설교한국」, Vol. 2 No.- (2010): 80-105.
이윤식, "그리스도와의 연합 관점으로 본 조나단 에드워즈의 성화론." 박사학위 논문, 총신대학교 일반대학원, 2016.
이재기. 『거장 바울의 리더십 콘서트』. 서울: 요단출판사, 2010.
이진락. "조나단 에드워즈의 신학에 나타난 철학적 요소들 (Philosophical Factors in the Theology of 조나단 에드워즈)." 「한국개혁신학」, Vol. 43 No.- (2014): 107-128.
_____. "조나단 에드워즈의 자유 의지론에 대한 개괄적 연구(A Study on the Free Will of 조나단 에드워즈)." 「개혁논총」, Vol. 40 No.- (2016): 259-304.
_____. "조나단 에드워즈의 성화론"(조나단 에드워즈 on Sanctification). 「한국개혁신학」, Vol. 29 No.- (2011): 74-104.
_____. "조나단 에드워즈의 영적인 감각과 영적인 지식"(Spiritual Sense and Spiritual Knowledge of 조나단 에드워즈). 「역사신학 논총」, Vol. 20 No.- (2010).
_____. "조나단 에드워즈의 '신앙적 감정'의 구조 분석 및 참된 신앙과 거짓된 신앙의 구별의 문제"(The Structural Analysis of Religious Affections by 조나단 에드워즈 and the Distinction between True Faith and False Faith)." 「역사신학 논총」, Vol. 19 No.- (2010):218-246.
이한수. 『십자가 영성을 찾아서』, 서울: 도서출판솔로몬, 2012.
_____. 『신약이 말하는 성령』. 서울: 솔로몬, 2010.
장경철. "The Puritan Eschatology." 「인문 논총」, Vol. 26 No.- (2013): 157-171.
장진경. "조나단 에드워즈의 영성 연구"(A Study on the Spirituality of 조나단 에드워즈: Theological Narrative). 「한국개혁신학」, Vol. 17 No.- (2005): 133-154.
장하준. 『나쁜 사마리아인들』. 이순희 역. 서울: 부키출판사, 2007.
정옥분. 『발달 심리학: 전생애 인간발달』. 서울: 학지사1992.
조한상. "조나단 에드워즈의 『신앙 감정론』에 나타난 영적 분별." 「신학과 실천」, Vol. 44 No.- (2015): 255-278.
조현진. "18세기 뉴잉글랜드에서의 아르미니안 논쟁: 조나단 에드워즈의 자유 의지론과 칭의론을 중심으로"(Arminian Controversy in 18thCentury New England: Focused on 조나단 에드워즈` Doctrines of Free-Will and Justification). 「개혁논총」, Vol. 35 No.-

(2015): 265-269.

_____. "조나단 에드워즈의 원죄론 연구"(조나단 에드워즈 on Original Sin). 「한국개혁신학」, Vol. 42 No. - (2014): 188-211.

_____. "조나단 에드워즈의 '성향적 구원론' 연구"(조나단 에드워즈 Dispositional Soteriology). 「한국개혁신학」, Vol. 30 No. - (2011): 128-153.

_____. "조나단 에드워즈의 성령 은사론"(조나단 에드워즈' View of the Gifts of the Holy Spirit). 「개혁논총」, Vol. 41 No. - (2017): 47-90.

허정윤. "조나단 에드워즈의 '하나님의 천지창조 목적'과 '하나님의 영광"(The End For Which God Created the World by 조나단 에드워즈 and the Glory of God). 「창조론오픈포럼」, Vol. 5 No.2 (2011): 1-23.

해외 도서

Althaus, Paul. *The Theory of Martin Luther*. Philadelphia: Fortress Press, 1966.
Bassler, Jouette M. ed. *Pauline Theology*. Minneapolis: Fortress Press, 1991.
Bready, John W. *England: Before and After Wesley*. London, 1938.
Dickson, John. *Life of Jesus*. Grand Rapids: Zondervan, 2010.
Dunn, James D. G. *The Theology of Paul the Apostle*. Grand Rapids: Eerdmans, 1998.
Edwards, Jonathan. (http://eduwards.Yale.edu/)
_____. Volume 1: *Freedom of Will*.
_____. Volume 2: *Religious Affection*.
_____. Volume 3: *Original Sin*.
_____. Volume 4: *The Great Awakening*.
_____. Volume 5: *Apocalyptic Writings*.
_____. Volume 6: *Scientific and Philosophical Writings*.
_____. Volume 7: *The Life if David Brainerd*.
_____. Volume 8: *Ethical Writings*.
_____. Volume 9: *A History of the Work of Redemption*.
_____. Volume 10: *Sermons and Discourses*, 1720-1723.
_____. Volume 11: *Typological Writings*.
_____. Volume 12: *Ecclesiastical Writings*.

_____. Volume 13: *The "Miscellanies"* Entry Nos. a-z, aa-zz, 1-500.
_____. Volume 14: *Sermons and Discourses*, 1723-1729.
_____. Volume 15: *Notes on Scripture*.
_____. Volume 16: *Letters and personal Writings*.
_____. Volume 17: *Sermons and Discourses*, 1723-1729.
_____. Volume 18: *The "Miscellanies"* 501-832.
_____. Volume 19: *Sermons and Discourses*, 1734-1738.
_____. Volume 20: *The "Miscellanies"* 833-1152.
_____. Volume 21: *Writing on the Trinity, Grace, and Faith*.
_____. Volume 22: *Sermons and Discourses*, 1739-1742.
_____. Volume 23: *The "Miscellanies"* 1153-1360.
_____. Volume 24: *The Blank Bible*.
_____. Volume 25: *Sermons and Discourses*, 1743-1758.
_____. Volume 26: *Caues of Books* (Yale University access only).
_____. Volume 27: *Controversies Notebook*.
_____. Volume 28: *Minor Controversial Writings*.
_____. Volume 29: *Harmony of the Scriptures*.
. Volume 30: *Prophecies of the Messiah*.
_____. Volume 31: *History of Redemption Notebooks*.
_____. Volume 32: *Correspondence by to, and about* 에드워즈 *and His Family*.
_____. Volume 33: *Misrepresentations Corrected Draft*.
_____. Volume 34: *Original Sin* Notebooks.
_____. Volume 35: *Charity and its Fruits* (Tryon 에드워즈, ed., Charity and its Fruit (1852), Joseph Bella my, Sermons 1-3(Htfd. Sem.) .
_____. Volume 36: *Sermon Notebooks*.
_____. Volume 37: *Document on the Trinity, Grace and Faith*.
_____. Volume 38: *Dismissal and Post- Dismissal Documents*.
_____. Volume 39: *Church and Pastoral Document*.
_____. Volume 40: *Autobiographical and Biographical Document*.
_____. Volume 41: *Family Writings and Related Documents*.
_____. Volume 42: *Sermons*, Series II, 1723-1727.
_____. Volume 43: *Sermons*, Series II, 1728-1729.
_____. Volume 44: *Sermons*, Series II, 1729.
_____. Volume 45: Sermons, Series II, 1729-1731.

_____. Volume 46: *Sermons*, Series II, 1731-1732.
_____. Volume 47: *Sermons*, Series II, 1731-1732.
_____. Volume 48: *Sermons*, Series II, 1733.
_____. Volume 49: *Sermons*, Series II, 1734.
_____. Volume 50: *Sermons*, Series II, 1735.
_____. Volume 51: *Sermons*, Series II, 1736. Volume 52: Sermons, Series II, 1737.
_____. Volume 53: *Sermons*, Series II, 1738, and Undated, 1734-1738.
_____. Volume 54: *Sermons*, Series II, 1739.
_____. Volume 55: *Sermons*, Series II, January-June 1740.
_____. Volume 56: *Sermons*, Series II, July-December 1740.
_____. Volume 57: *Sermons*, Series II, January-June 1741.
_____. Volume 58: *Sermons*, Series II, July-December 1741.
_____. Volume 59: *Sermons*, Series II, January-June 1742.
_____. Volume 60: *Sermons*, Series II, July-December 1742, and Undated, 1739-1742.
_____. Volume 61: *Sermons*, Series II, 1743.
_____. Volume 62: *Sermons*, Series II, 1744.
_____. Volume 63: *Sermons*, Series II, 1745.
_____. Volume 64: *Sermons*, Series II, 1746.
_____. Volume 65: *Sermons*, Series II, 1747.
_____. Volume 66: *Sermons*, Series II, 1748.
_____. Volume 67: *Sermons*, Series II, 1749.
_____. Volume 68: *Sermons*, Series II, 1750.
_____. Volume 69: *Sermons*, Series II, 1751.
_____. Volume 70: *Sermons*, Series II, 1752.
_____. Volume 71: *Sermons*, Series II, 1753.
_____. Volume 72: *Sermons*, Series II, 1757-1755.
_____. Volume 73: *Sermons*, Series II, 1756-1758, Undated, and Fragments.
_____. *The Works of President Edwards*, London: FB& c Ltd, Dalton House, 2017.
Fee, Gordon D. *The New International Commentary on the New Testament: The First Epistle to the Corinthians*. Grand Rapids: Eerdmans, 1991.
Feinberg, John S. ed. *Continuity and Discontinuity*. Westchester: Crossway Books, 1991.

Hessel, Dieter T. *Social Ministry*. Philadelphia: The Westminster Press, 1973.
Hill, Brennan R. *Key Dimensions of Religious Education*. Winona: Saint Mary's Press, 1988.
Hodges, Melvin. *A Theology of the Church and its Mission: A Pentecostal Perspective*. Springfield: Gospel Publishing House, 1977.
Kelsey, Morton T. *Encounter with God: A Theology of Christian Experience*. Minneapolis: Bethany Fellowship, 1972.
Mitchell, Stephen. *The Gospel According to Jesus*. New York: Harper Perennial, 1991.
Munck, Johannes. *Paul*. Atlanta: John Knox Press, 1977.
Snyder, Howard. *Signs of the Spirit*. Oregon: Zondervan, 1997.
Snyder, Howard and Daniel V. Runyon. *Decoding the Church*. Grand Rapids: Baker Books, 1989.
Solle, Dorothee. *Thinking About God*. Philadelphia: Trinity Press International, 1990.
Schaeffer, Francis A. *True Spirituality*. Wheaton, IL: Tyndale House, 1973.
Towns, Elmer and Douglas Porter. *Churches That Multiply*. Kansas City: Beacon Hill Press, 2003.
Wagner, C. Peter. *Understanding Church Growth*. Eerdmans: Eerdmans, 1980.
Weber, Max. *The Sociology of Religion*. Boston: Beacon Press, 1956.
Wendel, Francois. *Calvin*. trs. Philp Mairet. London: Baker Academic, 1963.
White, Reginald E. *Christian Ethics*. Atlanta: John Knox Press, 1981.

번역서

Baker, Mark D and Joel B. Green. 『십자가와 구원의 문화적 이해』. 서울: 죠이선교회, 2013.
Beeke, Karl. 『개혁주의 청교도 영성』. 김귀탁 역. 서울: 부흥과개혁사, 2009.
Bonhoeffer, Dietrich. 『행위와 존재』. 김재진 외 1인 역. 서울: 대한기독교서회, 2016.
Cherry, Conrad. 『조나단 에드워즈의 신학』. 주도홍 역. 서울: 이래서원, 2001.
Collins, Gary R. 『New 크리스천 카운슬링』. 한국기독교상담, 심리치료학회 역. 서울: 두란노, 2012.
Collins, Kenneth J. 『존 웨슬리의 신학』. 이세형 역. 서울: KMC, 2014.

Crabb, Larry. 『인간 이해와 상담』. 윤종석 역. 서울: 두란노출판사, 1993.
_____. 『영혼을 세우는 관계의 공동체』. 김영희 역. 서울: IVP, 2013.
Cully, Iris V. 『성경과 기독교 교육』. 김도일 역. 서울: 한국장로교출판부, 1993.
Dempster, Styephen. 『하나님 나라 관점으로 읽는 구약신학』. 박성찬 역. 서울: 부흥과 개혁사, 2003.
Downey, Michael. 『오늘의 기독교 영성이해』. 안성근 역. 서울: 은성출판사, 2001.
Doyton, Donald W. 『오순절 운동의 신학적 뿌리』. 조종남 역. 서울: 대한기독교서회, 1993.
Dupre, Louis and Don E. Sailers. ed. 『기독교 영성 III』. 우해룡 외 3인 역. 서울: 은성출판사, 2012.
Edwards, Jonathan. 『고린도전서 13장 사랑』. 서문 강 역. 서울: 청교도신앙사, 2016.
_____. 『균형 잡힌 영성의 사람』. 송삼용 역. 서울: 넥서스Cross, 2009.
_____. 『놀라운 회심의 이야기』. 양낙홍 역. 서울: 부흥과개혁사, 2002.
_____. 『부흥론』. 양낙홍 역. 서울: 부흥과개혁사, 2005.
_____. 『성령의 역사 분별 방법』. 노병기 역. 서울: 부흥과개혁사, 2004.
_____. 『영적 감정을 분별하라』. 김창영 역. 서울: 생명의말씀사, 2013.
_____. 『원죄론』. 김찬영 역. 서울: 부흥과개혁사, 2016.
_____. 『의지의 자유』. 정부홍 편역. 서울: 새물결플러스, 2017.
_____. 『신앙과 정서』. 서문 강 역. 서울: 부흥과개혁사, 2009.
_____. 『신적이며 영적인 빛』. 백금산 역. 서울: 부흥과개혁사, 2004.
Eggen, Paul and Don Kauchak. 『교육심리학』. 신종호 외 6인 역. 서울: 학지사, 2011.
Erb, Peter C. 『경건주의자들과 그 사상』. 엄성옥 역. 서울: 은성출판사, 1991.
Erre, Mike. 『교회, 하늘을 땅으로 가져오다』. 송영의 역. 서울: 국제제자훈련원, 2010.
Ferguson, Evertt. 『초대교회 배경사』. 엄성옥, 박경범 역. 서울: 은성출판사, 2004.
Ferguson, Sinclair. 『성령』. 김재성 역. 서울: IVP, 1999.
Fichete, W. H. Wesley and His Century, Toronto, 1908
Foster, Richard J. 『돈 섹스 권력』. 김영호 역. 서울: 두란노, 1989.
_____. 『영적 훈련과 성장』. 권달천 역. 서울: 생명의말씀사, 2009.
Fowler James W. 『신앙의 발달 단계』. 사미자 역. 서울: 한국장로교출판사, 1987.
Frame, John M. 『기독교 윤리학』. 이경직 역. 서울: 개혁주의신학사, 2015,
_____. 『성경론』. 김진운 역. 서울: 개혁주의신학사, 2014.
_____. 『신론』. 김재성 역. 서울: 개혁주의신학사, 2014.
_____. 『조직신학』. 김진운 역. 서울: 부흥과개혁사, 2017.

_____. 『조직신학 개론』. 김용준 역. 서울: 개혁주의신학사, 2011.
Getz, Gene A. 『직분론』. 김형원 역. 서울: 국제제자훈련원, 2007.
Gibbs, Eugene S. ed. 『한 권으로 읽는 교육학 명저 24선』. 독고 앤 역. 서울: 도서출판 디모데, 1994.
Gonzalez, Justo L. 『기독교 사상사 I』. 이형기 외 1인역. 서울: 장로교출판사: 1988.
_____. 『기독교 사상사 II』. 이형기 외 1인역. 서울: 장로교출판사: 1988.
_____. 『기독교 사상사III』. 이형기 외 1인역. 서울: 장로교출판사: 1988.
Gorman, Michaels. 『삶으로 담아내는 십자가』. 박규태 역. 서울: 새물결플러스, 2010.
Grenz, Stanley J. 『20세기 신학』. 신재구 역. 서울 IVP, 1997.
Grudem, Wayne A. 『조직신학 (하)』. 노진준 역. 서울: 은성출판사, 1997.
Habermas, Ronald and Klaus Issler. 『화목을 위한 가르침』. 김성웅 역. 서울: 도서출판 디모데, 1978.
Hendricks, Howard and Kenneth O. Gengel. 『교수법 베이직』. 유명복, 홍미경 역. 서울: 도서출판디모데, 1990.
Hendricks, Howard and William Hendricks. 『삶을 변화시키는 성경연구』. 정현 역. 서울: 도서출판디모데, 2014.
Hess, Richard S. 『이스라엘의 종교』. 김구원 역. 서울: CLC, 2009.
Horton, Michael. 『개혁주의 기독교세계관』. 윤석인 역. 서울: 부흥과개혁사, 2010.
Hull, Bill. 『온전한 제자도』. 박규태 역. 서울: 국제제자훈련원, 2012.
Kline, William 외 2인. 『성경해석학 총론』. 류호영 역. 서울: 생명의말씀사, 2013.
Korsgaard, Christine M. 『규범성의 원천』. 강현정 외 1인 역. 서울: 철학과현실사, 2011.
Ladd, George E. 『신약 신학』. 신성종 외 1인 역. 서울: 대한기독교서회, 2001.
Lee, Sang Hyun. 『조나단 에드워즈의 철학적 신학』. 노영상 외 1인역. 서울: 한국장로교출판사, 1998.
MacArthur, John. 『그리스도만으로 충분한 기독교』. 이용중 역. 서울: 부흥과개혁사, 2008.
_____. 『영적 성장의 열쇠』. 정길호 역. 서울: 소망사, 2007.
_____. 『하나님이 계획하신 교회』. 조계광 역. 서울: 생명의말씀사, 2009.
_____. 『하나님의 은혜』. 조계광 역. 서울: 생명의말씀사, 2012.
MacDonald, Gordon. 『내면세계의 질서와 영적 성장』. 홍화옥 역. 서울: 한국기독학생회출판부, 1990.
_____. 『인생의 궤도를 수정할 때』. 홍병룡 역. 서울: IVP, 2001.
Marsden, George M. 『조나단 에드워즈 평전』. 한동수 역. 서울: 부흥과개혁사, 2006.

McClymond, Michael J. and McDermott, Gerald R. 『조나단 에드워즈의 신학』. 임요한 역. 서울: 부흥과개혁사, 2015.
McGinn, Bernard and John Meyendorff, eds. 『기독교 영성 I』. 유해룡 외3인 역. 서울: 은성출판사, 2012.
McGrath, Alister E. 『기독교 영성의 베이직』. 김덕천 역. 서울: 대한기독교서회, 2006.
_____. 『루터의 십자가 신학』. 김선영 역. 서울: 컨콜디아사, 2015.
Merton, Thomas. 『묵상의 능력』. 윤종석 역. 서울: 두란노, 2014.
Moltmann, Jürgen. 『삼위일체와 하나님의 역사』. 김균진 역. 서울: 대한기독교서회, 1998.
_____. 『디트리히 본회퍼의 사회윤리』. 김균진 외 1인 역. 서울: 서울신학대학교출판부, 2016.
_____. 『윤리학』. 손규태 외 2인 역. 서울: 대한기독교서회, 2015.
Moreland, James Poter & William Lane Craig. 『논리학 윤리학』. 이경직 역. 서울: CLC, 2011.
Neighbour, Ralph W., 『그리스도의 몸』. 최은정 역. 서울: NCD, 2008.
Nichols, Stephen J. 『조나단 에드워즈의 생애와 사상』. 양낙흥 역. 서울: 부흥과개혁사, 2003.
Niebuhr, Helmut Richard. 『그리스도와 문화』. 홍병룡 역. 서울: IVP, 2007.
Niesel, Vilhelm. 『Calvin의 신학』. 이종성 역. 서울: 대한기독교서회, 1973.
Northhouse, Peter G. 『리더십, 이론과 실제』. 김남현 역. 서울: 경문사, 2014.
Owen, John. 『영의 생각, 육신의 생각』. 강서문 역. 서울: 청교도신앙사, 2106.
Platt, David. 『레디컬』. 최종윤 역. 서울: 두란노, 2012.
Raitt, Jill and Bernard McGinn, et. al. 『기독교 영성 II』. 이후정 외 3인 역. 서울: 은성출판사, 1999.
Richard, Joseph. 『Calvin 영성』. 한국칼빈주의 연구원 역. 캘빈총서 제4권. 서울: 기독교문화협회, 1997.
Ricoeur, Paul. 『해석 이론』. 김윤성, 조현범 역. 파주: 서광사, 1994.
Roberts, Bob Jr. 『T 라이프』. 서치돈 역. Houston: GLPI, 2008.
Sandel, Michael J. 『돈으로 살수 없는 것들』. 김선욱 역. New York: ICM, Inc., 2012.
Schreiner, Thomas R. 『바울 신학』 엄성옥 역. 서울: 은성출판사, 2005.
Simpson, Albert B. 『성령론』. 김원주 역. 서울: 크리스천다이제스트, 2005.
Stein, Robert H. 『성경 해석학』. 배성진 역. 서울: CLC, 2011.
Storms, Samauel. 『조나단 에드워즈 신앙 감정론』. 장호준 역. 서울: 복있는사람, 2016.
Stott, John. 『살아 있는 교회』. 신현기 역. 서울: IVP, 2014.

Taylor, David. 『아우구스티누스의 기본신앙』. 김원주 역. 서울: 생명의말씀사, 1995.
Thiselton, Anthony. 『해석의 새로운 지평』. 최승락 역. 서울: SFC, 2015.
_____. 『살아있는 바울』. 윤성현 역, 서울 CLC, 2011.
Tidball, Derek. 『십자가』. 정옥배 역. 서울: IVP, 2003.
Tillich, Paul Johannes. 『그리스도교 사상사』. 송기득 역. 서울: 한국신학연구소, 1983.
Toylor, David. 『아우구스티누스의 기본신앙』. 김원주 역. 서울: 생명의말씀사, 1995.
Walfield, Benjamin. 『캘빈, 루터, 어거스틴』. 칼빈주의연구원 역. 서울: 기독교문화협회, 1986.
Walker, Williston. 『세계기독교사』. 강근환 외 편역. 서울: 대한기독교서회, 1988.
Wallis, Jim. 『가치란 무엇인가』. 박세혁 역. 서울: IVP, 2011.
Ward, Benedicta. 『사막 교부들의 금언』. 이후정 외 1인 역. 서울: 은성출판사, 1995.
Wells, David F. 『용기 있는 기독교』. 홍병룡 역. 서울: 부흥과개혁사, 2008.
Westerhoff III, John H. 『교회의 신앙교육』 정웅섭 역. 서울: 대한 기독교교육협회, 2002.
Wilkes, C. Gene. 『마음을 움직이는 리더십』. 정인홍 역. 서울: 도서출판디모데, 2000.
Willard, Dallas A. 『마음의 혁신』. 윤종석 역. 서울: 복있는사람, 2003.
_____. 『잊혀진 제자도』. 윤종석 역. 서울: 복있는사람, 2007.
Wogaman, Philip. 『기독교 윤리학의 역사』. 임성빈 역. 서울: 한국장로교출판사, 2000.
Wright, Christopher J. H. 『구약의 빛 아래서 그리스도를 아는 지식』. 홍종락 역. 서울: 성서유니온선교회, 2010.